Träume aus Papier

ECON Unterhaltung

Rose Summers ist ein ganz gewöhnliches Mädchen – mit einem großen Traum: Sie möchte zur Glitzerwelt der Künstler und Schriftsteller gehören. Rose tut alles, um bei einer Frauenzeitschrift angestellt zu werden, und sie scheint das Unmögliche zu schaffen: Von der einfachen Aushilfssekretärin gelingt ihr der Aufstieg zur Chefredakteurin. Aber die Karriere hat ihren Preis …

Audrey Slaughter hat als Journalistin und als Herausgeberin einer Frauenzeitschrift gearbeitet.

Audrey Slaughter

Träume aus Papier

Roman

Aus dem Englischen von
Angelika Bardeleben

ECON Taschenbuch Verlag

Veröffentlicht im ECON Taschenbuch Verlag
Neuausgabe 1997

First published by Doubleday in Great Britain
Titel des englischen Originals: Blooming
Aus dem Englischen übersetzt von Angelika Bardeleben
Umschlaggestaltung: Init GmbH, Bielefeld
Titelabbildung: Reiner Tintel
Druck und Bindearbeiten: Ebner Ulm
Printed in Gerrmany
ISBN 3-612-27322-1

Träume aus Papier

Kapitel 1

Um 11.20 Uhr klingelte auf Roses Schreibtisch das Telefon. »Hier ist das Bartholomäus-Krankenhaus. Bei uns liegt eine Miss Barnsbury. Sie ist von einem Taxi angefahren worden. Sie ist zwar nicht ernsthaft verletzt, aber wir würden sie doch gern zur Beobachtung hierbehalten. Sie hat eine leichte Gehirnerschütterung.«

»Ich komme gleich vorbei«, versicherte Rose Summers. Sie sprang auf und hastete zu Margot, der Chefin vom Dienst. »Amelia hatte einen Unfall. Sie ist im Bartholomäus-Krankenhaus. Am besten, ich gehe sofort mal hin . . .« – »Bring ihr Manuskript mit«, unterbrach Jerry sie. »Die Herstellung rauft sich die Haare. Sie hält damit die ganze Technik auf. Schau in der riesigen Tasche nach, die sie immer mit sich herumschleppt.«

»Grüß sie schön von mir«, sagte Margot, »aber bring sie dazu, daß sie meine juristischen Einwände akzeptiert. Ich kann die Seite nicht länger offenhalten. Wenn sie nicht mitzieht, wird sie sich mit dem zufriedengeben müssen, was ich in letzter Sekunde zusammenschreibe.«

Offensichtlich waren beide, Jerry und Margot, viel zu beschäftigt, um Amelias Zustand besonderes Interesse zu widmen.

»Ich hoffe, es ist nichts Ernstes«, rief Margot schließlich doch noch Rose hinterher, als diese den Raum verließ.

Rose fand Amelia in einem winzigen Nebenraum der Krankenstation. Sie war blaß und wirkte, ohne einen der großen bizarren Hüte, die sie gewöhnlich trug, eigenartig fremd. Ihr Haar, das sie normalerweise zu einem kunstvollen Knoten zusammengeschlungen hatte, hing lose und strähnig herab. Rose bemerkte plötzlich, wie grau Amelia bereits war.

»Hallo, mein Schatz«, rief Amelia ihr vom Bett aus entgegen. »Dieses verdammte Taxi hat mir meine Schuhe ruiniert, ganz zu schweigen von meiner Strumpfhose. Ich bin mit solcher Wucht gegen den Betonpfeiler einer Straßenlaterne geschleudert worden, daß ich dachte, mein Gesicht sei zur Hälfte zermatscht.«

»Wie fühlen Sie sich?« fragte Rose schüchtern ihre Chefin. »Man hat mir gesagt, Sie müßten ein paar Tage lang zur Beobachtung hierbleiben.«

»Lausig. Krank. Ich habe rasende Kopfschmerzen. Ich bin überflüssigerweise gerade eben auch noch geröntgt worden. Es gibt hier ganze Armeen von übereifrigen Schwestern, die mir entsetzlich auf die Nerven gehen. Aber sonst bin ich in Ordnung.«

»Äh, Jerry sagte ...«, setzte Rose an.

»Ich kann mir genau vorstellen, was Jerry gesagt hat«, unterbrach Amelia sie düster. »›Wo ist ihr verdammtes Manuskript?‹ hat er gesagt. Hab ich recht?«

Rose nickte.

Amelia hatte die Redaktion am Abend zuvor fröhlich verlassen und Rose nahegelegt, sich nicht um das Gemecker von Jerry aus der Redaktion zu kümmern. Sie würde sich morgen früh als erstes an ihr Manuskript machen.

»Sie halten die ganze Technik auf«, sagt Jerry.

»Himmel Herrgott noch mal – Fluchen gehört sich nicht, Rose – sie wird warten müssen. Ich schreibe immer auf den letzten Drücker. Das weißt du. Ich brauche dafür einen gewissen Adrenalinspiegel«, stellte Amelia ungerührt fest.

Dann berichtete Rose ihr von den juristischen Einwänden, die Margot hatte. »Ach du lieber Himmel, kann man die Frau nicht in Bristol statt in Birmingham wohnen lassen und sie zur Einkäuferin machen, wenn man Angst davor hat, daß sie identifiziert werden könnte? Die haben alle keine Phantasie.« Amelia bemühte sich, so vital wie immer zu klingen, aber sie war leichenblaß. Rose unterließ es, sie daran zu erinnern, daß sie es sich selbst ausdrücklich verbeten hatte, daß jemand ihr ins Manuskript hineinpfuschte.

»Dann mußt du 's eben machen.«

»*Was* machen?«

»Natürlich meinen Artikel schreiben, was sonst? Übrigens gar keine schlechte Übung. Alles kein Problem. Ein bißchen Blabla als Einleitung, und dann suchst du dir die entsprechenden Leserbriefe heraus. Himmel noch mal, du hast jetzt genug von meinem Quatsch abgetippt, um zu wissen, wie man so etwas schreibt.«

Sie lächelte Rose, die sie mit großen Augen anstarrte, aufmunternd zu. »Ich bin gerade meinen eigenen Prinzipien untreu geworden. Das ist immer gut. Schau dir ein paar meiner alten Artikel noch einmal an – ich habe mich wahrscheinlich sowieso dauernd wiederholt und ... Oh Gott, ruf die Schwester – mir wird schlecht.«

Rose stürzte aus dem Zimmer und prallte mit einer jungen Schwester zusammen. »Schnell, sie muß sich übergeben«, rief sie ihr zu. Die Schwester rauschte in Amelias Zimmer, und Rose hörte eine Emailleschüssel klappern. Dann ertönten schreckliche Würgelaute.

»Schon gut, meine Liebe, schon gut«, hörte sie die Schwester mit leiser, beruhigender Stimme sagen. »Jetzt ist es besser, nicht wahr?«

»So viel besser nun auch wieder nicht«, schimpfte Amelia. »Lassen Sie die blöde Schale irgendwo stehen, wo ich sie erreichen kann, und seien Sie nicht immer so verdammt ordentlich.«

Rose lächelte. Amelia war jedenfalls insoweit wieder in Ordnung, daß sie wie gewohnt kräftig fluchte.

Rose steckte den Kopf durch den Türspalt.

»Zisch endlich los«, knurrte Amelia. »Schreib' den Artikel und denk daran, du mußt deine Sache gutmachen, sonst brech' ich dir jeden einzelnen Knochen, und dann kannst *du* mal sehen, wie es ist, hier zu liegen.« Sie versuchte zu lächeln und angelte sich dann ganz schnell wieder die Nierenschale. Rose wandte sich hastig ab und ging.

Sie brauchte für den Dauerlauf zurück ins Büro weniger als

zehn Minuten. Ihr Herz klopfte wie wild. Sie würde Amelias Artikel schreiben. Diese hatte ihr, Rose Summers, tatsächlich gerade die Chance gegeben, ihre eigenen Worte gedruckt zu sehen. Wenn es ihr doch nur gelänge, das Ganze durchzuziehen, ohne daß Margot bemerkte, daß Amelia den Artikel nicht selbst geschrieben hatte. Wenn sie wüßte, daß Rose selbst sich daransetzen wollte, würde sie wahrscheinlich nur eine spöttische Bemerkung machen und einen der Journalisten mit der Aufgabe betrauen. Rose schlüpfte in Amelias Zimmer, ohne daß jemand sie bemerkte. Um halb zwei Uhr mittags war sie fertig. Amelia hatte recht gehabt mit ihrem Adrenalinstoß. Rose hatte nur einen einzigen Fehlstart gehabt, dann schrieb sich der Text wie von alleine. Sie strich noch ein paar Wiederholungen und zog ein paarmal das Wörterbuch zu Rate, um einen besseren Ausdruck zu finden, der ihr im Moment gerade nicht einfiel. Als Margot mit Jerry von einem kleinen Imbiß im Pub nebenan zurückkam, fand sie das fertige Manuskript fein säuberlich getippt auf ihrem Schreibtisch vor.

»Die gute alte Amelia«, murmelte Margot gerührt, als sie die Bögen sah. »Sie ist ein echter Profi. Ist sie in Ordnung?« fragte sie pflichtschuldig.

»Ich denke schon.« Rose hoffte, daß Margot das Manuskript auf der Stelle lesen und dann sagen würde: »Wunderbar wie immer«. »Sie hat eine Gehirnerschütterung und ist sehr elend – und mißmutig ...« Rose lächelte. »Aber ich glaube nicht, daß es etwas Ernstes ist. Sie haben sie geröntgt und beobachten sie noch ein bißchen.«

»Gut.« Margot warf das Manuskript zu Jerry hinüber. »Laß es setzen, und dann können wir direkt in den Umbruch gehen. Sag Paul, daß er sich diesen Monat nicht mit komplizierten Layouts aufhalten kann. Dazu reicht die Zeit nicht. Die Leute in der Herstellung warten schon. Hat Amelia den Fahnenabzug korrigiert?«

»Nein; sie möchte, daß Sie das tun.«

»Na, dann muß sie ja wirklich ziemlich schlecht dran sein«, stellte Margot befriedigt fest.

»Bella möchte dich sprechen«, sagte Amelia ein paar Tage, nachdem sie wieder an ihren Arbeitsplatz zurückgekehrt war, mit strenger Stimme zu Rose.

»Was? Warum? Habe ich etwas falsch gemacht?« Rose geriet in Panik. Sie hatte das Gefühl, als drehe sich ihr der Magen um. Die Chefredakteurin! Die elegante Miss Twyford! Rose hatte noch nie ein Wort mit Miss Twyford gewechselt, natürlich nicht, aber wenn sie die Chefredakteurin auf ihren hohen Pfennigabsätzen in ihr Büro stöckeln sah, dann schlug ihr das Herz vor Bewunderung höher.

»Das wirst du dann schon sehen.« Amelias schmales Gesicht, das durch den Unfall noch grün und blau verfärbt war, drückte Mißbilligung aus.

Rose klopfte an die Milchglastür von Miss Twyfords Büro. »Amelia Barnsbury hat mir gesagt, daß Sie mich sprechen möchten«, brachte sie schüchtern hervor. Miss Twyford blickte zerstreut von einem Manuskript hoch und runzelte die Stirn. Dann lächelte sie Rose freundlich an. »Ach ja, du mußt Rose Summers sein. Amelia hat mir berichtet, daß du ihren letzten Artikel geschrieben hast, als sie im Krankenhaus lag?«

»Ja.«

»Gute Arbeit. Es wäre mir nicht aufgefallen, wenn Amelia es mir nicht gesagt hätte. Nichts ist schlimmer, als leere Spalten füllen zu müssen, die längst überfällig sind. Du hast uns eine Menge Kopfschmerzen erspart – danke.«

Rose wurde rot. Sie konnte sich nicht sattsehen an Miss Twyfords schimmernder weißer Seidenbluse, ihrer maßgeschneiderten schwarzen Kostümjacke und den wunderbar tiefblauen Augen, die von nahem betrachtet noch klarer, noch strahlender wirkten.

»Also, wie lange bist du schon bei uns? Fünf, sechs Monate?« fuhr Miss Twyford fort.

»Knapp acht, Miss Twyford.«

»Und es gefällt dir hier?«

»Und wie!« Rose glühte vor Begeisterung. Miss Twyford lächelte flüchtig. »Das freut mich. Möchtest du gern Journalistin werden?«

»Ja. Ich versuche, soviel zu lernen, wie ich nur kann.«

»Das hat mir Amelia schon erzählt«, erwiderte Miss Twyford trocken. »Nun, der Literaturredakteur Bruce Wardour braucht jemanden, der ihm dabei hilft, die Manuskripte zu sichten, und der ihm berichtet, was hereinkommt. Würde dir das Spaß machen? Du müßtest wahrscheinlich das meiste mit nach Hause nehmen, denn Amelia wird gewiß nicht auf dich verzichten wollen.«

»Das würde ich sehr gerne tun.«

»Kennst du dich in moderner Literatur ein bißchen aus?«

»Ich habe immer viel gelesen. In englischer Literatur hatte ich eine Eins.«

»Die Zeitschriftenromane sind überraschend gut, weißt du. Es ist nicht immer nur Liebesleid und Liebesfreud – was immer die Leute auch sagen mögen. Es klingt so, als müsse ich mich rechtfertigen« – ihre Stimme wurde schärfer, trotzdem lächelte sie ... »hat gestern abend doch so eine dumme Person zu mir gesagt: ›Ich fürchte, mein Gehirn ist geschrumpft. Ich habe einen ganzen Nachmittag damit verbracht, beim Friseur Frauenzeitschriften zu lesen.‹« Ihr Lächeln wurde breiter. »Ich sollte von solchen Ignoranten überhaupt keine Notiz nehmen, nicht wahr?«

Rose, die gar nicht wußte, wie ihr geschah, als sie die Chefin so kollegial mit ihr reden hörte, konnte nur stumm den Kopf schütteln.

»Nun, Bruce wird dir alles erklären«, nahm Miss Twyford den Faden wieder auf. »Aber ich warne dich, diese Arbeit kann sehr ermüdend sein ...« Sie schaute Rose fragend an.

»Das macht nichts. Ich lese sehr gern ...«

»Na prima. Gut, dann sprich so bald wie möglich mit Bruce

und sag ihm, daß ich dich geschickt habe. Er ist ein wandelndes Lexikon der modernen Literatur. Du kannst eine Menge von ihm lernen.«

Sie beugte sich wieder über ihr Manuskript, und Rose wandte sich zum Gehen. »Ich werde eine kleine Gehaltsaufbesserung veranlassen, als Entschädigung für die Arbeit während deiner Freizeit«, rief sie Rose noch schnell hinterher, als diese schon an der Tür war.

Rose wurde knallrot, stammelte ein Dankeschön und stolperte verwirrt aus dem Zimmer.

Sie wankte in Amelias Büro und atmete erst einmal tief durch. »Amelia«, stieß sie immer noch aufgeregt hervor. »Sie haben Miss Twyford erzählt, daß ich Ihren Artikel geschrieben habe.«

»Du hast doch nicht angenommen, daß ich sie in dem Glauben lasse, er sei von mir, oder? Ich hab zwar meine Fehler, aber mich mit fremden Federn zu schmücken, gehört nicht dazu.«

»Sie hat gesagt« – Roses Stimme zitterte immer noch vor Ehrfurcht – »sie hat tatsächlich gesagt, ich könne Bruce Wardour helfen ... die Manuskripte lesen ...«

»Nun, ich habe ihr erzählt, wie emsig du bist, wenn es um Zeitschriften geht. Mädchen für alles und ständig auf Achse.« Amelia bleckte kurz ihre elfenbeinfarbenen Zähne, die in eigenartigem Kontrast zu dem verblassenden Braun und Blau ihres zerschundenen Gesichts standen. »Wenn du dich geschickt anstellst, dann läßt der liebe Bruce dich vielleicht ein paar Rezensionen schreiben. Er ist gar nicht so übel, wenn man seine Chefallüren ignoriert ...«

Rose senkte den Kopf, um ihre aufsteigenden Tränen vor Amelia zu verbergen. Sie konnte sich nicht erinnern, jemals so glücklich gewesen zu sein. Sie spürte Amelias Hand auf ihrer Schulter.

»Du bist ein feiner Kerl, Rose.«

Kapitel 2

Nach ihrem glänzenden Schulabschluß hatte Rose den Rest des Jahres damit verbracht, sich um einen Job bei einer Zeitschrift zu bemühen. Angesichts der zahllosen erfolglosen Bewerbungsschreiben begann ihr Vater, leicht indigniert auf die immensen Portokosten hinzuweisen und ihr nahezulegen, doch besser im Postraum seiner Handelsvertretungsfirma anzufangen, wo er als leitender Angestellter arbeitete.

»Wenn du hart arbeitest, kannst du es dort weit bringen, möglicherweise sogar bis zur Privatsekretärin unseres Seniorchefs«, redete er auf sie ein. »Miss Binn muß schon über fünfzig sein, und mit sechzig muß sie ausscheiden. Das wäre deine große Chance.«

Rose erschreckten die Zukunftsvisionen ihres Vaters. Der Wunsch, bei einer Frauenzeitschrift zu arbeiten, hatte sich in ihrem Kopf festgesetzt, als sie fünfzehn war und einmal mit einer Mandelentzündung im Bett lag. Damals hatte eine Nachbarin ihr einen Stapel alter Zeitschriften geliehen, die sie von dem Zahnarzt, bei dem sie putzte, nach Hause gebracht hatte. »Das wird dich ein bißchen ablenken«, hatte sie freundlich erklärt. Neugierig hatte Rose die Seiten durchgeblättert und plötzlich hatte sich ihr eine ganz neue Welt eröffnet. Lauter hübsche Models, hochgewachsen und gertenschlank, lächelten sie an. Sie waren einfach wundervoll. Was für ein Gefühl mußte es sein, so auszusehen? Ihr sonst so kritischer Verstand schien auszusetzen, als sie all die verheißungsvollen Artikel in sich hineinschlang, die ihr die Erfüllung ihrer geheimsten Träume versprachen: »In 10 Tagen 3 Kilo abnehmen, ohne zu hungern.« – »Leben wie ein Star« – »Wie wird man verführerisch« – »Auch Sie können erfolgreich sein.« ... Seit jenem Tag hatte sie sich leidenschaftlich auf jede erreichbare Frauenzeitschrift gestürzt und sich regelmäßig bei Mrs.

Wincanton mit einem neuen Stapel der aussortierten Exemplare versorgt. Allein schon das Durchblättern der glänzenden Seiten erweckte in ihr eine ungeheure Sehnsucht und versetzte sie in einen Zustand freudiger Erregung. Und dieses Gefühl blieb über die Jahre hinweg immer gleich intensiv.

Eines Tages war die Chefredakteurin der *Cosmopolitan* in Roses Schule zu einem Informationsgespräch mit den älteren Schülern erschienen. Sie war eine elegante, kluge Frau mit einer beeindruckenden roten Mähne. Sie schilderte den Schülerinnen und Schülern das Leben in einer Zeitschriftenredaktion, dort wo sich die Prominenten die Türklinke in die Hand gaben, wo es üblich war, in der Weltgeschichte herumzureisen und elegante Pressebälle zu besuchen. Rose hing wie gebannt an den Lippen der Referentin. Sie wollte dazugehören. Dieses Leben wollte sie auch leben. Als Miss McSharry dann später auf dem Weg ins Lehrerzimmer war, um eine Teepause zu machen, trat Rose kurzentschlossen auf sie zu. »Verzeihung, was muß ich tun, um in einer Zeitschriftenredaktion zu arbeiten?«

»Was du tun mußt?« Miss McSharry blickte sie erstaunt an. »Du mußt selbstverständlich schreiben können. Und tippen. Lerne maschineschreiben, mein Kind, und interessiere dich für alles.« Sie schenkte ihr ein kurzes Lächeln, nickte ihr zu und schritt ins Lehrerzimmer. Eine Wolke teuren Parfüms blieb hinter ihr zurück.

Die Attitude war eine Zeitschrift, bei der Rose es noch nicht versucht hatte. Sie war anspruchsvoller als die meisten anderen Frauenzeitschriften und gefiel Rose am allerbesten. Dennoch hatte sie noch nicht den Mut aufgebracht, die *Attitude* anzuschreiben. Man hatte dort wahrscheinlich noch nie etwas von Romford, einem Ort im Osten von London, gehört, und warum sollte die Redaktion ausgerechnet eine achtzehnjährige Schulabgängerin mit Übergewicht brauchen, da die Seiten der Zeitschrift doch mit jeder Menge glanzvoller Models bevölkert waren? Roses Vater war entschlossen, ein Machtwort zu sprechen und nicht länger zu dulden, daß sie weiterhin nicht arbeitete. Er hatte ihr noch bis zum Ende des Jahres Zeit gegeben, aus eigener Kraft einen Job zu finden. Doch dann war endgültig Schluß, sie müßte bei Austin und Clarkson anfangen und sich mit der Vorstellung vertraut machen, den Job der alternden Miss Binns als Endstation ihrer Träume zu betrachten.

Es war der Mut der Verzweiflung, der Rose schließlich dazu brachte, sich doch noch bei der *Attitude* zu bewerben. Was hatte sie schon zu verlieren? Sie trug dick auf mit all ihren Fähigkeiten, wobei sie vor allem ihre überdurchschnittlichen Abschlußnoten hervorhob und auch nicht vergaß, einige Exemplare der Schülerzeitung beizulegen, deren Redaktion sie, angeregt durch Miss McSharrys Besuch, übernommen hatte, als man ihr die Chance dazu bot. In Wirklichkeit hatte niemand den Job haben wollen, und die Beiträge gingen auch nur recht spärlich ein, so daß Rose nichts anderes übriggeblieben war, als die meisten Essays, Kommentare und Gedichte – plaziert zwischen Spielergebnissen und Zeichnungen aus dem Kunstunterricht – selbst zu verfassen.

Es war kurz vor Weihnachten, als ein dicker weißer Briefumschlag von der *Attitude* durch den Briefkastenschlitz fiel. Rose wurde in einem freundlichen Schreiben aufgefordert, sich vorzustellen, um eventuell als Sekretärin von Miss Amelia Barnsbury zu arbeiten. Das Vorstellungsgespräch verlief so qualvoll, daß Rose mit der festen Überzeugung nach Hause kam, sie werde im neuen Jahr bei Austin und Clarkson anfangen müssen. Sie hatte einen Leserbrief beantworten müssen, war vor eine elektrische Schreibmaschine gesetzt worden und hatte dann hilflos davor gehockt, weil all ihre Bemühungen, die Tasten zu bedienen, scheiterten, bis schließlich ein großes blondes Mädchen mit freundlichem Lächeln sich über sie gebeugt und ihr empfohlen hatte, die Maschine einfach anzustellen. Aber auch das hatte wenig genützt. Sie konnte mit diesem Monstrum einfach nicht umgehen. Schließlich hatte dieselbe lächelnde junge Frau gesagt: »Schau, da drüben steht eine mechanische Schreibmaschine.

Nimm die. Georges ist wegen einer Story unterwegs. Es wird ihm nichts ausmachen. Und mach dir keine Sorgen wegen Amelia. Sie hat Verständnis dafür, wenn man aufgeregt ist. Im übrigen ist sie gar nicht so schrecklich, wie es aussieht.«

Völlig zerknirscht wegen des Reinfalls mit der elektrischen Schreibmaschine und niedergeschlagen wegen ihrer fehlerhaften Schreibkünste auf der ungewohnten mechanischen Maschine, hatte Rose schließlich mit zitternden Händen Amelia Barnsbury ihren Brief überreicht. Amelia war eine respekteinflößende, über einsachtzig große Gestalt, die in ein wallendes schwarzes Jerseygewand gehüllt war, das ihr das Aussehen einer flatternden Krähe verlieh. Auf ihrem Kopf thronte ein kegelförmiger Hut. Die Größe und die extravagante Form des Hutes schüchterten Rose ein, und als Amelia sie dann noch unter der Hutkrempe hervor aus ihren hervorquellenden Pferdeaugen anstarrte, verschlug es Rose gänzlich die Sprache.

»Natürlich zu lang«, bemerkte Amelia, als sie den Brief las. »Wie sollen wir unser Tagespensum schaffen, wenn wir jedem Leser in dieser Ausführlichkeit antworteten?«

Rose schlug unglücklich die Augen nieder. Sie war überzeugt, daß Miss Barnsburys nächster Kommentar, sie habe »den richtigen Ton getroffen«, lediglich als Trostpflaster gemeint war.

Als Heiligabend dann ein zweiter Brief ankam, war Rose einige Minuten lang unfähig, den Inhalt zu erfassen: »Bitte fangen Sie am 10. Januar an ...« Sie hatte den Job bekommen. Sie würde tatsächlich bei der *Attitude* arbeiten, bei der besten und elegantesten aller Frauenzeitschriften.

Kapitel 3

Es war kurz nach ihrem neunzehnten Geburtstag, als Rose durch die Drehglastür das Gebäude der Binder Publications betrat.Das Haus war verhältnismäßig alt, im Innenbereich waren die Zwischenwände herausgerissen worden, um für verschiedene Großraumbüros Platz zu schaffen. Nur die leitenden Redakteure hatten ihre eigenen, durch Glaswände abgetrennten Büros. Rose mußte draußen vor Amelia Barnsburys Büro auf einem Stuhl Platz nehmen. Außer Tracey, der Assistentin, deren Posten Rose einnehmen sollte, nahm niemand die geringste Notiz von ihr. Tracey zeigte ihr gelangweilt, wo sie ihren Mantel aufhängen sollte, wo die Toiletten waren, die Kaffeeküche und die Kaffeemaschine – dann verschwand sie.

Obwohl sie ein wenig eingeschüchtert war und sich vorkam wie auf einem Präsentierteller, fühlte Rose sich in dem hektischen Getriebe auf Anhieb wie zu Hause. Der Geruch, der in der Luft lag, stimmte sie heiter. Es war ein Duft von neuem Papier und Klebstoff, vermischt mit der beißenden Schärfe vom Bromsalzen und der frischen Druckerschwärze der Fahnenabzüge, dem Parfümduft eleganter Frauen und dem Aroma starker französischer Zigaretten. Unter Roses Freundinnen in Romford gab es keine, die tagsüber ein teures Parfüm benutzte. Bei einem Schulfest oder zu Weihnachten besprühte man sich vielleicht mit irgendeinem billigen und penetranten Duftwasser. Hier verströmte jede Frau, die vorbeieilte, einen Hauch von elegantem französischen Parfüm. Und wer hier rauchte, qualmte eine Zigarette Marke Gitanes oder Gauloise und nicht etwa eine Wald-und-Wiesen-Marlboro.

Der ganze Raum schien von einem geschäftigen Summen erfüllt. Und was für eine glanzvolle Welt das war! Sie bekam mit, wie drei Mitarbeiter der Redaktion sich zu einem Mittagessen im

Savoy verabredeten. »Wartet nicht auf mich«, rief eine elegantgekleidete Blondine einem herumlungernden männlichen Kollegen zu. »Ich stoße später dazu, Tony. Ich muß erst noch so einen verdammten PR-Mann wegen dieser Reise nach Portugal anrufen.«

Auffällig war, daß hier keine der Frauen ein graues Kostüm trug. Rose hatte sich deshalb mit ihrer Mutter angelegt, aber Mrs. Summers war nicht von ihrer Idee abzubringen gewesen und hatte sich selbst in den Bus gesetzt, um Rose ein adrettes graues Kostüm mit einer weißen Bluse zu kaufen. »Zu meiner Zeit«, belehrte sie Rose, »*mußten* wir schwarze oder marineblaue Kleider mit weißem Kragen und weißen Manschetten tragen. Und unser Abteilungsleiter Mr. Metcalf inspizierte uns jeden Morgen: Hände, Fingernägel, Strümpfe. Schlamperei, so etwas gab es *damals* nicht.« Sie warf der gleichgültigen Verkäuferin bei C&A einen bösen Blick zu. Mrs. Summers hatte in der Strumpfwarenabteilung bei Swan und Edgar gearbeitet, damals, als es noch ein renommiertes Bekleidungsgeschäft direkt am Piccadilly Circus war. Rose, dachte sie voller Stolz, würde in einem Büro arbeiten, und ein Büro war in ihren Augen schon etwas Feineres als ein Ladengeschäft. Rose mußte ein Kostüm haben.

In dem großen Hauptbüro der *Attitude* waren offensichtlich nicht einmal Kragen und Schlips üblich. Die meisten Männer trugen Jeans mit bunten Sweatshirts und dazu abgetragene Turnschuhe oder auch ausgeblichene Feincordhosen mit Wildlederjacken und farblich abgestimmten T-Shirts. Eine Ausnahme bildete nur Paul Pearce, der Artdirektor. Sein blaßgesichtiger Kopf, den ein schütterer weißer Haarkranz krönte, wirkte durch ein schwarzes Polohemd, seine engen schwarzen Hosen und seine schwarzen Gucci-Slipper wie abgeschnitten. Es gehörte zu seinen harmlosen Marotten, niemals eine andere Farbe als Schwarz zu tragen. Die Damen machten ausnahmslos alle einen sehr gepflegten und eleganten Eindruck, allerdings wirkte Margot, die Chefin vom Dienst, mit ihrer bequemen, unauffälligen Kleidung etwas salopper. Rose wurde unangenehm bewußt, daß ihr schlecht geschnittenes Kostüm bereits Sitzfalten hatte und daß ihre zerzausten Locken einem Vergleich mit den gestylten Frisuren der anderen jungen Frauen kaum standhielten.

Als Tracey nach einer kleinen Ewigkeit wieder auftauchte, stellte sie Rose mit einer gewissen dreisten Vertraulichkeit den verschiedenen Redakteuren und deren Mitarbeiterstab vor. Rose hatte seltsamerweise das Gefühl, bereits einen wichtigen Posten zu bekleiden, als sie von Leuten, deren Namen sie nur aus Zeitschriften kannte, mit einem lässigen »Hallo« begrüßt wurde. Sie bewunderte die Schreibtische, die mit Fahnenabzügen für die nächsten Ausgaben übersät waren, die Atmosphäre von Kreativität auf dem zu einem Rechteck aus vier Schreibtischen zusammengerückten Tisch der Chefin vom Dienst. »Hallo«, murmelte Margot zerstreut und schob eine Seite quer zu ihrem Stellvertreter hin. »Das ist vermutlich zu eng an den Druck geschnitten. Du wirst den dritten Abschnitt kürzen müssen. Bernard Levin wird verrückt, wenn er die Kürzungen sieht. Du gehst es besser mit ihm noch einmal durch.«

Alles, was in den ersten paar Wochen auf Rose eingestürmt war, war ihr unwirklich und überwältigend erschienen. Es hatte ihr immerhin geholfen, die Schuldgefühle zu besänftigen, die ihre Englischlehrerin ihr eingeimpft hatte, weil sie sich hartnäckig geweigert hatte zu studieren. Miss Martin war zunächst perplex und dann sichtlich verärgert, als Rose ihr mitteilte, daß sie trotz ihrer exzellenten Abschlußnoten sofort zu arbeiten anfangen wolle, sobald sie einen Job gefunden habe. Die junge Lehrerin vermutete hinter diesem Entschluß zunächst finanzielle Gründe und klärte sie über die Möglichkeit von Stipendien und anderen Ausbildungsförderungen auf, aber Rose blieb fest. »Nein«, erklärte sie stur, »ich möchte sofort beruflich einsteigen und möglichst schnell vorankommen.« Sie wollte keine Zeit mehr verschwenden. Miss Martin hatte vor Verachtung durch die Nase geschnaubt, als Rose ihr mitteilte, sie wolle bei einer Frauenzeitschrift arbeiten. »Aber das ist doch keine richtige Arbeit, Rose. Nichts als triviales Zeugs, um die hohlen Köpfe solcher Mädchen wie Iris Chilmark oder Shirley Ansty zu füllen. Du willst doch nicht so werden wie sie, oder?« Miss Martin blickte Rose amüsiert an. Sie war sicher, daß Rose das wirklich nicht wollte.

»Zeitschriften sind interessant«, hatte Rose unbeirrt geantwortet. »Ich möchte Journalistin werden.«

»Journalisten haben meist ein abgeschlossenes Studium«, versuchte Miss Martin es noch einmal, nachdem sie einen Augenblick lang verdutzt geschwiegen hatte.

»Ich möchte keine Zeit mehr verschwenden«, wiederholte Rose. »Ich will mein Leben leben. Ich habe die Nase voll vom Pauken und Büffeln.«

Miss Martin betrachtete Roses trotziges Gesicht, die erschrockenen, neugierigen Augen, den fest geschlossenen, eigensinnigen Mund. Sie spürte, wie ihr der Mut sank.

Sie hielt Rose für eine ausgezeichnete Schülerin. Sie hätte an allen Schulen gute Leistungen gezeigt, aber als Absolventin der Garfield-Gesamtschule mit ihren verwitterten und graffitibeschmierten Mauern hatte sie sich wirklich unter allen anderen hervorgetan. Miss Martin argumentierte, drohte, gab ihr zu bedenken, welche interessanten und intelligenten Menschen sie kennenlernen würde, welch geistiges Potential in ihr steckte, wieviel Spaß und Lebensqualität ihr entginge – und gab schließlich auf. Sie blickte Rose lange, ohne ein Wort zu sagen, an, so daß Rose schließlich ganz unwohl zumute wurde.

»Ich war so sicher, daß du studierst und ein blendendes Abschlußexamen machst, Rose«, sagte sie schließlich. »Du bist hochintelligent. Laß deine Fähigkeiten nicht brachliegen.« Dann wandte sie sich von Rose ab. Rose war verwirrt, weil gerade Miss Martin eine Lehrerin war, die sie bewunderte und liebte. Sie wollte erklären, zögerte unglücklich, weil sie nicht die richtigen Worte fand, und gab auf. Dann verließ sie das Zimmer. Sie erinnerte sich noch genau an diesen schlimmen Augenblick.

Amelia Barnsbury füllte monatlich zwei oder drei Seiten der *Attitude* mit »Seelenmassage«, wie sie es nannte. Es ging um Probleme der Alltags, die hier ausführlich abgehandelt wurden: Einsamkeit, Untreue, Scheidung, Schwiegermütter – eben um alle Bereiche menschlicher Konflikte und Mißverständnisse. Sie schrieb geistvoll und witzig und ließ auch regelmäßig verschiedene Experten zu Wort kommen, um neue Perspektiven aufzuzeigen. Ihre Beiträge waren glaubwürdig und spannend zu lesen. »Bei einer weniger anspruchsvollen Illustrierten wäre sie wohl so etwas wie die Kummerkastentante«, wurde Rose von Tracey aufgeklärt. »Miss Twyford, unsere Chefredakteurin, nennt ihren Bereich ›Zwischenmenschliche Beziehungen‹; die Artikel sind zum Teil ganz schön anspruchsvoll.«

Es dauerte nicht einmal einen Monat, bis Rose den Mut aufbrachte, sich in ihrer Mittagspause ungezwungen zwischen den Schreibtischen der Redakteure zu bewegen. Manchmal kam es vor, daß Jerry, der leicht erregbar zu sein schien, sie anschnauzte, sie solle verschwinden. Aber Rose war von einer unerschütterlichen Freundlichkeit. Sie lächelte, murmelte kurz »Entschuldigung« und tauchte Minuten später zur Wiedergutmachung mit einem Plastikbecher dampfenden Kaffees aus der Suppenküche – so nannte Amelia den Automaten auf dem Korridor – bei Jerry wieder auf.

Ihre unermüdliche Hilfsbereitschaft machte es allen leicht, ihre neugierigen Fragen zu tolerieren. Wenn jemand stöhnte, daß man die Spesen von der Kasse im vierten Stock noch nicht abgeholt habe, erbot sie sich, das zu erledigen. Wenn die Redakteure unter Zeitdruck jammerten, sie müßten dies oder jenes erst abchecken, hatte Rose sich bereits *Who's Who* oder den *Roget's* geangelt und die Fakten nachgeprüft, die Unklarheiten geklärt. Daß den Kollegen Roses Eifer nicht auf die Nerven ging, lag an ihrer stillen unaufdringlichen Art.

»Verdammte Schreiberlinge«, hatte sich der Feature-Redakteur beklagt. »Sie glauben, sie könnten alles aus Zeitungsausschnitten abkupfern, die wir ihnen natürlich heraussuchen müssen.« Er fuhr sich mit den Fingern gereizt durch die spärlichen grauen Haare, so daß sie ihm buchstäblich zu Berge standen. »Wir haben keinen Boten. Was denkt sich der faule Hund Henry Briggs wohl, wo wir die Ausschnitte herbekommen? Warum kann er nicht ins Archiv gehen und sie sich selbst holen?« Er starrte auf Margots unbewegten Rücken, der wie gewohnt über einige Fahnenabzüge gebeugt war.

»Ich werde gehen«, bot Rose sich freiwillig an. Dick schaute sie an, völlig verblüfft, daß es jemanden geben sollte, der so hilfsbereit war. »Mädchen, was bist du für ein Schatz! Würdest du das wirklich tun?« Rose hetzte durch die nassen Straßen der Stadt zum Zeitungsarchiv, wo in grünen Metallaktenschränken reihenweise die Ordner mit den vergilbenden Zeitungsabschnitten herumstanden. Sie war stolz darauf, dem unfreundlichen Aufsichtsbeamten erklären zu können, daß sie von der *Attitude* kam.

Margot – Chefin vom Dienst – fand Roses Eifer rührend und sympathisch. Sie dachte an früher, als sie selbst angefangen und sich krampfhaft bemüht hatte, sich den Journalistenjargon anzueignen und den zynischen Ton der erfahreneren Redaktionsassistenten zu kopieren.

»Ach, hier . . . wenn du schon so um mich herumschleichst, dann mach dich mal nützlich. Lies das Korrektur und kürz es um vier Zeilen.« Margot reichte Rose einen Fahnenabzug und lachte, als sie sah, wie Rose strahlte. »Ich weiß nicht, was Amelia dazu sagen wird . . . Wann arbeitest du überhaupt für sie?«

Rose erschrak. »Oh, ich bin mit ihrer Arbeit schon fertig. Ich komme morgens ganz früh und gehe erst um sieben.« »Schön dumm«, murmelte Margot. »Aber du wirst es auch noch lernen. Wie lange bist du schon hier? Einen Monat?«

»Neun Wochen.«

»Noch drei Wochen, und der erste Schwung ist dahin.«

»Aber ich möchte lernen.«

Margot seufzte hörbar und wühlte in einem Stapel von Nachschlagebüchern und unbearbeiteten Fahnenabzügen auf der Suche nach dem Redaktionshandbuch des Hauses. »Da, führ dir das mal zu Gemüte. Da steht alles Wesentliche drin. Der Rest ist reine Übungssache, solange du deine Grammatik beherrschst und alles, aber auch alles nachprüfst.«

Als Rose abends mit der Bahn nach Romford fuhr, studierte sie eifrig die kleine Broschüre und lernte, welcher Wortschatz, welche Abkürzungen, welche Schreibweise bei Binder Publications gebräuchlich waren. *Foto* und nicht etwa *Photo*, *Siphon* und nicht *Syphon*. Im Anhang waren in einer Art Geheimsprache die Korrekturzeichen für den Drucker aufgelistet.

Die Arbeit mit Amelia machte ihr riesigen Spaß. Amelia hatte einen erfrischenden Humor und eine sympathische rauhe und tiefe Stimme, die sie ihrer jahrelangen starken Raucherei verdankte. Inzwischen hatte sie das Rauchen aufgegeben, aber gelegentlich hatte sie doch noch großes Verlangen nach einer Zigarette. »O Gott, ein Königreich für einen Glimmstengel!« rief sie dann aus und warf neidische Blicke auf ihre Kollegen.

Nachdem Rose sich an Amelias exzentrisches Aussehen gewöhnt hatte und auch nicht mehr jeden Moment fürchtete, daß sie wegen Inkompetenz oder Unerfahrenheit gefeuert werden würde, wurde sie ein wenig gelöster und fand auch ihren charakteristischen Sinn für Humor wieder. Häufig saß sie dann, zusammen mit Amelia, prustend und kichernd über einem Leserbrief, oder sie amüsierte sich über einen besonders komischen Druckfehler auf den Fahnenabzügen.

Amelia schien nichts gegen ihre endlosen Fragen zu haben.

»Warum machen sie ein solches Getue darum, daß irgendwelche Wände durchgebrochen werden müssen?« fragte Rose, nachdem Jerry und ein anderer der Artredaktion eine nicht enden wollende Diskussion über dieses Thema gehabt hatten. »Kann Felicity nicht selber entscheiden, wie die Ausstattung sein soll?«

Felicity war die lange, unordentliche Redakteurin für »Heim

und Wohnen«. Amelia hatte bei Roses Frage laut gewiehert. »Es geht da um die allgemeinen Umbruchpläne, du kleines Dummchen, die Frage, wie die Farben verteilt werden sollen, welches die Vorzugspläne für die Anzeigen sind. Das macht uns jeden Monat aufs neue Kopfschmerzen, vor allem wenn zu viele halbseitige Annoncen in der Zeitschrift sind. Jedesmal, wenn Paul den Seitenspiegel macht, gibt es einen Kampf mit der Anzeigenredaktion, die versucht, sich sämtliche guten Farbseiten zu schnappen. Und sofort beginnen die Redakteure zu jammern, weil sie nicht den Platz und die Farbe bekommen, die sie wollen. Das Ganze ist ein Alptraum. Im Grunde ist Jerry immer derjenige, der schließlich dann doch noch die Wünsche aller unter einen Hut bringt, obwohl das keiner so richtig weiß. Du mußt ihn bloß mal beobachten. Er stellt eine halbe Seite um, überredet Paul, seine grandiosen Layoutideen ein wenig zurückzuschrauben, bearbeitet die Autoren so lange, bis sie ihre Beiträge kürzen, und einigt sich schließlich sogar noch mit Christine, der alten Schreckschraube, der sogenannten Artdirectorin.«

Rose hatte danach die Vorgänge, von denen Amelia erzählt hatte, ganz genau beobachtet. Der Seitenplan war ein großer Bogen Papier, der mit lauter Quadraten bedruckt war. Jedes Quadrat stellte eine Doppelseite dar. Darauf wurden die einzelnen Beiträge oder Annoncen wie die Teile eines Puzzlespiels hin- und hergeschoben, um schließlich ein optisch ausgeglichenes Bild für den Leser zu ergeben. Sie erfuhr, daß die rechten Seiten wertvoller als die linken waren, denn die meisten Leute blätterten mit der rechten Hand um, und ihre Blicke folgten den Händen. »Außer«, so sagte Jerry, »sie fangen von hinten an zu blättern. Die Schlußseiten dürfen also keinesfalls abfallen.«

Roses Eifer, alles zu lernen, was es über die Herstellung einer Zeitschrift zu lernen gab, wurde im Laufe der Wochen nur noch stärker. Sie konnte es einfach nicht glauben: sie, Rose Summer, hatte das Glück, für die *Attitude*, die anspruchsvollste und eleganteste aller englischen Frauenzeitschriften, zu arbeiten.

Kapitel 4

Eines Tages, Rose war ungefähr seit sechs Monaten dabei, stand die hübsche Gail Camberwell am Umbruchtisch, während Rose, die Ellenbogen auf Margots Schreibtisch gestützt, sich über eine Druckfahne beugte. »Hier, das sieht doch genau aus wie ein Arsch, der für einen Bikini weitaus zu fett ist. Wie heißt du, meine Liebe? Hättest du nicht Lust, eine Diät für mich auszuprobieren?«

Rose wurde feuerrot und richtete sich auf, während Jerry in ein schallendes Gelächter ausbrach. »Rose in einem Bikini? Da bleibt mir ja die Luft weg! Machst du dann auch ›Vorher‹-›Nachher‹-Aufnahmen, Gail?«

»Natürlich«, antwortete Gail kühl. »Beachte ihn nicht, mein Kind. Komm mal mit in mein Büro, dann erkläre ich dir alles ganz genau.« Rose folgte ihr, zu schüchtern, um zu protestieren und zu beschämt, um noch eine Minute länger am Umbruchtisch stehenzubleiben. Es war schon ziemlich lange her, daß sie die Sticheleien und taktlosen Witze ihrer Klassenkameraden über ihre Figur hatte ertragen müssen. Aber jetzt, da ihre Arbeitskollegen sich an sie gewöhnt hatten, schien sie erneut zur Zielscheibe gedankenloser Witze zu werden.

»Also: Alles, was du tun mußt, ist, diese Pülverchen in ein Glas Wasser einzurühren – sie schmecken jeweils verschieden –, und die Flüssigkeit dann dreimal täglich, anstatt der gewöhnlichen Mahlzeiten, zu trinken. Oh, du mußt übrigens auch noch ein paar Tabletten dazu einnehmen. Es sind nur Vitamine. Jetzt steig mal auf die Waage hier – zieh nur deine Schuhe aus –, Sally schreibt dann auf, wieviel du jeweils abgenommen hast. Also, morgen würde ich dich dann gern fotografieren ...«

»Morgen?« fragte Rose entsetzt. »So schnell werde ich doch bestimmt nicht abnehmen, oder?«

»Natürlich nicht«, knurrte Gail gereizt. »Es geht nur um die ›Vorher‹-Aufnahmen. Welche Kleidergröße hast du, meine Liebe?«

»Vierzig, nein, eigentlich zweiundvierzig«, sagte Rose mit fast tonloser Stimme.

»Gut. Und besonders groß bist du auch nicht. Einsfünfundfünfzig? Einssechzig?«

»Einsachtundfünfzig . . . Ich glaube, ich wachse noch ein bißchen«, fügte Rose entschuldigend hinzu. »Perfekt. Sally«, befahl Gail ihrer Sekretärin, »hol ihr was in Größe vierzig – Baumwolljersey oder so etwas.« Sie sah Rose prüfend an. »Irgend etwas Fliederfarbenes. Oder ein knalliges Pink.«

»In Pink sehe ich schrecklich aus«, jammerte Rose. »Ja, ganz bestimmt«, bestätigte Gail. »Du ißt jetzt vier Wochen lang nur noch dieses Zentigrammzeug, und dann machen wir noch einmal ein Foto von dir.« Sie lächelte. »Und wenn du deine Sache gutgemacht hast, dann suchen wir dir für die letzte Aufnahme ein hübsches Kleid in einer Farbe aus, die dir wirklich steht – und das darfst du dann behalten.«

Das Schlimmste an den Trinkmahlzeiten war nicht so sehr der labberige Geschmack, sondern vielmehr die Tatsache, daß Rose davon furchtbaren Hunger bekam. »Du hast doch bestimmt zwischendurch was gegessen«, fauchte Gail sie an, nachdem Rose noch nicht einmal ein Kilo abgenommen hatte und sie deshalb für die Reportage als unbrauchbar ausgemustert wurde. »Wie soll sich denn auf den Fotos eine dramatische Veränderung zeigen, wenn du praktisch dasselbe Gewicht hast. Zentigramm soll man *statt* der normalen Mahlzeiten und nicht nebenher essen. Eines der anderen jungen Mädchen hat zehn Pfund abgenommen, ein anderes sechs, und sie hat sogar vier Tage nach dir damit angefangen. Na ja, dann müssen wir eben mit zwei anstatt drei Versuchskarnickeln auskommen. In deinem Fall, mit deinem Hintern, ist das wirklich jammerschade, Louise.« – »Rose«, verbesserte Rose und wurde rot. »Tut mir leid.«

Sie war dankbar für das mitfühlende Lächeln, das Sally ihr schenkte.

Als sie ein paar Tage später mit ein paar Fotos für Amelias Seite in die Kunstredaktion trat, zuckte sie vor Schreck zusammen. An der Wand prangte eines ihrer Fotos, fast lebensgroß, Rose Summer in dem knallengen, häßlichen Jerseykleid. Hugo schaute sie kichernd über die Schulter hinweg an. »Enorm, nicht?« sagte er. »In mehr als einer Hinsicht. Ich habe schon gedacht, ich werd' mir's auf meine nächste Weihnachtskarte aufdrucken lassen.« Hugo war der stellvertretende Artdirector, ein gutaussehender Mann, der auf seinen Ruf, »pausenlos junge Mädchen aufzureißen«, wie Jerry es brutal bezeichnet hatte, außerordentlich stolz war.

»Ich hab' schon dran gedacht, es an den *Playboy* zu verkaufen. Du siehst aus wie eine der Luftmatratzen, auf denen man sich am Strand so schön sonnen kann«, bemerkte Joe, der Assistent für den Klebeumbruch, grinsend.

Sogar Paul, der melancholische Artdirector, lächelte boshaft. »Ich glaube, du bist Gails erster *Flop*«, sagte er affektiert. »Sie schäumt vor Wut.«

Roses Wangen brannten, und sie spürte plötzlich eine schreckliche Enge in der Brust. »Na ja, man kann nicht immer Sieger sein«, erklärte sie scheinbar gleichmütig. »In meinem Fall hätte Gail wahrscheinlich gegen die Naturgesetze ankämpfen müssen.«

Sie sah Hugo offen in die Augen. »Ich hoffe, deine Freunde fanden das ebenso lustig wie du. Wenn du es an den *Playboy* verkaufst«, sagte sie, und drehte sich zur Seite, um Joe ebenfalls ins Gesicht zu sehen, »dann erwarte ich eine prozentuale Beteiligung. Amelia schickt mich, ich soll euch diese Bilder zeigen.« Sie hatte sich wieder Paul zugewandt. »Sie dachte, zu ihrem Beitrag über gescheiterte Liebesbeziehungen gehört noch ein stimmungsvolles Bild, vielleicht eine Nebellandschaft im Herbst, und sie hat sich diese Fotos dazu besorgt . . . sie möchte wissen, ob sie für eine Reproduktion zu dunkel sind.«

Sie zwang sich, die verschiedenen Möglichkeiten zur Verwendung der Fotos sachlich durchzudiskutieren, obwohl sie sich nichts dringender wünschte, als aus dem schrecklichen Grafikraum zu fliehen und sich in der Toilette zu verstecken. Aber sie spürte zugleich auch ein leises Gefühl von Triumph, als sie merkte, daß Hugo und Joe die Köpfe tief über ihre Zeichentische gebeugt hatten und beschämt schwiegen.

Schwieriger war es, mit Sallys Freundlichkeit fertig zu werden, als diese wie zufällig in Roses Büro kam. »Also ehrlich, so siehst du nun wirklich nicht aus. Wir müssen eben immer eine besonders ungünstige Perspektive wählen, damit man auf dem ›Nachher‹-Bild den Unterschied deutlich sieht. Die Kamera täuscht da wirklich sehr, weißt du.«

»Ja, aber die Leute sehen mich manchmal auch aus einer ungünstigen Perspektive.« Rose blinzelte, weil ihr die Tränen in die Augen stiegen.

Sally tat so, als lese sie einen der Leserbriefe, die zuhauf in Roses Ablagekorb lagen. »Wer will denn überhaupt wie ein Model aussehen? Du solltest dir bloß mal Una Krakow ansehen, wenn die ungeschminkt und unfrisiert ins Studio kommt. Sie ist flach wie ein Brett, ihr Rücken ist mit Pickeln übersät und ihr Haar ist so dünn, daß ihr Agent sie dazu zwingen mußte, ein Vermögen für Haarteile zu investieren – und trotzdem soll sie angeblich in diesem Jahr das bestbezahlte Model sein. Aber im Grunde ist sie nichts als Haut und Knochen. Sie hat eben nur dieses edle Gesicht; deshalb ist sie so fotogen. Aber sämtliche Friseure kriegen bei ihr Verzweiflungsanfälle, und anscheinend bekommt nur Barbara Daly ihr Make-up einigermaßen hin, so daß ihre Haut annähernd wie Haut aussieht und nicht wie Mehlbrei.«

Sally plapperte munter weiter, damit Rose sich ein wenig entspannte. »*Deine* Haut und dein Haar würden diese Fotografen wahrscheinlich in helle Begeisterung versetzen. Ach komm, gehn wir rüber ins ›Löffelchen‹ und essen einen ordentlichen

Teller Fritten mit Mayo. Wen *interessiert* denn Gails blöde Diät überhaupt?«

Rose lächelte schwach. Sie fühlte sich ein wenig getröstet, aber Sally konnte natürlich nicht richtig verstehen, wie ihr zumute war. Sie war gertenschlank. Auf *ihren* Hüften würden sich die Pommes frites nicht als Pölsterchen festsetzen. Als Rose am nächsten Tag gezwungenermaßen noch einmal in den Grafikraum gehen mußte, um das Layout für Amelia abzuholen, war ihr Foto verschwunden.

Das Mittagessen mit Sally war angenehm und entspannt verlaufen, aber Rose wollte nicht aus Freundlichkeit und Mitleid zum Essen mitgenommen werden. Sie wollte dazugehören. Aber genau wie damals in der Schule hatte sie das Gefühl, ausgeschlossen zu sein. Dicke werden offensichtlich überall abgelehnt – so, als hätten sie eine ansteckende Krankheit, dachte Rose. In der Garfield-Gesamtschule hatten sie und Doreen und Maurice immer abseits der anderen Gruppen gestanden. Rose meinte den Grund zu kennen; sie waren die drei, die am unattraktivsten waren. Maurice war lang, mager und pickelig, und Rose und Doreen waren klein und rundlich. »Mit Maurice in der Mitte seht Ihr drei wie ein wandelndes Prozentzeichen aus«, hatte irgendein Junge einmal gelästert.

Rose versuchte, ihren Ärger herunterzuschlucken; der würde ihr auch nicht weiterhelfen. Sie müßte eben abnehmen, am besten wäre es, sie würde eine Weile lang überhaupt nichts essen. Es gab doch so viele Leute, die eine Zeitlang fasteten. Sie hatte irgendwo gelesen, daß man dreimal so lange ohne Nahrung wie ohne Flüssigkeit auskommen könne. Irgendwann würden die Witzeleien einmal aufhören. Irgendwie würde sie es schon schaffen, richtig dünn zu werden. Solange sie so dick war wie ein Ballon, würde niemand sie ernst nehmen. Sie wäre ganz einfach keine attraktive Persönlichkeit. Rose war überzeugt, daß jede Frau in einer bestimmten Phase ihres Lebens attraktiv sein kann. Jetzt war sie vielleicht dick und unansehnlich, aber das hieß nicht, daß sie immer so bleiben würde. Sie hatte fürs Abitur George Bernard Shaw gelesen, und einer seiner brillanten Aphorismen ging ihr nicht aus dem Sinn: »Sie war eine Frau, der das Alter nichts anhaben konnte, weil sie eigentlich nie attraktiv gewesen war.«

Aber die meiste Zeit war sie so fasziniert von der Atmosphäre und ihrer Arbeit bei der *Attitude*, die jeden Tag neue Erfahrungen, neue Abenteuer mit sich brachte, daß der Kummer über ihr Aussehen nicht ausreichte, um sie ernsthaft zum Abnehmen zu motivieren. Sie wollte unbedingt zu den kühlen, ironischen, distanzierten Leuten dazugehören, die in den Redaktionen arbeiteten – und sie wollte vor allem Artikel schreiben. Was für ein Gefühl müßte es sein, von Sandy, der kleinen, rothaarigen Hilfsredakteurin einen jener von Druckerschwärze starrenden Fahnenabzüge auf den Schreibtisch gelegt zu bekommen, mit ihrem Namen, Rose Summers, darauf? Sie ertappte sich dabei, wie sie liebevoll über die frisch gedruckten Seiten strich.

Jeder hier wirkte gutgelaunt, selbstbewußt, strahlend. Selbst die Gehässigkeiten schienen eher witzig gemeint zu sein. Rose betrachtete prüfend einige Fotos, die vom Drucker an die fotografische Abteilung zurückgegeben worden waren, während Lally Peters, die Moderedakteurin, sich einige Modeaufnahmen auf dem Lichtkasten ansah.

»Lally«, sagte Paul, »da du gerade hier bist, möchte ich gern, daß du dir einige Bilder aus Jonathan Clancys neuer Kollektion ansiehst.«

»Mmm . . . einen Augenblick. Dies ist das beste Foto von dem Kleid, aber es ist unterbelichtet. Eines Tages werde ich diesen Trevor noch erschießen.« Lally blinzelte weiterhin angestrengt durch ein kleines, viereckiges Glas.

»Jonathan hat mir gesagt, daß du zu seiner Show überhaupt nicht gekommen bist.« Pauls Blicke bohrten sich in Lallys gebeugten Rücken.

»Nein, ich konnte nicht, ich hatte einfach keine Zeit. Vier Modenschauen am Tag, wenn die neuen Kollektionen herauskommen, das ist wirklich kein Vergnügen mehr. Clancy ist im Grunde genommen nicht wichtig, Paul.«

»Aber guck dir doch bloß mal diese ... die Farbe, die Details.« In Pauls Stimme schwang Begeisterung mit.

Lally richtete sich auf und warf einen gleichgültigen Blick auf die Fotos, die Paul auf dem Tisch ausgebreitet hatte. »Er ist doch bloß ein guter Schneider, Paul. Zu Beginn der Saison muß ich vor allem die Trends zeigen. Er ist fürchterlich pingelig und spießig, verliert sich dauernd in Einzelheiten.« – »Ich kann mir nicht vorstellen, daß du dir die Sachen wirklich angeschaut hast.« Paul war gekränkt. »Seine letzte Kollektion hat er bei mir in meinem Landhaus entworfen.«

»*Wirklich?* Ich wußte gar nicht, daß seine Kleidung tatsächlich zur Designermode gehört.«

Paul raffte die Fotos ärgerlich zusammen. »Ich glaube, du machst einen Fehler, Lally«, bemerkte er herablassend. »Er kleidet ziemlich viele weibliche Mitglieder der Königsfamilie ein, weißt du.«

»Das überrascht mich nicht.«

Rose flüchtete aus dem Zimmer. Sie konnte ihr prustendes Lachen nicht unterdrücken, wollte aber niemanden damit vor den Kopf stoßen.

Nachdem sie es einmal geschafft hatte, Hugo und Joe in ihre Schranken zu weisen, gelang es ihr besser, sich gegen die spöttischen Bemerkungen ihrer Kollegen zu wehren. Sie begann sich selbst über ihre Figur lustig zu machen. Das tat ihr weh, aber es war angenehmer, als den Kollegen eine Angriffsfläche zu bieten. Wenn sie selbst ein paar ironische Bemerkungen machte, dann kam sie den Sticheleien der anderen zuvor. Sie hatte immer ein paar schlagfertige, gutgelaunte Kommentare oder Entgegnungen parat. Durch ihr herzliches, ansteckendes Lachen wurde sie den Kollegen sympathisch, so daß man schließlich auch ihr die neuesten Witze und Klatschgeschichten mitteilte, die vor allem dann blühten, wenn irgendein Schlußtermin verstrichen war und der nächste noch so weit entfernt lag, daß man sich ein wenig entspannen konnte. Wenn vier oder fünf ihrer Kollegen und Kolleginnen ihre Mäntel nahmen, um in den nahegelegenen Pub zum Mittagessen zu gehen, schloß sie sich ihnen, auch ohne ausdrücklich darum gebeten worden zu sein, fast immer an. Sie lächelte pflichtschuldig über jeden derben Witz, der über die angeblich übersensiblen, unzurechnungsfähigen Autoren oder die angeblich meist begriffsstutzigen Drucker gemacht wurde, holte eifrig die Getränke oder die belegten Brötchen von der Theke und wurde so zu einem geduldeten Mitglied der Gruppe.

Abends, wenn sie heimkam, erkundigte sich ihre Mutter nach den Tagesereignissen, und Rose konnte sich im Gespräch mit ihr ein wenig entspannen. Wenn sie von den Aufregungen und Katastrophen erzählte, die regelmäßig eintraten, bevor eine neue Ausgabe der *Attitude* fertiggestellt war, dann stellte sie ihre eigene Rolle immer als ein wenig bedeutungsvoller dar, als sie es in Wirklichkeit war. Während ihr Vater so tat, als sei ihm das Leben, das Rose führte, völlig gleichgültig, schien ihre Mutter Roses Geschichten als eine lebensnahe Fortsetzung ihrer geliebten Radio- und Fernsehserien anzusehen. Sie wollte alles ganz genau über die berühmten Models, die Autoren und Künstler wissen, die in der Redaktion vorbeikamen, über den Feature-Redakteur oder den Artdirektor, und vor allem, was die unglaublich elegante Chefredakteurin, Arabell Twyford, jeden Tag anzog. »Ich habe sie noch nie in etwas anderem als in Designerkleidung gesehen, Mum. Sie sieht toll aus, aber sie ist natürlich auch gertenschlank – sie sieht von hinten aus, als wäre sie gerade zehn, wenn man mal ihr dünnes graues Haar außer acht läßt. Sie hat ziemlich viele Falten, aber sieht eigentlich nett aus, man merkt, daß es vor allem Lachfältchen sind, und sie hat strahlende, hellblaue Augen. Amelia sagt, sie sei schon mit Ende Zwanzig grau gewesen – jetzt ist sie so um die Fünfzig, würde ich sagen. Amelia und Miss Twyford haben schon früher zusammen bei einer Zeitung gearbeitet, und Amelia beteuert, Miss Twyford sei wirklich umwerfend gewesen. Wenn sie den Flur entlangging, dann haben die Männer die Köpfe aus den Türen ihrer Büros gesteckt und ihr nachgeschaut.« Rose seufzte nachdenklich.

Sie bewunderte Miss Twyford – nur Amelia nannte sie »Bella«. Die anderen Angestellten der *Attitude*, die über alles und jeden eher respektlos zu reden pflegten, sagten, wenn sie ihren Namen erwähnten, immer nur »Miss Twyford«. Rose wünschte sich nichts mehr, als ihr nur ein bißchen ähnlich zu sein. Die *Attitude* hatte den Ruf, die beste Zeitschrift ihrer Art zu sein. Der Inhalt war ein eigenartiges Gemisch aus intelligent gemachten Reportagen, eleganten Modefotos und einigen Seiten mit Schönheitstips. Dazu kam ein bestimmtes Quantum an geistreichem Klatsch. Es gab auch eine leicht verrückte Kolumne mit dem Titel »Modernes Leben«, geschrieben von einer etwas exzentrischen freien Mitarbeiterin namens Cressida Inca, die immer mit einem so verwirrten Gesichtsausdruck in die Redaktionsräume stolperte, als hätte sie sich verlaufen. »Dies ist das eigentlich avantgardistische Paar der heutigen Zeit: eine Ehe zwischen zwei Männern . . . Die sensationelle neue Schlankheitskur: in Wasser gedünstetes frisches Gras in einem Dressing aus Eigelb und Kräuteressig . . . Der letzte Schrei in Sachen Modetanz nennt sich Roly Poly, eine neue ringkampfähnliche Bewegungsform, erdacht von Verushka Mengolis. Es heißt jedoch, daß dieser neue Tanz bei den meisten verheirateten Paaren zu einer gewissen sexuellen Entfremdung geführt habe.«

Insgesamt war die Kolumne eher ein amüsanter Schwachsinn, aber Sally behauptete, es kämen empörte Leserbriefe, wenn die Kolumne nicht erschien, beispielsweise weil Cressida in ihrer Unberechenbarkeit mal wieder überstürzt nach Marbella abgeflogen war. In keiner der anderen Frauenzeitschriften fand man etwas Ähnliches wie die leicht sarkastischen, aber sehr gescheiten Lebenshilfeartikel, die Amelia regelmäßig beitrug, und »Sybyls Horoskop« mit seinen düsteren Warnungen vor finanziellen Krisen und Herzensleid war ebenfalls recht beliebt.

»Warte ab, bis du Sybyl persönlich kennenlernst«, hatte Amelia gesagt. »Sie ist phänomenal. Wenn ich nicht bestimmt wüßte, daß sie noch nicht über neunzig ist, dann würde ich schwören, es wäre Margaret Rutherford höchstpersönlich, die uns einen Besuch aus dem Jenseits abstattet. Sie hat einen unheimlichen siebten Sinn. Natürlich lese ich auch immer mein Horoskop, obwohl das meiste wahrscheinlich ziemlicher Quatsch ist. Einmal hat sie einer unserer Reporterinnen prophezeit, sie würde ihren Verlobten ganz bestimmt nicht heiraten und innerhalb von fünfzehn Monaten ins Ausland ziehen. Judy hat nur mit den Achseln gezuckt, denn sie war von morgens bis abends mit ihren Hochzeitsplänen beschäftigt, und ihr Verlobter war Postbeamter, was Unbeweglicheres gibt es wohl nicht. Aber es ist genauso gekommen. Ihr Verlobter hat sie wegen einer Hotelrezeptionistin sitzengelassen, und kurz hinterher hat sie Wally getroffen, einen steinreichen Gammlertyp aus Australien, der per Anhalter durch die Welt reiste. Sie hat ihn geheiratet, und genau fünfzehn Monate später war sie die Ehefrau eines australischen Schafzüchters und wohnte ungefähr tausend Meilen von Sydney entfernt. Sie schreibt jetzt ziemlich ernste Unterhaltungsromane – was sollst du auch sonst machen, wenn du von morgens bis abends von blökenden Schafen umgeben bist?«

Das einzige, was Rose an ihrem neuen Leben überhaupt nicht gefiel, war die lange Bahnfahrt nach London und zurück. Die Züge waren immer überfüllt; oft fiel einer von ihnen völlig unvorhergesehen aus. Eines Tages, als sie ungewöhnlich spät, weil der reguläre Zug wegen Personalmangels wieder einmal ausgefallen war, die Shoeblack Street hinunterstürmte, um noch einigermaßen rechtzeitig in ihr Büro zu kommen, bemerkte sie zu ihrem Erstaunen, daß ein Elefant vor ihr hertrabte. Keiner der anderen Passanten beachtete das Tier. Die grauen Gesichter der Berufstätigen sahen bereits zu so früher Stunde erschöpft und unglücklich aus, und die Fähigkeit, sich zu wundern, war ihnen anscheinend schon vor vielen Jahren verlorengegangen. Offensichtlich beschäftigten sie sich mit dem, was im Laufe des Tages auf sie zukommen würde, denn ihre Blicke waren müde und nach innen gerichtet. Rose hastete voran und erreichte das Bindergebäude zur gleichen Zeit wie der Elefant. Der junge Mann, der das Tier führte, steckte seinen Fuß in die Drehtür, um sie anzuhalten, und klopfte gegen die Scheibe. Rose beobachtete, wie Kenneth, der arrogante Portier, sein Gesicht gegen das Glas drückte und wütend mit den Armen fuchtelte. Dann kam er, rot vor Ärger, durch die Seitentür herausgeschossen.

»Was denken Sie sich eigentlich? Sie können hier nicht rein – wir sind schließlich nicht beim Zirkus!« Der Elefant trat einen Schritt zurück und wäre fast auf Roses Fuß gestapft.

»Ich muß hier etwas abliefern«, stellte der junge Mann fest. Kenneths Ärger schien ihn nicht besonders zu beeindrucken. Er zog ein Stück zerknittertes Papier aus der Tasche und las: »Ein Elefantenbaby, um zehn Uhr morgens, für die Zeitschrift *Attitude*.« Er schaute auf seine große schwarze Armbanduhr. »Es ist jetzt genau fünf vor.«

»Das muß für Lally Peters sein«, rief Rose über den Elefanten hinweg dem Portier zu. »Ich glaube, sie macht im Atelier gerade die Aufnahmen für Freizeit- und Ferienmode.«

»Also hier kann er jedenfalls nicht rein. Colonel Binder muß jeden Augenblick kommen ... Also jetzt guckt euch das bloß an!«

Rose lachte. Der Elefant hatte hinter sich, direkt auf die Stufen, ein paar eindrucksvolle Haufen zu Boden plumpsen lassen. Der Führer musterte die Bescherung und bemerkte gelassen: »Sie. Es ist eine Sie. Sie haben sie erschreckt. Bimbo ist noch ein Baby.«

Im selben Augenblick fuhr Colonel Binders Mercedes vor.

»Führen Sie das Tier *sofort* hier weg«, fauchte Kenneth.

Rose kam dem Elefantenführer zu Hilfe. »Ich weiß den Weg. Sie müssen hier herum gehen.«

Das Elefantenkind mußte umkehren; der junge Mann und die verstörte Bimbo folgten Rose willig durch den Torbogen des Lieferanteneingangs, der zum Atelier führte.

»Ein ganz schön großes Baby«, lachte Rose. Sie rief durch die Gegensprechanlage: »Ein Elefant für Lally.«

Eigentlich wunderte sie sich über ihre eigene Courage. Wie viele ihrer ehemaligen Mitschülerinnen in der Garfield-Gemeinschaftsschule hätten es wohl geschafft, am frühen Morgen mit einem Elefanten fertig zu werden? Die meisten ihrer alten Klassenkameradinnen saßen jetzt wahrscheinlich bei irgendeinem Vorstadtfriseur unter der Trockenhaube oder verglichen die Preise von Einkaufswagen voller Lebensmittel.

Paula, Lallys Assistentin, war mit dem ungewöhnlichen Gast am frühen Morgen völlig überfordert. Als sie die Tür aufschloß, schwenkte Bimbo, das Elefantenmädchen, sein Hinterteil zur Seite und versetzte ihr einen leichten Stoß. Kreischend flüchtete sie in den Umkleideraum. Lally schrie etwas Giftiges hinterher, zuckte dann aber mit den Schultern. »Bring ihn rein«, befahl sie dem jungen Mann.

»Sie.«

»In dem Alter sollte man den Sex noch nicht so ernst nehmen«, meinte Lally milde lächelnd. »Danke, Rose.«

Jason Mandeville, der Fotograf, kam an die Tür und fixierte über Lallys Schulter Roses Hinterteil: »Wer von euch beiden ist denn nun eigentlich das Elefantenbaby?«

Kapitel 5

Doreen, Roses beste (und einzige) Schulfreundin, hatte sich an der Universität von York immatrikuliert. »Das ist die billigste Möglichkeit, um von zu Hause wegzukommen«, hatte sie einmal zu Rose gesagt, als beide Mädchen für ihre Prüfungen büffelten. »Mein Vater glaubt, ich würde ihm später in seinem Gemüseladen helfen. Mein Gott, das wäre ja die Hölle.« Sie hatte zuerst regelmäßig geschrieben und erklärt, sie habe überhaupt kein Heimweh, sie wünsche sich nur, daß Rose, ihre alte Freundin, bei ihr wäre. Im Laufe des Semesters wurden ihre Briefe immer seltener.

In einem dieser Briefe erwähnte sie dann einen netten Mann, den sie in einer Diskussionsgruppe kennengelernt hatte, dann hörte Rose wieder eine lange Zeit gar nichts von ihr, bis ein weiterer Brief eintraf, in dem fast ausschließlich von »Philipp« die Rede war und in dem Doreen im Zusammenhang mit Philipp erwähnte, daß sie mehr als 7 Kilo abgenommen habe. »Philipp spielt unheimlich gern Squash, und er versucht verzweifelt, es mir ebenfalls beizubringen. Er wandert auch sehr gern. Er wohnt in Yorkshire, in der Nähe von Leyburn, und am Wochenende laufen wir stundenlang durch die Landschaft. Die ist wirklich wunderschön – sogar im Winter.

Schade, daß du nicht mit mir nach York gegangen bist, Rose. Wir hätten bestimmt viel Spaß gehabt. Hier kann man so viel unternehmen – ganz anders als in Romford. Wie geht es Maurice? Ich hoffe, seine Akne hat sich ein bißchen gebessert.«

Rose fühlte sich plötzlich deprimiert. Doreen war nicht nur schlanker geworden, sie hatte auch einen Freund. Sie überlegte, ob sie vielleicht von der Station Liverpool Street bis zum Büro joggen sollte, aber auf den Bürgersteigen drängten sich die Passanten, und sie würde außerdem heiß und verschwitzt im Büro ankommen. Und wenn sie sich wirklich aufraffte zu joggen, dann würde sie wieder mit unflätigen Bemerkungen rechnen müssen. Roses Diätversuche wurden ständig von ihrer Mutter sabotiert, aber auch sie selbst konnte, wie sie sich ehrlicherweise eingestehen mußte, kaum jemals den Kartoffelchips widerstehen, die im Pub an der Ecke zu jedem Getränk serviert wurden.

Daß Doreen gerade nach Maurice gefragt hatte, fand Rose verwunderlich. Sie selbst hatte ihn fast ganz vergessen. In der Schule hatte er sich den beiden Freundinnen häufig angeschlossen. Er war in die Royal Academy of Music aufgenommen worden – ein Erfolg, der Rose überraschte, denn obwohl sein Vater in einem großen Orchester die zweite Geige spielte und seine Mutter früher Musikunterricht gegeben hatte, hatte er nie erwähnt, daß er selbst auch daran dachte, Musik zu studieren. Es war Rose im übrigen ziemlich gleichgültig gewesen, was Maurice später machen würde. Sie war zu sehr mit ihrer eigenen Zukunft beschäftigt gewesen, und Maurice, dessen war sie sich sicher, würde nicht Teil dieser Zukunft sein. Aber zufällig traf sie ihn nur wenige Tage nachdem Doreens Brief gekommen war, auf dem Bahnsteig in Romford.

»Hallo.«

»Hallo.«

»Du fährst in die Stadt?«

»Ja. Du auch?«

Nach diesem einsilbigen Wortwechsel warteten sie schweigend auf den Zug. Er war wie üblich sehr überfüllt, und die beiden mußten dicht aneinandergedrängt im Gang stehen. Rose war gezwungen, sich Maurices blühende Pickel ganz aus der Nähe zu betrachten. Es waren nicht weniger geworden – soviel würde sie Doreen schon mal berichten können.

»Lust, morgen abend ins Kino zu gehen?« murmelte er, kurz bevor sie sich am Bahnhof Liverpool Street trennten.

»Ja, warum nicht«, antwortete Rose. »Welcher Film?«

»*Equus*. Er ist ein bißchen verwirrend, aber er hat eine ganz tolle Besetzung. Meine Eltern haben sich das Theaterstück angesehen. Peter Shaffer hat auch das Drehbuch geschrieben.« Als sie ausmachten, sich vor dem Kino zu treffen, versuchte Rose, eine gleichmütige Miene aufzusetzen. Schließlich war es nur Maurice. Man konnte ihn wohl kaum als einen richtigen Verehrer betrachten, dennoch war sie sehr zufrieden, endlich einmal eine Verabredung zu haben.

Nach dem Kino, zu dem Maurice Rose trotz deren Proteste eingeladen hatte, gingen sie zu McDonald's. Rose verzichtete tapfer auf den Hamburger, hatte allerdings auch vergessen, daß sie und Maurice sich während des Films eine Tafel Trauben-Nuß-Schokolade geteilt hatten.

»Was genau studierst du an der Royal Academy?« fragte sie später, als der nahezu leere Zug nach Romfort zurückrumpelte.

»Ich werde Komponist.« Maurices Stimme klang gleichmütig, so, als sei dies die natürlichste Sache der Welt.

Rose versuchte, diesen ehrgeizigen Plan mit dem etwas beschränkten und nicht besonders attraktiven Klassenkameraden Maurice Meredith in Verbindung zu bringen. »Ich wußte gar nicht, daß du so viel Interesse an Musik hast. Du hast nie etwas davon gesagt.«

»Wir haben ja auch nie richtig über unsere Pläne gesprochen. Ich habe auch nicht gewußt, daß du so verrückt danach bist, für eine Frauenzeitschrift zu arbeiten.« – »Aber muß man dafür nicht besonders begabt und kreativ sein?«

Er lächelte verletzt. »Ich nehme es an. Ich vermute, die Akademie hätte mich nicht genommen, wenn es nicht auch ein paar Punkte gäbe, die für mich sprechen. Papa scheint von einigen Sachen, die ich gemacht habe, ziemlich beeindruckt zu sein.«

Rose hatte nicht arrogant erscheinen wollen. »Was für Musik komponierst du denn?« Sie konnte sich nicht vorstellen, daß Maurice Popmusik schrieb, obwohl er sich sein dünnes, glattes Haar ziemlich lang hatte wachsen lassen.

Maurice zuckte mit den Schultern. »Filmmusik, die interessiert mich am meisten. Was in einem Film eben die Stimmung ausmacht. Genau das natürlich, worauf man in der Akademie ein bißchen herabsieht, aber ich finde solche Melodien fazinierend.«

Rose versuchte, sich Maurice als Komponisten vorzustellen. Wenn er von seinen Zukunftsplänen erzählte, wirkte er sehr viel selbstbewußter und erwachsener. Sie zuckte zusammen, als er den Arm um sie legte. »Ich ... äh ... habe einen Brief von Doreen bekommen«, stotterte sie. »Sie schreibt, es gefalle ihr sehr gut in York...«

»Du siehst gut aus, Rose.« Maurice ging nicht auf Roses Bemerkung ein. Als er sich zu ihr herüberbeugte, um sie zu küssen, wehte ihr ein Hauch von Schokolade, Hamburgerfleisch und Zwiebeln entgegen. Im selben Augenblick lief der Zug in Romfort ein, und beide sprangen verlegen auf.

»Danke. Es war ein sehr schöner Abend«, murmelte Rose. Sie war ein wenig verwirrt und wußte nicht, wie sie sich verhalten sollte.

»Ich bring‘ dich nach Hause.« Maurices Stimme klang entschlossen.

Die Straßen in der Nähe des Bahnhofs mit dem grellen Neonlicht und ihren billigen, geschmacklosen Läden erschienen Rose plötzlich so deprimierend, daß sie kaum noch ein Wort herausbrachte. Sie atmete schnell und flach. Er hatte wirklich versucht, sie zu küssen. Jetzt, da der Moment verstrichen war, wünschte sie sich, daß sie ihn hätte gewähren lassen, vielleicht mit einem kleinen, amüsierten Lachen, so, als wäre sie es gewohnt, daß Männer sich an sie heranmachten. Am quietschenden Eisentürchen vor ihrem Elternhaus, das sich zu dem kleinen Vordergarten hin öffnete, blieb Maurice dann allerdings nur ein paar Sekunden lang unschlüssig stehen, murmelte »Bis bald!« – und machte sich dann auf den Heimweg. Rose spürte einen Stich in der Brust. Wieder einmal hatte sie alles verdorben. Sie hätte ihn ermutigen sollen. Er war zwar kein richtiger Verehrer, eben nur Maurice, ihr alter Klassenkamerad, aber zum Üben war er schließlich gut genug.

Der nächste Tag war düster und regnerisch; das paßte genau zu Roses Stimmung. An der Station Liverpool Street stieg sie in den Bus um. Sie fühlte sich müde und bedrückt. Der Abend mit Maurice – ihre allererste Verabredung mit einem Jungen – war ziemlich unbefriedigend verlaufen, und ihre Diät war durch die halbe Tafel Schokolade – mindestens 400 Kalorien! – jetzt ebenfalls durcheinandergeraten. Sie könnte sie ebensogut aufgeben. Mehr als eine Woche lang war sie vom Bahnhof Liverpool Street aus zu Fuß ins Büro gegangen und hatte weder gefrühstückt noch zu Mittag gegessen. Hätte ihre Mutter nicht darauf bestanden, daß sie zu Abend aß, dann hätte sie die Abendmahlzeit auch noch ausgelassen. Trotzdem hatte sie nur ungefähr ein Pfund abgenommen. Bei diesem Tempo würde es mindestens ein Jahr lang dauern, bevor man sie wirklich als schlank bezeichnen könnte. Ihr Kopf schmerzte, und sie fühlte sich etwas schwindlig.

Als sie jedoch ihr Büro betrat, besserte sich ihre Laune ein wenig. Sie liebte es, Amelias Post zu öffnen – das meiste waren Leserzuschriften. Inzwischen beantwortete sie viele der Briefe selbst. Amelia hatte ihr einen Aktenordner voller Standardbriefe gegeben, die sie als Orientierungshilfe benutzen konnte, auf einem Regal waren Bücher über Ehe, Scheidung, Adoption, Homosexualität etc. aufgereiht, und zusätzlich gab es noch ganze Aktenordner voller Berichte über verschiedene Pressekonferenzen, die häufig von bestimmten Gremien wie dem Institut für Eheberatung oder dem Verband der Alleinerziehenden veranstaltet wurden. Wenn Amelia nicht da war, dann konnte Rose alles, was unklar war, in einem dieser Bände nachschlagen.

Wie üblich, war sie früher im Büro als ihre Chefin, die gewöhnlich gegen zehn Uhr wie ein Tornado mit wehendem Umhang hereingewirbelt kam, irgendeinen der verrückten Hüte, die sie so sehr liebte, schief auf dem Kopf. Rose öffnete die Post und vertiefte sich in den Brief einer Leserin, die gerade zu dem

Zeitpunkt befördert worden war, als der Arzt die mysteriöse Krankheit ihres Ehemannes als multiple Sklerose diagnostizierte. »Meine Familie meint, ich solle meinen Beruf aufgeben, um mich um Edward zu kümmern. Ich bin hin und her gerissen. Seitdem wir vor sechs Monaten erfahren haben, was sein Stolpern und sein unsicherer Gang bedeuten, ist es mit ihm deutlich bergab gegangen. Auf der anderen Seite habe ich für diesen Posten sehr hart gearbeitet. Es hat Jahre gedauert, bevor ich zu einer leitenden Position aufgestiegen bin, und ich liebe meine Arbeit. Ich liebe aber auch meinen Mann, der seinen Beruf nicht länger ausüben kann.«

Es war abgemacht, daß Rose Briefe, die Amelia zu einem Artikel inspirieren könnten, herauslegen sollte. Gerade als sie das Schreiben dieser Leserin beiseite legte, stürmte Amelia herein, auf dem Kopf einen smaragdgrünen Strohhut, dessen Krempe mit einer Art Kletterbohnenpflanze dekoriert zu sein schien.

»Ja, genau, es sind Kletterbohnen«, bestätigte sie, als sie Roses fragenden Blick begegnete. »Die frischen Triebe sahen so hübsch aus, wie sie sich im Garten um eine Bohnenstange rankten, daß ich mir einen abgerissen habe. Sie werden schon welk, nicht? Na, macht nichts. Was machst du denn da eigentlich?«

»Ich dachte, dieser Brief könnte für Ihre Seiten ganz interessant sein.«

Amelia überflog die Zeilen. »Hmmm. Schwierig. Sie muß natürlich bei ihrem Mann bleiben. Der arme Teufel hat schon genug Probleme, und jetzt muß er vielleicht auch noch den ganzen Tag allein zu Hause herumhocken. Aber ich weiß nicht, wieso das den Stoff für einen ganzen Artikel hergeben soll.«

»Ich bin nicht ganz sicher ... « Rose verdrehte die Hände und stotterte ein wenig, während sie versuchte, ihren Standpunkt zu verdeutlichen. »Ich glaube, es ginge ihm noch schlechter, wenn er das Gefühl hätte, er blockiert ihre Karriere. Und außerdem, wenn sie beide den ganzen Tag zu Hause allein wären, dann würden sie einander gewiß auf die Nerven fallen. Wenn sie dagegen zur Arbeit ginge, dann könnte sie ihm abends ein paar interessante Geschichten erzählen, er würde sich darauf freuen, daß sie heimkommt, würde sich nicht so gefangen fühlen. Ihr Gehalt wäre auch sehr nützlich . . . ansonsten könnte es auch finanziell noch schwierig werden.«

»Das scheint dich ja ganz schön zu beschäftigen, was?« Amelia sah Rose prüfend an. Rose wurde rot, aber redete weiter. »Das ist so einer von diesen schrecklichen Konflikten, bei denen man eine Wahl treffen muß und Kritik und Ablehnung riskiert ... und wahrscheinlich gibt es eine ganze Menge Probleme, die ganz ähnlich gelagert sind. Wie ... «, sie versuchte krampfhaft weitere Beispiele zu finden – »wie wenn man wieder arbeiten geht und die Kinder einer Kinderfrau überläßt, oder wenn man *nicht* wieder arbeiten geht, obwohl man es sehr gern möchte, und zugleich seinen Kindern unbewußt grollt, weil man durch sie ans Haus gebunden ist. Das sind ganz schön schwierige Entscheidungen. Ich glaube, man könnte einen spannenden Bericht darüber schreiben.«

»Wirklich? Meinst du wirklich? Könnte sein, daß du recht hast. Versuch erst einmal, für mich rauszufinden, wie viele Frauen kranke oder hilfsbedürftige Verwandte pflegen und wie viele Mütter arbeiten gehen. Stell eine kleine Liste von anderen, ähnlichen Konflikten zusammen. Ich werde auch mal darüber nachdenken. Nicht schlecht die Idee, mein Kind, es könnte sein, daß du doch dein Geld wert bist.«

Amelia bleckte die bräunlichen Zähne. In manchen Momenten sah sie wirklich wie ein Pferd aus.

Im Vorraum zur Toilette begegnete Rose Erica, dem großen, blonden Mädchen, das ihr mit der elektrischen Schreibmaschine geholfen hatte, als sie zum Vorstellungsgespräch gekommen war. Diese hatte ihr Gesicht in einen schmuddeligen Streifen Handtuch aus einem Handtuchspender vergraben und schluchzte laut in den Stoff hinein.

»Was ist denn los?« Rose legte ihr die Hand auf die Schulter.

»Nichts.« Erica schluckte heftig, atmete tief durch die Nase ein und versuchte, ihr Schluchzen zu unterdrücken.

»Komm, ich hol dir eine Tasse Kaffee.«

»Nein, danke. Ich geh' jetzt wieder an meinen Schreibtisch.«

»Du solltest dir erst mal das Gesicht mit kaltem Wasser abspülen. Hast du ein bißchen Puder? Hier, du kannst meins nehmen.«

»Danke.« Erica kühlte sich das Gesicht mit Wasser und betupfte wütend ihre Nase mit der Puderquaste. »Bruce, dieser gemeine Hund . . .!« Plötzlich löste sich ihre Zunge. »Er hat gesagt, er liebte mich, er würde seine Frau verlassen, und gestern abend erzählt er mir, daß sie schwanger ist. Die ganze Zeit – zwei Jahre lang – hat er beteuert, daß sie nichts mehr miteinander hätten, nur noch wie Bruder und Schwester unter einem Dach lebten. ›Und wie ist sie dann schwanger geworden?‹ habe ich ihn angeschrien. ›Unbefleckte Empfängnis?‹« Wieder stiegen ihr die Tränen in die Augen.

»Nicht weinen, sonst mußt du noch einmal von vorn anfangen!« versuchte Rose sie zu beruhigen. »Komm, wir gehen zusammen zum Mittagessen. Es ist halb eins, und du hast eine ganze Stunde Zeit, dich ein bißchen zu erholen.«

»Ich werd' mich nie erholen. Und ich werde keinen Bissen herunterbekommen.«

»Dann trinkst du eben etwas.« Rose zuckte ratlos mit den Schultern.

Sie gingen schweigend zur Themse hinunter.

»Ich könnte mir denken, daß dein Ablagekorb mit Briefen von Leserinnen, die in verheiratete Männer verliebt sind, geradezu überquillt.« Erica versuchte zu lachen, aber es klang noch ziemlich kläglich. »Wahrscheinlich nichts Neues, das brauche ich mir gar nicht einzubilden. Zu Anfang wollte ich mich natürlich auf keinen Fall mit ihm einlassen. Ich hatte ihm eine Kurzgeschichte gezeigt, die ich selbst geschrieben hatte, und wollte seine Meinung darüber wissen. Er sagte, sie habe ›Charme‹, aber er würde gern mit mir einmal etwas ausführlicher, vielleicht bei einem

Abendessen, darüber diskutieren – im Büro habe er einfach zu wenig Zeit dazu.« Erica sah Rose von der Seite an. »Ich weiß, was du jetzt denkst. Eine Variation von: ›Ich würd' gern mal ein paar Aufnahmen von Ihnen machen.‹ Jetzt lachst du.«

»Ich lache überhaupt nicht«, protestierte Rose. »Ich hab'mir nur vorzustellen versucht, wie es wohl ist, ein Verhältnis mit einem verheirateten Mann zu haben. Ich hab' überhaupt noch kein Verhältnis gehabt. Ich hab' dich in gewisser Weise beneidet.«

»Dafür gibt es nicht den mindesten Grund«, seufzte Erica bitter. »Es tut furchtbar weh. Die Wochenenden sind am schlimmsten. Du stellst dir vor, wie er mit seiner Familie beim Essen sitzt, Freunde einlädt, mit dem Hund rausgeht, mit den Kindern spielt. Das ist die Hölle. Wenn er nicht da ist, dann leidest du, und wenn er da ist, dann mußt du jeden Moment darauf gefaßt sein, daß er verstohlen zur Uhr sieht. Nach und nach fühlst du einen furchtbaren Groll, eine furchtbare Bitterkeit in dir wachsen.«

Jetzt, da sie einmal zu erzählen begonnen hatte, konnte sie nicht mehr aufhören. »Ich hab' ihm gesagt, ich könnte es nicht mehr aushalten, wir müßten uns trennen, ich würde mir irgendwo anders einen Job suchen. Und daraufhin hat er mir versprochen, *wirklich versprochen*, daß er sie verlassen würde und mir vorgeschlagen, daß wir uns gemeinsam eine Wohnung suchen sollten.« Sie schnaubte in ihr Taschentuch.

»Meinst du *unseren* Bruce Wardour, den Redakteur für Belletristik und Unterhaltung?«

»Natürlich. Wen sonst?«

Rose hatte den großen, schlanken Mann ab und zu gesehen, wenn er an ihr vorbei in Amelias Büro ging, aber sie hatte noch nie mit ihm gesprochen. Er war zweifellos attraktiv, aber ziemlich alt. »Und was ist mit deiner Geschichte?«

»Was glaubst *du* denn? Sie war überhaupt nicht gut. Er hat sie nur als Vorwand benutzt, weil er mit mir essen gehen wollte. Er wußte, daß ich hinterher seinem Charme nicht widerstehen könnte. Er hat so viel Erfahrung mit Frauen, daß er ein Buch darüber schreiben könnte.«

Die beiden jungen Frauen gingen in ein kleines Weinrestaurant, um eine Kleinigkeit zu essen. Rose ließ sich die traurige Romanze in allen Einzelheiten schildern; Ericas Geständnisse jagten ihr einen wohligen Schauder über den Rücken, so, als hätte sie selbst eine solche Affäre gehabt. Sie vermutete, daß Erica den Mann nicht wirklich geliebt hatte. Der jungen Sekretärin hatte es natürlich geschmeichelt, daß einer der leitenden Redakteure sie attraktiv fand. Als Erica die Lügen und Tricks beschrieb, zu denen Bruce Zuflucht genommen hatte, um sie heimlich treffen zu können, wurde ihre Stimme immer lebhafter. Offensichtlich hatte sie die Aufregungen, die mit dieser Affäre zusammenhingen, mindestens ebenso genossen wie die Romanze selbst. Rose vermutete, daß Erica bald über die Sache hinweg sein würde. »Ich fange schon an, die Dinge wie eine richtige Kummerkastentante zu analysieren«, dachte sie. »Es liegt an den vielen Briefen.«

»Ich muß ins Büro zurück«, sagte sie laut.

Sie gingen die Whitecross Street hinauf und bogen in die Fleet Street ein. Erica warf einen Blick zum glänzenden schwarzen Bürogebäude des *Express* hinüber. »Also, eigentlich geht es mir nicht schlechter als noch vor ein paar Monaten. Ich kann mir immer noch einen anderen Job suchen. Mich dem Einfluß dieses Möchtegernplayboys einfach entziehen.« Sie nickte zum *Express*-Gebäude hinüber. »Ich geh' mal rüber und frage, ob sie einen Job für mich haben.«

»Einfach so?«

»Einfach so.« Erica fädelte sich rasch durch das Gewimmel von Bussen, Taxis und Personenfahrzeugen hindurch, zwang einen Taxifahrer, haarscharf vor ihr zu bremsen, und verschwand im Gewühl.

Es war bereits nach drei Uhr, als Rose Erica wiedersah. Diese schlüpfte zu ihrem Schreibtisch vor dem Büro des Reiseredakteurs und begann, wie eine Besessene in die Tasten der Schreibmaschine zu hämmern. Ob es ihr wohl gelungen war, einen Job bei einer großen Zeitung zu bekommen, nur indem sie im Personalbüro auftauchte und ein freundliches Gesicht machte? Tatsächlich: Erica hatte Erfolg gehabt. Einen Monat später sammelten die Angestellten der *Attitude* für ihr Abschiedsgeschenk.

»Ich bin ganz einfach eine gute Sekretärin«, erklärte Erica, als Rose sie fragte, wie ihre Bewerbung beim *Express* denn eigentlich gelaufen sei. »Tüchtige Sekretärinnen kann man bei einer Zeitschrift immer gebrauchen; für die Sklavenarbeit werden immer Leute gesucht.«

»Ganz besonders, wenn die Sklavinnen blond sind und tolle Beine haben.« Sandy war mit Amelias Seiten hereingekommen und hatte das Gespräch mit angehört. »Sag' Amelia, wir wollen es um vier Uhr zurückhaben. Sie muß wahnsinnig viel kürzen; sie konnte sich in diesem Monat mal wieder nicht bremsen.« Sandy sah Erica mit unschuldigem Gesichtausdruck an. »Ein hochaktuelles Thema – es geht um Liebe im Büro.«

Kapitel 6

»Sie arbeiten doch bei der *Attitude*, nicht wahr?« Gerade als Rose das Bürogebäude betreten wollte, stellte sich ihr eine junge Frau in den Weg. »Würden Sie wohl bitte schön so lieb sein und mein Manuskript für mich mit hinaufnehmen? Es ist schon so spät, und ich habe wirklich *entsetzliche* Angst vor Margot, und außerdem habe ich meiner Tante versprochen, mich mit ihr zum Abendessen im *Fortnum* zu treffen, und ich muß mir noch schnell eine neue Strumpfhose kaufen. Gucken Sie doch bloß mal. . .«

Cressida Inca hob völlig unbefangen ihren schwarzen Samtrock und verschiedene altmodische Baumwollunterröcke hoch. Tatsächlich gähnte in der schwarzen Strumpfhose ein riesiges Loch, von dem unzählige Laufmaschen ausgingen. »Hier, können Sie's sehen?«

Rose nickte verlegen. Ein paar männliche Mitarbeiter der *Attitude* kamen vorbei und pfiffen anzüglich. »Sie brauchen es, bitte, nur auf Margots Tisch zu legen, wenn Sie so lieb sein wollen. Ich kann es einfach nicht ertragen, wenn mir jemand böse ist.« Cressida drückte Rose einen ziemlich schäbigen braunen Umschlag in die Hand und stürzte zurück zu ihrem Taxi, das am Straßenrand auf sie wartete. Rose sah, daß der Taxifahrer Cressida nachsichtig anlächelte. Offensichtlich hatte sie auch ihn mit ihrem Charme bezaubert.

»Wie, zum Teufel, konnten Sie von diesem verrückten Weib das Manuskript annehmen?« fragte Jerry sie eine halbe Stunde später. »Wir haben grundsätzlich mit Cressida vereinbart, daß sie es in jedem Fall persönlich vorbeibringt, weil sie regelmäßig wesentliche Einzelheiten vergißt – in dem Umschlag, den sie Ihnen gegeben hat, ist beispielsweise kein einziges Foto enthalten; sie erwähnt ein Restaurant, ohne zu sagen, wo es ist . . . Der

Text ist chaotisch, völlig ungegliedert. Das passiert jeden Monat aufs neue, deshalb behalten wir sie immer so lange hier, bis wir buchstäblich jedes einzelne Komma mit ihr durchgegangen sind.«

»Ist denn das Restaurant nicht im Telefonbuch?«

»Es wurde erst letzte Woche eröffnet. Und Cressida nimmt das Telefon nicht ab ...«

»Sie hat gesagt, sie wolle sich mit ihrer Tante im *Fortnum* treffen ...«

»Also, dann machen Sie sich mal so schnell wie möglich auf die Socken – vorausgesetzt natürlich, daß Cressida nicht geschwindelt hat – und dann bringen Sie sie her, wenn es sein muß unter Anwendung von Gewalt.« – »Aber ich muß noch einiges für Amelia erledigen ...«

»Pech gehabt. Das kommt davon, wenn man seine Nase in anderer Leute Angelegenheiten steckt.«

Ein wenig eingeschüchtert machte sich Rose auf den Weg in Amelias Büro. Sie gehörte offensichtlich noch immer nicht dazu. Sie schrieb eine kurze Notiz, die sie Amelia auf den Schreibtisch legte, und ging ängstlich wieder zurück zum Umbruchtisch. »Wo ist denn das *Fortnum* eigentlich?« fragte sie. Jerry knallte wütend mit den Schubladen und Schranktüren: »Die Frau macht mich noch wahnsinnig ...«

»Irgendwo am Piccadilly Circus«, erklärte Sandy hastig. »Nimm von der Fleet Street aus irgendeinen Bus zum Piccadilly. Der Schaffner wird das *Fortnum* bestimmt kennen. Eigentlich kennt es jeder.«

»Außer mir«, dachte Rose. Als sie das vornehme Geschäft betrat, wurde ihr klar, warum. Sämtliche Kunden sahen so aus, als wären sie steinreich.

»Kann ich Ihnen helfen, Miss?« Ein dünner Mann in einer Livree trat auf sie zu. Er hielt die Hände hinter dem Rücken verschränkt und sah sie mit ausdrucksloser Miene an.

»Abendessen ... ich suche jemanden, der hier zu Abend ißt«,

stieß Rose aufgeregt hervor. Sie sah sich neugierig um. Hundert verschiedene Teesorten in Dosen, wandhohe Regale mit Gläsern voller eingemachter Früchte, aber, soweit Rose sehen konnte, kein Restaurant. »Ah, Sie meinen wahrscheinlich das *Fountain*-Restaurant, Miss. Sie können natürlich durchaus den Weg durch unser Geschäft nehmen, aber es ist leichter, wenn Sie den Eingang Jermyn Street benutzen. Bitte folgen Sie mir.«

Es war nicht schwierig, die exotisch gekleidete Cressida in der Menge zu entdecken. Ihr edles Gesicht mit den großen dunklen Augen und ihr glänzendes, schwarzbraunes Haar fielen überall auf. Ihr gegenüber saß eine zierliche, gutgekleidete Frau, die so ordentlich wirkte wie ein sorgfältig verschnürtes Paket.

»Tut mir leid, daß ich störe.« Rose wurde vor Verlegenheit feuerrot. »Entschuldigung, Cressida, Jerry sagt, Sie hätten die Fotos vergessen, und es fehlen noch einige wichtige Angaben ... außerdem ist das Manuskript schon längst überfällig.«

»Oh, neiiin!« Cressida faßte sich an den Kopf. »Ich hab' die Fotos in meiner Wohnung. Ist er« – ihre Stimme wurde leise – »ist er sehr böse?«

»Es scheint so. Allerdings vor allem auf mich.«

»Zu meiner Zeit hat man mir unbekannte junge Damen zunächst einmal vorgestellt«, fuhr Cressidas Tante giftig dazwischen. »Wer ist denn die junge Frau eigentlich?« Sie sah Cressida streng an.

»Tut mir leid, Tante ... « Cressida warf Rose einen fragenden Blick zu. »Ich kenne leider Ihren Namen nicht.«

»Rose. Rose Summers. Ich arbeite für Amelia Barnsbury.«

»Das ist Rose Summers, Tantchen . . . Rose, das ist Lady Tollard.«

Nachdem Rose ihr Anliegen erklärt hatte, ließ sich Lady Tollard die Rechnung geben. »Also, wir müssen die Sachen natürlich sofort herbeischaffen. Das ist wirklich nicht sehr professionell, Cressida. Nelson hält sich irgendwo draußen auf. Sag dem Portier, er solle ihn suchen, während ich die Rechnung begleiche.« Sie lächelte Rose an. »Mein Mann, Lord Tollard, ist im Zeitungsgeschäft. Es tut mir leid, daß wir Sie nicht zum Essen einladen können. Cressida ist ein liebes Mädchen, aber leider außerordentlich zerstreut. Finden Sie Ihre Kolumne nicht auch ein wenig schockierend? Ich weiß nicht, warum Bella das mitmacht. Sie hat für meinen Mann gearbeitet, wissen Sie . . . vor vielen Jahren.«

Rose starrte Lady Tollard voller Bewunderung an. Lord Tollard war einer der großen Zeitungsmogule der Fleet Street.

Nelson fuhr die drei Frauen in einem riesigen grauen Mercedes zu Cressidas Wohnung in der Halkin Street. »Ich steige hier aus, Nelson. Ich muß noch einige Besorgungen machen. Wenn Miss Inca die fehlenden Sachen gefunden hat, dann fahren Sie die beiden jungen Damen bitte zur Fleet Street zurück. Auf Wiedersehen, meine Liebe. Cressida muß Sie irgendwann einmal, wenn wir mehr Zeit haben, zum Tee mitbringen. Hoffentlich können Sie Ihre Deadline noch einhalten.«

Cressida kicherte, als sie vor Rose die Treppe hinaufging. »›Deadline‹ – sie benutzt solche Wörter mit Begeisterung. Sie hat ungefähr drei Monate lang für meinen Onkel gearbeitet, und sobald sich eine Gelegenheit ergibt, läßt sie ein paar Wörter aus dem Journalistenjargon einfließen. Sie tut immer so, als wäre sie ein unentbehrlicher Bestandteil der Fleet Street. Aber ansonsten ist sie ziemlich vernünftig und nett.«

In Cressidas Wohnung wurde Rose mit einem Schlag klar, warum deren Manuskript nie vollständig waren. Überall lagen Zeitungen, Zeitungsausschnitte und Zeitschriften herum. Auf dem Fußboden stand ein Tablett mit leeren Weinflaschen und zwei Gläsern. Auf dem Teppich waren Kissen, Tücher und Kleidungsstücke verstreut. Roses Blick fiel auf ein riesiges Porträt über dem Kamin. »Meine Ur-Ur-Großmutter«, erklärte Cressida. »Meine Mutter hat es mir geschenkt, weil ich dieser Dame angeblich so ähnlich bin. Sie war Spanierin und ist mit vierzehn von zu Hause weggelaufen und nach Paris gegangen. Als sie einmal vor dem Schaufenster von Cartier stand, blieb ein Mann neben ihr stehen und flüsterte ihr ins Ohr: »Suchen Sie sich irgend etwas aus, was Sie haben möchten.« Sie wählte das teuerste Schmuckstück, das sie sehen konnte, und er schenkte es ihr. Sie wurde später eine ganz berühmte Kurtisane. Nachdem meine Mutter mir die Geschichte erzählt hatte, habe ich mich einige Male ziemlich provozierend vor *Garrad* gestellt, aber nichts ist geschehen. Haben Sie einen Freund?«

»Eigentlich nicht.«

»Dann kann ich Ihnen vielleicht ein paar von meinen Verehrern abgeben. Die meisten fallen einem mit der Zeit wirklich furchtbar auf die Nerven.« Cressida zeigte auf eine Perserbrücke zu ihren Füßen. »Das ist der Teppich, auf dem Blake Gover mich vernaschen wollte.«

»Blake Gover, der Abgeordnete?« fragte Rose ungläubig. Er war ein Parlamentsmitglied, ein äußerst fanatischer Linker.

»Ja. Er ist ein Ekel, nicht? Aber lustig. Ich mag Männer, die mich zum Lachen bringen.« Sie hob eine boshafte aussehende schwarze Katze vom Boden hoch. »Dies ist mein Schutzgeist. Schauen Sie, sie hat sechs Zehen. Ich hab einen Schlüsselring mit einem Anhänger aus schwarzem Fell, und als die kleine vierjährige Tochter meiner Schwester mich gefragt hat, was das sei, habe ich ihr erzählt, daß Ingrid früher zwei Schwänze gehabt habe und daß ich einen für meinen Schlüsselanhänger abgeschnitten hätte. Man sollte Kinder wirklich nie anlügen. Die darauffolgenden Wochen hat sie nämlich immer wieder versucht, ihrer Katze den Schwanz abzuschneiden, weil sie meinte, es würde sofort wieder einer nachwachsen.«

Während Cressida weiterplapperte, hob sie auf der Suche nach ihren Fotos verschiedene Kissen hoch, schüttelte Bücher und Kleidungsstücke aus und schaute hinter sämtliche Vorhänge. Rose wurde immer nervöser. »Hier sind sie!« rief Cressida schließlich aus der Küche. »Im Kühlschrank. Jetzt fällt mir natürlich ein, daß ich sie da hineingelegt habe, damit ich nicht vergesse, sie mitzunehmen. Aber natürlich habe ich mal wieder nichts gegessen, sondern bin gleich ins Restaurant gegangen.«

»Kommen Sie denn jetzt nicht mit mir in die Redaktion?« fragte Rose ängstlich. »Jerry hat gesagt, ich sollte Sie mitbringen, falls noch irgendwelche Fragen zu klären wären.«

»Unter keinen Umständen.« Cressida wirkte plötzlich so nüchtern und vernünftig, als hätte man sie unter eine kalte Dusche gestellt. »Er ist immer so gemein zu mir, und außerdem fühle ich mich heute abend furchtbar nervös – und ich möchte mich doch *wunderbar* fühlen.« Sie lachte. »Ich will einen gutaussehenden, nicht ganz mittellosen Banker mit meinem Charme verführen – und das wird mir nur gelingen, wenn ich mich wirklich *großartig* fühle. Es dauert ungefähr eine Stunde, bis ich so richtig in Stimmung bin. Nelson bringt Sie zurück, Tantchen hat es erlaubt. Bitte, Rose, jetzt fehlt bestimmt nichts mehr. Jerry kann wirklich nicht mehr meckern, *ganz bestimmt nicht.*«

Aber Jerry konnte meckern, und er tat es auch. Und ebenso Amelia. »Wo warst du denn die ganze Zeit?« knurrte sie. »Du hättest inzwischen schon dreimal essen gehen können. Dauernd hat das Telefon geklingelt, und in der Zentrale haben sie die Nase voll davon, ewig irgendwelche Nachrichten aufschreiben zu müssen. Ich mußte zu der Pressekonferenz vom Verband der Alleinerziehenden gehen, und das hat sich ewig lang hingezogen. Ich habe mich auf dich verlassen, mein Kind, und du hast mich einfach im Stich gelassen.«

»Es tut mir leid. Ich bleibe heute abend so lange, wie Sie wollen. Jerry hat gesagt, ich müsse Cressida suchen, weil ich ihr Manuskript entgegengenommen habe, obwohl ich das nicht hätte tun dürfen.«

»Vergiß nicht, meine Liebe, daß du für mich arbeitest und nicht für Jerry, diesen Sklavenschinder. Du hängst viel zu häufig an seinem Tisch herum.«

»Es tut mir leid.«

»Das sollte es auch. Hast du die Zahlen für mich herausgesucht?«

Als Amelia die Liste mit den sauber getippten Fakten und Zahlen sah, war sie ein wenig besänftigt. »Mmm – das hast du alles herausgefunden?« fragte sie erstaunt. »Na gut, dann mach jetzt mit den Briefen da weiter.«

Einige Minuten später bemerkte sie, etwas freundlicher gestimmt: »Es scheint tatsächlich, als hätten wir da genügend Material für einen anständigen Artikel. Ich muß natürlich erst einmal mit ein paar Leuten reden . . .«

Im Laufe der nächsten Stunde besserte sich Amelias Laune zusehends. Um halb sieben stand sie auf und schlang sich einen riesigen Kaschmirschal um die Schultern. »Ich bin weg, mein Kind. Hör mal auf, auf die arme Maschine einzuhämmern. Morgen ist auch noch ein Tag. Bis morgen also.« Sie schlenderte am Umbruchtisch vorbei, beugte sich zu Jerry hinab und sah ihm tief in die Augen. »Miststück«, zischte sie ihm zu.

Mehrere Tage lang wagte es Rose nicht, ihren Arbeitsplatz zu verlassen. Meistens war Amelia freundlich und liebenswürdig zu ihr, aber sie konnte auch sehr hart sein. Nach dem Vorfall mit Cressida war sie zunächst kühl und distanziert, ganz und gar nicht mehr so kumpelhaft wie zu Anfang. Rose war geknickt, arbeitete aber noch fleißiger als zuvor.

Dick Crawley hatte sich angewöhnt, Rose anzusprechen, wann immer es etwas zu erledigen gab. Als er einen oder zwei Tage später vor Roses Schreibtisch stand und sie bat, sämtliche Werke von Iris Murdoch für ihn bei einem Verlag abzuholen, lehnte Rose ab. Dick war überrascht und verärgert.

»Aber ich muß morgen mit ihr essen gehen, um einen Artikel zu besprechen, den sie für uns schreiben will. Wirklich, meine Liebe, Sie machen das im Grunde nicht für mich; die Idee geht ganz allein auf Miss T. zurück.«

Rose schüttelte verlegen den Kopf. Sie hatte Dick vorher bei jeder Gelegenheit bereitwillig geholfen.

»Aber es dauert doch gar nicht lange . . .«

»Es tut mir leid«, stotterte Rose. »Ich hab soviel für Amelia zu erledigen.«

Dick starrte sie wütend an. »Wenn Sie den ganzen Tag lang nur auf ihrem Hintern sitzen, dann ist es ja kein Wunder, daß Sie so fett sind«, zischte er sie an. Dann machte er auf dem Absatz kehrt.

Einige Wochen später kam der Artikel über die typischen »Lebenskonflikte der Karrierefrau«, den Rose Amelia vorgeschlagen hatte, als Fahne zurück; es war nur noch eine rechtliche Frage zu klären. Amelia hatte sich verspätet, und Sandy war schon zweimal dagewesen, um die Fahne wieder abzuholen. Das war der Augenblick gewesen, als das Bartholomäus-Krankenhaus angerufen hatte; Amelia lag verletzt auf der Krankenstation, und für Rose hatte sich dadurch die Chance ergeben, zum ersten Mal selbst einen Artikel zu schreiben.

Kapitel 7

»Um Himmels willen!«

Einige Tage, nachdem Amelia wieder an ihren Arbeitsplatz zurückgekehrt war, stand Lally in der Türöffnung von Amelias Büro und musterte entsetzt Amelias buntverfärbtes Gesicht. Amelia tat so, als merkte sie es nicht.

»Ich hab' schon gehört, daß du so aussiehst, als hättest du ein oder zwei Runden mit Mohammed Ali hinter dich gebracht, aber so farbenprächtig hab' ich's mir denn doch nicht vorgestellt. Arme Amelia. Tut's weh?«

»Nur wenn ich lache, und dazu besteht keine Veranlassung, wenn du weiter so dummes Zeug quatschst«, gab Amelia mürrisch zurück.

»Ich hab' so einen speziellen Make-up-Stift, den wir benutzen, um bei den Modellen die Pickel abzudecken. Möchtest du den mal ausleihen?«

»Einer wird wahrscheinlich nicht reichen – gibt's den vielleicht auch im Hunderterpack? Aber du weißt doch, im Grunde macht es mir riesigen Spaß, die Leute zu erschrecken. Bist du nur gekommen, um zu gaffen, oder wolltest du mir auch was sagen, was mit der Arbeit zusammenhängt?«

»Ich wollte mir nur, wenn es geht, mal unsere kleine Rose hier ausleihen. Paula ist krank – aber wenn sie da ist, ist mit ihr natürlich auch nur sehr wenig anzufangen. Hast du von dem Elefanten gehört? Sie hat mal wieder völlig die Nerven verloren. Ich muß morgen ein paar Aufnahmen für die Septemberausgabe machen, und Miss Twyford hat mir vier zusätzliche Seiten gegeben. Ich weiß nicht mehr, was ich machen soll, und die Redaktion hat Rose vorgeschlagen. Ich leih dir Paula dafür, wenn sie zurückkommt. Sie ist ganz gut im Briefeschreiben, wenn du ihr *ganz genau* sagst, was du möchtest, aber im Studio steht sie einem eher im Wege.«

»Diese verdammten Redakteure, ewig holen sie sich Rose für irgendwelche angeblich dringenden Arbeiten. Es ist wirklich nicht fair ...«

»Aber das finde ich doch gerade so gut«, protestierte Rose. »Ich möchte wirklich *alles* lernen.«

»Oh, Gott. Wenn du das im Vorstellungsgespräch gesagt hättest, dann hätte ich dir den Job bestimmt nicht gegeben«, stöhnte Amelia. »Ich mag am liebsten Assistentinnen, die keinen Funken Ehrgeiz haben; bei denen hat man wenigstens seine Ruhe.« Sie warf Lally einen wütenden Blick zu. »Ich vermute, ich werd's auch allein schaffen. Aber Paula muß mir helfen, wenn wir in Verzug geraten.«

Rose lächelte. Offensichtlich hatte Amelia ihren Ärger wegen der Cressida-Inca-Sache vergessen.

Zwar hatte Rose die Modeseiten immer bewundert, aber bisher hatte sie Lally noch nie bei ihrer Arbeit zugesehen. Mit Paula hatte Rose nur selten gesprochen; die junge Frau fühlte sich offensichtlich ständig überfordert. Sie war mager, humorlos und ängstlich und huschte immer so schnell wie möglich in Lallys Büro zurück, sobald sie deren Manuskript an die Redakteure und Lallys Bilder an die fotografische Abteilung weitergegeben hatte. Im Modeatelier ging es zu wie in einem Taubenschlag: Boten trugen Kleiderständer und große Kästen voller Gürtel, Schuhe, Halstücher und Schmuck vor sich her. Die Ware war für Lettice Newton bestimmt, die für die Accessoire-Seiten verantwortlich war.

»Oh, gut. Komm rein«, forderte Lally sie auf, als Rose im Türrahmen des Studios stand. Wegen ihrer Kurzsichtigkeit trug sie ständig eine riesige Brille mit Schildpattgestell; ihr Haar war wie immer glatt zurückgekämmt, so daß ihr Gesicht sehr edel aussah, so, als sei es aus poliertem Ahornholz geschnitzt.

»Du bist ein Geschenk des Himmels, Rose. Wir müssen furchtbar viel schaffen, und sie haben uns leider ein Ersatzmodel geschickt, das bei weitem nicht so gut ist wie Maya.« Sie schob

Rose hinüber in den Ankleideraum und stellte sie Tina und Irina, den beiden Models, und Ted, dem Modefriseur, vor. »Meg, die Maskenbildnerin ist noch nicht hier. Sie kommt ewig zu spät, die blöde Tussi, aber sie ist wirklich gut. Vielleicht rufst du mal an, um zu sehen, ob sie schon unterwegs ist – ihre Nummer steht in dem schwarzen Buch da drüben.« Sie wies auf ein dick mit Zetteln vollgestopftes schwarzes ledernes Adreßbuch. »Hier ist eine Liste der Aufnahmen. Du mußt sie nacheinander ordnen, damit Irina sich anziehen kann, während Tina fotografiert wird. Vielleicht machen wir auch ein paar Doppelaufnahmen – ich muß mir das noch mal überlegen. Wir werden sehen, wie's läuft. Tim ist mit der Dekoration noch nicht zufrieden, aber er will sich die Kleider gleich mal ansehen. Wenn die Models aus der Dekoration rausgehen, dann achte darauf, daß sie die Kleider nicht mit ihrem Make-up verschmieren, und häng sie schön wieder auf.« »Mach die Zigarette aus, Irina, jetzt wird nicht mehr geraucht.« Sie warf der großen, schlanken Eurasierin einen giftigen Blick zu, lächelte ihr aber im nächsten Augenblick wieder freundlich und ermutigend zu. »Diese Fummel kosten ein Vermögen, und ich möchte nicht, daß später Brandlöcher drin sind.«

Rose zitterte vor Aufregung. Die Models saßen vor großen Spiegeln, die am Rand mit Glühbirnen bestückt waren, und starrte wie hypnotisiert auf ihr eigenes Bild. Der Friseur rollte Tinas Haar auf heiße Wickler auf. Offensichtlich hatte er mit der jungen Frau schon früher zusammengearbeitet; jetzt schwatzten die beiden über bekannte Models, Reisen, Fotografen . . .»Hat Bertie denn Hazel *und* Fiona auf die Bermudas mitgenommen, und wenn ja, ist das denn überhaupt gutgegangen, denn Fiona hatte doch angekündigt, sie würde Hazel umbringen, nachdem sie ihr John zeitweilig ausgespannt hatte. Sie hat ihn übrigens gezwungen, sich von Kopf bis Fuß durchchecken zu lassen, nachdem er damals von seinem netten Ausflug mit Hazel, den die beiden angeblich rein beruflich für die *Verve* unternommen hatten, zurückgekehrt war ...« Das Geplapper schien überhaupt kein Ende zu nehmen. Rose schwirrte der Kopf.

Tina hatte sich in ein schmuddeliges Baumwolltuch gehüllt, und Irina trug als einziges Kleidungsstück einen winzigen Tangaslip. Rose versuchte, nicht auf die kleinen, spitzen Brüste mit den winzigen braunen Brustwarzen zu starren. Die junge Frau sah mit ihren langen Beinen unglaublich graziös und schlank aus; nur ihre Füße waren erschreckend häßlich.

Rose arbeitete schnell und zuverlässig wie ein Automat, immer darauf bedacht, die Kleidungsstücke mit den richtigen Accessoires, die sie für Lally aus irgendwelchen Tragetaschen herausfischen mußte, zu kombinieren. Dabei versuchte sie, sich die verschiedenen Kleidungsstücke zu merken, denn die Modehäuser, in denen die Sachen zu kaufen waren, und die entsprechenden Preise mußten im Begleittext genannt werden.

Als sie sah, wie die graziösen, mageren Geschöpfe gleichmütig in die eleganten Kleidungsstücke schlüpften, fiel ihr ein, wie sie selbst immer unglücklich und schwitzend in den Umkleidekabinen von Kaufhäusern und billigen Boutiquen gestanden hatte. Sie dachte an die vielen peinlichen Situationen, beispielsweise wenn eine der Verkäuferinnen die Kleidung wieder wegtrug und kühl bemerkte. »Ich hätte ihnen gleich sagen können, daß Sie eine größere Größe brauchen«, oder: »Es tut mir leid, wir führen nur bis Größe 42.«

Rose mußte Ted, den Modefriseur, zum schnelleren Arbeiten antreiben und zwischendurch immer wieder winzige Knitterfältchen in der Kleidung ausbügeln. »Durch die Scheinwerfer wirkt alles viel schlimmer«, sagte Lally und inspizierte das durchgestylte Model, eine junge Frau, mit der sich der Friseur gerade über eine Stunde lang beschäftigt hatte. »Sie sieht ja wie eine Puppe aus«, stöhnte Lally und machte sich daran, mit gespreizten Händen die gerade eben kunstvoll aufgetürmten Locken zu zerzausen.

Es war ein Genuß, zu sehen, wie unter Lallys Händen ein

Kleidungsstück durch geschickt ausgewählte Accessoires viel besser zur Geltung gebracht wurde. Wenn sie ein langweiliges grünes Wollkostüm von der Stange mit einem sündhaft teuren orangefarbenen seidenen T-Shirt kombinierte, dann wirkte es wie ein Modell der Pariser Haute Couture. Sie suchte die passenden Gürtel, den passenden Schmuck aus und behängte die betreffende junge Frau mit riesigen Ketten und Armbändern. Rose war verblüfft, wie geduldig Lally sich selbst um die kleinsten Details kümmerte. Sie bekam plötzlich Lust, ihre Schränke auszuleeren und ihre sämtlichen langweiligen und biederen Sachen in die Altkleidersammlung zu geben. »Die Leserinnen werden das Kostüm kaufen, weil es billig ist, aber sie sparen natürlich leider an den Accessoires, die es erst zur Geltung bringen«, seufzte Lally, als sie Roses Begeisterung bemerkte. »Du kannst die Frauen einfach nicht dazu bewegen, gute Accessoires zu kaufen, obwohl sie viel länger modern bleiben als die Kleidung. Aber ich versuche es eben immer wieder.«

»Wofür haben Sie denn das letztemal einen Elefanten gebraucht?« fragte Rose, während sie Irina den Reißverschluß zumachte und dann in den Kartons herumsuchte, um zu dem Kleid ein paar passende Schuhe zu finden. Tim machte seine Aufnahmen nur mit einem einzigen Thonet-Stuhl, auf den die Models sich in verschiedenen Posen lehnten oder stützten. Rose hatte das Gefühl, als wäre sie Lallys Partnerin, so freundlich und höflich wurde sie von allen behandelt.

Um zwei Uhr machten sie eine Pause. Das Mittagessen bestand aus belegten Broten und Mineralwasser. Rose beobachtete, wie Tina die Brote verschlang, als hätte sie noch nie etwas von Kalorien gehört, und dann noch einen Marsriegel hinterherschob. »Ich brauche die Energie«, erklärte sie, als sie Roses erstaunten Blick sah. Irina dagegen klappte jedes einzelne Butterbrot sorgfältig auseinander, beäugte mißtrauisch den Belag und mümmelte, nachdem sie zuvor sämtliche Mayonnaisereste mit einer Serviette abgetupft hatte, vorsichtig ein Salatblatt oder eine winzige Krabbe. Rose beobachtete sie und machte es ihr nach.

»Ich würde Ihnen gern mal einen schicken Schnitt verpassen«, sagte Ted lächelnd zu Rose, als sie wieder in dem muffigen Umkleideraum waren. »Ihr Haar ist so schön dick. Sie sollten eine Frisur haben, bei der der Hinterkopf betont wird. Die Seiten müßte man ein bißchen ausdünnen . . .«

»Lally bringt mich um«, entgegnete Rose. »Wir haben keinen Augenblick Zeit.«

»Dann kommen Sie doch am Samstag zu mir in den Salon. Es würde mir Spaß machen, bei Ihnen mal was ganz Neues ausprobieren.«

»Ich würde auch gern mal was Neues ausprobieren«, dachte Rose. »Am liebsten hätte ich probeweise mal einen neuen Körper und Kleidergröße 38.«

Es war bereits 19 Uhr, als die letzten Aufnahmen gemacht worden waren. Die Models waren im Laufe der langen, anstrengenden Arbeitsstunden nachlässig und ungeduldig geworden. Tim hatte Lally mehrmals zugeflüstert, es habe wenig Sinn, überhaupt weiterzumachen, die Models würden doch nichts mehr bringen. Er war wütend auf Irina wegen ihrer Füße, die auf jedem einzelnen Foto weggeschnitten werden mußten. Dadurch war das optische Gleichgewicht gestört. Er arbeitete weitaus häufiger mit Tina, die über die viele zusätzliche Arbeit schimpfte. Und natürlich schimpfte auch Irina, weil ihr Bild auf den Modeseiten viel weniger häufig erscheinen würde.

Als alles vorüber war, zerrten sich die beiden jungen Frauen die Kleider achtlos und hastig vom Leibe. Rose bemerkte kühl: »Wenn Sie sie zerreißen oder einen Flecken darauf machen, dann ziehen wir Ihnen die Kosten vom Honorar ab.« Die beiden warfen ihr erstaunte Blicke zu. Dann reinigten sie sich die sorgfältig geschminkten Gesichter mit einer Fettcreme, bevor sie in ihre eigenen Kleidungsstücke – ein paar Jeans und ein T-Shirt – schlüpften. Schließlich ergriff erst die eine und dann die andere ihre bis oben hin vollgestopfte Reisetasche und verließ mit einem erleichterten »Ciao – bis bald« das Studio. Zuletzt hatten sie wie ganz gewöhnliche Büromädchen ausgesehen, wenn auch ein wenig größer und schlanker als der Durchschnitt.

»Wenn Sie *mein* Gesicht so toll geschminkt hätten, dann hätte ich die ganze Nacht auf dem Rücken geschlafen und wahrscheinlich kein Auge zugetan«, sagte Rose zu Meg, der Maskenbildnerin.

Meg lachte. »Die haben jeden Tag ein anderes Gesicht. Man kann es ihnen schließlich nicht vorwerfen, daß sie zur Abwechslung mal mit ihrem eigenen nach Hause gehen möchten. Ich frag' mich oft, ob sie nicht wahnsinnige Minderwertigkeitskomplexe haben, da sie ihr Aussehen doch andauern verändern müssen. Offenbar will niemand sie so, wie sie sind. Komische Welt ist das.« Sie packte ihre kleinen Tabletts mit Lidschatten und Lippenstiftpaletten, den Satz Pinsel und ein halbes Dutzend Glasfläschchen mit verschieden getönten, deckenden Make-ups in einen metallenen Kasten. Rose dachte noch einmal voller Bewunderung darüber nach, wie Meg es geschafft hatte, jedes der beiden Mädchen so schön zu schminken; sie hatte Grundierungscreme aufgetragen, getupft, umrandet und angemalt – und am Ende hatten die Gesichter doch ganz natürlich ausgesehen. Sie wünschte sich, daß Meg sie auch einmal in eine solche Schönheit verwandeln würde. »Es war wirklich aufschlußreich, Ihnen bei der Arbeit zuzusehen«, sagte sie. »Ich kauf mir morgen als erstes einmal ein paar Flaschen Make-up.«

»Warum nicht – aber mit deiner Haut brauchst du eigentlich überhaupt nichts zu machen, die ist nämlich wirklich perfekt. Du weißt gar nicht, was für ein Glück du damit hast. Also, bis bald.«

Rose hängte das letzte Kleidungsstück auf den Bügel, heftete den letzten Lieferschein des entsprechenden Warenhauses an das Polaroid-Identifikationsfoto, half Lally, die Ketten, Armbänder und Ohrringe in Seidenpapier einzuwickeln und zog sich den Mantel an, um nach Hause zu gehen.

»Kommt mit, Ihr beiden, ich lad' euch zu einem Glas Wein ein.« Tim hatte den Umkleideraum betreten. »Das haben wir uns alle drei redlich verdient. Millie kann das Zeug morgen wieder zurückbringen. Wenn wir alles gut abschließen, dann kann nichts passieren.« Er schnupperte und zog angeekelt die Nase kraus. »Uuuh. Eklig. Es riecht hier ja wie im Puff. Nichts wie raus. Übrigens – noch eine Aufnahme, und ich hätte Irina in die Kniescheibe geschossen.«

»Ja, morgen spreche ich mit der Agentur«, sagte Lally verständnisvoll. »Wie können sie uns bloß ein Model schicken, das sich dringend einer orthopädischen Operation unterziehen müßte? Glaubst du, daß wir jetzt alles im Kasten haben? Genug für zwölf Seiten?«

»Klar. Es gibt ein paar sehr gute Fotos von Tina, die du ganzseitig bringen kannst.«

Rose war stolz, daß sie in die Gespräche einbezogen wurde, fast so, als stünde sie auf einer Stufe mit der erfahrenen, tüchtigen Lally. Sie genoß es, mit ihren beiden älteren Kollegen in das kleine Weinrestaurant in der Nähe von Tim Jonas' Friseursalon zu gehen. Vor allem freute sie sich darüber, daß Lally ihr so warm und herzlich dankte und daß Tim sie über den Rand seines Glases hinweg so anerkennend ansah. Nachdem er mit einem einzigen Zug die Hälfte des Glases ausgetrunken hatte, lächelte er. »Du warst toll, Rose. Wo hast du denn vorher gearbeitet?« Als sie erzählte, daß sie noch nie zuvor bei Modeaufnahmen dabeigewesen war, wollte er es ihr fast nicht glauben.

Als sie spät am Abend mit dem Zug heimfuhr, war sie todmüde, aber glücklich. Sie sah den Ordner mit den verschiedenen Textbeiträgen und Aufnahmen durch, stellte sich vor, wie die fertigen Modeseiten der Zeitschrift aussehen würden und überlegte, wie sie selbst wohl den Begleittext formulieren würde. Ein Laie konnte sich wohl kaum vorstellen, wie aufwendig und anstrengend es war, gute Modeseiten zu machen.

Plötzlich bemerkte sie, daß sich ein junger Mann neben sie

gesetzt hatte; Maurice. »Ich habe am anderen Ende des Waggons gesessen und dich plötzlich entdeckt«, erklärte er. »Wir hatten heute abend unsere erste Orchesterprobe. Du bist aber auch ganz schön spät dran.«

Rose strahlte ihn an. Sie war entspannt und glücklich, müde vom Wein und der vielen Arbeit. »Hallo«, erwiderte sie freundlich. »Ich hab bis spät abends in unserem Modestudio gearbeitet, und dann sind wir in ein Weinrestaurant gegangen, um uns ein bißchen zu erholen.« Sie fühlte sich, während sie ihm die Fotos zeigte, fast schon wie eine erfolgreiche Karrierefrau.

Während er sich die Mannequins anschaute, stieß er kleine, anerkennende Pfiffe aus. »Wow! Arbeitest du wirklich mit Mädchen zusammen, die so aussehen?«

Rose nickte. Es gefiel ihr, daß er so beeindruckt war. Sie gingen, diesmal eher kameradschaftlich, nebeneinander her, bis sie vor Roses Haus stehenblieben. »Am Samstag spielt im King's Head Hotel immer eine Band«, sagte Maurice, als Rose die Gartenpforte öffnen wollte. »Hast du Lust zu kommen?«

»Ja, warum nicht«, nickte sie und versuchte, möglichst gleichmütig zu klingen.

»Ich habe eine Verabredung für Samstag abend«, jubelte sie, als sie in ihr Bett schlüpfte. Kurz bevor sie einschlief, wurde ihr bewußt, daß sie den ganzen Tag lang kaum etwas gegessen hatte.

Kapitel 8

Als Rose am folgenden Samstag vom King's-Head-Hotel nach Hause ging, brummte ihr der Schädel vom Lärm der Musikband und dem Gegröle einiger Stammgäste, die immer wieder versucht hatten, etwas in die Mikrophone hineinzuschreien. Auf dem Heimweg ergriff Maurice ihre Hand. Dabei blickte er so unbeteiligt vor sich hin, als gehörte sein Arm einem Fremden. Rose und Maurice hatten während des Abends fast die ganze Zeit lang schweigend nebeneinandergesessen, vor allem auch deshalb, weil der Lärm der Musikband jede Unterhaltung unmöglich machte. Rose hätte gern gewußt, ob Maurice sich wohl auch so sehr langweilte wie sie selbst.

Jetzt, da sie spürte wie seine warme, schweißnasse Hand ihre Finger umschloß, begann ihr Herz ganz unerwarteterweise zu klopfen. Sie gingen eine ziemlich finstere Straße entlang. Direkt neben dem Bürgersteig erhob sich eine graffitibeschmierte Betonmauer. Plötzlich umschloß Maurice sie mit beiden Armen, drückte sie unsanft gegen die Mauer und versuchte, sie zu küssen. Der Kuß war feucht und ungeschickt und landete irgendwo an ihrem Mundwinkel, aber dieser zweite Versuch war immerhin erfolgreicher als der erste, den er im Zug unternommen hatte. Jedenfalls erschien Rose dieses Ereignis wie ein Meilenstein in ihrem Leben. Mit Achtzehn war man vielleicht für den ersten Kuß schon ein wenig alt, aber sie hatte es immerhin endlich geschafft. Rose drückte Maurice zur Antwort ebenfalls einen sanften Kuß auf den Mund, und danach waren sie beide so verlegen, daß sie in angespanntem Schweigen mit einem halben Meter Abstand nebeneinander hergingen. Als sie vor Roses Elternhaus ankamen, beugte Maurice sich noch einmal zu ihr hinüber; diesmal landete der Kuß tatsächlich auf ihrem Mund.

»Gute Nacht, Rose. Ich ruf dich an.«

Daheim betrachtete sie in dem schlecht beleuchteten Jungmädchenzimmer ihr Spiegelbild. Sie war sicher, daß sie sich kaum wiedererkennen würde. Ihr Leben hatte sich völlig verändert. Sie hatte eine Arbeit, die ihr Freude machte, und jetzt auch noch – fast – einen Freund. Nicht gerade einen, den sie sich selbst ausgesucht hätte, denn man konnte sich zumindest gut mit ihm unterhalten. Vielleicht konnte man sie noch nicht wirklich als eine attraktive junge Frau bezeichnen, aber sie hatte immerhin das Gefühl, daß sie vielleicht doch kein so häßliches Entlein war.

Im Laufe der kommenden Woche ließen sich Maurice und Rose in eine lauwarme Beziehung hineingleiten, die wohl vor allem darauf gegründet war, daß beide am Samstag abend nicht allein sein mochten. Rose empfand immer dann eine gewisse Wärme für Maurice, wenn sie bei einem Schwatz mit den Kollegen die Gelegenheit hatte, von ihm als »mein Freund« reden konnte. Aber wenn sie dann wirklich mit ihm zusammen war, fühlte sie sich unzufrieden und hatte das Bedürfnis, an ihm herumzunörgeln; sein dünnes, fettiges Haar und seine Gewohnheit, andauernd vor sich hin zu summen, fielen ihr auf die Nerven. Zugleich wußte sie, daß sie ihn brauchte. Sie war sehr einsam, und Maurice war es auch. Jeder gab dem anderen die Möglichkeit, sich der Illusion hinzugeben, beliebt, attraktiv und begehrt zu sein.

Samstags nachmittags war Rose meist bei Maurice. Sie las dann Belegexemplare von Büchern oder neu hereingekommene Manuskripte aus der Literaturredaktion, während Maurice lernte oder auf dem Klavier kleine selbst erfundene Melodien spielte.

Bruce Wardour hatte ihr eine Mappe mit Gutachten gezeigt und ihr gesagt, sie solle auf keinen Fall ihre Zeit mit Büchern oder Manuskripten verschwenden, die offensichtlich nichts taugten. Bei einem guten, vielversprechenden Text dagegen solle sie auf jeden Fall eine kurze Zusammenfassung auf den entsprechenden Ordner schreiben und ihn mit einem Sternchen markieren. Er gab ihr eine Liste von guten Agenten und sagte: »Die meisten werden ohnehin nur Manuskripte und Bücher einschicken, von denen sie meinen, sie könnten uns interessieren; die sind es dann auf jeden Fall wert, kurz durchgesehen zu werden.« Er schob ihr einen Pappkarton voller Manuskripte hin. »Wenn die Sache wirklich eilig ist, dann rufen die Agenten mich fast immer persönlich an und schlagen vor, daß ich mir das Manuskript rasch anschaue, denn dann sind meist auch andere Zeitschriften daran interessiert, einen Ausschnitt zu veröffentlichen, ein Interview mit dem Autor zu bekommen und eine Rezension oder eine Kurzbiographie abzudrucken. Arabella Twyford wäre äußerst ungehalten, wenn ich irgend etwas Wichtiges übersehe.«

Bruce Wardour war groß und schlank. Er sah gut aus, hatte lockiges, kurzgeschnittenes Haar und trug, im Unterschied zu den anderen männlichen Angestellten, einen taillierten Anzug mit Weste. Er sah eher aus wie ein erfolgreicher Verkaufsleiter als wie der Literaturredakteur einer Frauenzeitschrift. Rose fand ihn faszinierend. Kein Wunder, dachte sie, daß Erica ihm nicht hatte widerstehen können.

»Gelegentlich, allerdings nicht sehr häufig, flattert uns sozusagen ein Schmetterling durchs Fenster herein. Manchmal schickt uns nämlich irgendein völlig unbekannter Autor unverlangt sein Manuskript ein, und es ist auf Anhieb ein großer Wurf.« Er sah Rose warnend an. »Das ist aber im Laufe der Jahre nur vier- oder fünfmal passiert; Schmetterlinge gibt's halt in London nicht allzu häufig.«

An diesem Samstag konnte Rose sich schlecht konzentrieren, weil Maurice auf seinem alten Klavier andauernd dieselbe Melodie klimperte. Hin und wieder unterbrach er sich, um etwas auf sein Notenpapier zu kritzeln und dann die Melodie in einer kaum merklichen Variation erneut in die Tasten zu hämmern. Rose war in einen ziemlich trivialen Liebesroman vertieft, der für die *Attitude* ganz und gar unpassend war, den sie aber unbedingt zu Ende lesen wollte, um zu sehen, ob die unscheinbare, aber tapfere junge Frau am Ende ihren Liebhaber auch wirklich heiraten würde.

Sie begann, eine kleine, ironische Zusammenfassung zusammenzureimen:

Nichts als die übliche Story,
kaum das Papier wert, auf dem sie gedruckt wurde.
Das Mädchen ist Verkäuferin
und gibt für die Liebe ihre Se-ele hin.
Er ist der Mann ihrer Tr-äu-me,
nur ihn hat sie im Sinn.

Sie wünscht sich Glück und Geborgenheit,
sie wünscht sich Liebe und Sicherheit.
Also nichts als die übliche Story,
die das Leben millionenmal schreibt.

Als Maurice seine Melodie zum x-ten Mal zu spielen begann, sang Rose lachend ihren Text dazu.

»Hör auf zu lachen, ich hab's jetzt – fast.« Maurice starrte angestrengt in die Luft. »Ich versuch's noch mal.« Er begleitete Roses Worte und hämmerte seine Melodie in dem passenden Rhythmus in die Tasten. »Das ist ja fast schon ein richtiger Song.«

»Ach, hör auf. Dafür ist der Text denn doch zu dürftig.«

»Ich kann ja den Rhythmus noch ein bißchen beschleunigen, damit man merkt, daß es eine Art Parodie auf sentimentale Schnulzen sein soll. Warte mal einen Augenblick.«

Maurice griff jetzt mit beiden Händen in die Tasten und sang mit lauter Stimme Roses Text dazu. Dann zog er Rose aus ihrem Stuhl hoch und wirbelte mit ihr singend durch das Zimmer, ganz so wie in den altmodischen Hollywoodfilmen. Rose drückte ihr Gesicht gegen seinen Synthetikpullover und dachte, daß es viel angenehmer sei, ihm zuzuhören, als ihn anzuschauen.

Atemlos ließ Maurice sich auf das Sofa fallen und lachte:

»Rose, wir werden berühmt. Wir werden wie Gilbert und Sullivan.«

»Oh, Gott. Wahrscheinlich eher wie . . .« Sie setzte sich keuchend neben ihn. Plötzlich schob er ihren Pullover hoch und legte seine Hand auf ihre linke Brust. »Hör auf, Maurice, bitte. Laß das.«

»Warum? Es ist niemand da. Mama und Papa sind beim Tennis. Magst du mich denn nicht, Rose?« Maurices Gesicht glühte. Er drängte sich an sie und schob mit seinen knochigen, harten Fingern ihren Rock hoch. Sie war trotz allem ein wenig erregt. War Sex denn wirklich so unvergleichlich schön? »Natürlich mag ich dich, aber . . .« Sie wollte einwenden, daß sie sich für ihre erste sexuelle Begegnung eine romantischere Umgebung vorgestellt habe, als ein Sofa irgendwo in einem Vorstadtreihenhaus, aber Maurice hatte bereits begonnen, an ihrem Slip zu zerren. Sie vergaß ihren Einwand und half ihm dabei, ihn herunterzuziehen. Aber dann, als Maurice mit ungeduldigen Bewegungen den Reißverschluß seiner Jeans öffnete und ihr Blick auf seine enge, grün-lila gemusterte Unterhose und seine lächerlich dünnen, weißen Oberschenkel fiel, spürte sie eine Welle des Ekels in sich aufsteigen. Plötzlich vergrub er sein Gesicht in ihrer Schulter und versuchte, in sie einzudringen. Rose wollte ihm helfen, ihn mit der Hand führen, aber sein Glied lag in ihren Händen wie warmes Wachs. Sie versuchte, ihm mit ihrer freien Hand über das Haar zu streicheln, hob ihren Po ein wenig an, um ihm das Eindringen zu erleichtern, aber es half alles nichts.

Er stützte sich auf die Ellenbogen und starrte ihr verzweifelt und wütend in die Augen. »Faß mich nicht an!« Ihr war, als hätte er ihr ins Gesicht gespuckt. Er wälzte sich zur Seite, stand auf und zog, während er ihr den Rücken zuwand, mit heftigen Bewegungen seine Unterhose und seine Jeans wieder hoch.

»Du solltest jetzt besser gehen!« brachte er mit schwankender, kaum hörbarer Stimme hervor. »Bei dir schaff' ich das nie. Da kann man ja gleich mit einem Wackelpudding bumsen. Es war ein Fehler, daß ich es überhaupt versucht habe.« Rose strich sich das Kleid glatt und stand auf. »Du bist ganz schön gemein.« Sie war so beschämt und zugleich so wütend, daß auch sie von Kopf bis Fuß zitterte.

»Sorry.« Seine Stimme klang total verärgert. »Ich wollte mal wissen, wie es ist, mit einem Mädchen zu bumsen, aber bei dir ist mir die Lust vergangen.«

»Du bist unverschämt, Maurice Meredith, und noch dümmer als ich bisher dachte.«

Die Verachtung, die ihm entgegenschlug, ließ ihn verstummen. Rose raffte ihre Manuskripte zusammen und verließ so schnell sie konnte das Haus.

Kapitel 9

Rose fühlte sich wie benommen. Sie betete insgeheim, ihr Vater möge sich in seinem Schrebergarten aufhalten und ihre Mutter mal wieder irgendeine Nachbarin besuchen, um ihr einen ihrer kunstvoll verzierten Kuchen zu bringen. Sie wollte allein sein. Sie brauchte ein wenig Zeit und Ruhe, um über das Gefühl der Beschämung, der Demütigung, das in ihrer Brust brannte, hinwegzukommen. Die Szene mit Maurice war so häßlich, so schockierend gewesen, daß es ihr schwerfiel, ihr inneres Gleichgewicht wiederzufinden. Sie haßte Maurice. Seine Worte waren so grausam gewesen, daß ihr kalte Schauer über den Rücken liefen, wenn sie nur daran dachte. Sie wünschte sich nichts sehnlicher, als aus dem gräßlichen, verhaßten Romford fortzuziehen.

Als sie sich ihrem Elternhaus näherte, sah sie zu ihrem Entsetzen, daß einige hundert Meter vor ihr eine alte Bekannte, eine schlanke Frau mit einem roten Lockenkopf, das Gartentor öffnete. Sie wollte auf dem Absatz kehrtmachen und davonlaufen, aber es war zu spät. Miss Martin, ihre frühere Englischlehrerin, hatte sich bereits umgeschaut und sie gesehen.

»Ach Rose! Ich wollte dir gerade dein Buch zurückbringen! Ich habe ein ganz schlechtes Gewissen, daß ich es solange behalten habe.«

»Mein Buch?« Rose sah sie fragend an.

»Weißt du nicht mehr, wie wir uns damals über Thomas Hardy und das Visionäre in seinen Dichtungen richtig in die Haare geraten sind und daß du mir danach diesen Gedichtband vorbeigebracht hast, um mir zu zeigen, was du meintest?«

Rose nahm das Buch verdutzt entgegen und drehte es hin und her, als hätte sie es nie zuvor gesehen. Als Anne Martin das letzte Mal mit Rose zusammengewesen war, hatten die beiden jungen Frauen eine heftige Meinungsverschiedenheit gehabt. Aber letztlich, so hatte sich Anne hinterher gesagt, mußte Rose über ihr Leben selbst entscheiden. Welches Recht hatte sie, auf die Lebenspläne ihrer ehemaligen Schülerin Einfluß zu nehmen? Warum sollte Rose nicht ihre eigene Entscheidung treffen? Sie war immerhin intelligent genug.

Miss Martin lächelte, um Rose zu zeigen, daß der alte Groll verflogen war. »Ich lasse mich zum neuen Schuljahr von der Garfield-Schule beurlauben und ziehe nach London. Als ich meine Bücherborde ausgeräumt habe, fiel mir dein Buch in die Hände.« Sie gab Rose einen kleinen, anerkennenden Klaps auf die Wange. »Du hast recht gehabt, weißt du; ich habe mir Hardy daraufhin noch einmal genau angeschaut.«

Obwohl ihr das Herz noch immer so schwer wie ein Stein in der Brust lag, mußte Rose lächeln.

»Sie gehen von Garfield weg, Miss Martin? Ich dachte ...«

»Du dachtest, ich gehöre dort zum lebenden Inventar? Das hab' ich wahrscheinlich vor ein paar Monaten auch noch gedacht ... Kann ich vielleicht mit reinkommen und eine Tasse Tee mit dir trinken? Ich würde gern erfahren, was du gemacht hast, seitdem du im letzten Jahr abgegangen bist, und es ist ein bißchen ungemütlich hier draußen.«

»Oh, Entschuldigung, natürlich.« Rose fischte in der Handtasche nach ihrem Schlüssel. Was würde Miss Martin denken, wenn sie die gehäkelten Deckchen sah, die überall herumlagen, und die leuchtend bunten Gipsfiguren, die ihrer Mutter so gut gefielen?

Sie war erleichtert, daß niemand daheim war und sie sich erst einmal um das Teewasser, den Kessel, die Tassen kümmern mußte – all das half ihr, jedenfalls für den Augenblick, das Gefühl von Schmerz und Demütigung zu verdrängen.

»Geliehene Bücher nicht zurückzugeben ist in meinen Augen ein Kapitalverbrechen; ich habe ein richtig schlechtes Gewissen gehabt.« Miss Martin plapperte weiter vor sich hin, während Rose nur mit halbem Ohr hinhörte.

»Wahrscheinlich hast du es nicht gewußt, aber meine Mutter

war ziemlich lange krank. Sie bekam vor ungefähr 18 Monaten einen schlimmen Schlaganfall, und genau an Ende der Weihnachtsferien hatte sie dann noch mal einen, und daran ist sie gestorben.«

»Das tut mir leid.« Rose sah in das schmale, feine Gesicht. Sie hatte sich niemals darüber Gedanken gemacht, ob Miss Martin auch noch Familienangehörige haben könnte.

»Ich bin eigentlich ziemlich erleichtert. Sie konnte nicht mehr sprechen und sich kaum noch bewegen. Sie hat es gehaßt, ständig von einer Pflegerin abhängig zu sein. Sie war früher immer so lebendig, so aktiv . . . Die Zeit muß schrecklich für sie gewesen sein.«

Für mich war es auch schrecklich, dachte Anne Martin im stillen. Jedes Wochenende nach Suffolk zu fahren, um nach einer Woche harter Arbeit mit den frechen, widerspenstigen Schülern auch noch Krankenschwester zu spielen. Ich war manchmal vor Müdigkeit wie gelähmt. Nach der Beerdigung fühlte ich mich alleingelassen, verloren, nicht nur, weil ich um jemanden trauerte, den ich geliebt hatte, sondern weil ich jetzt überhaupt keinen Menschen mehr hatte, der mir zur Seite stand.

»Der Tee ist wunderbar, Rose«, sagte sie plötzlich. »Ich hatte gar nicht bemerkt, wie eisig der Wind draußen war.« Miss Martin nahm noch einen Schluck. »Zu meiner Überraschung hat meine Mutter meiner Schwester und mir neben dem Haus auch noch eine ganze Menge Geld hinterlassen. Ich dachte, ich werde mich mal ein Weile lang vom Schuldienst beurlauben lassen. Zumindest ein paar Jahre lang brauche ich nicht zu arbeiten. Es kommt mir im Augenblick allerdings ziemlich ungewohnt vor. Ich habe die häßliche kleine Wohnung in Romford verkauft. Durch die Vermittlung eines neuen Lehrers, der von Haringey nach Garfield versetzt worden ist, habe ich eine hübsche, sonnige Dachwohnung in Islington gefunden.«

Miss Martins Stimme klang bewegt. Rose, so hoffte sie, war sich wohl nicht bewußt, daß sie selbst zum Entschluß ihrer

Lehrerin, den Schuldienst zu quittieren, entscheidend beigetragen hatte, weil sie trotz ihrer Begabung nicht hatte studieren wollen.

Anne Martin war damals tief enttäuscht gewesen. Sie hatte an der riesigen Schule einen verzweifelten Kampf geführt: gegen die apathischen, unmotivierten Schüler, die gleichgültigen Eltern. Viele Familien in Romfort hatten schwer unter der Arbeitslosigkeit zu leiden; höhere Bildung stand in den meisten Elternhäusern nicht zur Diskussion.

In den ersten Jahren nach ihrem Lehrerexamen war sie eine begeisterte Anhängerin der Gesamtschule gewesen; sie hatte sie, genau wie viele ihrer Kolleginnen und Kollegen, als ein entscheidendes Mittel zum Abbau des Klassensystems betrachtet. Wenn es ihr nicht gelungen war, eine potentiell hervorragende Studentin wie Rose zum Besuch der Universität zu motivieren, wie konnte sie dann überhaupt hoffen, auf andere Schüler einen positiven Einfluß zu haben? Die Sorge um ihre Mutter, der tägliche Kleinkrieg mit den Schülern hatten sie erschöpft und zermürbt, und Garfield war ihr wie ein gewaltiger Berg erschienen, den sie nicht hatte überwinden können. Sie wußte keinen Grund, warum sie weiter hätte unterrichten sollen, und suchte fieberhaft nach einer anderen Möglichkeit, ihren Lebensunterhalt zu verdienen, als der Tod ihrer Mutter beide Frauen aus ihrer Gefangenschaft befreite.

Es würde ihr leichtfallen, Garfield zu verlassen und aus dem deprimierenden Romford fortzuziehen. Sollten die Schüler mit ihren banalen Hobbies, ihren Popstars, Groschenromanen und Computerspielen selig werden. Die Aussicht auf langweilige, unbefriedigende Arbeitsplätze ohne Perspektive schien ihnen nicht die geringsten Kopfschmerzen zu bereiten. Mit sechsunddreißig, so dachte Anne Martin, war sie noch nicht zu alt. Früher hatte sie Geld immer verachtet, aber jetzt wurde ihr bewußt, daß es ein Stück Freiheit bedeutet.

»Ich wünschte, ich könnte auch aus Romfort fortziehen.«

Rose hatte das mit so viel Nachdruck gesagt, daß Miss Martin sie überrascht ansah. »Ich hasse es. *Hasse* es.« Ihr Gesicht war rot, und sie schluckte heftig.

Anne Martin lehnte sich schweigend in ihrem Stuhl zurück. Sie wußte nicht, wie sie reagieren sollte. Rose ergriff die Teekanne und floh in die anliegende Küche. »Ich setze noch etwas heißes Wasser auf«, rief sie, aber ihre Stimme klang belegt.

Als sie zurückkam, lächelte sie verlegen. »Es tut mir leid ... es sollte nicht so pathetisch klingen.« Sie bemühte sich, ruhiger zu sprechen. »Die Bahnfahrt ist so deprimierend. Schmutzige, überfüllte Waggons; die meiste Zeit muß ich stehen. Die Züge kommen häufig zu spät oder werden gänzlich gestrichen. Und wir wohnen ein ganzes Stück vom Bahnhof entfernt ...« Ihre Stimme verlor sich.

»Kannst du dir nicht eine Wohnung mit einer Freundin teilen?« fragte Miss Martin.

»Ich habe keine Freundinnen.« Rose schämte sich. – »Ich meine, niemanden, mit dem ich eine Wohnung teilen könnte. Doreen, wenn sie hier wäre, aber Sie wissen ja, sie studiert in York.« Oh Gott, dachte sie, jetzt wird sie wieder von der Universität anfangen, aber Miss Martin hielt ihr nur die leere Tasse hin und überlegte, was zu tun sei.

»Hätten deine Eltern etwas dagegen, wenn du in London wohnen würdest?« Vielleicht könnte Rose gar nicht ausziehen. Dem Haus nach zu urteilen, waren ihre Eltern nicht besonders wohlhabend, und Anne wußte, daß die Lohntüten vieler früherer Garfield-Schülerinnen in deren Elternhaus dringend gebraucht wurden.

»Mama würde ich wohl ein bißchen fehlen, nehme ich an. Mein Vater scheint es überhaupt nicht zu bemerken, ob ich hier bin oder nicht.« Sie zuckte mit den Schultern. Ich bin wirklich der reinste Jammerlappen, dachte sie. Keine richtigen Freundinnen, ein Vater, dem ich völlig gleichgültig bin. Ein sogenannter Freund, der ... sie verdrängte den Gedanken an Maurice. Was sollte Miss Martin nur denken – und warum in aller Welt hatte ihre Mutter diese potthäßliche Gipsfigur an einen so auffälligen Platz gestellt?

Miss Martin schaute wie gebannt auf die völlig unproportionierte kleine Plastik: ein Junge, der auf einer Mauer saß und angelte. Seine Augen waren mit harten, schwarzen Strichen umrandet und gaben ihm einen teuflisch-finsteren Gesichtsausdruck. »Meine Wohnung ist in einem großen Altbau, der vor kurzem in einzelne Appartements unterteilt worden ist. Die Vermieterin, Mrs. Springfield, lebt im Erdgeschoß. Ich weiß nicht, ob noch etwas frei ist, aber ich könnte sie ja fragen.« Anne Martin war sich nicht sicher, ob sie das Richtige tat. Wolltest du nicht ein für allemal wegkommen, Anne, von all den Erinnerungen an Pleiten und Fehlschläge, und endlich das neue Leben beginnen, von dem du dir so viel versprichst? Wenn Rose im selben Haus wohnt, dann wird sie ein lebendes Mahnmal all deiner Pleiten und Niederlagen sein. Du bist eine dumme Gans, Anne, eine unvernünftige dumme Gans ...

»Könnten Sie sie fragen? Ich brauche nur ein Zimmer; Küche und Badezimmer kann ich ja mit jemandem teilen.« Rose war auf der Stelle Feuer und Flamme. »Ach bitte, fragen Sie doch mal nach. Ich kann keine allzu hohe Miete bezahlen, aber ich habe immerhin gerade eine Gehaltserhöhung bekommen, und ich muß unbedingt von Romford fort.« Sie merkte, daß ihre Stimme zu schwanken begann, und biß sich heftig auf die Lippen.

Rose, so dachte Anne Martin, war offensichtlich zu Hause sehr unglücklich. »Eine Gehaltserhöhung, Rose? Jetzt schon? Dann ist man offenbar sehr zufrieden mit dir. Sag' mir mal, was genau machst du denn eigentlich bei dieser *Frauenzeitschrift*?« Anne ergriff dankbar die Gelegenheit, um das Thema zu wechseln. Roses Gesicht entspannte sich ein wenig, und sie begann, ihr Leben bei der *Attitude* in lebhaften Farben zu schildern. Immerhin gab es wenigstens einen Bereich, in dem sie sich auf sicherem Boden befand.

»Es klingt, als würde dir das ungeheuer viel Spaß bringen. Aber ich nehme an, bis jetzt hattest du noch nicht die Gelegenheit, schon mal selbst einen Artikel zu schreiben?«

»Doch. Durch einen glücklichen Zufall ...« Rose begann zu erzählen, wie es dazu gekommen war, daß sie Amelias Bericht geschrieben hatte. Trotz ihrer Vorbehalte fand Anne die Erzählung sehr amüsant.

»Nun, das war immerhin ein guter Anfang, auch wenn dieses Mal noch nicht dein Name unter dem Artikel stand. Ich bin sicher, daß die meisten Anfänger endlos lange auf diesen großen Augenblick warten müssen. Ich muß mir unbedingt mal eine Ausgabe der *Attitude* kaufen.« Anne Martin stand auf und strich sich den Rock glatt. »Ich muß jetzt gehen. Es war nett von dir, mich zum Tee hereinzubitten. Ich ziehe nächste Woche um, und wenn ich von einem Zimmer höre, dann sag' ich dir Bescheid. Mrs. Springfield scheint wirklich sehr nett zu sein, und vielleicht kann sie dir weiterhelfen. Irgendwie ergibt sich ja immer etwas, nicht wahr? Als sie mir ihre Wohnung zeigte, hat sie mir ihre ganze Lebensgeschichte erzählt. Ich hoffe nur, sie ist nicht immer so geschwätzig. Sie ist Witwe, und ihre vier Kinder sind jetzt verheiratet, deshalb hat sie vernünftigerweise das riesige Haus in verschiedene kleine Appartements unterteilt.«

Anne redete hastig und zum Teil ein wenig zusammenhanglos. Warum hatte sie sich nur wieder mit einer ehemaligen Schülerin eingelassen? Warum hatte sie das blöde Buch nicht einfach zur Post gebracht, vielleicht mit einem Briefchen, in dem sie Rose wissen ließ, es sei ihr inzwischen nicht mehr wichtig, daß ihre ehemals vielversprechende Schülerin sie so enttäuscht hatte. Sie würde Roses Anliegen einfach vergessen, sagte sie zu sich selbst. Und dann sah sie in das traurige Gesicht und wußte: genau das war es, was Rose erwartete. Plötzlich fielen ihr Roses Worte wieder ein: »Ich habe keine Freundinnen.«

»Ich melde mich bei dir«, versprach sie hastig.

Kapitel 10

Während der nächsten drei Monate kam Rose die Fahrt zur Arbeit und zurück wie ein Alptraum vor. Sie konnte den Gedanken, Maurice zu begegnen, nicht ertragen, deshalb fuhr sie, wenn möglich, zu unterschiedlichen Zeiten, versteckte sich wie ein drittklassiger Privatdetektiv irgendwo hinter einer Litfaßsäule oder einem Mauervorsprung, falls irgendwo eine große, magere Gestalt mit herabhängenden Schultern auftauchen sollte.

Rose hatte seit dem letzten Besuch nichts von Miss Martin gehört. Was hätte sie auch anderes erwarten können? Ihre alte Lehrerin hatte eben nur ein wenig höflich sein wollen. Rose hätte wissen müssen, daß Miss Martin sie schnell wieder vergessen würde; niemand fand dicke Frauen wirklich interessant. Sie, Rose, mußte sich in Zukunft eben, wie immer, allein durchwursteln. Sie suchte im *Evening Standard* nach Anzeigen von Wohnungen, die zu vermieten waren, oder nach Angeboten, eine Wohnung mit jemanden zu teilen. Sie fuhr zur eleganten Holland-Park-Wohnsiedlung. Dort zeigte man ihr ein großes Appartement, das drei Mädchen, die noch eine vierte Mieterin suchten, gemeinsam bewohnten. Rose fühlte sich während der Besichtigung ununterbrochen von kritischen Augen beobachtet. Zuletzt riß eines der Mädchen ungeduldig die Tür zu einer winzigen Kammer auf: »Dies hier ist es. Ich hoffe, du rauchst nicht.«

Rose hörte die beiden anderen kichern.

»Sumpfralle«, bemerkte eines der Mädchen.

»Mein Gott, da hast du den Nagel auf den Kopf getroffen«, bestätigte ein anderes. »Aber zumindest kann sie sich nicht unsere Klamotten ausleihen.«

Noch mehr Gekicher und Gepruste. Als Rose Amelia später fragte, was eigentlich eine Sumpfralle sei, antwortete diese: »Ein Mädchen, das nicht besonders attraktiv ist, warum?«

Eine andere Wohnsiedlung in der Nähe von *Elephant and Castle* war so schäbig, daß Romford dagegen fast elegant wirkte. Bei einer dritten Wohnungsbesichtigung kam Rose zu spät. Eines der Angebote schien ihr vernünftig, aber die Nebenkosten überstiegen dann doch ihr Budget. Sie versuchte trotz allem, sich nicht entmutigen zu lassen.

Als eines Tages Miss Martin dann doch anrief und ihr mitteilte, daß ein Zimmer in dem Haus, in dem sie wohnte, freigeworden sei, war Rose völlig überrascht. Das Zimmer, erzählte Anne, sei nicht sehr groß, und sie müsse die Küche und ein winziges Badezimmer mit einem sehr unordentlichen Studenten teilen, aber es sei immerhin billig. Wenn Rose Lust hätte, es sich anzusehen, dann könne sie, bevor sie heimfahre, bei ihr zum Abendessen vorbeikommen. Rose hatte Lust. Bevor sie Anne Martin wieder verließ, um die lange Bahnfahrt nach Romford anzutreten, hatte sie schon mit Mrs. Springfield vereinbart, daß sie ab dem nächsten Samstag das Zimmer mieten würde.

Roses Mutter war nicht glücklich darüber, daß ihre Tochter nun in eine eigene Wohnung ziehen wollte. Rose erklärte, wie erschöpft sie abends immer sei. Ihre Arbeit sei sehr anstrengend, und die lange Bahnfahrt am Abend sei ihr einfach zuviel.

»Du siehst in letzter Zeit tatsächlich ein bißchen spitz aus, Rose«, räumte ihre Mutter ein. »Und du hast inzwischen wirklich *zu*viel abgenommen. Wirst du auch immer ordentlich essen, wenn du allein bist?«

Seitdem Rose bei der *Attitude* zu arbeiten begonnen hatte, hatte sie ihre Mutter ganz besonders schätzen gelernt. Sie bewunderte die Tapferkeit, mit der diese um ihre Unabhängigkeit kämpfte, obwohl ihr Mann sie dauernd zu bevormunden versuchte. Ihre Mutter würde sie sicher vermissen, aber sie wollte auf keinen Fall schwach werden. Ihr Vater sagte nur: »Ich wußte ja, daß dir dieser Job zu Kopf steigen würde« und beendete das Gespräch, indem er sich in seinem winzigen Hintergarten zu schaffen machte.

So zog sie also am nächsten Samstag, beladen mit Bettwäsche und Wolldecken, einem kleinen Transistorradio, das ihr Vater ihr unerwartet in die Hand gedrückt hatte, und einigen Porzellantassen und Untertassen, die sie auf dem Wochenmarkt in Romford gekauft hatte, in ihr neues Heim. Sie fühlte sich plötzlich erwachsen, beflügelt von dem Gedanken, daß die Tür zur Welt der Reichen und Schönen ihr in allernächster Zukunft offenstehen würde. Romford schien Lichtjahre entfernt zu sein. Das einzige, was sie störte, war ihr Mitbewohner, mit dem sie die Küche und das Badezimmer teilen mußte. Leere Dosen mit Spaghetti in Tomatensauce oder gebackene Bohnen, verkrustete Töpfe und leere Bierflaschen standen und lagen überall in der winzigen Küche herum; gelegentlich zerriß im Badezimmer die Leine mit den buntgemusterten Männerunterhosen und tropfnassen Socken, meistens gerade dann, wenn Rose in der Wanne saß. Wenn ihr Mitbewohner sie auf dem Treppenabsatz traf, begrüßte er sie mit wenig freundlichen Worten: »Hallo, Mondgesicht« oder »Gibste mir 'ne Zigarette, Miss Piggy?«

Erst ein Jahr später, als er sein Studium abgeschlossen hatte und wieder in sein Elternhaus nach Solihull zurückgekehrt war, konnte Rose sich in der kleinen Wohnung richtig zu Hause fühlen.

»Es ist mir egal, wieviel ich zahlen muß, ich werde Miss Springfield fragen, ob ich sein Zimmer dazumieten kann«, kündigte sie Anne Martin an. »Ich weigere mich, die Wohnung noch einmal mit jemandem zu teilen.«

Rose hatte versucht, zu Anne Martin immer eine gewisse Distanz zu wahren. Ein- oder zweimal hatte sie Annes Einladung zu einem kleinen Abendessen angenommen und sich bei der Gelegenheit begeistert über die Bücherborde, das milde Licht der Lampen, die leicht verblichenen rosafarbenen Brokatvorhänge geäußert, die Anne aus dem Haus ihrer Mutter hierher mitgebracht hatte. Einmal hatte sie Anne Martin schüchtern gefragt, ob sie mit ihr ein indisches Restaurant ausprobieren wolle, das sie in der Chapel Street entdeckt hatte. Rose hatte nämlich im Fenster ein Schild entdeckt: »Hier können Sie sich für £ 2.50 an unseren köstlichen indischen Gerichten sattessen.«

Die Aussicht, einen zweiten Raum dazuzubekommen, stimmte Rose glücklich. Als sie das Studentenzimmer zum erstenmal sah, war sie erstaunt und überrascht: Es war sehr viel größer als ihr eigenes Wohn- und Schlafzimmer. Sie fragte Mrs. Springfield, ob sie es auf eigene Faust ein wenig renovieren dürfe. Diese inspizierte voller Widerwillen die Wände, die mit Fingerabdrücken, Spritzern von Tomatenketchup und Speiseresten beschmutzt waren, und bat statt dessen Fred, einen ihrer Söhne, das Zimmer neu zu streichen. Sie ließ sogar einen neuen Auslegeteppich legen, billige Synthetikware, aber immerhin in einem angenehmen Lindgrün. Rose liebte das Gefühl, mit nackten Füßen über den Teppich zu gehen. Nachdem das Zimmer fertig war, hatte sie für 7 Pfund in einem Trödlerladen in der Upper Street ein angeschlagenes, mit Ölfarbe gestrichenes Bücherregal erstanden. Sie hatte es abgebeizt, das blanke Holz mit Leinsamenöl eingerieben, so, wie der Händler es ihr geraten hatte, und es mit einigen der Bücher vollgestellt, die zuvor in Bruce Wardours Büro herumgestanden hatten. Bruce hatte ihr gesagt, sie könne sich alles nehmen, was sie haben wolle, und sie hatte sich bewußt genau die Titel ausgesucht, mit denen sie ihren erlesenen literarischen Geschmack demonstrieren konnte.

Jetzt saß sie mitten auf dem Fußboden und sah sich zufrieden um. Dies war nun also wirklich ihre eigene Wohnung. Einige Tage später lud sie Anne Martin ein. »Ist es so in Ordnung? Hat es auch Atmosphäre? Und was ist mit dem Sherry?« Sie hatte sich und ihrem Gast ein Gläschen Sherry aus einer Karaffe eingeschenkt, die sie, zusammen mit den Gläsern, an einem Wochenende in Romford auf dem Trödelmarkt gekauft hatte. »Ich weiß überhaupt nichts über Getränke, aber ich dachte, ich müßte vielleicht etwas dahaben, falls unangemeldet ein paar Freunde vorbeikommen. Du sagst es mir doch, wenn ich etwas falsch mache, nicht wahr? Das macht mir überhaupt nichts aus. Ich möchte es auch ein bißchen vornehm haben, den Vorstadtmief hinter mir lassen. Jetzt werde ich endlich anfangen zu *leben.*« Rose war so begeistert, daß sie sich selbst umarmte.

Anne begutachtete die Bücher im Bücherbord. »Hervorragender literarischer Geschmack, wie ich sehe«, sagte sie augenzwinkernd. »Du hast wirklich ein Wunder bewirkt. Es sieht alles sehr elegant aus. »*Elegant!*« Rose strahlte. »Oh, ich wünschte, ich lebte in Paris, mit all den Dichtern und Malern. Weißt du damals, zu der Zeit, als Hemingway und Scott Fitzgerald im Montparnasse wohnten und ihre Romane schrieben. Stell dir jemanden wie Modigliani vor, der seine Bilder überall in den Cafés für ein warmes Mittagessen feilgeboten hat. Kein Wunder, daß Gertrude Stein so billig an ihre Gemälde herangekommen ist. Glaubst du, daß man in dieser Gegend auch ein paar berühmte Leute trifft, Anne?«

»Islington ist zwar ein hübsches Viertel, aber sehr vielen Künstlern bin ich hier noch nicht begegnet!«

»Aber hier leben doch eine ganze Menge Schriftsteller«, sagte Rose hoffnungsvoll. »Und Schauspieler«, fügte sie hinzu.

»Klar, Rose, du wirst hier ganz gewiß einen großen *Salon* führen. Wenn einmal die Reichen und Berühmten sich hier zum *Jour fixe* treffen, dann wirst du mich vielleicht gar nicht mehr dazu einladen wollen.«

Rose sah Anne mir einem liebevollen Lächeln an und schüttelte den Kopf.

Immer, wenn sie zusammen beim Essen saßen, beobachtete Rose ihre Freundin Anne ganz genau. »Wie ißt man denn das?« fragte sie und betrachtete ratlos die Avocado, die auf ihrem Teller lag.

»Trinkt man immer Wein zum Essen?«

»Zu Hause hatten wir nie Papierküchentücher!«

»Servietten«, verbesserte Anne.

»Siehst du!« jammerte Rose. »Ich weiß doch, daß ich die ganze

Zeit Fehler mache. Du mußt mich unbedingt darauf hinweisen!« Sie saugte alle Informationen wie ein Schwamm in sich auf und stellte unendlich viele Fragen; einige davon waren sehr persönlich. »Hört man meinen Mittelklasseakzent sehr stark heraus? Ich möchte unbedingt korrekt sprechen. Die meisten Angestellten der *Attitude* haben eine so gute, korrekte Aussprache. Offensichtlich sind sie alle in sehr feinen Elternhäusern aufgewachsen.«

Anne fand Roses Eifer rührend und war doch zugleich immer noch ein wenig irritiert. Was für eine Zeitverschwendung, bei einer Frauenzeitschrift zu arbeiten. Wie sehr hätte diese hochbegabte junge Frau an der Universität glänzen könnte! Dennoch hatten sich die beiden Wohnungsnachbarinnen im Laufe der Monate eng angefreundet. Durch Roses Liebenswürdigkeit und Offenheit hatte sich das frühere Vertrauensverhältnis zwischen Lehrerin und Schülerin zu einer herzlichen Freundschaft entwickelt.

Kapitel 11

Rose konnte ihre Ungeduld kaum bezwingen; sie wollte unbedingt selbst Artikel schreiben. Es gab ihr immer einen Stich, mit ansehen zu müssen, wie Amelia einen Bogen schneeweißes Papier in ihre alte mechanische Schreibmaschine einspannte und fröhlich auf die Tasten hämmerte, bis der Artikel schließlich »stand«. Manchmal riß sie einen der Bögen wieder heraus und warf ihn mit einem Fluch und einer Grimasse in den Papierkorb, aber beim nächsten ging es dann meist glatt weiter. Wann werde *ich* soweit sein? dachte Rose. Wann? Wann? Die anfängliche Bewunderung für alles, was mit der Zeitschrift zusammenhing, war verflogen; zwar fand sie es immer noch aufregend und faszinierend, dabeizusein, aber sie wollte unbedingt selbst Artikel schreiben. Sie war ganz sicher, daß sie es könnte.

Nachdem sie wieder einmal eines der Probeexemplare gelesen und ihren Bericht für Bruce getippt hatte, blieb sie ein paar Minuten lang nachdenklich vor ihrer Maschine sitzen. Dann spannte sie einen weiteren Bogen Papier ein und begann, eine eigene Rezension zu schreiben.

»Ich wollte nur mal sehen, ob ich es kann«, kritzelte sie auf den Notizzettel, den sie an ihre Rezension geheftet hatte. »Ich würde mich freuen, wenn Sie ein paar Minuten Zeit fänden, um mir Ihre Meinung dazu zu sagen.«

Ein paar Tage später trat Bruce Wardour mit ihrer Rezension in der Hand an ihren Schreibtisch. »Nicht schlecht, nicht schlecht.« Er lächelte nachsichtig. »Ich werde dieses Buch wahrscheinlich nicht in meine Literaturseite aufnehmen – es gibt zu viele andere, die eigentlich wichtiger sind, aber« –, er nickte ihr aufmunternd zu. »Ich laß dich bald einmal selbst etwas schreiben.«

»Oh, ja, *bitte*.« Rose sah ihn flehend an.

»Du bist zu ungeduldig.« Aber Bruce Wardour hatte sie wohlwollend angelächelt. Drei Monate später drückte er ihr ein Buch in die Hand. »Hier, versuch's mal mit diesem.«

Es war ein Erstlingsroman; der junge Autor war nur zwei Jahre älter als Rose. Sie gab sich mit ihrer Rezension außerordentlich viel Mühe; sie wollte unbedingt glänzen. Sie zeigte Anne ihren ersten Entwurf. »Mmm . . ., aber du benutzt zu viele Wörter, die dir eigentlich gar nicht geläufig sind. Es klingt etwas gespreizt. Gefällt dir das Buch überhaupt? Zeig, daß du dich auch begeistern kannst. Kennst du irgendwelche anderen Erstlingsromane, die dir gut gefallen haben? Du könntest sie zum Vergleich heranziehen.«

Rose versuchte es noch einmal von vorn. Beim vierten Versuch war sie einigermaßen zufrieden mit sich. Bruce strich ihren Einleitungssatz, formulierte einiges um, kürzte den Text um sechzig Wörter und erklärte dann lächelnd, daß er ihn veröffentlichen würde. Rose platzte vor Stolz. Als sie die Fahne mit ihrem Namen unter dem Artikel in der Hand hielt, las sie sich die Seite wieder und wieder durch. Ihr Beitrag wurde schließlich in der linken unteren Ecke einer Doppelseite von Buchrezensionen abgedruckt. Einige der anderen Rezensionen waren von sehr bekannten Schriftstellern verfaßt worden, und irgendwie war sie stolz, daß ihr Beitrag sich dort in einer so illustren Gesellschaft befand. Sie kreiste den Artikel dick mit einem Rotstift ein und schickte ihn noch am gleichen Tag ihrer Mutter nach Romford. Ihr war, als würde jetzt endlich ein neues Leben beginnen.

Danach ließ Bruce Wardour sie gelegentlich eines oder zwei der Bücher für seine Literaturseite rezensieren. Sie habe, so versicherte er ihr, einen sehr passablen literarischen Geschmack.

»Was hältst du von dieser Biographie?« fragte er sie einmal. Die vierte Ehefrau eines Autors, dessen Bekanntheit mindestens ebenso auf seine ungewöhnlichen sexuellen Neigungen wie auf sein literarisches Werk zurückzuführen war, hatte dessen »ungeschminkte Lebensgeschichte« veröffentlicht.

»Ich finde sie ziemlich peinlich ...« Rose zögerte.

»Weil die Gute alles über sein Sexualleben enthüllt hat? Glaubst du, es sei unanständig, solche Intimitäten zu verraten?«

Rose wurde rot; sie hatte gerade an Erica und deren Geständnisse über die Affäre mit Bruce gedacht.

»Das auch, ja. Aber eigentlich ist es eher traurig, wie ihn solche Skandale vielleicht von seiner eigentlichen Aufgabe, der Schriftstellerei, ablenken.«

»Sieh dich nur vor, Rose«, sagte Bruce schmunzelnd. »Du wirst uns mit deinem scharfen Verstand noch alle in die Tasche stecken.« Aber Rose wußte, daß Bruce mit ihrer Arbeit sehr zufrieden war.

So wie früher Roses Mutter, freute sich jetzt Anne jeden Abend auf Roses Erzählungen, vor allem, nachdem sie einen langen, einsamen Tag in der British Library verbracht oder die lange Hin- und Rückfahrt zur Fawcett Library in Whitechapel auf sich genommen hatte. Anne wollte unbedingt eine Biographie über die wenig bekannte Caroline Norton schreiben, eine Frau, deren unglückliche Ehe im 19. Jahrhundert sie dazu motiviert hatte, verschiedene Abhandlungen über die Ungerechtigkeiten der Ehegesetzgebung im 19. Jahrhundert zu veröffentlichen. Caroline Nortons Arbeiten hatten, so erzählte Anne, dazu beigetragen, daß der *Married Woman's Property Act*, ein Gesetz über die Vermögensrechte von Frauen, verabschiedet wurde. Caroline Nortons Werke waren anregend, spannend und zugleich voller Tragik, aber Anne hatte sich keinen rechten Plan für ihre Recherchen gemacht und kam deshalb nur langsam voran. Sie fragte sich, ob sie ohne den Druck, ihren Lebensunterhalt verdienen zu müssen, genügend Selbstdisziplin hätte, um auf Dauer kontinuierlich an diesem Projekt zu arbeiten, und gelegentlich fragte sie sich sogar, ob sie wirklich mit dem Herzen dahinterstand.

Nach den schwierigen Jahren des Unterrichts genoß sie es, ein wenig mehr Zeit für sich selbst zu haben, herumzubummeln, den Tag zu genießen und sogar gelegentlich eine Theatermatinee zu besuchen. Sie entdeckte die Mittagskonzerte in Clerkenwell, das vergnügliche Gefühl, irgendwo im oberen Stock eines langsamen Busses nach Hampstead Heath oder zur Tate Gallery zu sitzen. Früher hatte sie das Leben nie wirklich genossen. Sie war immer viel zu ernst gewesen, zu eifrig darauf bedacht, den Benachteiligten und Unterprivilegierten zu helfen. Sie erinnerte sich an das, was einer ihrer Freunde in Bristol ihr einmal gesagt hatte. »Du hast die Seele einer Sozialarbeiterin, Anne. Warum hast du immer solche Schuldgefühle, wenn du dich nur ein bißchen amüsierst?« Ich bin nie wirklich jung gewesen, dachte sie wehmütig. Ich kann gar nicht richtig unbeschwert sein.

Es machte Anne große Freude zu beobachten, wie Rose sich in ihrem *Salon*, wie diese die neue Wohnung inzwischen spaßhaft nannten, immer wohler fühlte. Nachdem Rose ihre Gehaltserhöhung bekommen hatte, hatte sie sich in Camden Passage umgesehen und Anne gelegentlich in den einen oder anderen kleinen Laden geführt, in dem sie ein hübsches, antikes Stück entdeckt hatte, etwa ein mit Perlmuttintarsien eingelegtes Tablett. »Ist es wirklich etwas Besonderes?« – oder einen kleinen Klapptisch – »Was meinst du – ist er auch wirklich antik?«

»Hier sieht es wirklich von Tag zu Tag mehr wie in einem *Salon* aus«, bemerkte Anne trocken, als der Tisch mit Antikwachs poliert, in der Mitte des Zimmers prangte.

»Wann wohl Tom Stoppard und Edna O'Brian vorbeikommen werden?«

Sehr häufig gingen sie zusammen ins »Kino am Park«, ein kleines Lichtspieltheater, das irgendwo am Rande von Islingtons spärlichen kleinen Grünanlagen lag. Dort wurden häufig interessante neue Filme und manchmal auch ein guter alter Klassiker gezeigt. Und im King's-Head-Hotel gab es in einem Raum hinter der Bar noch eine kleine Bühne, wo bisweilen avantgardistische Ein- oder Zweimannstücke gezeigt wurden. Man saß an Tischen und bekam zum Kunstgenuß sogar noch ein preiswertes Abendessen serviert.

Einmal, als Rose und Anne in einem kleinen Café saßen und unwillkürlich mit ansahen, wie ein junger Mann und ein junges Mädchen sich selbstvergessen küßten, überkam Rose wieder das alte Selbstmitleid: »Niemand mag Frauen, die dick sind.«

»Oh, Rose!« Anne warf ihr einen ärgerlichen Blick zu. »Wenn du so denkst, dann wirst du als Journalistin nie Erfolg haben. Es zeigt, daß du nicht richtig hinschaust. Es gibt viel mehr mollige Frauen als solche, die wirklich dünn oder schlank sind – und sie sind berufstätig, sie heiraten, haben Kinder, leben ihr Leben.«

»Du verstehst das nicht. Wer dick ist, auf den sehen alle herab, und er hat die schlechteren Chancen. Ich habe in einer amerikanischen Zeitschrift einen Artikel gelesen, in dem berichtet wurde, daß immer dann, wenn zwei gleichermaßen qualifizierte Bewerber sich um eine Arbeitsstelle bemühen, der Schlankere den Job bekommt.«

»Wahrscheinlich eine Untersuchung, die von einem Produzenten für Diätlebensmittel finanziert worden ist«, schimpfte Anne. »Warum möchtest du denn unbedingt einer bestimmten Norm entsprechen? Ich dachte, du hättest ein bißchen mehr Selbstbewußtsein.«

Aber noch auf dem Heimweg hing Rose ihren trüben Gedanken nach. Der Gutenachtgruß, mit dem die beiden Frauen sich trennten, fiel diesmal ziemlich kühl und gezwungen aus.

Kapitel 12

»Rose, bist du da?« Anne klopfte an Roses Tür. »Mein Cousin kommt nach London und hat mich gefragt, ob er bei mir übernachten kann. Er kann natürlich auf dem Sofa schlafen, aber er hat Opernkarten und möchte, daß ich ihn begleite. Aber Opern interessieren mich überhaupt nicht – außerdem reizen mich die pathetischen Sänger und Sängerinnen andauernd zum Lachen. Möchtest *du* nicht vielleicht mitgehen?«

»Ich bin noch nie in der Oper gewesen. Wahrscheinlich wird er es als reine Geldverschwendung betrachten, gerade mir eine von den teuren Karten zu schenken.«

»Nun *hör* aber auf!« rief Anne ungeduldig. »Wieso denn Geldverschwendung? Du mußt lernen, deinen eigenen Wert mehr zu schätzen. Also, willst du jetzt mitgehen? Ich muß ihn anrufen und Bescheid sagen.«

»Ja, also gut.« Rose klang immer noch sehr unsicher. »Muß man sich nicht besonders fein anziehen? Ich habe gar kein Abendkleid.«

»Natürlich nicht. Die Zeiten sind vorbei – außer bei einer Premiere. Aber zieh' dir etwas Hübsches an, nicht gerade dein graues Sekretärinnenkostüm.« Anne lächelte. Rose hatte ihr erzählt, daß ihre Mutter ihr ein graues Kostüm gekauft hatte, als sie bei der *Attitude* anfing.

Alan Chicklade war oberflächlich, amüsant und dominant. Nachdem Anne vorsichtig angeklopft hatte, trat er selbstbewußt in Roses Zimmer und strahlte sie an. »Hallo, Rose. Wir beide gehen also zusammen aus, nicht wahr? Hast du den *Othello* schon einmal gehört? Heute abend singt Placido Domingo. Anne ist leider ein hoffnungsloser Fall, ein Banause wie er im Buche steht. Sie hat überhaupt kein Verständnis dafür, daß Oper eben *alles* zu bieten hat – Drama, Musik, Dichtung, Farbe, Bewegung . . . Ich bin so froh, daß du mich begleiten willst. Wie hübsch du aussiehst.«

Rose stand schweigend in der Mitte des Raumes, während Alan mit raschen Bewegungen hierhin und dorthin ging, einen Blick auf ihre Bücher warf, seine Hand prüfend über ihren geliebten kleinen Tisch gleiten ließ, ihr Intarsientablett in die Höhe hob und sich dann mit einem charmanten Lächeln vor sie hinstellte und sie von Kopf bis Fuß musterte. Sie wurde rot und war froh, daß sie sich in der Mittagspause noch schnell bei Ted die Haare hatte waschen und fönen lassen. Kurz nach dem Fototermin hatte er ihre dicken, glänzenden Naturlocken in eine schicke, moderne Form geschnitten.

»Ich freue mich schon darauf. Aber ich bin noch nie in der Oper gewesen. Du wirst bestimmt enttäuscht von mir sein.« Rose hörte Anne mißbilligend mit der Zunge schnalzen.

»Blödsinn. Aber wir sollten jetzt gehen. Ich komme so selten in die Oper, daß ich keine Minute verpassen möchte. Anne, du brauchst nicht auf mich zu warten. Leg' mir nur eine Wolldecke und ein Kissen auf das Sofa, ich komme schon zurecht.«

Rose und Alan gingen zur Straße hinunter, wo ein Auto mit Fahrer auf sie wartete. »Geliehen«, erklärte Alan, als Rose ihn fragend ansah. »Ich habe keine Lust, mich mit jemandem um ein Taxi zu streiten oder stundenlang nach einem Parkplatz zu suchen.«

Rose fühlte sich wie im »siebten Himmel«. Zunächst lud Alan sie in der Opernbar zu einem Glas Champagner ein, in der Pause gab es ein Lachsbrötchen und noch mehr Champagner, und hinterher wollten sie zum Essen ins *Escargot* gehen. Während Rose Othellos Klagen lauschte und seine selbstquälerische Eifersucht auf der Bühne dargestellt sah, überfiel sie eine tiefe Traurigkeit, die durch den schönen und leidenschaftlichen Gesang von Placido Domingo in einem fast unerträglichen Maße gesteigert wurde.

»Laß dir das eine Lehre sein«, sagte Alan lächelnd, nachdem

der Vorhang gefallen war. Rose saß erschüttert und benommen neben ihm. Sie war noch immer vom Zauber der Oper gefangen. Aber als dann schließlich der Applaus im Opernhaus aufbrauste, klatschte sie doch begeistert mit.

»Oh, es war toll, einfach toll!« Ihre Wangen brannten und Tränen standen ihr in den Augen. »Der arme Othello.«

»Desdemona hat es aber auch nicht gerade leicht gehabt. Jetzt komm mit. Eifersucht hin oder her – das Lachsbrötchen hat mich richtig hungrig gemacht.«

Im *Escargot* zeigte Alan ihr verstohlen einige bekannte Persönlichkeiten. Er sprach über andere Othello-Opernaufführungen, die er gesehen hatte, über das Jahr, in dem er seine Ferien in Bayreuth verbracht hatte, um den *Ring* zu hören, über die Zeit, als er als Student nach Mailand getrampt war, um einmal in die Skala gehen zu können. »Anne hat keine Ahnung, was sie verpaßt«, stellte er anschließend fest.

Nachdem der geduldige Chauffeur sie wieder nach Haus gefahren hatte, dankte Rose Alan für den ereignisreichen Abend. »Ich weiß gar nicht mehr, wann ich zuletzt so schön ausgeführt worden bin«, versicherte sie treuherzig. »Das war der wunderbarste Abend meines Lebens.«

»Bis bald, Rose.« Alan nahm ihre Hand, küßte sie und sah ihr lächelnd in die Augen. »Du hast wunderschöne Hände. Du solltest sie mehr sprechen lassen. Gute Nacht. Und vielen Dank, daß du mitgekommen bist.«

Um 3 Uhr 30, mitten in der Nacht, stand Rose auf. Sie hatte bisher kein Auge zutun können. Die Aufregung und der Champagner prickelten ihr in den Adern. Sie wagte es nicht, zu dieser nachtschlafenden Zeit auf der alten Reiseschreibmaschine herumzuhämmern, aber sie zog sich eine Wolljacke an, stopfte sich im Bett ein Kissen in den Rücken und begann, einen kleinen Erlebnisbericht zu verfassen.

Ein Woche später wurde sie gebeten, in das Büro von Miss Twyford zu kommen. »Rose, dies ist fast schon genial.« Sie tippte mit dem Finger auf das Manuskript, das auf ihrem Schreibtisch lag. Rose wurde feuerrot, und ihr Herz begann zu klopfen. Sie hatte eine überarbeitete Version des Artikels, den sie in der Nacht nach dem Opernbesuch geschrieben hatte, an Dick Crawley, den Feature-Redakteur, geschickt.

»Dick hat mir deinen Artikel gezeigt. Was du schreibst, hat mich ein paarmal richtig zum Lachen gebracht – etwas, was ein Musikkritiker nur sehr selten schafft. Ich habe selbst auch einmal neben einem solchen summenden Angeber gesessen, wie du sie hier beschreibst, und die Beschreibung der alten Dame mit ihren vornehmen, aber verschlissenen Knöpfhandschuhen und ihren abgetragenen Satinpumps ist einfach köstlich. Du hast ein paar wirklich hübsche und akkurate kleine Skizzen gezeichnet. Natürlich muß einiges noch überarbeitet werden. Hier, beispielsweise, bist du ein bißchen zu lehrerinnenhaft« – sie klopfte mit dem Daumen auf eine Textstelle. »Die meisten Leser sind durchaus fähig, bestimmte Feinheiten selbst zu erspüren – du brauchst einen Scherz oder eine Anspielung nicht erst breit auszuwalzen, sonst wirkst du herablassend, und das darf ein guter Journalist niemals sein. Dick möchte gern, daß ein guter Karikaturist einige Illustrationen dazu zeichnet ...«

»Wollen Sie damit sagen, daß es veröffentlicht wird?« Rose hielt den Atem an.

»Natürlich werden wir es veröffentlichen.« Miss Twyford sah sie wohlwollend an. »Wie ich schon gesagt habe, Dick möchte, daß ein Karikaturist die Geschichte illustriert, jemand, der eine wirklich intelligente, spitze Feder hat. Wir haben da eine neue freie Mitarbeiterin, Cheryl Linklater, die sich nicht entscheiden kann, ob sie nun Modezeichnerin oder Karikaturistin werden will. Sie könnte es machen, meine ich, wenn uns Paul nicht einen Strich durch die Rechnung macht.« Rose traute ihren Augen nicht: Miss Twyford hatte ihr zugezwinkert. »Und Lally könnte sich einmal die Kleidung der Opernbesucher ganz genau anschauen, etwa unter dem Motto: Was ist augenblicklich der letzte

Schrei, Karl Lagerfeld oder die fünfziger Jahre vom Flohmarkt? Vielleicht müssen Lally und Cheryl selbst einmal eine Aufführung besuchen und sich das Publikum ganz genau ansehen. Ich muß Arabella bitten, sich mit der Pressestelle in Verbindung zu setzen und das alles zu organisieren.« Sie machte sich eine Notiz. »Dick kann versuchen, Überschriften oder Bildunterzeilen für die Persönlichkeiten zu formulieren, die er erkennt – das kann er wirklich gut! Das wird in der nächsten Ausgabe unser Aufmacher sein. Du bist ein kluges Mädchen, Rose. Du mußt unbedingt versuchen, am Ball zu bleiben und sooft wie möglich einen Artikel zu schreiben.«

Rose stürmte triumphierend in Amelias Büro. »Stell dir vor, eine Reportage, die ich geschrieben habe, hat Miss Twyford gefallen. Sie möchte, daß ich noch mehr schreibe.«

Amelia stöhnte. »Wahrscheinlich werde ich mich über kurz oder lang mit der trantütigen Paula behelfen müssen. Erst der Umbruchtisch, dann Lally, dann Bruce und jetzt Dick. Kind, was tust du mir an, jetzt, da ich dich gerade ein bißchen eingearbeitet habe?« Sie stand auf und strich wohlwollend über Roses Lockenkopf. »Komm, ich lade dich zur Feier des Tages zum Mittagessen ein. Du bist zu intelligent, um hier als Sekretärin die Sklavenarbeit zu machen.«

Nachdem der Artikel bei ihren Vorgesetzten mit soviel Begeisterung aufgenommen worden war und jetzt unter ihrem Namen erscheinen sollte, war Rose fest entschlossen, sich nicht mehr vom Schreiben abhalten oder ablenken zu lassen. Sie hatte eine Menge Ideen im Kopf. Auf ihren Artikel »Ein Abend in der Oper« folgte sehr bald ein zweiter: »Shopping mit dem Scheich.« Allerdings handelte sie sich damit ziemlich viel Ärger mit einer Kollegin ein; Brigit war Assistentin in der Redaktion für Kochen und Unterhaltung und hatte, im Gegensatz zu Rose, mit Hilfe von Gails Diät erheblich abgenommen. Sie hatte Rose einmal davon erzählt, daß sie in einem großen Warenhaus in London gewesen war, um für die *Attitude* ein paar Fotos zu machen Man hatte sich in der üblichen Weise geeinigt. Das Kaufhaus würde in dem entsprechenden Artikel erwähnt werden, und dafür durfte sich die Zeitschrift Tischwäsche, Gläser und Porzellan für die Fotos aussuchen. Aber gerade als Brigit mit dem Pressesprecher der Warenhauskette durch die Haushaltswarenabteilung ging, war ein Ölscheich die Rolltreppe heraufgekommen. Er wurde begleitet von einem unterwürfigen Generaldirektor, einem der offiziellen Einkaufsberater des Hauses und einem aus etwa 20 Personen bestehenden Gefolge. Innerhalb von Sekunden war das gesamte Warenhaus für die Öffentlichkeit geschlossen worden, aber der Pressesprecher hatte dafür gesorgt, daß Brigit dableiben durfte. Der Scheich hatte in Windeseile ganze Schiffsladungen von Porzellan, Damenbekleidung und imitierten Antikmöbeln bestellt. Rose fragte Brigit über alle Einzelheiten aus und sagte nachdenklich: »Man könnte einen tollen Artikel darüber schreiben. Hast du keine Lust, das zu machen?« Brigit sah sie mißtrauisch an: »Daran hab' ich überhaupt nicht gedacht. Ich hab' immer soviel andere Dinge im Kopf.«

Rose blieb hartnäckig. Würde es dir etwas ausmachen, wenn ich es mal versuche?

Brigit zögerte, schüttelte aber dann den Kopf. Rose rief sofort den Pressesprecher der Warenhauskette an und überprüfte einige Einzelheiten, interviewte dann einen unglaublich arroganten Diplomaten aus dem Gefolge des Scheichs und tippte spontan einen Artikel mit der Überschrift: »Shopping mit dem Scheich« in ihre Maschine, eine geistreiche, witzige Glosse, bei deren Lektüre Dick vor Vergnügen gluckste, um sie dann umgehend Miss Twyford zur Kenntnisnahme weiterzureichen. Als die Druckfahne dieses Artikels vorlag, kam Brigit empört in Roses Büro gestürzt und warf ihr vor, »ihre« Geschichte geklaut zu haben.

Brigits Reaktion machte Rose zunächst sehr zu schaffen, aber als sie dann ihre maschinengeschriebenen Wörter auf der Druckfahne wiedererkannte, war sie nur noch stolz und glücklich. Offensichtlich war sie jetzt richtig in Fahrt. Gleich nach der

Geschichte mit dem Scheich schrieb sie noch eine weitere: »Rollenbesetzung auf der Couch.« Der Ton des Artikels war ironisch und witzig, und Margot fragte sie voller Bewunderung, wie sie denn das hingekriegt habe.

»Ich bin eben dick, und das macht es den Frauen leichter, mir ihr Herz auszuschütten«, antwortete Rose, diesmal ohne das übliche Selbstmitleid. »Ich bin für sie eben keine ernsthafte Konkurrentin. Amelia hat mich zu einer Agentur für Models geschickt, weil sie einige besonders interessante Frauen für einen Artikel interviewen wollte. Im Vorzimmer des Managers saßen massenhaft Mädchen herum, die selten einen Auftrag bekommen und sehnsüchtig auf ihre große Chance warten. Ich habe einfach ihren Gesprächen zugehört und mich später mit einigen von ihnen noch mal unter vier Augen unterhalten.«

»Also, jetzt versuch erst einmal, ihn um dreiundachtzig Wörtern zu erweitern, damit er ins Layout hineinpaßt.« Margot war immer sehr sachlich.

»Du hättest die Geschichten mal hören sollen, die ich *nicht* für den Artikel verbraten konnte«, sagte Rose lachend, während sie einen neuen Bogen für den Zusatztext einspannte. »Seit diesen Interviews sehe ich unsere Fotografen übrigens mit ganz anderen Augen. Mir ist schlagartig klargeworden, daß meine sexuelle Aufklärung erheblich zu wünschen übrig läßt.« »Aber nicht nur meine sexuelle Aufklärung – mein ganzes Sexleben ist beklagenswert unzulänglich«, dachte sie mit einem Anflug von Neid.

Aber auch Roses Traum, ein paar berühmte Besucher in ihrem *Salon* empfangen zu können, erfüllte sich vorerst nicht. Hin und wieder lud sie Margot oder Sally zum Abendessen ein. Gelegentlich traf sie sich auch mit der exzentrischen, leicht verrückten Cressida. Cressida hatte Rose sehr bald nach der Panne mit dem unvollständigen Manuskript angerufen und sie in eine Bar zum Mittagessen eingeladen. Als Rose das »Chez nous« betrat, das Cressida vorgeschlagen hatte, saß diese in einer äußerst verführerischen Pose auf einem Barhocker. Sie war in einen ausgeleierten Strickmantel gehüllt, der aus irgendeinem Grunde die Vermutung nahelegte, daß sie darunter nackt war, und trank mit vornehmen kleinen Schlucken ein Glas Mineralwasser. Sie bestand darauf, daß Rose sich ein Glas Champagner bestellte. »Dies ist meine liebe, liebe Freundin«, flüsterte Cressida dem amüsierten Barkeeper ins Ohr. »Du mußt immer gut auf sie aufpassen. Sie hat mich vor großen Schwierigkeiten bewahrt.«

Rose war von Cressidas Talent fasziniert, witzig und scheinbar zusammenhanglos über die verschiedensten Themen plaudern zu können. Sie schien immer von einer Gruppe von Bewunderern umgeben zu sein, die fast alle so berühmt waren, daß selbst Rose sie sofort erkannte. »Schau, was Rodney mir geschenkt hat.« Sie griff in die Tasche ihres riesigen Mantels und holte einen eleganten kristallenen Parfümflacon heraus, in dessen silbernen Stöpselverschluß ein zierliches CI eingraviert war. »Ich werde ihn bitten, den Flacon umzutauschen und mir dafür ein paar Diamanten zu schenken«, verkündete sie, nachdem Rose das Fläschchen ausgiebig bewundert hatte. »Die wiegen nicht soviel, wenn man sie auf Reisen mitnimmt.« Eine dreiviertel Stunde später, als Cressida noch immer keine Anstalten machte, sich an einen der Tische zu setzen, hatte Rose vorsichtig angedeutet, daß sie in ihr Büro zurück müsse. Cressida ließ sich augenblicklich von ihrem Hocker gleiten. »Natürlich. Es ist wirklich egoistisch von mir, dauernd von mir selbst zu reden. Du bist wirklich lieb.«

»Wir müssen das wiederholen«, hatte sie vor dem Restaurant erklärt. »Schau, dort ist ein Taxi.« Sie legte zwei Finger in den Mund und stieß einen gellenden Pfiff aus. »Ich könnte es mir nie verzeihen, wenn du zu spät kämst und Margot dir böse wäre. Ich hab' wirklich Angst vor ihr, weißt du.«

Danach lud Cressida Rose häufig »zum Mittagessen« ein – allerdings wurde bei diesen Gelegenheiten nie etwas verzehrt. Rose machte das nicht allzuviel aus. Sie verdrückte dann meist auf dem Weg zurück ins Büro schnell einen Marsriegel. Cressida war faszinierend und gewährte ihr einen Einblick in das Leben der oberen Zehntausend, den sie ohne ihre junge, exzentrische Freundin niemals gewonnen hätte. Sie hatte sich auch ein wenig mit Cheryl Linklater, der Karikaturistin, die ihren Opernartikel illustriert hatte, angefreundet. Cheryls Karikaturen waren so treffend und witzig, daß Rose hellauf begeistert war. »Sie sind absolute Spitze«, lobte sie die junge Frau, die ansonsten eher blaß und zurückhaltend wirkte.

Cheryl lächelte schwach, und ihr sommersprossiges Gesicht überzog sich mit einer leichten Röte. Sie zuckte mit den Schultern. »Es hat mir auch wirklich Spaß gemacht.«

Rose war von Cheryl und Cressida fasziniert. Beide waren extrem schlank und wirkten selbst in Lumpen lässig und elegant.

Da Paul die Illustration von Roses Artikel nicht selbst in Auftrag gegeben hatte, zeigte er auch nicht das geringste Interesse daran. Also wurde Hugo beauftragt, sich um Cheryls Arbeiten zu kümmern. Für die Besprechung des zweiten Artikels, den über den Scheich im Warenhaus, schlug er ein Geschäftsessen mit Cheryl vor, bei dem auch Rose dabeisein sollte. »Wir müssen den Stil unbedingt beibehalten«, sagte er, »die vorigen Zeichnungen sind hervorragend angekommen.« Roses Vermutung, daß Hugo sich in die stille Künstlerin, die wie eine präraffaelitische Madonna aussah, verliebt hatte, wurde bestätigt. Auf dem Weg ins Restaurant redete er ausschließlich von ihr und ihren hervorragenden Talenten. Cheryl dagegen brachte kaum ein Wort heraus. Als der Kellner an ihrem Tisch stand, um die Bestellung entgegenzunehmen, spielte sie gedankenverloren mit der Speisekarte. Rose gab ihre Bestellung auf, während Hugo sich als Gourmet aufspielte und Cheryl drängte, geräucherten Aal und danach gebratene Gans zu wählen. Aber Cheryl rümpfte angeekelt die Nase. »Nein, vielen Dank. Ich hätte gern eine halbe Grapefruit.«

Hugo zuckte zusammen und sah sie an wie ein geprügelter Hund. »Und was als Hauptgericht?«

»Die andere Hälfte.«

Rose starrte verlegen auf ihren riesigen Teller mit Hühnchen in Rahmsauce, Reis und Buttergemüse, während Cheryl an ihrer Grapefruit herumkratzte und mit zierlichen Bewegungen die Piemontkirsche entfernte. »Ich werde es nie lernen«, schalt sie sich insgeheim. »Deshalb sind sie eben dünn, weil sie *nicht essen.*« Als der Kellner ihr den halbvollen Teller wieder wegnahm und fragte, ob es ihr nicht geschmeckt habe, wurde sie feuerrot. »Doch. Doch, danke. Ich habe keinen großen Hunger«, log sie.

Kapitel 13

Doreen hatte geheiratet. Wenn sie gelegentlich von ihrer Universitätsstadt York nach London gereist war, hatte sie meist auch Rose einen Besuch abgestattet. Doreens mollige Schultern und Hüften waren merklich schmaler geworden. Sie war noch immer nicht schlank, aber sie schien insgesamt attraktiver, wohlproportioniert und strahlend vor Selbstbewußtsein. Eines Tages stand sie in Begleitung eines großen, stillen, bärtigen Mannes in Roses Wohnungstür.

»Dies ist Robin«, stellte sie ihn vor.

Rose sah sie verdutzt an. »Ich meine, du hättest gesagt, er heiße Philipp«, flüsterte sie der Freundin einige Minuten später ins Ohr, als sie gemeinsam versuchten, in Roses winziger Küche eine kleine Mahlzeit zuzubereiten.

»Oh, das war der aus meinem ersten Jahr. Es hat nicht lange gedauert. Robin meint es *ernst*.«

Bei einem späteren Besuch hatte sie Rose erzählt, daß sie und Robin heiraten wollten, sobald sie beide ihr Examen gemacht hätten. »Ich fürchte, ich muß mich kirchlich, so richtig mit weißem Brautkleid, trauen lassen«, sagte sie und verzog das Gesicht. »Ich kann Mama einfach nicht davon abbringen. Sie hat meine Hochzeit bereits verplant, als ich noch in den Windeln lag. Es ist mir im Grunde genommen auch egal. Du wirst Brautjungfer, Rose, nicht wahr?« Es war schwierig, sich Doreen als verheiratete Frau vorzustellen, obwohl es noch eine ganze Reihe anderer Mädchen aus Roses ehemaliger Klasse gab, die bereits verheiratet waren. »Mama schickt mir immer die Ausschnitte aus unserer Lokalzeitung – Tricia Cobbers hat sogar schon ein Baby, aber einen Mann hat sie natürlich *nicht*.«

Rose wurde zum Hochzeitsempfang eingeladen, aber sie fühlte sich unter den anderen Gästen wie ein Fisch an Land. Für ihren

Geschmack waren alle viel zu sehr herausgeputzt. Es wurden eine Menge schmutziger Anspielungen gemacht, und Doreens Vater hielt eine peinliche, sentimentale Rede. Doreen zwinkerte ihr verschwörerisch zu. Sie war so glücklich, daß ihr die äußeren Umstände der Hochzeit nichts ausmachten. Wie Rose war sie vor allem froh, ihrem Elternhaus entronnen zu sein. Rose dachte an ihre Kollegen in der *Attitude* mit ihrer unauffällig-eleganten Kleidung und dem unterkühlten, sarkastischen Humor.

Rose hatte das Wochenende, an dem Doreen heiratete, in ihrem Elternhaus verbracht. Ihre Mutter sah ihr nachdenklich ins Gesicht. »Stell dir vor, jetzt ist Doreen verheiratet. Ihre Mutter hat die Spitze des Hochzeitskuchens, den ich gebacken habe, für die Taufe aufbewahrt. Es muß schön sein, so ein niedliches kleines Enkelkind zu haben.«

»Aber Mama, sie haben doch gerade erst geheiratet.«

»Ich weiß, aber ich habe immer gehofft, *du* würdest die erste sein. Aber du hast wahrscheinlich noch gar keinen Freund, oder?« Sie sah Rose erwartungsvoll an. Als diese endlich wieder in ihrer kleinen Wohnung in London war, fühlte sie sich wie befreit.

Alans Besuche waren für Rose immer eine willkommene Abwechslung. Er arbeitete als Psychiater in einem großen Krankenhaus in Bristol und hatte sich auf seelisch gestörte Kinder spezialisiert. Gelegentlich kam er nach London, um an einer Konferenz teilzunehmen oder sich mit Kollegen auszutauschen. Wenn möglich, besorgte er Opernkarten; andernfalls führte er Anne und Rose ins Theater aus. Er war geistreich und gebildet, und Rose hatte Spaß daran, nach einem Theaterbesuch mit ihren beiden Freunden im Restaurant zu sitzen und über Gott und die Welt zu diskutieren. Nach und nach wurde sie in der Gesellschaft anderer Menschen immer sicherer und gewandter.

Rose hörte sehr genau zu, wenn die beiden die Weinkarte besprachen; sie hatte gar nicht gewußt, daß es so viele verschiedene Weinsorten gab. Ihre Eltern hatten niemals Wein im Haus gehabt; allerdings brachte ihr Vater zu Weihnachten immer eine Flasche Portwein und eine Flasche Sherry mit nach Hause, die der Gesellschafter den leitenden Angestellten jedes Jahr als Geschenk überreichte. Die klebrigen Flaschen standen meist bis ins Frühjahr hinein, dreiviertelvoll, auf der Anrichte herum.

Roses Eltern hatten niemals über Politik diskutiert, und jetzt saß sie mit Anne und Alan zusammen, und alle drei redeten sich über die kommende Wahl die Köpfe heiß. Anne war engagierte Sozialistin und Feministin und war innerlich hin und her gerissen, weil sie sich zugleich auch freute, eine Frau als Premierministerin an der Macht zu sehen. Alan dagegen lehnte es ab, sich für eine bestimmte Partei zu engagieren, er schimpfte erbittert über die despotischen Gewerkschaften, die an die Stelle der tyrannischen Kapitalisten getreten seien.

Alan schien sich in Roses Gesellschaft immer sehr wohl zu fühlen, und wenn sie einmal eine Zeitlang schweigend zugehört hatte, dann lächelte er sie aufmunternd an und fragte: »Und was sagst du dazu?« oder: »Jetzt würde mich *deine* Meinung interessieren.« Daß sie mollig war, schien ihm nicht besonders aufgefallen zu sein. Manchmal schickte er ihr witzige Postkarten aus Bristol oder einen Artikel aus einer Lokalzeitung, in dem, wie er meinte, die Idee für eine gute Story enthalten sein könnte. Zur Begrüßung und zum Abschied küßte er sie immer herzlich auf beide Wangen, und Rose fragte sich manchmal verwirrt, ob das wohl etwas zu bedeuten habe. Aber im Grunde genommen behandelte er sie genauso wie seine Cousine Anne. Im Laufe der Monate wurde ihre Beziehung immer enger und freundschaftlicher, aber Rose mußte sich eingestehen, daß sie sich doch wohl etwas mehr als eine kameradschaftliche, kumpelhafte Freundschaft erhofft hatte. Die Frage war, wann denn wohl endlich etwas mehr Abenteuer und Sex in ihr Leben käme. Wenn sie dann allerdings an Maurice dachte, dann begann sie den Gedanken daran sofort wieder zu verdrängen und stürzte sich wie besessen in ihre Arbeit.

Bei der *Attitude* wurde Rose, vor allem von Bruce, inzwischen als ein fester Bestandteil der Literaturredaktion betrachtet, trotz der finsteren Blicke und sarkastischen Kommentare von Amelia. »Sie arbeitet nur außerhalb der Bürozeit für mich«, versuchte Bruce, verärgert über die eine oder andere von Amelias sarkastischen Bemerkungen, sich zu rechtfertigen.

»Außerhalb der Bürozeit – soviel ich weiß, gibt's da noch ein paar mehr Mädchen, die für ihn arbeiten«, knurrte Amelia. »Lad' ihr nicht zuviel auf. Rose ist ein Arbeitstier, und es gibt einige Leute, die das ausnutzen.«

»Eifersüchtig?« fragte Bruce. Amelia musterte ihn mit einem so geringschätzigen Blick, daß ihm das Lächeln im Gesicht gefror und er auf dem Absatz kehrtmachte. »Alberner Fatzke«, schimpfte Amelia. »Meint, er könnte mit seinem Charme jede Frau einwickeln. Ich habe keine Ahnung, warum seine Frau sich mit ihm abfindet. Er ist geradezu süchtig nach Abenteuern, nur, um sein Ego aufzupolieren. Du darfst dich auf keinen Fall von ihm einwickeln lassen, Kindchen.«

»Ich bin überhaupt nicht sein Typ; er schwärmt für große und schlanke Frauen.«

»Noch ein Minuspunkt«, murmelte Amelia und beugte sich über einen Regierungsbericht zum Thema Sozialhilfe.

Trotz oder vielleicht wegen Amelias ständiger Nörgelei hatte Bruce Rose gebeten, an seiner Statt an einer Buchvorstellung teilzunehmen. Während Rose einen Schluck Weißwein trank und versuchte, möglichst selbstbewußt und lässig zu wirken, fiel ihr Blick auf einen gutaussehenden Mann, der neben ihr stand und ihr irgendwie bekannt vorkam. Gerade, als sie ihn ansprechen wollte, warf er ihr einen gleichgültigen Blick zu und wandte sich ab. Im selben Augenblick trat die PR-Dame des Verlegers auf sie zu. »O Rose, Sie müssen unbedingt Dixon Redditch kennenlernen. Ich bin sicher, daß sein neues Buch für die *Attitude* gerade richtig wäre – es ist wirklich nicht nett von Bruce, daß er nicht selbst gekommen ist. Er hat es *versprochen*. Aber bitte unterhalten Sie sich doch selbst mal mit Dixon – ich war übrigens *begeistert* von Ihrer Besprechung von *Penniless in Penrith.*« Es war offensichtlich, daß die PR-Dame Rose nur schmeicheln wollte; die Rezension war in einer ganz anderen Zeitschrift veröffentlicht worden.

Der gutaussehende Mann hatte sich ihr bei diesen Worten abrupt wieder zugewandt. »Sind Sie Rose Summers?« fragte er. Rose nickte. »Ich habe Ihre Glosse über die Oper gelesen«, sagte der Unbekannte mit einem charmanten Lächeln und sah Rose aufmerksam ins Gesicht. »Wirklich großartig, und in der jetzigen Ausgabe ist noch ein anderer Artikel von Ihnen, wie war noch die Überschrift . . ., etwas über einen Scheich, der bei Harrods einkauft, nicht wahr?«

»Das ist eine Unterstellung«, lachte Rose. »Ich habe das Warenhaus nicht namentlich erwähnt. Aber es stimmt ungefähr, was Sie sagen, ja.«

»Guy, mein Guter, ich werde Ihnen Rose jetzt mal für ein paar Minuten entführen und sie Dixon Redditch vorstellen«, fuhr die PR-Dame dazwischen. »Nun seien Sie mal ein bißchen vernünftig. Sie können Rose nicht ganz allein mit Beschlag belegen. Sie ist hier, um unseren *Autor* kennenzulernen.« Sie versuchte, Roses Gesprächspartner deutlich zu machen, daß es sich hier nicht um eine private Party handelt.

Guy schwang sein Glas nachdenklich hin und her. »O. K., Gloria, *reste tranquille*. Aber bitte, kommen Sie wieder zu mir zurück«, bat er Rose. »Ich würde mich sehr gern einmal mit Ihnen unterhalten.« Er legte seine Hand vertraulich auf ihren Arm und lächelte sie an. Plötzlich fiel ihr ein, warum er ihr so bekannt vorkam: Er war auf Tim Jonas' Weihnachtsparty gewesen. Rose hatte in seiner Nähe gestanden und versucht, so zu tun, als fühle sie sich unter all den weltgewandten, eleganten Gästen wohl. Sie hatte mitbekommen, wie er fortwährend witzige, aber unfreundliche und herabsetzende Bemerkungen über alle möglichen Personen gemacht hatte. Sie meinte, sich zu erinnern, daß er sie angestarrt und gesagt hatte: »Wie gräßlich die Leute *en masse* wirken. Unförmigkeit war mir schon immer ein Greuel.«

Spät am Abend klopfte Rose noch einmal an Annes Tür. »Hallo, Anne, kann ich reinkommen? Ich habe heute den Feature-Redakteur der *Harmony* auf einer Verlegerparty getroffen. Stell dir vor, er hat mir einen Job angeboten. Das bedeutet mehr Geld, aber, was das beste ist: Ich kann mehr *schreiben*. Was meinst du? Soll ich annehmen? Was wird Miss Twyford dazu sagen? Aber Amelia wird dann bestimmt wütend sein. Oh, ich weiß wirklich nicht, was ich tun soll.«

Ein paar Tage lang genoß Rose das Gefühl, von der Konkurrenz der *Attitude* umworben zu werden. Guy Walsh lud sie zum Mittagessen ins *San Lorenzo* ein. Er war so charmant und höflich, daß Rose die Erinnerung an seine sarkastischen Bemerkungen verdrängte. Er wiederholte noch einmal, daß man ihr ein gutes Gehalt zahlen werde und daß sie vor allem die Gelegenheit zum Schreiben bekäme. Als Rose verwirrt und mit gerötetem Gesicht in ihr Büro zurückkam, klebte an ihrer Schreibmaschine ein Notizzettel: sie möge bitte ins Büro der Chefredakteurin kommen. Amelia hatte Miss Twyford offensichtlich einen Hinweis gegeben, daß Rose abgeworben werden könnte.

Miss Twyford wies wortreich darauf hin, daß es für Rose bei der *Attitude* in Zukunft sehr viele Möglichkeiten geben werde, daß sie auf freiberuflicher Basis soviel schreiben könne, wie sie wolle, vielleicht so etwas Ähnliches wie die brillanten Glossen, die ja bereits veröffentlicht worden waren, aber daß sie leider noch nicht als Vollzeitkraft bei der Feature-Redaktion anfangen könne, weil man dort gerade eine neue Redakteurin eingestellt habe. Ob Rose vielleicht Lust habe, die Begleittexte zu den Modefotos zu schreiben? Lallys Stärken lägen mehr im visuellen als im verbalen Bereich, und sie würde sich wahrscheinlich sehr gern auf die Fotoreportagen konzentrieren, wenn Rose die Texte beitragen würde. Nein, entgegnete Rose, sie habe Lally zwar damals sehr gern geholfen, aber sie habe nicht das Gefühl, daß sie in der Moderedaktion am richtigen Platz wäre. Ob sie bei einer weiteren Gehaltserhöhung ihre Meinung ändern würde? Rose antwortete nein, in diesem Stadium wäre Geld nicht ihr Hauptanliegen. Sie konnte es selbst nicht glauben, daß sie so selbstbewußt und sachlich über ihre Zukunft zu reden vermochte. Es schien ihr, als sei sie auf dem besten Wege, über sich selbst hinauszuwachsen.

Amelia lud Rose bei nächster Gelegenheit zum Mittagessen ein und las ihr die Leviten. »Du bist bei uns wirklich am richtigen Platz, mein Kind. *Harmony* ist eine gute Zeitschrift, aber die meisten Leute, die dort arbeiten, sind ekelhaft. Die Angestellten kommen und gehen wie durch eine Drehtür. Du mußt nur ein wenig Geduld haben . . . Bella ist ganz in Ordnung; sie wird darauf achten, daß du bald eine Chance bekommst, nur noch journalistisch zu arbeiten. Denk' nur daran, wie sehr sie dich immer ermutigt hat.«

Rose schämte sich ein wenig für ihre vermeintliche Undankbarkeit. »Ich weiß. Ich finde auch, daß sie ein feiner Kerl ist, aber ich glaube, es wäre gut für mich, auch mal bei einer anderen Zeitschrift zu arbeiten. Ich habe hier schon sehr viel gelernt, aber ich muß noch mehr Erfahrungen sammeln. Eigentlich ist es bei der *Attitude* doch die Feature-Redaktion, die die meisten Beiträge liefert, und es wird ewig lange dauern, bis da ein Platz für mich frei ist. Ich möchte aber *jetzt* mehr Artikel schreiben.«

»Du bist doch noch ein Küken. Warum kannst du nicht ein bißchen Geduld haben? Ich habe erst angefangen, unter meinem eigenen Namen zu schreiben, als ich so etwa die Neunzig erreicht hatte.« Amelia seufzte und schenkte sich ein drittes Glas Wein ein. »Du möchtest doch nicht, daß ich schon wieder nach einer neuen Assistentin suchen muß, oder? Du bist eine ganz schöne Nervensäge, mein Kind.« Sie betrachtete Roses entschlossene Miene und seufzte. »O. K. Ich gebe nach. Nimm den Job an, aber paß auf, daß dir dort niemand in den Rücken fällt.« Sie trank einen großen Schluck aus ihrem Weinglas. »Also dann. Machen wir uns wieder auf den Weg zurück in die Klapsmühle.«

Auf dem Rückweg in ihr Büro ließ Rose den Kopf hängen. Was versprach sie sich eigentlich von einem solchen Wechsel? Sie hatte sich ihren Platz bei der *Attitude* erobert, die meisten Angestellten respektierten und schätzten sie. Amelia marschierte finster neben ihr her und hielt krampfhaft ihren Hut fest, der im Sturm davonzufliegen drohte. »Auch wenn du bald ein großer Star wirst – du mußt heute nachmittag noch mein Manuskript tippen – vergiß das bitte nicht.«

Rose dachte an Amelias mürrische Freundlichkeit, den freundlich-kollegialen Ton unter den Kollegen, die kameradschaftliche Atmosphäre, die am Umbruchtisch herrschte. Wollte sie wirklich all das aufgeben, um mit einem Mann zusammenzuarbeiten, der seinen Charme nur deshalb verströmte, um seine Ziele durchzusetzen? Waren die herabsetzenden, zynischen Bemerkungen, die sie per Zufall mit angehört hatte, nicht eigentlich charakteristisch für ihn?

Rose überlegte einige Minuten lang hin und her. Dann blieb sie stehen. »Also gut. Ich habe meine Meinung geändert. Ich habe mich doch entschlossen zu bleiben.« Sie senkte den Blick. »Man kann sich an einige Leute sehr gewöhnen.«

»Meinst du das wirklich, mein Kind?! Das ist ja wunderbar!«

Rose nickte, unfähig, etwas zu sagen.

»Bella wird sich freuen. Komm, wir gehen zurück und lassen es uns noch mal *richtig* schmecken. Das Steak eben ist mir ja fast im Hals steckengeblieben.«

Miss Twyford belohnte sie mit einer Gehaltserhöhung und mit dem Versprechen, daß für alles, was Rose schrieb, bei einer Veröffentlichung das volle Honorar für Freiberufler gezahlt werden würde. »Ich bin wirklich sehr froh, Rose«, sagte sie mit warmer Stimme.

Als Rose auf dem Nachhauseweg auf den Bus wartete, schwirrte ihr Kopf. Im Laufe des Tages waren unendlich viele

Ereignisse auf sie eingestürmt. Sie hatte, kurz bevor sie das Büro verließ, Guy Walsh angerufen, um ihm zu sagen, daß sie sich entschieden habe, bei der *Attitude* zu bleiben. Als er sie dazu zu überreden versucht hatte, ihre Meinung zu ändern, hatte sie noch einmal ein paar Sekunden lang gezögert. Trotz seiner aalglatten Höflichkeit klang seine Stimme gereizt. »Ich hoffe nur, Bella Twyford hat Ihnen eine dicke Gehaltserhöhung versprochen.«

Rose ärgerte sich darüber, daß er Miss Twyford »Bella« nannte. »Sie ist immer sehr freundlich zu mir gewesen«, bemerkte sie kühl. Guys Stimme wurde ein wenig wärmer, als er sie beschwor, sie müsse, falls sie die *Attitude* doch jemals verlasse, in jedem Fall zuallererst ihn anrufen.

Als Rose schließlich im Bus saß, schien es ihr, als ginge es nur im Schneckentempo voran. Sie war überzeugt, daß der Fahrer, sobald er sich den Verkehrsampeln näherte, vorsätzlich bremste, sie sprangen nämlich dauernd von orange auf rot um. Sie konnte es kaum erwarten, nach Hause zu kommen. Sie wollte Anne Martin von den neuesten Entwicklungen erzählen. Ob Anne wohl auch der Meinung war, daß sie die richtige Entscheidung getroffen hatte? Sie überlegte, welche Restaurants sie für ein gemütliches Abendessen vorschlagen könnte – es sollte diesmal wirklich etwas Besonderes sein. *Fredrick's* vielleicht, in der Camden Passage. Sie hatte darüber schon einiges in der Zeitung gelesen.

Als sie endlich zu Hause angelangt war, stürmte sie die Treppe hoch und trommelte heftig an Anne Martins Tür. Die Reaktion war zunächst ein längeres Schweigen und dann ein leicht ersticktes: »Einen Augenblick, bitte.« Wenige Minuten später kam Anne an die Tür; ihr Gesicht war gerötet, ihr Haar zerzaust. Sie trat auf den Treppenabsatz hinaus und hielt sich mit beiden Händen den Morgenmantel zu.

»Es tut mir leid, Rose.« Sie atmete heftig. »Ich habe gerade einen Freund bei mir. Ich melde mich morgen bei dir.«

Rose starrte sie verdutzt an. Sie murmelte irgendeine Entschuldigung und lief, feuerrot vor Verlegenheit, in ihr Zimmer. Seltsamerweise hatte sie das Gefühl, von Anne verraten worden zu sein. Anne Martin hatte sich einen Mann mit in die Wohnung gebracht! Es war unglaublich! Enttäuscht starrte Rose auf den Fernsehschirm und verdrückte dabei eine unappetitliche kalte Pastete und eine Packung Schokoladenkekse. Aus ihrem ausdruckslosen Gesicht hätte niemand ablesen können, wie traurig und verlassen sie sich fühlte.

Kapitel 14

Ich hatte gestern einen Freund bei mir; jemanden, den ich in der British Library getroffen habe«, erklärte Anne am nächsten Abend verlegen.

»Es tut mir leid, daß ich dich gestört habe.« Rose fiel es schwer, sich an den Gedanken zu gewöhnen, daß ihre frühere Lehrerin gestern abend, als sie geklopft hatte, mit einem Mann im Bett gelegen hatte. Sie hatte nie zuvor erwähnt, daß es einen Mann in ihrem Leben gäbe. Rose saß auf dem schmalen Fensterbrett, während Miss Martin in ihrem Zimmer hin- und herwanderte. Ihre Wangen waren rot gefleckt, und als sie sich dafür entschuldigte, daß sie Rose am vorangegangenen Abend nicht hereingebeten hatte, klang ihr Stimme ziemlich aufgeregt.

»Du brauchst es mir wirklich nicht zu erklären«, sagte Rose in ironischem Tonfall. »Es ist natürlich nicht meine Angelegenheit.« Sie sah aus dem Fenster auf die graue Straße hinunter. »Deshalb hast du dir also eine andere Frisur zugelegt.« Ihre Stimme klang ein wenig ironisch. »Ich habe auch gemerkt, daß du in letzter Zeit sehr viel hübschere Kleidung trägst. Und – Parfüm.«

Anne schien sich über Roses Beobachtungen zu ärgern.

»Du hast mir, wenn ich mal wieder eine Diät machen wollte, immer erzählt, daß das Aussehen keine Rolle spielt. Es sind der Charakter und die Intelligenz, die zählen, hast du behauptet, und jetzt putzt du dich heraus wie ein Pfau, nur, um einen Mann zu verführen.« Rose wußte, daß sie ziemlich unlogisches Zeug redete, aber die Gefühle, die sie während einer langen, schlaflosen Nacht zu ignorieren versucht hatte, ließen sich auf die Dauer nicht unterdrücken.

»Er ist Schriftsteller. Es hat ihn interessiert, daß ich über Caroline Norton arbeite.« Annes Stimme klang plötzlich kühl.

»So ist das also.«

Anne zwang sich, ruhig und höflich zu bleiben. Peter Northwich hatte in der Bibliothek auf dem Platz neben ihr gesessen. Als sie gegen Mittag aufgestanden war, um sich irgendwo ein Sandwich zu besorgen, war er ihr gefolgt und hatte sie angelächelt: »Wenn Sie ein Restaurant suchen – ich habe einen kleinen Italiener um die Ecke entdeckt, in dem man für einen ordentlichen Teller Spaghetti nicht viel mehr bezahlt als für die vertrockneten Sandwiches aus den Imbißbuden.«

Während des Mittagessens hatten Peter und Anne Adressen ausgetauscht. Er war dabei, für ein Buch zu recherchieren: ein historischer Abriß des Lebens der einfachen Leute vom siebzehnten Jahrhundert bis zum Zweiten Weltkrieg. »Caroline Norton? Ich weiß nicht sehr viel über sie, aber hat ihr getrenntlebender Mann ihr nicht ihre beiden kleinen Jungen weggenommen und sie auf irgendein Gut in Schottland gebracht, wo sie sie dann nie wieder besuchen durfte – etwas, was damals völlig legal war – und wo dann eines der beiden Kinder gestorben ist?«

»Ja, ganz genau. Die meisten Leute wissen, wenn ich den Namen Caroline Norton erwähne, überhaupt nicht, von wem die Rede ist.«

»Nun, wenn Ihr Buch erscheint, dann wird sich das gewiß ändern.«

Sie hatte sich wohl und entspannt gefühlt, als sie da in dem kleinen Restaurant saß und mit ihm diskutierte, und war selbst verblüfft über das heftige Gefühl der Enttäuschung, als er ihr nach dem Mittagessen nur kurz zuzwinkerte und in Richtung der Untergrundbahn davonschlenderte.

Am nächsten Tag hatte sie eigentlich nicht zur Bibliothek gehen wollen, da sie plante, ihre Notizen zu einem längeren Text zusammenzufassen, aber sie ging dann doch, in der Hoffnung, daß Peter auch da wäre.

Er war da. Und von dem Augenblick an hatte sich eine Romanze entwickelt, die ihr wie eine Oase des Glücks in der lärmenden, hektischen Londoner Innenstadt erschien. Sie hatte mit niemandem darüber sprechen wollen; sie hatte Angst gehabt, daß Worte den Zauber zerstören könnten. Die Vergangenheit, das Leben, das sie vor Peter gelebt hatte, schien jetzt ohne Bedeutung zu sein. Vor ihr dehnte sich eine unendliche, strahlende Zukunft aus. Zuvor war ihr Sex ziemlich gleichgültig gewesen; Anne hatte als Studentin ein paar Affären mit ihren Kommilitonen gehabt. Bevor sie nach Garfield versetzt worden war, hatte sie eine halbwegs ernste Beziehung mit einem Schulleiter, die sich jedoch als eine Enttäuschung erwiesen hatte.

Peters Zärtlichkeit, seine Sensibilität und die Tatsache, daß er sie manchmal sogar in Augenblicken der Leidenschaft zum Lachen zu bringen vermochte, das waren köstliche neue Erfahrungen.

Da sie selbst so glücklich war, verflüchtigte sich ihr Ärger über Rose sehr schnell. Sie betrachtete die mollige, unzufriedene junge Frau und war gerührt. Gewiß: Roses Reaktion war unhöflich, wenn nicht gar ungezogen, aber sie war jetzt auch sehr einsam. Vielleicht hatte sie sich in ihrer Einsamkeit ihrer alten Lehrerin zu eng angeschlossen, aber sie selbst hatte das immerhin auch zugelassen. Anne legte die Hand auf Roses Schulter. »Wenn Alan wieder nach London kommt, dann müssen wir mal zu viert ausgehen. Peter wird dir bestimmt gefallen.«

Rose schüttelte Annes Arm ab. »Ich muß ziemlich viel arbeiten. Mein Aufgabenbereich ist erheblich erweitert worden. Ich glaube nicht, daß ich zum Ausgehen Zeit haben werden. Übrigens werde ich doch nicht bei der *Harmony* anfangen.«

»Herzlichen Glückwunsch, Rose. Ich bin sicher, daß du Erfolg haben wirst.« Anne verließ leise das Zimmer.

Vier Wochen später fand Rose einen Zettel unter ihrer Tür. »Ich bin mit Peter zusammengezogen. Ich habe mein Caroline-Norton-Projekt aufgegeben. Statt dessen helfe ich Peter bei seinen Recherchen. Ich rufe dich mal an; vielleicht hast du Lust, irgendwann einmal zum Abendessen vorbeizukommen. Liebe Grüße, Anne.«

Kapitel 15

Als Rose eines Samstags einsam und deprimiert auf der Camden-Passage spazierenging, lief sie Cheryl Linklater in die Arme. Diese hatte nach und nach ihr distanziertes und kühles Benehmen Rose gegenüber aufgegeben, und wenn sie bestimmte Aufträge bei der *Attitude* abzuholen oder Arbeit abzugeben hatte, schaute sie gewöhnlich für ein Schwätzchen in Roses Büro vorbei. Manchmal verabredeten sich die beiden jungen Frauen, ähnlich wie Rose und Cressida, zu einem gemeinsamen Mittagessen ohne Verzehr. Rose hatte das deutliche Gefühl, daß eine Mahlzeit, die nur aus einem Stück Käse und einem Glas Wein bestand, eine schreckliche Selbstkasteiung bedeute, bis sie in einer von Gails Tabellen nachschlug und herausfand, daß ein dickes Stück Käse sehr viel kalorienhaltiger war als die meisten belegten Brote.

»Was machst *du* denn hier?«

Beide, Rose und Cheryl, lächelten sich erfreut an. »Eigentlich müßte ich nach einer Wohnung suchen; Islington soll angeblich billiger sein als Hampstead. Aber dann habe ich hieran einfach nicht vorbeigehen können.« Sie hielt ein Kleid mit einem doppelten Fransenbesatz in die Höhe. »Genau die zwanziger Jahre, nicht wahr? Ich werde mir dazu so bald wie möglich einen Pagenkopf schneiden lassen.«

Rose sah sich das schmal geschnittene Kleid an. »Du mußt erst einmal magersüchtig werden, wenn du in den Schlauch da hineinpassen willst.«

»Es paßt. Ich habe es anprobiert.«

Rose wunderte sich, daß ein so winziges Stück Stoff irgendeinem menschlichen Wesen überhaupt passen konnte. Sie spürte das wohlbekannte schlechte Gewissen wegen ihrer eigenen Rundungen. Sie hatte sich mal wieder nicht genug angestrengt und keine Diät richtig durchgehalten.

»Wenn du ernsthaft eine Wohnung suchst – meine Wirtin hat eine zu vermieten.« Rose versuchte, sich von ihren Schuldgefühlen abzulenken. »Sie liegt genau über meiner. Wir können gleich mal vorbeischauen und sehen, ob Mrs. Springfield da ist. Ich lade dich zum Mittagessen ein, wenn du möchtest.«

»O, ja, prima. Ich habe mir gerade ein Appartement angesehen, das in der Annonce als ›funktionale Wohneinheit‹ beschrieben wurde; im Haus roch es dagegen eher wie in einer schlecht funktionierenden Toilette. Danach habe ich in einem sehr schönen alten Gebäude eine ›Studio‹-Wohnung besichtigt, die mir wie die Schlafkammer für ein Dienstmädchen vorkam. Schließlich habe ich 's aufgegeben und mich entschlossen, hier auf dem Flohmarkt ein bißchen bummeln zu gehen . . . Ich liebe solche Märkte, du nicht? Schau mal hier, Rose, hier haben wir etwas für dich!« Sie hatten sich zu einem der Verkaufsstände umgewandt und ergriff einen riesigen, korallenfarbenen Samthut mit einer nach unten gebogenen Krempe. An der Stirnseite prangte eine gewaltige, kohlartige Rose. Cheryl drückte das Monstrum auf Roses Lockenkopf. Sie lachte so laut und herzlich, daß alle Umstehenden ebenfalls zu lachen begannen. »Du siehst aus wie ein lustiger Giftpilz.«

»Dann nehme ich das Ding sofort«, sagte Rose.

»Nein, lieber nicht, ich habe nur Spaß gemacht. Er ist zu ausladend für deine Größe.«

»Ich weiß. Ich werde ihn an Amelia weitergeben. Sie wird bestimmt begeistert sein.«

Danach schlenderten die beiden jungen Frauen zu Mrs. Springfields Haus und begegneten ihr auch prompt in der Eingangshalle. Sie schaute Cheryl prüfend und nachdenklich an und lächelte. »Ich wollte gerade ausgehen, meine Liebe, aber Rose wird Ihnen die Wohnung zeigen. Wenn Sie sie haben wollen: Sie kostet 80 £ warm, aber Gas und Elektrizität extra. Sie müssen drei Monate Miete im voraus bezahlen. Der Schlüssel ist im Blumentopf auf der Fensterbank vor der Küche, Rose.«

Cheryl war von der kleinen Wohnung begeistert. »Oh, eine Mansarde!« rief sie entzückt. »Oh, Rose, ich habe mir mein ganzes Leben lang gewünscht, eine Künstlerin zu sein, die in einer Mansardenwohnung am Hungertuch nagt. Das ist so *romantisch.* Und schau mal« – sie steckte den Kopf aus dem Fenster – »da unten ist ein Kanal mit Enten. Ich *liebe* Enten. Laß uns mal runtergehen und sie füttern.«

»Das genügt nicht«, sagte sie streng, als sie die beiden trockenen Brotscheiben sah, die Rose hervorgekramt hatte, und Rose lief eifrig zum indischen Lebensmittelgeschäft an der Ecke und erstand ein großes Fladenbrot.

»Gib ihnen nicht alles«, bat Rose Cheryl, die das Brot in das trübe Wasser bröckelte. »Ich wollte ein Stück davon morgen als Frühstücksbrot essen.«

Cheryl hörte gar nicht zu. »Du kannst doch noch mehr kaufen.« Als sie zum Haus zurückgingen, begann sie zu erzählen: »Als ich klein war, hat mein Vater mich immer in den St.-James-Park mitgenommen. Das war, bevor er die *Kuh* geheiratet hat.« Ihr Gesicht bekam plötzlich einen traurigen und verschlossenen Ausdruck; von einer Sekunde zur anderen war sie wieder das zurückhaltende junge Mädchen, das Rose zu Anfang kennengelernt hatte. Als die beiden jungen Frauen jedoch in Roses Wohnung ankamen, wurde Cheryl wieder munterer. »Das wird sicher toll, wenn wir Nachbarinnen sind. Glaubst du, daß deine Wirtin mir die Mansarde vermieten wird?«

Rose sah erstaunt zu, wie Cheryl mit dem Essen auf ihrem Teller herumspielte.

»Tut mir leid, Rose, aber *Schinken* kann ich einfach nicht essen.« Sie nahm ein Salatblatt und spülte es unter dem Wasserhahn ab. »Ich mag keine Saucen«, erklärte sie streng.

Rose hatte am Ende den Eindruck, daß Cheryl insgesamt nicht mehr als ein Salatblatt und eine halbe Tomate gegessen hatte. Kein Wunder, daß sie in das schmale Kleidchen hineinpaßte.

Als Mrs. Springfield ein paar Stunden später zurückkam, war

die Entscheidung bereits getroffen. Cheryl würde Anfang der nächsten Woche einziehen.

»Bitte doch eure Buchhaltung, mir meinen Scheck so bald wie möglich zuzuschicken«, rief Cheryl Rose noch zu, als sie sich auf den Heimweg machte. »Die schulden mir noch einen ziemlichen Batzen Geld, und wenn ich die nette Mrs. Springfield im voraus bezahlen soll, muß ich es *bald* haben.« Cheryl hatte den zweiten Satz ziemlich laut gesprochen, da sie Mrs. Springfields Schatten hinter der Milchglastür ihrer Parterrewohnung erspäht hatte.

Rose hatte befürchtet, daß sie nach Annes Auszug Alan nie mehr wiedersehen würde. Aber schon bald bekam sie einen Telefonanruf vom Bristol-Hotel: er habe Karten für *Tosca* besorgt, ob sie wohl Lust habe, mitzukommen? Rose nahm die Gelegenheit wahr, sich am Telefon nach Anne zu erkundigen. »Ich vermute, sie ist in diesen Typ, Peter, bis über beide Ohren verliebt. Er arbeitet bei der *Sunday Times*, nicht wahr? Hast du ihn schon mal gesehen, Rose? Ihre Stimme klang so, als sei sie sehr glücklich, aber sie hatte sie seither nicht mehr gesehen. Sie hat mir nur einen langen Brief geschrieben, in dem sie mir seine sämtlichen guten Eigenschaften beschrieben und jede einzelne seiner amüsanten oder intelligenten Bemerkungen in allen Einzelheiten wiedergegeben hat.« Alan lachte. Rose erzählte, sie habe Peter ebenfalls noch nicht kennengelernt, glaube aber, daß er Bücher schreibe und daß Anne ihr eigenes Buchprojekt aufgegeben habe, um ihm bei seinen Recherchen helfen zu können.

»Na ja, sie hat ja auch nicht wirklich dahintergestanden. Sie hatte nur das Gefühl, sie müsse unbedingt etwas tun. Sie hat Schuldgefühle, weil sie eine wohlhabende Frau ist und nichts zu verdienen braucht. Ich finde, sie sollte wieder unterrichten. Sie hat doch einen richtigen Beruf. Ich hole dich am Dienstagabend ab, o.k.?«

Als Rose den Hörer auflegte, merkte sie, wie sehr sie sich freute.

»Warum sind Opern immer so tragisch?« Sie und Alan saßen

im »Luigi«, einem kleinen, gut besuchten Restaurant in der Nähe der Oper. »Kein Happy-End, die Liebe steht meist unter einem unglücklichen Stern, immer nur Intrigen und Mißverständnisse, und meistens sterben die Helden im letzten Akt.«

»Das solltest du selbst am besten wissen. Du bist doch Journalistin. Warum werden in den Zeitungen nie gute Nachrichten veröffentlicht? Es gibt doch genug davon. Elend und Katastrophen erscheinen eben spannender und dramatischer. Ein anderer Mensch leidet, und wir selbst fühlen uns erleichtert, weil das Unglück uns nicht zugestoßen ist.«

Rose war mittags zum Friseur gegangen und hatte sich für die Oper ein weiches, dunkelblaues Jerseykleid mit einem silbrig glänzenden runden Kragen angezogen. Sie hatte sich sehr sorgfältig geschminkt. Sie wollte von Alan gern als attraktive junge Frau wahrgenommen werden. Wie stellt man es an zu flirten? Sie war nicht sicher, ob sie es könnte. Hastig stürzte sie ihr Glas Wein hinunter.

»So wie es im Augenblick verläuft, würde mein Leben nie Stoff für eine Oper abgeben.« Rose lachte verlegen. »Keine Romanze. Nur Arbeit. Spannende Arbeit, interessante Arbeit, aber keine Männer. Vielleicht ist das die wahre Tragödie im Leben einer Frau. Aber würde das den Stoff für eine Oper abgeben? Ich glaube nicht.« Alan hatte Wein nachgeschenkt, und sie trank noch einen kräftigen Schluck. »Sag mal, hättest du Lust, mit mir ins Bett zu gehen?«

Er sah sie lächelnd an. »Du bist ganz schön mutig.«

»Ich möchte es wissen«, beharrte sie. »Ich möchte wissen, ob wirklich alle Männer mich abstoßend finden.«

»Abstoßend?« Alan zog die Augenbrauen hoch. »Natürlich nicht. Du bist hübsch und intelligent. Ich bin sehr gerne mit dir zusammen.«

»Aber würdest du auch mit mir ins Bett gehen wollen?« bohrte sie.

»Schau, ich werde jetzt erst einmal ein paar Löffel von diesem frischen Obstsalat essen, wahrscheinlich zusammen mit ein bißchen Vanilleeis, und hinterher voraussichtlich einen Cognac und eine Tasse Kaffee trinken und für den Augenblick keine hypothetischen Fragen beantworten.«

Rose lehnte sich in ihrem Stuhl zurück. »Die Frage war gar nicht hypothetisch gemeint«, sagte sie grimmig.

Alan musterte sie nachdenklich. »Rose, was ist los mit dir?«

»Das frage ich mich selbst. Was ist nur los mit mir, daß ich mit dreiundzwanzig immer noch Jungfrau bin?« Sie hielt ihm ihr leeres Glas hin. »Kann ich noch ein bißchen Wein haben, bitte?«

»Die Flasche ist leer. Ich bestelle dir gern noch ein Glas, wenn du möchtest, aber solltest du nicht lieber eine Tasse Kaffee trinken und dann heimgehen?«

Rose fühlte sich plötzlich auch ohne Kaffee ernüchtert. Sie nickte unglücklich und ließ die Schultern sinken. »Du hast recht. Entschuldige bitte.«

Alan nahm ihre Hand. »Rose, du brauchst nicht genauso zu sein wie alle anderen. Es gibt kein Gesetz, das besagt, du müßtest mit einem Mann schlafen, um zu beweisen, daß du attraktiv bist. Hab' ein bißchen Geduld.«

Er bedeutete dem Kellner, daß er die Rechnung bringen sollte. »Laß uns gehen. Wir können bei dir noch eine Tasse Kaffee trinken, dann kannst du mir alles erzählen.«

Als sie in der kleinen Wohnung angekommen waren, fühlte sich Rose schüchtern und verwirrt. »Sei nicht böse, Alan. Ich glaube, ich habe wirklich dummes Zeug geredet, die Musik und der Wein und eine seltsame, melancholische Stimmung haben mich irgendwie aus dem Gleichgewicht geworfen. Es tut mir leid, wenn ich dich in Schwierigkeiten gebracht habe.«

»Das hast du nicht. Ich bin schließlich Psychiater. Jetzt brühst du mal einen ordentlichen Kaffee auf, und ich schau in diesen Flaschen nach, ob ich etwas zu trinken finde.«

Als sie mit dem Kaffee zurückkam, konnte sie ihm nicht in die Augen sehen. Sie stellte den Becher vorsichtig neben Alan auf den

Boden und setzte sich selbst in den Thonet-Schaukelstuhl, den sie in einem Antiquitätenladen in der Upper Street gekauft hatte. Alan saß auf dem zweisitzigen Sofa und klopfte mit der flachen Hand auf den freien Platz neben sich.

»Komm, Rose, setz dich hierher.«

Gehorsam ging sie zu Alan hinüber und ließ sich neben ihm nieder. Wenn sie neben ihm saß, brauchte sie ihm nicht in die Augen zu sehen. Er legte den Arm um sie und küßte sie sanft auf die Schläfe. »Du bist eine sehr attraktive Frau, wenn auch ungewöhnlich stark mit deinem Aussehen beschäftigt.«

Sie schlürfte wortlos ihren Kaffee. Alan trank seine Tasse in einem Zug aus und kippte dann noch einen Brandy hinterher. Dann legte er seine Hand auf ihre rechte Brust und begann, sie zu streicheln. »Ist es das, was du möchtest?« flüsterte er, während sich seine Hand rhythmisch auf und ab bewegte und er mit dem Daumen und Zeigefinger sanft in die Brustwarzen unter dem weichen Stoff zwickte. Er öffnete die oberen Knöpfe ihres Kleides und ließ seine Hand in ihren Büstenhalter gleiten. Rose hielt den Atem an.

»Oder vielleicht möchtest du es lieber so.« Er fiel auf die Knie und wanderte mit einer Hand ihren Oberschenkel hinauf, während er mit der anderen weiter ihre Brust streichelte.

Plötzlich stand er auf. »Komm, laß uns ins Bett gehen. Diese vielen Kleidungsstücke sind furchtbar lästig.«

In dem kleinen Schlafzimmer zog Alan sich mit schnellen, geschickten Bewegungen aus und half Rose, sich ebenfalls zu entkleiden. Als Rose seinen großen, erigierten Penis sah, bekam sie plötzlich weiche Knie. Sie fühlte sich wie in einem Traum. Ihren Slip hätte sie allerdings am liebsten anbehalten.

»Zieh' den auch noch aus«, befahl er ihr. »Das ist es, woran du die ganze Zeit gedacht hast, nicht wahr?«

»Ich möchte gern ins Bad gehen«, sagte sie mit kläglicher Stimme.

»Ja, aber beeil dich.«

Im hellen Licht des Badezimmers sahen ihr aus dem Spiegel ihre weit aufgerissenen Augen entgegen. Sie wusch sich hastig und ging, ängstlich in ein Badelaken gehüllt, ins Schlafzimmer zurück.

Alan lachte. »O Rose, du bist unbezahlbar.« Er zog ihr das Badelaken weg. »Komm her zu mir.«

Als es vorbei war, lag Rose auf dem Rücken und starrte, ohne etwas zu sehen, an die Decke. Alan hatte mit ihr geschlafen. Er war geschickt, freundlich, sanft gewesen. Er hatte ihre Lippen und ihre Brüste geküßt und – bei dem Gedanken daran überkam sie ein Gefühl von Entzücken und Beschämung zugleich – andere, intimere Bereiche ihres Körpers. Was würde ihre Mutter sagen? Hatten sie und ihr Vater sich auch in dieser Weise geliebt? Der Gedanke schien ihr absurd. Sie war nicht sicher, ob sie jetzt endlich das Gefühl hätte, eine andere Frau zu sein. Ja, sie hatte wirklich Begierde und Lust empfunden, aber es hatte ihr auch ein wenig wehgetan. Es war nicht ganz so gewesen, wie sie es sich vorgestellt hatte. Sie konnte es selbst kaum glauben – aber eigentlich war sie enttäuscht.

Als sie am nächsten Morgen erwachte, war Alan bereits angezogen. Auf seinen Wangen schimmerten winzige, kräftige Bartstoppeln. »Ich wünschte, ich hätte mein Rasierzeug dabei. Du hast mich aus der Bahn geworfen.« Er lächelte. »Ich hab uns Tee gemacht – allerdings nicht ohne Schwierigkeiten; warum bewahrst du deinen Tee in einer Dose auf, auf der ›Reis‹ steht? Oder möchtest du lieber Kaffee?«

»Tee, danke«, antwortete Rose schüchtern.

»Nun, und wie fühlst du dich jetzt? Endlich wie eine richtige Frau?«

»Es war nett.«

»Ist das alles? Ich hab mich völlig verausgabt, und du sagst, es war ›nett‹? Hattest du nicht das Gefühl, im siebten Himmel zu sein, hast du keine Glocken läuten gehört, Sterne am Himmel aufgehen gesehen – gar nichts dergleichen?«

»Nein.«

Er lachte. »Siehst du, Rose, es ist gar nicht soviel dabei. Jetzt könntest du ja vielleicht zur Abwechslung einfach dein Leben weiterleben und aufhören, dir darüber Gedanken zu machen, ob du etwas Entscheidendes verpaßt.«

»Meinst du, es ist anders, wenn man verliebt ist?« Roses Neugierde war stärker als ihre Schüchternheit.

»Ich weiß es nicht. Ich war noch nie verliebt. Ich habe zwar ein paarmal den Kopf verloren, aber das war keine Liebe. Du mußt mir erzählen, wie es ist, wenn du dich verliebst. Und das wirst du bestimmt, Rose, da bin ich sicher. Du mußt dein Leben einfach in jedem Augenblick genießen. Du darfst nichts erzwingen wollen. Aber ich muß mich beeilen. Ich habe noch tausend Dinge zu erledigen, bevor ich wieder in den Zug steige.« Er beugte sich zu ihr herunter und küßte sie. »Es war wunderschön«, flüsterte er. »Dein Körper ist so weich und zart wie ein reifer Pfirsich.«

Danach sah Rose manchmal in ihrer Phantasie ein Bild vor sich: einen Topf, den man vom Feuer genommen hatte. Sie fühlte sich älter, ruhiger, so als hätte man sie in ein Geheimnis eingeweiht, das es letztlich gar nicht wert war, geheimgehalten zu werden. Manchmal stellte sie sich auch Alans erigierten Penis vor und spürte, wie sie von Gefühlen der Scham und der Begierde überflutet wurde. Eines Tages würde sie es gern noch einmal versuchen, aber andererseits, so dachte sie, wenn das alles wäre, dann würde sie sich ebensogern auf ihre Arbeit konzentrieren.

Kapitel 16

Die folgenden zwei Jahre vergingen wie im Flug: Rose stürzte sich mit großem Engagement in ihre Arbeit. Genau wie damals, als sie bei der *Attitude* angefangen hatte, machte sie sich auch jetzt noch für jedermann unentbehrlich – und sei es nur, daß ein Kollege oder eine Kollegin eine einzige Überschrift oder einen Zwischentitel formuliert haben wollte. Sie half Amelia bei der Planung ihrer Artikel; die beiden Frauen schrieben gemeinsam eine Reportage in mehreren Fortsetzungen über das Tavistock-Krankenhaus. Darüber hinaus gab es immer massenhaft Briefe zu bearbeiten. Immer häufiger wurde Amelia gebeten, auf einem Seminar eine Rede zu halten oder in einer bestimmten Fernsehsendung aufzutreten. Sie hatte zusätzlich eine neue Sekretärin eingestellt; diese sah aus, als sei sie gerade sechzehn geworden, dabei hatte sie vier Kinder. Wie sie denn das alles schaffe, fragte Rose. »Schwiegermama und Tantchen«, war die lakonische Antwort. »Sie wohnen bei uns. Ich bin übrigens froh, mal aus dem Haus zu kommen.«

Viele der Artikel, die Rose den Redaktionen anbot, wurden veröffentlicht. Bisweilen sagte Dick Crawley verlegen: »Es tut mir leid, Rose, der hier ist Mist.« Wenn das, was sie geschrieben hatte, weitgehend akzeptabel war, dann rief er sie in sein Büro und ging mit ihr zusammen die Seiten durch, machte hier und da ein Zeichen an den Rand, wenn sie vom Thema abgewichen war oder strich ein überflüssiges Wort durch. Stilistische oder inhaltliche Schwächen entgingen ihm nie. Manchmal sagte er auch: »Dies ist wirklich gut, Rose, aber nichts für uns. Schick 's doch an die *Cosmopolitan* oder an die *She*.« Wenn Rose dann nachfragte, ob das auch in Ordnung wäre, dann zuckte er mit den Schultern. »Wir haben dich hier nicht als Autorin eingestellt. Wir waren immerhin die ersten, denen du es gezeigt hast. Schick 's nur ab. Miss Twyford wird es nichts ausmachen, solange sie weiß, daß ich es gesehen habe.«

Rose hatte das angenehme Gefühl, ziemlich wohlhabend zu sein. Da sie soviel arbeitete, verbrauchte sie nur wenig. Wenn sie ihre Bankauszüge überprüfte, war sie manchmal ziemlich verblüfft. Ich sollte das Geld irgendwie anlegen, dachte sie, und beschloß, zunächst eine größere Summe und dann jeden Monat kleinere Raten auf einen Bausparvertrag einzuzahlen. Es war schön, ihrer Mutter ein paar Kleinigkeiten, einen neuen Wintermantel oder einen Satz neuer Bratpfannen kaufen zu können. Schließlich hatte die ältere Frau ihr ganzes Leben lang sparen müssen.

Die anderen Zeitschriften akzeptierten vieles, was sie schrieb, waren aber von ihren Arbeiten nicht immer begeistert. Oft lag ihr Manuskript wochenlang in der betreffenden Redaktion herum und wurde dann zurückgeschickt, meist zusammen mit einem vorgedruckten Ablehnungsschreiben, oder jemand rief sie privat an, um ihr zu sagen, daß noch einiges zu ändern sei und daß das Manuskript bis 16.00 Uhr am nächsten Tag in der Redaktion sein müsse. Mrs. Springfield schrieb eifrig die hinterlassenen Nachrichten für ihre Mieterin auf. »Ich erzähle ihnen immer, ich sei Ihre Sekretärin«, berichtete sie Rose voller Stolz. »Oder ich sage, daß sie gerade für eine wichtige Reportage recherchieren und nicht daheim sind.«

Jede Kritik und jede Zurückweisung verstärkte Roses Entschluß, es besser zu machen. Anne Martin, ihre frühere Kritikerin und Beraterin, fehlte ihr sehr. Anne hatte ihr einmal geschrieben und sie zum Abendessen eingeladen. Rose war mit gemischten Gefühlen hingegangen; sie schämte sich ihres damaligen unhöflichen und ungeschickten Verhaltens. Peter hatte ihr auf den ersten Blick mißfallen, und er seinerseits schien sie vor allem als Zielscheibe für ironische Bemerkungen über Frauenzeitschriften benutzen zu wollen. Rose überlegte, wie Miss Twyford wohl reagieren würde.

»Wann haben Sie zuletzt eine Zeitschrift gelesen?« fragte sie Peter.

»Meine Liebe, ich lese keine *Frauenzeitschriften*, falls Sie das meinen sollten . . .«

»Und warum kritisieren Sie sie dann? Es ist genau so, als würde jemand sagen, er mag keine Opern, obwohl er nie eine Oper gehört hat . . .«, konterte sie verärgert.

»Bist du in letzter Zeit in der Oper gewesen, Rose? Hat Alan sich mal gemeldet?« Anne versuchte, das Thema zu wechseln.

»Ja, wir haben uns *Tosca* angehört.« Rose wurde plötzlich rot, so daß Anne sie neugierig musterte.

Insgesamt verlief der Abend sehr unbefriedigend, und die Einladung wurde nicht wiederholt.

Cheryl war kein Ersatz für Anne, aber Rose war froh, daß sie da war, daß es jemanden gab, bei dem sie klopfen konnte, wenn sie sich einsam fühlte. Cheryl war eine sehr ruhige Mieterin. Sie arbeitete wie besessen, aber völlig planlos. Manchmal schlüpfte sie irgendwann im Morgengrauen nach einer durchtanzten Nacht ins Haus, rannte dann hinunter zum Kanal, um die Enten zu füttern und verschanzte sich danach mit ihrer Arbeit hinter einem riesigen Zeichenbrett.

Mrs. Springfield hatte die neue Mieterin in ihr Herz geschlossen und stieg regelmäßig mit einer Kanne Kakao und einem Teller Kekse die Treppe hinauf, wenn Cheryl am Zeichenbrett arbeitete. »Das Mädchen *ißt* einfach nicht«, sagte sie mißbilligend zu Rose. »Sie ist ja nur noch Haut und Knochen. Kein Wunder, daß sie immer solche Flatterkleidchen und Flatterhemdchen trägt. Sie will wahrscheinlich verstecken, wie mager sie ist. Ich habe ihr gesagt, sie müsse sich mal gründlich untersuchen lassen. Aber sie hört nicht auf mich. Sprechen Sie mal mit ihr.«

Aber Cheryl lachte nur. »Die gute alte Mrs. Springfield. Mir geht es prächtig. Schau mal, diese Skizzen habe ich für *Vogue* gemacht. Das ist das erste Mal, daß ich von denen einen Auftrag bekommen habe. Glaubst du, daß sie gut geworden sind?«

Sie schaffte es irgendwie immer, das Gespräch von ihrer schlechten körperlichen Verfassung abzulenken. Aber auch Rose hatte das Gefühl, daß Mrs. Springfields Beobachtungen zutreffend waren. Cheryls hübsches Gesicht sah hager und angespannt aus. Selbst durch die weiten Kleider und Schals hindurch konnte Rose erkennen, daß Cheryls Schlüsselbeine und Schulterblätter spitz hervorstanden.

»Wann schläfst du denn eigentlich?« fragte Rose Cheryl einmal, als diese irgendwann morgens grau und hohläugig im Hausflur an ihr vorbeihuschte.

»Dann, wenn du in deine Schreibmaschine hämmerst, mein Schätzchen. Das ist das Schöne daran, freiberuflich zu arbeiten. Ich zeichne dann, wenn es mir paßt. Gute Nacht!« Sie lächelte Rose, die in den nebligen Wintermorgen hinaushastete, freundlich an.

Eines Tages verkündete Amelia eine Neuigkeit, die wie eine Bombe einschlug. Der *Daily Chronicle* hatte ihr ein Angebot gemacht. »Das ist wirklich eine Chance, die ich mir nicht entgehen lassen kann, mein Kind. Ich werde schließlich älter, ich muß allmählich auch an meine Versorgung denken. Ich hab es Bella schon gesagt. Und sie versteht mich natürlich. Ich werde pro Woche vier Spalten für sie schreiben, und sie werden ihre Werbeagentur dazu bewegen, sich irgendeine Kampagne auszudenken, um mich ganz groß herauszubringen.« Ihr Lachen klang sehr zufrieden. »Sie werden mir doppelt soviel zahlen, wie ich hier bekomme, *und*, mein Kind« – sie machte eine Pause, um ihren Worten einen besonderen Nachdruck zu verleihen –, »ich werde einen Firmenwagen bekommen, einen von diesen totschicken Rovers, und ein festes monatliches Spesenbudget, ob ich es nun verbrauche oder nicht. Nicht übel, was? Gordon ist begeistert.«

Gordon war Amelias Mann, ein hervorragender Künstler, wenn er arbeiten konnte, der aber unter Herzschwäche litt und meist müde und kurzatmig war. Amelia erwähnte seine Krankheit nur selten und sprach von Gordon meist liebevoll als »mein Alter«.

»Du kannst doch nicht einfach gehen!« Rose war entsetzt. »Was soll denn die *Attitude* ohne deine Beiträge machen? Und was soll *ich* machen? *Du* warst es doch, die mich zum Bleiben überredet hat.«

»Das ist etwas anderes. Du warst, du *bist* doch noch ein Grünschnabel. Ich habe die Sache mit Bella mehrfach durchgesprochen. Alles ist soweit geregelt. Komm, meine Liebe, jetzt mußt *du* mich mal zum Essen einladen. Und ich erwarte mindestens eine Flasche Champagner.«

Rose wandte sich enttäuscht ab. Sie konnte sich nicht vorstellen, wie sie ohne Amelia, ohne ihre gemeinsame Arbeit und Amelias humorvolle oder ironische Bemerkungen weitermachen sollte. Rose hatte Amelias Scherze, ihre herrlich übertriebenen Stories immer genossen – und sie hatte ihre mürrische Freundlichkeit zu schätzen gelernt.

»Übrigens ich habe vergessen, dir zu sagen, daß Bella dich sehen möchte.« Amelia tat so, als hätte sie nicht gesehen, daß Rose Tränen in den Augen standen. »Du solltest dich besser beeilen. Sie hat mich vor zehn Minuten gebeten, dich zu ihr zu schicken.«

Miss Twyford saß hinter ihrem Schreibtisch und machte ein ernstes Gesicht. »Dies ist ein ziemlicher Schlag für uns, Rose. Amelias Seiten sind immer ganz besonders beliebt gewesen. Zuerst habe ich ziemlich viel Kritik dafür abbekommen, daß ich die übliche ›Kummerkasten-Rubrik‹ in unserer Zeitschrift einführen wollte, aber ich hatte schon früher, bei verschiedenen anderen Zeitungen mit Amelia zusammengearbeitet. Sie hat eine wunderbare Menschenkenntnis und schreibt mit so viel intelligenter Ironie, daß ihre Ratgeberseiten immer brillant und witzig wirken, und zugleich sind ihr Mitgefühl und ihre Warmherzigkeit nicht zu verkennen. Es wird schwer sein, die Lücken zu füllen.«

Miss Twyford saß einen Augenblick lang schweigend da und blickte ins Leere. Dann richtete sie sich auf und sah Rose ins Gesicht: »Was sollen wir nun machen? Schwierige Frage, nicht wahr? Aber ich habe schon zwei Tage darüber nachgedacht. Es ist unmöglich, Amelia wirklich zu ersetzen. Die beiden Ratgeberseiten haben zweifellos ihre ganz persönliche Handschrift getragen, und natürlich wird sie etwas Ähnliches für den *Chronicle* machen. Sie ist fast unnachahmlich.« Miss Twyford schwieg einen Augenblick. »Deshalb habe ich gedacht, *Sie* könnten die Lücke vielleicht ausfüllen.« Als Rose sie verwundert ansah, zwinkerte Miss Twyford ihr aufmunternd zu. »Sie haben einige wirklich gute Sachen geschrieben – Bruce hält große Stücke auf die Buchbesprechungen, die Sie für ihn gemacht haben. Dick möchte gern, daß Sie auf Dauer zu ihm kommen, ohne daran zu denken, daß das unsere Budgetplanung völlig durcheinanderbringen würde. Aber ich dachte, Sie könnten damit beginnen, Amelias Seiten mit einigen Artikeln über die üblichen ›Lebensprobleme und Konfliktsituationen‹ zu füllen. Das habe ich Amelia damals, als sie bei uns anfing, auch gesagt, aber sie hatte immer eine ziemlich eigenwillige Auffassung. Es sollten natürlich keine rührseligen Geschichten sein. Am besten vielleicht Stories mit verschiedener psychologischer Thematik, die den Lesern einen Einblick in das Leben anderer Menschen geben. Ob das nun Berühmtheiten oder Verkäuferinnen sind, das ist gleichgültig. Es ist der Inhalt, der zählt. Es muß nur interessant, wirklich spannend zu lesen sein, so daß die Leute sagen: ›Hast du den Artikel in der Juniausgabe der *Attitude* gelesen . . .?‹ Verstehen Sie, was ich meine?«

»Ich . . . ich glaube, ja«, antwortete Rose zögernd. »Ich bin nur nicht ganz sicher, ob ich das kann.«

»Wenn ich sage, Sie können es, dann können Sie es auch.« Miss Twyford nickte zweimal heftig mit dem Kopf. »Sie bekommen natürlich eine Gehaltserhöhung – Sie werden soviel verdienen, wie Amelia verdient. Ich meine, wieviel sie *gegenwärtig* verdient, nicht die astronomisch hohe Summe, die man ihr, wie sie behauptet, beim *Daily Chronicle* angeboten hat.« Sie lächelte. »Denken Sie mal darüber nach, und stellen Sie mir dann eine Liste mit den Themenvorschlägen zusammen. Sie brauchen sich nicht zu sehr unter Druck zu setzen. Wir können zunächst die üblichen Themen noch ein wenig ausschlachten; im übrigen jammert Dick sowieso immer, er hätte zu wenig Platz. Aber von Ihnen möchte ich gern etwas lesen, was wirklich Hand und Fuß hat, was Ihre persönliche Handschrift trägt. Dies ist eine große Chance für Sie, Rose.«

Kapitel 17

Rose stellte bald fest, daß die Einstellung der Kollegen zu ihr sich geändert hatte. Margot und Lally beglückwünschten sie herzlich, und Dick gab ihr vor Miss Twyfords Augen einen laut schmatzenden Kuß auf die Wange. Bei anderen Kollegen jedoch verstummten die Gespräche, wenn Rose dazukam. Paul war plötzlich außerordentlich reserviert. »Na, das war ja ein ganz schön weiter Weg von Romford bis hierher, nicht wahr? Wie schön für dich, Rose. Ich hoffe, du wirst, da du jetzt zu den oberen Zehntausend gehörst, nicht *zu* sehr auf uns herabschauen.«

»Ich werd's versuchen, Paul, leider kenne ich aber bis jetzt noch nicht so sehr viele Millionäre. Vielleicht könntest du mich einigen von ihnen vorstellen?«

Zwei oder drei der Journalisten in Dicks Ressort reagierten gleichermaßen kühl. »Vergiß auf keinen Fall Dick zu sagen, wie wunderbar er ist, Andy«, rief Gwen einem Kollegen zu, als Rose an den Tisch der Feature-Redaktion trat. »Vielleicht bekommst du dann ein paar Seiten mehr.«

»Ich würde meine Mami auch dazu überreden, einen Kuchen zu backen, wenn sie nicht gerade in Northumberland lebte. Das scheint sich auszuzahlen«, sagte Andy mit verstellter Kinderstimme. Wenn Rose ein Wochenende daheim verbrachte, dann drückte ihre Mutter ihr gewöhnlich einen Kuchen in die Hand, und Rose nahm ihn am Montag mit ins Büro. Das letztemal hatte Dick an einem Montag, an dem sie ihren Kuchen mitbrachte, gerade seinen Geburtstag gefeiert, und er hatte Rose begeistert für die ›kleine Spende‹ gedankt und sich ein großes Stück davon genommen. Gwen reagierte ebenfalls mit ironischen Bemerkungen. Sie fühlte sich seit einiger Zeit ständig angegriffen, weil sie sich als Autorin für Kurzbiographien profilieren wollte, ihre

Vorschläge von Dick aber regelmäßig abgeschmettert wurden. Meistens mußte sie sich damit begnügen, einen kleinen Beitrag für die Klatschspalte zu schreiben oder die Artikel einiger Freiberufler zu redigieren, die zwar den Stoff, über den sie schrieben, sehr wohl kannten, es aber nicht schafften, ihn in eine einigermaßen lesbare Form zu bringen. Rose ignorierte die Sticheleien und lächelte Gwen freundlich an; sie mochte sie nicht besonders, aber es tat ihr leid, sie so enttäuscht zu sehen.

Roses erster Beitrag als Amelias Nachfolgerin war ein Erfolg. Diese hatte ihr von einer Freundin erzählt, die eine begeisterte Gärtnerin war. »Sie *spricht* mit ihren Pflanzen. Ich weiß, daß das heutzutage nicht ungewöhnlich ist, aber stell dir vor, sie wandert in ihrem Garten herum, als wäre sie auf einer Cocktailparty und würde ein bißchen Konversation machen.«

Das war ein ausgezeichneter Tip gewesen. Emmeline Whitchurch war eine vollbusige Dame mit unordentlichem, graumeliertem Haar, das tendenziell zu einer Hochfrisur aufgesteckt war. Als aber Emmeline zusammen mit Rose in ihrem Garten spazierenging, fielen ihr dicke Strähnen auf die Schultern und ins Gesicht herab und wurden von ihr mit gereizter Geste und mit Hilfe eines dünnen grünen Gartendrahts wieder festgesteckt. Am Ende ihres Spaziergangs sah Emmeline aus wie ein Igel. Sie benutzte ein veraltetes Hörgerät, das unerträglich quietschte und brummte. »Sprich lauter, mein Liebes«, sagte sie zu einer Schwertlilie und schüttelte ihr Ohr. »Ach so, mehr Wasser! Später, meine Süße, später! Du solltest nicht zu früh am Tag soviel trinken, das schadet dir, wenn die Sonne so heiß vom Himmel brennt. Ich komme mit dem Schlauch zu dir zurück, sobald sie untergegangen ist. Mein Vater hat immer gesagt«, fuhr sie zu Rose gewandt fort, »daß er an einigen Tagen die Sonne angeschaut und sich dabei gewünscht habe, daß sie unterginge, damit er seinen ersten Scotch trinken könne.«

Sie schüttelte bei diesem Gedanken entrüstet den Kopf und stellte ihr Hörgerät endgültig ab. Dann nahm sie Rose am Arm und drängte sie, schneller zu gehen. »Es ist die Kletterpelargonie da; sie drückt sich leider immer reichlich ordinär aus.« Als sie den Rosengarten erreichten, begann Emmeline wie die Sonne zu strahlen. »Schau doch, das ist die Queen Elizabeth. Hübsch, nicht war? Allerdings« – sie senkte die Stimme – »ich möchte nicht schlecht über sie reden, aber sie hat einige *sehr* häßliche Angewohnheiten.«

Sie warf einen mißbilligenden Blick auf eine andere Rose. »Man nennt sie Schulmädchen, meine Liebe, aber dafür gibt sie wirklich ein bißchen zu sehr an. Ich werde ihr mal gründlich den Kopf waschen müssen.« Rose und Emmeline Whitchurch betraten ein duftendes Orchideenhaus. Die Blumen sahen auf ihren langen, zierlichen Stengeln wie exotische Schmetterlinge aus . »Meine kleinen Freundinnen, mein Kind. Entzückend, nicht wahr? Ganz anders als diese grünbraunen, insektenähnlichen Monster, die aussehen, als würden sie einen im nächsten Moment stechen.«

Rose war begeistert. Emmeline Whitchurch und ihre Pflanzen – das war ein wunderbares Thema für ihre erste Reportage.

Alles schien sehr gut zu laufen. Wenn man seine Augen und Ohren offenhält, so dachte Rose, dann gibt es überall Stoff für Geschichten. Sie begann einige der Ideen, die nicht ganz in ihr Ressort hineinpaßten, an Gwen weiterzuleiten, aber deren Reaktion war wenig freundlich: »Danke, die Brocken, die von deinem Tisch fallen, brauche ich nicht.«

»Rose«, Miss Twyford war so verärgert, daß ihre Stimme hart und ungeduldig klang, »woher haben Sie die Fakten für diese Geschichte?«

»Eine Freundin, deren Schwester Parlamentssekretärin ist, hat sie mir genannt. Es geht um diese angeblich sozial engagierten Abgeordneten, die die Wochenenden brav mit der Familie in ihrem Wahlkreis verbringen, mit ihren Ehefrauen zum Empfang der Handelskammer gehen, angeblich schrecklich moralisch sind, und in der Woche bei ihren Assistentinnen und Sekretärinnen den Schürzenjäger spielen. Ich dachte, daß es von allgemeinem Interesse wäre, einmal die Lage und die Gefühle der jungen Frauen zu beschreiben, die sich auf solche verlogenen Beziehungen einlassen; es ist bestimmt kein Vergnügen, die Geliebte eines verheirateten Mannes zu sein.« Roses Stimme klang selbstbewußt und unbekümmert.

»Sie sind sich wahrscheinlich bewußt, daß man zumindest eine Person, den Minister, identifizieren kann ...«

»Bobby Hopgood? Er ist der schlimmste. Zwei seiner Sekretärinnen hatten bereits eine Abtreibung ...«

»Rose, Sie *wollen* mich anscheinend nicht verstehen. Diese Story könnte uns eine Verleumdungklage einbringen. Würden die betreffenden Sekretärinnen Ihre Forderungen unterstützen, wenn wir sie veröffentlichten? Natürlich nicht – warum sollten sie das auch? Sie können für den möglichen Verlust ihres guten Rufes keinen Schadenersatz einfordern. Wenn dies rausgegangen wäre, dann hätten wir eine Klage am Hals gehabt, und zwar mit Recht. Margot war nicht da, als das Manuskript in die Druckerei geschickt wurde, sonst hätte sie es sicher schon vorher gestoppt. Sie sind sehr spät dran gewesen, deshalb hat Jerry es direkt zum Umbruch geschickt. Ich habe Ihren Beitrag erst als Fahnenabzug zu Gesicht bekommen. Der Artikel genügt unseren Ansprüchen ganz und gar nicht, Rose.«

»Ich habe sorgfältig darauf geachtet, keine Namen zu nennen ...«

»Das war auch gar nicht nötig.« Miss Twyford las aus dem Fahnenabzug vor: »Ein MP, verheiratet, mit drei Kindern, blond, inzwischen leicht angegraut mit einer Schwäche für schnelle Autos ... Jeder weiß, daß Bobby Hopgood früher Rennfahrer war, blondes, angegrautes Haar, eine Ehefrau und drei Kinder hat ... Auf jeden Fall haben Sie da ziemlich im Dreck gewühlt. Ich bin sicher, daß wir so etwas in der *Attitude* nicht haben wollen.«

Rose starrte Miss Twyford verwirrt und schockiert an. »Aber ich hatte das Thema doch auch auf meine Themenliste gesetzt, und Sie haben es gesehen und abgehakt ...«

»Dann haben Sie nicht deutlich gemacht, daß Sie es aus dieser Perspektive darstellen wollten. Es ist nicht nur teuer, eine Story kurz vor Terminschluß wieder herauszunehmen, vor allem, wenn sie bereits als Fahnenabzug vorliegt, sondern die ganze Serie wird dadurch unterbrochen, und Dick wird doppelt und dreifach belastet, weil er einen einigermaßen guten Artikel finden muß, den er statt dessen veröffentlichen kann. Ich bin schrecklich enttäuscht von Ihnen, Rose.«

Rose murmelte ein paar Entschuldigungen, nahm ihren Artikel und verließ so schnell wie möglich Miss Twyfords Büro. Sie las den Text noch einmal durch, diesmal mit den Augen von Miss Twyford, und wäre am liebsten im Boden versunken. Wie hatte sie annehmen können, daß es sinnvoll wäre, einen solchen Klatsch zu veröffentlichen?

Bedrückt hockte sie hinter Amelias altem Schreibtisch und dachte nach.

Dick öffnete die Tür; er sah sehr bestürzt aus. »Mmm, schwierig«, murmelte er ein wenig verlegen. »So etwas ist natürlich immer ein ziemlich heißes Eisen. Ich bin jetzt auch in der Klemme. Ich habe überhaupt nichts Passendes in petto, das wir jetzt schnell noch einfügen könnten.«

»Wann ist die Deadline?«

»Die Sache ist schon jetzt überfällig. Margot *könnte* die Drucker vielleicht noch einmal überreden. Manchmal drücken sie ein Auge zu, wenn der Rest der Zeitschrift bereits steht.«

»Ich verspreche dir, daß ich mir etwas ausdenken werde.« Rose sah plötzlich Miss Twyfords Gesicht vor sich: normalerweise so wohlwollend, hatte sie diesmal angespannt und zutiefst verärgert dreingeschaut. Rose ergriff die Tageszeitung, um sie in den Papierkorb zu werfen. Auf der Titelseite der Daily Mail war der gutaussehende John Tisbury abgebildet. Er war außerordentlich erfolgreich. Er hatte gerade einen Preis als bester Schauspieler in einem Stück bekommen, das seit Monaten in einem Theater am West End gespielt wurde und hatte einen Vertrag für einen unglaublich kostenaufwendigen Film unterzeichnet. John Tisbury, so wurde in dem Artikel erwähnt, hatte einen Zwillingsbruder. Wie sich dieser Zwillingsbruder wohl fühlen mochte? Wie viele berühmte Leute hatten wohl Geschwister, die nicht im Rampenlicht standen, die vielleicht eine völlig unbedeutende Arbeit verrichteten? Was für ein Gefühl sie wohl hatten, wenn sie etwas über ihre berühmten Brüder oder Schwestern in der Zeitung lasen? Hatte Laurence Oliver einen Bruder oder eine Schwester gehabt? Ob Anna Ford wohl eine Schwester hatte – und möglicherweise sogar eine, die völlig unattraktiv war? Und ob Mick Jaggers Bruder wohl irgendwo als Beamter in einer Behörde herumsaß?

Sie rief Jenny herein. »Setz dich bitte sofort ans Telefon und versuch, soviel wie möglich über diese Leute herauszufinden.« Sie selbst stellte rasch eine Liste von Namen zusammen und legte sie Jenny auf den Schreibtisch. »Ich würde gern wissen, ob sie Brüder oder Schwestern haben, und wenn ja, was die machen. Versuch 's mal mit dem *Who's Who*. Schau im Telefonbuch nach. Frag die Agenten. Bitte Dicks Abteilung um Hilfe. Ich werde jetzt erst einmal versuchen, mit John Tisburys Bruder Kontakt aufzunehmen.«

Wie viele andere Geschichten, die in einer Krisensituation zustande kommen, war auch diese ein Erfolg. Rose hatte Glück gehabt: der Zwillingsbruder von John Tisbury war erreichbar gewesen; er war zunächst verblüfft, aber in Anbetracht der Tatsache, daß man ein Interview mit ihm machen wollte, auch ziemlich geschmeichelt. Dann ging Rose die Liste durch, die Jenny für sie zusammengestellt hatte, und rief sämtliche angegebenen Personen an, bis sie drei weitere Brüder und Schwestern berühmter Leute am Telefon hatte, die bereit waren, ihr Auskunft zu geben. Um fünf Uhr hatte sie genügend Material zusammen. Jenny und die fotografische Abteilung brauchten ein paar Fotos und hetzten einen Fotografen nach Hemel Hempstead. Er sollte die Bilder des Bruders eines bekannten Politikers aufnehmen, der sich seinen Lebensunterhalt damit verdiente, daß er Norwegerpullover strickte. Rose stellte ihre elektrische Schreibmaschine an. Um sieben Uhr war sie fertig. Jerry hatte sich knurrend einverstanden erklärt, bis spät abends dazubleiben und den Artikel zu redigieren, und Joe hatte versprochen, auf das letzte Bild zu warten, damit es noch in den Umbruch eingepaßt werden konnte. Dick war stirnrunzelnd zwischen seinem und ihrem Büro hin und zurückgewandert. »Du schaffst es bestimmt nicht, du schaffst es einfach nicht . . . Ich könnte in jedem Fall zwei kleinere Artikel auf der Seite unterbringen, und wenn wir die Paginierung ein bißchen verändern . . .«

»Ich hab gesagt, daß ich 's schaffe, und ich schaffe es auch. Jetzt halt den Mund. Du machst mich nervös.«

Als Dick dann ihren Artikel in der Hand hatte, hellte sich sein Gesicht endlich auf. »Rose, du bist super! Miss Twyford wird begeistert sein!« Rose atmete heftig aus und stürzte zur Toilette, weil ihr plötzlich übel wurde. Als sie wiederkam, war Dick schon gegangen und das Büro fast dunkel. Nur Jerry saß noch an seinem Schreibtisch, und in der fotografischen Abteilung war noch Licht. Als Rose sich blaß und zitternd in Margots Schreibtischstuhl fallen ließ, schaute Jerry sie prüfend an. »Ende gut, alles gut, Rose«, beruhigte er sie. »Dies hier ist wirklich prima geworden. Warte zehn Minuten, dann lade ich dich zu einem Drink ein. Joe hat einen Motorradboten angerufen, der das Ganze in die Druckerei bringt. Wir haben 's geschafft.«

Einer der Gründe, warum die meisten Angestellten der *Attitude* bereit waren, sich voll und ganz für ihre Arbeit einzusetzen, war Arabella Twyfords Menschenkenntnis und Warmherzigkeit. Wenn sie es einmal mit deutlichen Worten klargemacht hatte, daß sie mit einer schlampigen Arbeit nicht zufrieden war, oder wenn sie sich ärgerte, daß ein Redakteur einen hervorragenden Autor an eine andere Zeitschrift verloren hatte, dann kam bei nächster Gelegenheit immer ein Wort des Lobes oder eine freundliche Bemerkung, mit der sie deutlich machte, daß die Luft nun wieder rein war. Am nächsten Tag fand Rose nach dem Mittagessen ein kleines Sträußchen tiefblauer Anemonen mit einem Kärtchen auf dem Schreibtisch: »Vielleicht war es gar nicht so schlecht, daß ihr Bobby-Hopgood-Artikel abgeschmettert wurde ... wenn man sieht, welch ausgezeichnete Arbeit Sie in Ihrem letzten Beitrag wieder geleistet haben. Weiter so ... und herzliche Glückwünsche. A. Twyford.«

Kapitel 18

Rose hatte Cheryl seit ungefähr drei Wochen nicht gesehen. Sie war wegen verschiedener Stories und Interviews oft unterwegs gewesen und kam häufig erst so spät nach Haus, daß sie sich nur noch ins Bett fallen ließ. Und Cheryl selbst war auch nicht zu regelmäßigen Zeiten erreichbar. Dann traf Rose sie eines Tages auf der Treppe; die junge Frau schien in einem erbärmlichen Zustand zu sein. Sie umklammerte das Treppengeländer, als müsse sie sich daran festhalten, und stieg, vorsichtig einen Fuß nach dem anderen aufsetzend, langsam die Stufen hinab. Zwar hatte sie sich in eine graue Mohairstola eingewickelt und trug einen dicken, dunkelroten Wollrock – aber sie wirkte trotz der dicken Stoffe völlig abgemagert. Ihre Haut war grau, und unter den Augen zeichneten sich dunkle Ringe ab; ihr Haar wirkte mausartig stumpf. »Rose! Schön dich zu sehen! Ich wollte gerade fortgehen.«

»Wohin? Du siehst krank aus.«

»Ach, einfach weg«, erklärte sie ausweichend. »Mach dir keine Sorgen. Mir geht es prima. Was machen die *Attitude* und der komische Hugo?«

»Ach, dem geht 's gut, aber du, du hast abgenommen – du bist viel zu dünn.«

»Na, neben dir sieht natürlich jeder dünn aus ... entschuldige, das sollte nicht unhöflich klingen. Das Mollige paßt eigentlich zu dir.«. Der Gedanke, Rose möglicherweise verletzt zu haben, bereitete Cheryl Unbehagen.

»Oh, mach dir keine Sorgen. Das ist nichts im Vergleich zu dem, was ich im Büro geboten bekomme.«

Cheryls Aussehen machte Rose ernste Sorgen. »Komm doch rein und iß etwas mit mir. Ich wollte mir gerade eine Gemüsesuppe und so eine Art Hühnerauflauf wärmen. Blanche Beck, die

Redakteurin für die Kochseite, hat eines ihrer Rezepte ausprobiert, und weil sie heute abend gleich ins Theater gehen wollte, hat sie mir sämtliche Reste eingepackt. Ich wollte sowieso bei dir anklopfen.«

Cheryl zögerte; ihr Fuß schien ein paar Zentimeter über der nächsten Stufe in der Schwebe zu bleiben.

»Ich muß auch unbedingt mal mit jemandem sprechen«, drängte Rose. »Mir fällt im Augenblick überhaupt kein Thema ein. Komm rein, vielleicht können wir uns ja bei einer Flasche Wein zusammen etwas ausdenken.«

Cheryl lächelte schwach. »Ist die Flasche von dem Weinredakteur?«

»Nein, aus meinem gut sortierten Weinkeller.« Rose lachte.

»O. K.« Cheryl machte kehrt, stieg langsam die Treppe wieder hinauf und wartete vor Roses Tür, während diese nach ihrem Schlüssel suchte. Im Wohnzimmer ließ sie sich auf den Thonet-Schaukelstuhl fallen und begann, leicht hin und her zu schaukeln. In dem helleren Licht sah sie noch elender aus. »Was macht deine Arbeit?« fragte Rose, während sie versuchte, den Korken aus einer Flasche zu ziehen.

»*Elle* wollte, daß ich nach Paris fahre und die *Pret-à-porter-Mode* für sie zeichne.«

»Aber das ist doch *toll.*«

»Findest du? Ich würde lieber hierbleiben.«

»Aber dann würdest du international bekannt werden. Wenn du hier für die *Vogue* arbeitest und natürlich für uns und für *Elle* in Paris, dann hast du wirklich tolle Kontakte. Dann bekommst du sicher bald auch ein paar Aufträge aus den USA.«

»Das habe ich schon. Ich habe sie abgelehnt.«

»Du hast was?«

»Ich bin nicht ehrgeizig, so wie du, Rose. Übrigens lebt mein Vater in den Staaten.«

»Na, der wäre doch sicher begeistert . . .«

»Glaube ich nicht. Jetzt sicher nicht mehr. Er interessiert sich nur noch für die *Kuh.* Er hat inzwischen eine Kunstgalerie gekauft. Sie glaubt, sie hätte eine Ahnung von moderner Kunst.«

Cheryl hatte ein paar Schlucke aus ihrer Suppentasse getrunken und legte jetzt den Löffel entschlossen auf die Untertasse zurück. »Tut mir leid, Rose, ich kann nichts mehr essen.«

»Probier doch ein bißchen von dem Hühnchen. Schau mal, das ist etwas ganz Leichtes, eine *Mousse.* Nur, um mir ein bißchen Gesellschaft zu leisten, sonst fühle ich mich ja noch gieriger, als ich in Wirklichkeit bin.«

Cheryl stocherte in der Hühner-Mousse herum. Während des Essens zappelte sie unruhig hin und her, zupfte fortwährend an ihrem Rock herum, ordnete ihre Stola. Ihre Hände und Füße waren ununterbrochen in Bewegung.

»Wo ist dein Badezimmer, Rose?« fragte sie nach einer Weile ängstlich.

»Draußen, die gegenüberliegende Tür. Du mußt das Licht von innen anmachen.«

Cheryl tappte vorsichtig ins Badezimmer. Nach einer Weile begann Rose, sich Sorgen zu machen und ging ebenfalls in den Flur hinaus. Im Bad war es zunächst still, und dann hörte sie plötzlich ein gräßliches Würgen. Als Cheryl zurückkam, sah sie ruhig und erleichtert aus, obwohl ihr Tränen in den Augen standen. Sie mied Roses Blicke und lief fortwährend im Zimmer umher, berührte hier und da etwas, setzte sich und stand dann sofort wieder auf. Rose räumte die Speisereste fort und schüttete sie in den Abfalleimer; ihr war inzwischen der Appetit vergangen.

»Ich habe mich vor kurzem mal bei einem sehr guten Arzt in der St. Paul's Road untersuchen lassen«, bemerkte Rose beiläufig, während sie einen Schluck Wein nahm. »Warum läßt du dich nicht auch einmal untersuchen? Ich habe wirklich den Eindruck, daß du nicht ganz gesund bist.«

»Nein, ich hab' es dir doch schon gesagt. Du brauchst dir wirklich keine Sorgen zu machen. Schau, ich muß jetzt gehen. Ich war eigentlich mit jemandem verabredet. Ich komme viel zu spät.«

Es war offensichtlich, daß Cheryl schwindelte, aber Rose wußte nicht, was sie tun sollte.

Am nächsten Tag meldete sich Alan. Er war in London. »Eine Konferenz«, erzählte er ihr am Telefon. »Könnten wir zusammen ins Theater gehen?«

»Nein, das geht leider nicht.« Rose war enttäuscht. Alan war noch immer der einzige Mann, mit dem sie ausging. »Ich muß um sieben ein Interview machen.«

»Dann könntest du mich bei dir zum Essen einladen.«

»Na, gut. Aber willst du nicht lieber zusammen mit deinen Kollegen zu abend essen?«

»Es reicht mir, wenn ich sie einen ganzen Tag lang auf der Konferenz sehe. Nein, danke. Aber *dich* möchte ich gern mal wiedersehen.« Rose freute sich. Zuerst hatte sie befürchtet, daß es vielleicht peinlich sein könnte, Alan, den ersten Mann, mit dem sie geschlafen hatte, wiederzusehen, aber er selbst schien damit keine Probleme zu haben: Er hatte sie von Zeit zu Zeit immer wieder angerufen und sie ausgeführt, wenn er nach London kam, und sehr bald fühlte sie sich in seiner Gegenwart nicht mehr befangen. Gelegentlich spielte er mit einer kleinen ironischen Bemerkung auf ihre erste gemeinsame Nacht an – und lachte dann herzlich, wenn sie rot wurde.

Sie erzählte ihm von Cheryl. »Ich würde mir da nicht allzu viele Sorgen machen. Es ist eben modern, dünn zu sein; du selbst denkst viel zuviel über Gewichtsfragen nach. Wir haben eben alle einen unterschiedlichen Stoffwechsel ...«

»Ich weiß. Aber sie sieht entsetzlich aus. Als ich sie kennengelernt habe, da war sie schon sehr schlank, aber jetzt ist sie nur noch Haut und Knochen. Sie ist ununterbrochen in Bewegung; offenbar kann sie keine Sekunde stillsitzen. Ich glaube, sie kann sich einfach nicht entspannen ... und sie geht fast jeden Abend in irgendeine Bar oder Diskothek ... Ich habe Angst, sie könnte vielleicht Drogen nehmen.«

»Das mag sein.« Er wanderte langsam im Zimmer auf und ab.

»Na gut, wenn du dir so viele Sorgen um sie machst, dann werde ich sie mir mal anschauen. Ist sie jetzt zu Hause? Frag sie doch mal, ob sie nicht Lust hätte, mit uns ein Glas Wein zu trinken. Sag' ihr, du möchtest, daß sie sich deinen *Liebhaber* anschaut.« Alan lachte nur, als Rose eine Grimasse schnitt und mit gespielter Empörung das Zimmer verließ.

Aus Cheryls Wohnung ertönte Musik, aber es dauerte eine Ewigkeit, bis sie endlich die Tür öffnete.

»Ich glaube, ich kann nicht kommen, Rose. Sieh mal, ich bin überhaupt nicht richtig angezogen.«

»Alan ist doch nur ein guter Freund.« Rose musterte den wattierten Morgenrock, den die junge Frau sich mit beiden Händen zuhielt. Obwohl der Stoff dick und steif war, zeichneten sich Cheryls Hüftknochen wie die spitzen Enden eines Bügels darunter ab. »Ich habe ihm von den Zeichnungen erzählt, die du gemacht hast, um meinen ersten Artikel zu illustrieren. Er würde dich wirklich gern kennenlernen.«

»Na, gut.« Cheryl fuhr sich mit den Fingern durchs Haar. »Ich werde mal runterkommen und testen, ob er für dich gut genug ist, Rose.«

Cheryl blieb dann doch sehr viel länger, als Rose erwartet hatte. Es schien ihr nichts auszumachen, sich mit Alan zu unterhalten; das war ziemlich ungewöhnlich, weil sie immer ziemlich schüchtern war, wenn sie einem Unbekannten begegnete. Rose vermutete, daß Alan sein professionelles Geschick genutzt hatte; schließlich war er Psychiater. Als sie in die Küche ging, um Kaffee aufzubrühen, hörte sie, wie Cheryl Alan von ihrem Vater erzählte. Er war reich und hatte Frau und Tochter verlassen, als Cheryl elf Jahre alt war. Ihre Kindheit war wunderbar gewesen, bis ihre Eltern sich hatten scheiden lassen, weil er der »Kuh« begegnet war. Offensichtlich hatte sie ihren Vater vergöttert.

Als Cheryl gegangen war, stand Alan mit den Händen in den Hosentaschen im Zimmer und starrte auf den Boden.

»Wir müssen sie unbedingt ins Krankenhaus bringen«, sagte

er nach einer Weile. »Sie ist schwer magersüchtig. Ihr fallen bereits die Haare aus, und ihr Körper ist stark dehydriert. Sie ist todkrank. Ich fürchte, es könnte bereits zu spät sein.«

Früh am nächsten Morgen war Alan wieder zur Stelle. Er hatte sich mit verschiedenen Ärzten, die er während seiner Ausbildung kennengelernt hatte, in Verbindung gesetzt, um herauszufinden, welcher sich besonders auf Magersucht spezialisiert hatte. Er klingelte bei Cheryl, verwickelte sie in ein freundschaftliches Gespräch und teilte ihr mit, daß sie ins Krankenhaus müsse. Die Zeit, bis er wieder herunterkam, kam Rose wie eine Ewigkeit vor. Tatsächlich hatte es aber weniger als eine Stunde gedauert, bis er mit der tränenüberströmten Cheryl, die sich auf seinen Arm stützte, vor Roses Tür erschien. »Draußen wartet ein Taxi«, sagte er leise zu Rose. »Ich begleite sie.«

Alan hatte von Cheryl die Adresse ihrer Mutter erfragt und Rose gebeten, sich mit ihr in Verbindung zu setzen. Am anderen Ende der Leitung fragte eine kühle Frau in geschäftsmäßigem, ungeduldigem Ton nach dem Krankenhaus und der Besuchszeit. »Ich muß an einer Sitzung des Kinderhilfswerks teilnehmen, und morgen bin ich Schöffin bei einer Gerichtsverhandlung ... Dies ist wirklich äußerst lästig ... Wahrscheinlich könnte ich es schaffen, wenn ich den Frühstücksbesuch im Altersheim verschieben würde. Sind Sie *sicher*, daß sie krank ist? Sie war schon immer furchtbar exzentrisch. Na, gut, ich komme am Donnerstag. Morgen schaffe ich es wirklich nicht. Das kommt alles von diesen albernen Hungerkuren«, schimpfte sie. »Es sind Zeitschriften wie die *Attitude*, die den Mädchen solche Flausen in den Kopf setzen. Sie stellen irgendwelche lächerlichen Normen auf, als wäre es von *irgendeiner Bedeutung*, einen Taillenumfang von 60 Zentimetern zu haben. Cheryl übertreibt immer alles so maßlos ... das war schon immer so, sogar, als sie noch ein Kind war.«

Rose fragte sich, was die Frau denn wohl als einen wirklichen Notfall ansehen würde. Die Tochter war in Lebensgefahr, und ihr, der Mutter, machte es Probleme, ein paar Termine zu verschieben. Sie spürte ein Gefühl von Wärme und Dankbarkeit für ihre eigene Mutter.

Cheryl schwebte viele Wochen lang zwischen Leben und Tod. Sie hatte sehr stark abgenommen, ihre Periode war seit Monaten ausgeblieben, und sie weigerte sich zunächst hartnäckig, an ihrer Genesung mitzuarbeiten. Aber nach und nach gelang es dem behandelnden Psychiater, ihr Vertrauen zu gewinnen, und sie begann, die leichten, aber nahrhaften Mahlzeiten zu sich zu nehmen, die in der Krankenhausküche für sie zusammengestellt wurden.

Cheryls Vater und ihre Stiefmutter kamen, vom Krankenhaus alarmiert, trotz Cheryls heftiger Proteste aus den USA angeflogen. Eines Tages, als Rose einen ihrer Krankenbesuche machen wollte, stellte sich ihr eine der Schwestern in den Weg. »Ihr Vater ist gerade bei ihr, Miss Summers, vielleicht sollten Sie besser warten oder ein anderes Mal kommen.«

Rose wartete. Sie war neugierig darauf, Cheryls Vater kennenzulernen, und fragte sich, ob seine Reaktion auf Cheryls Krankheit ebenso gereizt ausfallen würde, wie die ihrer Mutter. Der Vater war, im Gegensatz zur Mutter, zutiefst erschüttert und besorgt und dankte Rose überschwenglich, daß sie sich um seine Tochter gekümmert hatte. Er wollte einen Monat lang in London bleiben und bestand darauf, Rose zum Abendessen einzuladen. »Sagen Sie mir bitte, ist es meine Schuld, daß es Cheryl jetzt so schlechtgeht?«

Rose war peinlich berührt. »Ich weiß nicht recht, wodurch diese Krankheit verursacht wird ... vielleicht ein Ausdruck des Protestes gegen Ihre neue Ehe.« Sie war nicht sicher, ob es richtig war, das zu sagen. Schließlich war es nicht ihre Angelegenheit.

»Der Psychiater hat angedeutet, daß es mit mir zu tun haben könnte; Cheryl hat die fixe Idee, daß ich sie verlassen hätte. Der Psychiater möchte mich noch einmal sehen. Sie hat offenbar gedacht ... Cheryl war immer meine kleine Prinzessin ..., wir waren uns sehr nahe. Ich weiß, daß die Scheidung sie sehr mitgenommen hat; natürlich habe ich gehofft, sie würde mit der Zeit darüber hinwegkommen. Aber sie weigert sich immer noch, mit Carol zu reden oder uns zu besuchen. Dabei glaube ich, daß sie ihr gut gefallen würde. Sie haben sehr viel gemeinsam.«

»Erst einmal muß es ihr bessergehen. Sie ist sehr krank.«

»Das weiß ich.«

Eines Tages, Rose machte gerade mal wieder einen Krankenbesuch, betrat Carol das Zimmer. Sie war klein und blond und wirkte sehr ernst und besorgt. »Schau Cheryl, ich habe weder einen Klumpfuß noch Bockshörner. Ich bin nur eine Frau mittleren Alters, die genau wie du deinen Vater liebt.«

Rose stand auf, um zu gehen, aber Cheryl umklammerte ängstlich ihre Hand und schaute sie hilfesuchend an. »Hallo, Rose«, sagte Carol freundlich. »Schön, dich auch hier zu treffen. Vielleicht könntest du Cheryl davon überzeugen, daß ich ihr Bill nicht *weggenommen* habe. Daß ich gerne ihre Freundin wäre. Es könnte so schön sein, eine Tochter zu haben; leider habe ich selbst keine eigenen Kinder. Und Bill sehnt sich so nach ihr.«

Plötzlich sah Carol sehr jung und verletzlich aus, und Rose mußte heftig schlucken, um nicht in Tränen auszubrechen. Sie hatte Carol inzwischen schon mehrmals getroffen und sie ein wenig ins Herz geschlossen. Sie löste ihre Hand aus Cheryls Fingern. »Ich muß gehen. Ich muß noch ein Interview aufschreiben, das ich auf Tonband aufgenommen habe.« Sie beugte sich nieder, um Cheryl einen Abschiedskuß zu geben. »Sie ist nett. Gib ihr eine Chance«, flüsterte sie der Freundin ins Ohr und stahl sich, bevor Cheryl protestieren konnte, aus dem Zimmer.

Alan schien in diesen Monaten ungewöhnlich häufig in London zu tun zu haben und besuchte Cheryl sooft wie möglich. »Sie hat jeden Tag eine Stunde Therapie. Die Therapeutin ist ausgezeichnet. Sie war übrigens an der Universität meine Lehrerin.« Als Cheryl schließlich entlassen wurde, sah sie völlig verändert aus. Ihr Haar war wieder voller, ihre Wangen hatten sich gerundet, und sie wirkte wie ein munterer Teenager und nicht mehr wie eine verhärmte alte Frau. Sie erzählte Rose ein wenig schüchtern, daß sie zusammen mit ihrem Vater in die USA reisen wolle.

»Er möchte, daß ich mitkomme. Er sagt, er habe mich vermißt.« Sie sah zur Seite. »Carol meint, sie müsse in New York bleiben, weil die Galerie gerade neu eröffnet worden ist, aber sie wird uns am Wochenende besuchen.« Cheryl hatte offensichtlich durchschaut, daß ihre Stiefmutter ihrem Vater und ihr selbst die Chance geben wollten, sich ungestört einander wieder anzunähern. Cheryl sah Rose an und lächelte. »Sie ist gar nicht so übel. Sie hat mich ein paarmal richtig zum Lachen gebracht.«

Rose gab ihrer Freundin einen Kuß auf die Wange. »Ich mag sie auch sehr gern. Sie und ich haben häufig zusammen auf dem Flur gewartet, während dein Vater dich besucht hat. Ich hatte das Gefühl, daß sie sehr warmherzig ist. Sie hat dich wirklich in ihr Herz geschlossen. Halt die Augen und Ohren offen – und verurteile sie nicht. Schließlich solltest du Verständnis für Menschen haben, die deinen Vater lieben. Das kannst du ihr nun wirklich nicht vorwerfen.«

Aber als die Wohnung über ihr dann zum zweitenmal geräumt wurde, überkam Rose das altvertraute Gefühl von Einsamkeit. Sie hoffte, daß Mrs. Springfield bald wieder eine andere nette Mieterin finden würde. Aber es kam ganz anders: Eines Tages, als Rose wieder einmal eilig aus dem Haus stürzte, rief Mrs. Springfield ihr nach, daß sie das Haus verkaufen wolle.

»Meine Freda bekommt das zweite Kind, und sie möchte, daß ich nach den Kleinen sehe, damit sie wieder arbeiten gehen kann. Ganz in der Nähe ihres Hauses steht ein hübscher kleiner Bungalow zum Verkauf, und im übrigen – Bexhill ist so wunderbar sauber, so wunderbar gepflegt, meine Liebe. Die Leute sind viel freundlicher, sie haben Zeit für einen kleinen Schwatz – ganz anders als hier. Wahrscheinlich werde ich alt, aber ich habe jetzt überhaupt keine Lust mehr, abends das Haus zu verlassen, nicht einmal mehr, um in meine Bingohalle zu gehen, obwohl die hier ganz in der Nähe ist. Im übrigen würde es mir Spaß machen, meine Enkelkinder aufwachsen zu sehen. Wenn Sie also bald eine andere Wohnung finden würden, dann könnte ich dieses Haus verkaufen ... Ich habe die Einzimmerappartements im Erdgeschoß ohnehin nicht mehr vermietet, um mir die ewigen Schwierigkeiten mit den Studenten zu ersparen, und jetzt, da die arme kleine Cheryl nicht mehr da ist, sind Sie die einzige Mieterin. Sie brauchen natürlich nicht von heute auf morgen auszuziehen, aber eine ordentliche, alleinstehende junge Frau wie Sie, findet immer etwas.«

Rose war völlig verwirrt. Sie konnte sich einfach nicht vorstellen, ihren hübschen kleinen *Salon* im zweiten Stock zu verlassen.

Kapitel 19

Rose hatte sehr viel zu tun und war fast ununterbrochen unterwegs, deshalb war der neueste Klatsch noch gar nicht zu ihr vorgedrungen. Jenny war es, die die Sache zur Sprache brachte, als sie ihr einmal eine Tasse Kaffee hinstellte. »Daher weht also der Wind. Sie will gehen. Ich fand sie in letzter Zeit ohnehin ein bißchen komisch.«

»Wer geht? Wer ist ein bißchen komisch?«

»Miss Twyford, die Chefredakteurin. Sie geht doch, oder nicht?«

»Was?! Miss Twyford geht? Woher willst du das denn wissen?«

»Es hat sich schon überall herumgesprochen. In der *UK Press Gazette* steht sogar ein Bericht darüber. Und in der *Daily Mail* ist auf Seite drei ein groß aufgemachter Artikel – schauen Sie mal.« Sie zeigte auf die aufgeschlagene Seite, als das Telefon klingelte. Es war Amelia.

»Ja, es stimmt«, bestätigte diese. »Bella hat ein Angebot bekommen, einen von diesen verfluchten riesigen Konzernen in den USA zu übernehmen. Sie wird Herrscherin über ein gewaltiges Zeitungsimperium, bekommt einen Sitz im Verwaltungsrat, einen eigenen Wagen mit Chauffeur und natürlich ein üppiges Spesenbudget.«

»Aber wird ihr das denn gefallen – ich meine, nicht mehr als Chefredakteurin zu arbeiten?« fragte Rose entgeistert.

»Ißt ein Kind gern Eiskrem? Du machst Witze. Natürlich wird es ihr gefallen. Sie ist schließlich nicht mehr jung. Sie hat schon seit Jahren als Chefredakteurin gearbeitet; jetzt kann sie sich eine goldene Nase verdienen. Sie hat verdammt viel Glück gehabt.«

»Und wer wird dann die neue Chefredakteurin?«

»Ich hab' da so etwas läuten gehört. *Ich* jedenfalls nicht«, lachte Amelia.

»Binder Publications ist noch immer ein Familienunternehmen. Es gibt drei Binder im Verwaltungsrat und eine Reihe angeheirateter Verwandten. Bella hat jemanden als Nachfolgerin empfohlen, aber sie weiß nicht, ob ihr Vorschlag akzeptiert wird. Die sind natürlich ziemlich sauer, daß sie geht.«

Später ließ Miss Twyford die Angestellten zusammenrufen und gab die Neuigkeit offiziell bekannt. »Es tut mir leid, die *Mail* und die *UK Press Gazette* sind mir zuvorgekommen – aber natürlich haben sie die Dinge nicht ganz richtig dargestellt.« Sie lächelte. »Ich werde Verlagsleiterin der Toddington Group in den USA. Ich bin ein bißchen traurig, die *Attitude* zu verlassen – es ist eine großartige Zeitschrift, und ihr alle habt mich so wunderbar unterstützt. Dank Eurer Tüchtigkeit hat sie eine führende Marktposition erlangt . . . Aber das Angebot, das mir dort drüben gemacht wurde, war einfach zu verlockend, als daß ich es hätte ausschlagen können.

Ich weiß nicht, wen der Verwaltungsrat zu meinem Nachfolger oder zu meiner Nachfolgerin ernennen wird, aber ich bin sicher, daß der oder die Glückliche sich auf Eure Unterstützung verlassen kann.«

Da jedermann die entsprechenden Artikel in der *Mail* und der *UK Press Gazette* gelesen hatte, war niemand überrascht, aber es gab eine ganze Reihe von Vermutungen, wer wohl die neue Chefredakteurin werden würde. Einige Angestellte wie Paul und George schüttelten weise und bedeutungsvoll den Kopf und taten so, als seien sie bereits in alles eingeweiht.

Tatsächlich war es Dick, der den Namen als erster in Erfahrung brachte. »Phyllida Egerton«, erzählte er Rose und Margot hinter vorgehaltener Hand, als sie nach dem Mittagessen noch ein wenig plauderten.

Margot schüttelte den Kopf. »Nie von ihr gehört.«

»Sie soll angeblich eine ziemlich enge Freundin des alten

Gerald Binder sein. Ich bin heute mittag mit einem Freund, einem Verleger, essen gegangen, und er hat es mir erzählt; er schien völlig sicher zu sein. Er sagte, sie sei früher Moderedakteurin gewesen und habe dann verschiedene Luxus-Hotelzeitschriften herausgegeben, weißt du – so nach dem Motto: ›Wer wohnt in diesem Monat im Ritz?‹ und: ›Wo kann man am günstigsten seine Diamanten einkaufen‹?« Er zog verächtlich die Mundwinkel herab. »Na ja, ich werde sowieso nicht bleiben.«

»Oh Gott, gib ihr doch erst einmal eine Chance. Vielleicht ist es ja auch gar nicht wahr.«

»Doch, doch, es ist wahr.« Er nickte entschieden.

Es war wahr. Zwei Tage später kursierte in der *Attitude* ein Memo. Die Stimmung war gedrückt.

Als Rose an jenem Abend nach Hause kam, rief Alan an. »Oh, hallo, Rose.« Dann fragte er bemüht höflich: »Wie geht es dir?«

Da Rose so sehr mit ihren eigenen Angelegenheiten beschäftigt war, nahm sie nicht wahr, daß Alans Stimme sehr distanziert klang. »Mrs. Springfield möchte das Haus verkaufen und hat mich gebeten, mir eine andere Wohnung zu suchen . . . und unsere Chefredakteurin, die wir alle so sehr geschätzt haben, geht in die USA.«

»Die also auch. Ich werde auch in die USA gehen.«

»Wie bitte?«

»Ja, ich gehe auch. Sie haben dort ein hervorragend finanziertes Forschungsprogramm, und zwar genau in dem Bereich, der mich besonders interessiert. Der Direktor, ein wirklicher Experte auf dem Gebiet der Kinderpsychiatrie, hat einige meiner Artikel in den Medizinzeitschriften gelesen und ist kürzlich während eines Englandaufenthaltes nach Bristol gekommen, um sich unsere Arbeit hier anzuschauen. Also, um es kurz zu machen, er hat mich gebeten, ein Jahr lang für ihn zu arbeiten.«

»Ich möchte nicht, daß du gehst«, jammerte Rose.

»Also hör mal, Rose, das ist nun aber wirklich ein bißchen

egoistisch. Möchtest du nicht, daß der liebe Onkel Alan berühmt wird?«

»Aber du bist mein einziger Freund!«

»Blödsinn. Und wenn es so sein sollte, dann ist es höchste Zeit, daß du dir noch ein paar andere Freunde suchst. Und was, sagtest du, ist mit deiner Wohnung?«

»Alles läuft schief. Du gehst, Miss Twyford geht, und jetzt soll ich auch noch umziehen. Aber ich bin gern hier. Ich fühle mich hier wohl.«

»Warum kaufst du das Haus nicht selbst?«

»Kaufen? Ich?«

»Für eine junge Karrierefrau klingst du ziemlich naiv. Du bekommst doch ein gutes Gehalt. Ich bin sicher, daß die Bank dir eine Hypothek geben wird. Hast du Kapital? Ich könnte dir vielleicht etwas Geld leihen ...«

»Nein, nein«, wehrte Rose verlegen ab. »Es kommt alles so überraschend. Ich habe nie daran gedacht, ein Haus zu kaufen.« Das macht man doch, wenn man heiraten will, dachte sie, und davon kann bei mir wohl keine Rede sein. »Und wer geht jetzt mal mit mir aus?«

»Du bist wirklich ganz schön egozentrisch. Warum sagst du nicht einfach: ›Toll, Alan, herzlichen Glückwunsch, Alan, das wird deinem Ruf sicher sehr nützen, lieber Alan?‹«

»Es tut mir leid«, entschuldigte sich Rose. »Natürlich freue ich mich für dich. Offensichtlich wirst du unter deinen Kollegen sehr geschätzt – aber ich schätze dich auch.«

»Gut. Du, ich muß mich etwas beeilen. Wenn ich kann, schaue ich auf dem Weg nach Heathrow bei dir vorbei. Bis dann!«

Rose legte den Hörer auf. Ihr schwirrte der Kopf. Im Augenblick ging anscheinend in ihrem Leben alles drunter und drüber. Die Vorstellung, ihren *Salon* aufzugeben, war ihr verhaßt. Sie stellte sich vor, wie es wohl wäre, das Haus zu kaufen. Ob ihr das wohl gefallen würde? Ein ganzes Haus, das ihr selbst gehörte? Sie stieg die Treppe hinunter, um Mrs. Springfield um Rat zu fragen. »Nun, mein Kind, wenn Sie es ernst meinen – ich habe es noch nicht zum Verkauf angeboten, wenn Sie es also kaufen würden, dann könnten Sie mir einen ganzen Batzen Maklerkosten ersparen, und ich könnte den Preis ein wenig herabsetzen. Natürlich müssen Sie es erst einmal schätzen lassen, um zu sehen, ob es seinen Preis wert ist. Sie sollten die Angelegenheit am besten mit Ihrem Bankberater besprechen, mein Kind. Ich verspreche Ihnen, nichts weiter zu unternehmen, bis Sie sich entschieden haben.«

Rose war beunruhigt und verwirrt. Am nächsten Wochenende besuchte sie ihre Eltern und erzählte ihnen von dem Projekt. Ihr Vater, sonst immer so distanziert und teilnahmslos, hörte gespannt zu. »Ich würde natürlich die rechtliche Seite für dich regeln«, erklärte er wichtigtuerisch. »Aber es könnte schwierig sein, eine Hypothek zu bekommen; es hängt davon ab, wieviel du gespart hast.«

Als Rose ihm die Summe nannte, war er erstaunt und beeindruckt. Später, im Laufe des Wochenendes, sagte er: »Wenn du nicht genügend Bargeld für die Anzahlung hast, dann könnte ich dir helfen. Unser Haus hier ist abbezahlt. Als du geboren wurdest, habe ich eine Hypothek mit zwanzigjähriger Laufzeit aufgenommen, und natürlich ist es jetzt viel mehr wert. Ich könnte dir die Vertragsurkunden als Bürgschaft leihen.«

Rose spürte Wärme und Dankbarkeit in sich aufsteigen. Sie war ihrem Vater nie sehr nahe gewesen; er gehörte zu den Männern, die ihre Gefühle einfach nicht zeigen können. Deshalb wußte sie, daß diese Geste ihn sehr viel Überwindung gekostet hatte. Die Tatsache, daß sie relativ wohlhabend war, schien ihm Respekt einzuflößen. Er sah sie plötzlich mit ganz anderen Augen und bewunderte sie geradezu.

Schnell und relativ problemlos wurde Rose zu einer Frau mit Haus- und Grundbesitz. Ihr Vater beriet sie, Mrs. Springfield machte ihr Mut, und so ging das solide Haus aus der Zeit König Edwards innerhalb von sechs Wochen in ihren Besitz über.

Kapitel 20

Phyllida Egerton, die neue Chefredakteurin, betrat am Montag nach Miss Twyfords Abschied um 10.30 Uhr ihr neues Büro. Mit einigen Schritten Abstand folgte ihr der Chauffeur, der ihre Aktentasche und einen samtgepolsterten Hundekorb trug. Miss Egerton zog es vor, ihren silbergrauen Zwergpudel eigenhändig zu transportieren. Sie war klein und hager und trug ein wunderschönes beigefarbenes Ives-Saint-Laurent-Kostüm, das ihr glänzendes blondes Haar sehr schön zur Geltung brachte. An Hals, Ohren und Handgelenken funkelte kostbarer Goldschmuck. Ihre Haut war von der Sonne gebräunt und ausgetrocknet, ihr Mund war nur als ein Streifen glutroten Lippenstifts erkennbar. Sie stellte sich den Angestellten nicht wie sonst üblich mit einer kleinen Rede vor, sondern bat statt dessen die leitenden Redakteure, einen nach dem anderen, zu sich ins Büro. Rose schrieb weiter an der Story, an der sie gerade arbeitete. Sie hatte sehr viel recherchieren müssen, aber dafür war die Geschichte auch sehr gut. Es ging um eine frühere Miss Butlin, die nach Hollywood gegangen war. Dort hatte sie sich, nachdem sie es beim Film nicht geschafft hatte, zu einer bissigen Klatschspaltenkolumnistin entwickelt. Aber dann entschloß sie sich, ihr sechsstelliges Gehalt aufzugeben, ging wieder zurück nach England und organisierte dort eine Unterstützergruppe für die Opfer von verleumderischen Zeitungsartikeln. Rose war dabei, eine Reportage über diese ungewöhnliche Frau zu schreiben; vor allem kam es ihr darauf an, zu analysieren, warum sie ihre Lebenspläne so drastisch geändert hatte.

Drei Tage später lag ihr Artikel, zusammen mit einer kleinen Notiz, wieder auf ihrem Schreibtisch: *Dies ist unbrauchbar. Bitte melden Sie sich in meinem Büro. PBE.* Rose wurde von einer hypernervösen Sekretärin in das Vorzimmer der Chefredakteurin geführt. Die Sekretärin mußte angeblich zunächst einmal überprüfen, ob PBE im Augenblick Zeit hatte. Als Rose das Büro betrat, thronte Miss Egerton hinter einem unglaublich ordentlichen Schreibtisch. Darauf waren eine Silberschale mit Rosen und einige extrem teure lederne Schreibtischaccessoires dekoriert. Die Titelseiten der Zeitschriften, die Miss Twyford sich jeden Monat an die Wand hatte heften lassen, waren verschwunden. Statt dessen fiel Roses Blick auf das pastellfarbene Ölgemälde einer um zwanzig Jahre verjüngten Phyllida Egerton.

»Aha, wie ich sehe, sind Sie eine der Redakteurinnen für die Feature-Redaktion.« Sie lächelte nicht, sagte auch nicht »Guten Tag«, sondern starrte auf eine Liste, die auf ihrem Schreibtisch lag. »Die Story, die Sie über diese Ex-Miss Butlin geschrieben haben, hat mir überhaupt nicht gefallen. *Überhaupt* nicht. Sie ist ohne Form, ohne Inhalt. Was hat eine solche Person überhaupt mit der *Attitude* zu tun?«

»Ich dachte, es sei interessant, daß eine Frau, die früher eine so gefürchtete Klatschspaltenkolumnistin war, jetzt nach England zurückgekommen ist und eine Unterstützergruppe für Opfer von Zeitungsartikeln organisiert. Ich fand es bemerkenswert, daß sie ihre Lebensziele derart drastisch verändert hat und wollte gern die Gründe dafür herausfinden. Ich fand, daß sie uns ein sehr interessantes Interview gegeben hat und daß die Fakten einfach faszinierend sind ...«

»Sind Sie wirklich dieser Meinung?« Phyllida Egerton runzelte die Stirn und musterte Rose mit einem kühlen, kritischen Blick. »Ich sehe schon, wir werden das neue Konzept der *Attitude* ganz klar darstellen müssen. Die Zeitschrift ist intelligent, elegant und stilvoll aufgemacht; die Artikel sollten entsprechend sein. Ich wäre Ihnen dankbar, wenn Sie ein passenderes Thema finden würden. Inzwischen habe ich den Feature-Redakteur gebeten, die Lücke mit einer anderen Story, die ich ihm vorgeschlagen habe, zu füllen.«

»Es tut mir leid, daß meine Reportage Ihnen nicht gefallen hat.

Aber sie ist Teil einer Serie, die ich schreibe. Wenn wir einen meiner Artikel nicht bringen, dann geht die Kontinuität verloren. Ich könnte ja versuchen, ein anderes passendes Thema zu finden.«

»Es tut mir leid, aber die ganze Artikelserie wird eingestellt. Ich habe einige der Geschichten gelesen, die Sie für frühere Ausgaben geschrieben haben. Sie sind zwar hier und da ganz amüsant, aber sie würden insgesamt wohl eher in die *Cosmopolitan* oder die *Options* passen.« Sie lachte ein wenig herablassend. »Das wäre dann wohl alles.«

Einen Augenblick lang zögerte Rose. Sie hätte ihren Standpunkt sehr gern verteidigt. Sie schluckte und öffnete den Mund, konnte aber ein paar Sekunden lang keinen Ton herausbringen. Miss Egerton beobachtete sie irritiert.

»Es wäre sicher sehr hilfreich, wenn man auch uns Journalisten über das neue Konzept der *Attitude* informieren würde.« Rose war über ihren kühlen, fast arroganten Ton selbst erstaunt.

»Ich habe den Redaktionsleitern alles Wichtige erklärt.« Miss Egertons Stimme klang frostig. »Die Redakteure werden sehr bald die entsprechenden Anweisungen erhalten.«

»Aber ich bin keinem bestimmten Redaktionsleiter zugeordnet.«

»Das wird von jetzt an der Fall sein. In Zukunft wird hier niemand mehr vor sich *hinwurschteln*.« Phyllida Egerton warf noch einmal einen Blick auf ihre Liste. »Dick Crowley ist, soviel ich weiß, der leitende Feature-Redakteur. Ich würde vorschlagen, daß Sie sich in Zukunft von ihm die entsprechenden Anweisungen holen.«

»Beruhige dich, Rose. Du bist nicht die einzige.« Dick Crowley sah sie mit einem müden Blick an. »Evangeline Mandeville hat sie ganz und gar gestrichen.«

»Evangeline!«

»Allerdings. Ich muß mich statt dessen mit irgendeinem Typen namens Barry Hope-Dinnock, offensichtlich ein Theaterkritiker, in Verbindung setzen. Ich habe noch nie etwas von ihm gehört. Wenn Miss Twyford das erfährt, wird ihr das Herz bluten – ich kann dir überhaupt nicht beschreiben, wie schwierig es damals gewesen ist, Evangeline von der *Sunday Times* abzuwerben. Drei Artikel, die ich in Auftrag gegeben habe, gefallen ihr nicht. Sie behauptet, sie müßten allesamt von einem ›besser informierten Standpunkt‹ aus neu geschrieben werden. Stell dir vor, sie würde das zu John Mortimer sagen! Um Himmels willen!« Er sah Rose finster an. »Wenn nur irgend möglich, etwas Nichtssagendes – am besten der Tanztee der Debütantinnen. Ich weiß wirklich nicht, wie das werden soll. Mir brummt der Schädel.«

Ein paar Tage später wäre Rose im Flur fast von Bruce Wardour umgerannt worden. Er schäumte vor Wut. »Ich gehe. Ich kann mit einer solchen bornierten Kuh nicht arbeiten. Kannst du dir vorstellen, daß sie noch nie von Saul Bellow gehört hat? Ich war so stolz darauf, von ihm einen Artikel über den amerikanischen Roman der Nachkriegszeit zu bekommen, und sie sagt, er passe nicht in unser Konzept. ›In welches Konzept?‹ frage ich sie. Sie sagt, sie sei der Meinung, wir sollten nur Autoren nehmen, die sich bereits einen *Namen* gemacht hätten. Hast du so etwas schon mal gehört?«

Innerhalb von sechs Monaten kündigte erst Dick und dann Bruce. Wenige Wochen später folgte George, der etwas arbeitsscheue, leichtlebige Showbusiness-Reporter. Nachfolger von Dick wurde Ed Mather, ein Mann mittleren Alters mit einem verdächtig vollen kastanienbraunen Haarschopf. Er hatte eindeutig eine Vorliebe für gelbe Socken und pastellfarbene Kaschmirpullover. In Bruces Abteilung zog eine große, schlaksige Frau mit dünnem, braunen Haar ein. Ihr schmales Gesicht war durch eine riesige, rotgeränderte Brille praktisch völlig verdeckt; ihren Erzählungen war zu entnehmen, daß die meisten bekannten Autoren ihre engen persönlichen Freunde waren.

Rose fragte sich allerdings, warum diese bekannten Autoren

dann nicht häufiger für die *Attitude* schrieben. Die Buchbesprechungsseiten, die früher immer amüsant und scharfsinnig gewesen waren, waren jetzt gefüllt mit Beiträgen verschiedener zweit- und drittklassiger Autoren, die sich gegenseitig eifrig mit Lob überschütteten.

Nur Gail und Paul schienen die Veränderungen in das Konzept zu passen: Gail, weil man ihr mehr Platz einräumte und ihr zudem eine zusätzliche Assistentin gewährte, die über die neuesten Schönheitscremes und -tinkturen schreiben sollte; Paul, weil PBE ihm dringend ans Herz gelegt hatte, die Layouts *femininer* zu gestalten. An den Schlagzeilen begannen plötzlich kleine Schnörkel zu sprießen, zarte kleine Blümchen und Schleifchen rankten um die Fotos herum. Paul war offensichtlich viele Stunden lang damit beschäftigt, sich alte Bilder und Fotografien anzusehen. Er wollte, so verkündete er, sich inspirieren lassen, dem schmucklosen modernen Stil, dem die heutigen Fotografen sich anscheinend verschrieben hatten, etwas Romantisches entgegenzusetzen. Die Schönheit und der gute Geschmack der Vergangenheit seien verlorengegangen, jammerte er jedermann, der es hören wollte, mit theatralischem Händeringen vor.

»Komm, wir gehen etwas essen.« Lally nahm Rose beim Arm. »Ich muß mal mit jemandem sprechen, der noch einigermaßen bei Verstand ist. Ich soll auf die Bermudas fliegen, um die Seiten für die nächste Ausgabe zu fotografieren.«

»Da hast du aber wirklich Glück.«

»Glück? Phyllida Egerton hat mir drei blöde Gänse der sogenannten ›feinen Gesellschaft‹ als ›Models‹ aufs Auge gedrückt. Töchter von ›Freunden‹, wie sie mir erklärt hat; also weißt du, ehrlich gesagt, die eine hat Oberschenkel wie *Baumstämme*. Als ich protestierte, daß ein Modefoto nur mit einem wirklich guten, professionellen Model gelingen kann, da behauptete sie, dies *seien* Professionelle – sie seien schon bei einer Modenschau der Berkeley-Universität als Models aufgetreten. Stell dir das mal vor. Ich kann überhaupt keinen Fotografen für die Mädchen bekommen – Trevor Gooding hat einfach nur gelacht, Tim Jonas geradeheraus abgelehnt. Keiner, der einigermaßen gut ist, würde da mitmachen.«

»Aber immerhin ist die Reise umsonst.«

»Was heißt: die Reise ist umsonst?« knurrte Lally. »PBE hat mit einer Fluggesellschaft ausgemacht, daß wir Freiflüge bekommen, sie hat mit einem Hotel vereinbart, daß wir dort kostenlos übernachten können, also müssen wir rumsülzen über die Freuden der Flugreisen mit der XYZ-Fluggesellschaft und uns ausführlich darüber auslassen, wie hervorragend das Excalibur-Hotel ist, so unvergleichlich schöööön mit seinem herzförmigen Swimmingpool sooo dicht neben den mit den Bougainvillea überwachsenen Veranden – ich frage dich, Rose, welche Chance hat eine gute Modereportage da überhaupt noch?«

Rose sah Lally teilnahmsvoll an.

»Für Gail ist die Sache in Ordnung. Sie und PBE sind auf derselben Wellenlänge: immer weiter nach oben auf der sozialen Leiter, koste es, was es wolle. Du hättest die beiden bloß auf der Konferenz hören sollen, wie die eine versuchte, die andere zu übertrumpfen. Gail macht im *Drebett's* eine kostenlose Schönheitsberatung für alle Frauen unter dreißig, glaube ich. Sie ist jetzt offensichtlich in ihrem Element.«

Rose war besorgt. Ihr persönlicher Kompetenzbereich war stark beschnitten worden. Sie war jetzt Ed Mather unterstellt, der regelmäßig fast alle ihre Ideen und Vorschläge für einen Bericht oder eine Reportage ablehnte. Sie war verzweifelt – hatte zugleich aber Angst zu gehen. Sie mußte immerhin ihr neues Haus finanzieren. Plötzlich bekamen Dinge wie Abzahlungen, Hypothek, Gas, Elektrizität, Dachreparaturen und Hausversicherungen eine gewaltige Bedeutung. Sie hatte die beiden Einzimmer-Appartements im Erdgeschoß an zwei Studenten vermietet; dort fanden jetzt fast jedes Wochenende lautstarke Parties statt, und dauernd polterte jemand die Treppe herauf oder hinunter, um bei ihr anzuklopfen und sie mit lauter Stimme aufzu-

Spielverderber zu sein und mitzumachen.« Schon nach dem ersten Monat erklärten beide Studenten mit Bedauern, sie seien nicht mehr in der Lage, die Miete zu zahlen.

Wütend rief sie Mrs. Springfield in Bexhill an, um sich Rat zu holen.

»Ach Gott, mein Kind, Sie hätten sich unbedingt drei Monatsmieten im voraus zahlen lassen müssen – sechs, wenn Ihnen die Typen nicht vertrauenswürdig vorkommen. Wenn Ihre Studenten einmal nicht da sind, dann rufen Sie sofort Mr. Clarkson in der Essex Road an; er soll die Schlösser auswechseln. Packen Sie alles, was Ihren Mietern gehört, einfach in Plastiktüten, die Sie dann auf die Treppe oder in den Hauseingang legen. Und danach rufen Sie in der Hochschule an und informieren den Zimmervermittlungsdienst, damit man Ihren jungen Leuten eine andere Unterkunft sucht. Ich selbst habe das auch alles schon mehrmals durchexerziert. Sie müssen einfach hart sein, mein Kind. Am besten suchen Sie sich das nächste Mal eine nette, solide Lehrerin, so eine wie Mrs. Martin.«

Am Ende sah Rose für sich selbst doch keine andere Möglichkeit, als die *Attitude* zu verlassen. Lieber würde sie das Haus verkaufen als irgendwelche belanglosen Zwischentitel zu formulieren oder ein paar Interviews mit Frauen zu machen, die nach PBEs Ansicht »wahnsinnig aufregende Jobs« hatten. Eine hatte einen Blumenschmuckservice und die andere organisierte einen Begleitservice nach Ascot, Henley, Wimbledon und Goodwood für kleine Gruppen zahlungskräftiger Touristen. Gwen sah mittlerweile aus wie ein Kätzchen, dem es endlich gelungen war, den Sahnetopf umzustoßen: Sie stolzierte wichtigtuerisch herum und schrieb endlich alle die Kurzbiographien, die Dick früher abgelehnt hatte. Es genügte schon, wenn Gwen zu Ed sagte: »Dies ist ein Vorschlag, den ich Ed Crowley gemacht habe, aber er war nicht besonders begeistert davon.« Eds Kommentar war dann unweigerlich: »Wirklich? Meiner Ansicht nach eine tolle Idee. Das solltest du unbedingt machen.«

Jenny war auch gegangen; sie hatte einen Job in der Redaktion Leserbriefe der *Woman* bekommen, und Ed Mather meinte, er braucht keine neue Sekretärin. Rose war fast täglich in einer schlechten und deprimierten Stimmung.

Irgendwann in diesen Wochen fand eine Verlegerparty statt, auf der sie auch Guy Walsh traf. Sie stand gerade mißmutig an einem Fenster, trank einen Schluck aus ihrem Weinglas und versuchte, einen kleinen, unterwürfigen Mann abzuschütteln. Er wollte sie unbedingt davon überzeugen, daß sie sein Buch über Restaurants an einsamen Landstraßen doch dem Restaurantkritiker der *Attitude* zeigen müsse. Plötzlich empfand Rose den Charme, den Guy Walsh versprühte, im Vergleich mit dem neuerdings so gehässigen Ton in der *Attitude* als äußerst angenehm. Mochte sein, daß er ein gemeiner Hund war, aber intelligenter als PBE war er allemal. Als Rose und Guy Walsh gemeinsam die Party verließen, versprach sie, ihn am nächsten Tag wegen eines Jobs anzurufen. »Er ist nicht ganz so verantwortungsvoll wie der, den Sie abgelehnt haben, Rose«, sagte er. »Den hat Roger Clovelly inzwischen bekommen, aber ich kann Ihnen immerhin dasselbe Gehalt zahlen wie das, was Sie jetzt bekommen. Eines müssen Sie mir aber versprechen: Wenn Sie *jetzt* zustimmen, dürfen Sie Ihre Meinung nicht noch einmal ändern.«

Kapitel 21

Es dauerte lange, bis Rose sich bei der *Harmony* einigermaßen wohl fühlte. Sie war nicht mehr die übereifrige Schulabgängerin, bereit, jedermann zu helfen, sie hatte sich einen Ruf als tüchtige Journalistin erworben und wurde deshalb mit Respekt behandelt. Bei der *Harmony* gab es niemanden wie Margot, der ihr die Dinge hätte erklären können, niemand, der wie Amelia hinter Knurren und Schimpfen sein Wohlwollen verbarg. Rose lebte jetzt eindeutig in der Welt der Erwachsenen: Es war Leistung, die von ihr erwartet wurde.

Nachdem Rose Guy näher kennengelernt hatte, bestätigte sich ihr erster Eindruck: Er war ein Brechmittel. Am Telefon schmeichelte er seinen Autoren, machte launige Scherze und lächelte in die Sprechmuschel, während er seine langen Beine auf dem Schreibtisch ausstreckte und sich auf seinem Drehstuhl hin- und herwand. Sobald er den Hörer aufgelegt hatte, begann er zu schimpfen: »Alte Schabracke. Hat seit fünf Jahren keinen einzigen Artikel zustande gebracht.« Wenn ein Mitarbeiter vorbeikam, dann lächelte er süßlich. »Oh, der hochverehrte John G. Goodstone. Wie geht es Ihnen, alter Freund? Was für einen herrlichen Bericht Sie über die Gimpel Fils geschrieben haben.« Oder: »Trudy, mein Engel, wie geht es der großartigen Estée Lauder? Ich habe gehört, daß Sie beim Mittagessen im Mirabelle zu ihrer Rechten gesessen haben? Hätte Gail Camberwell Ihnen nicht vor Neid am liebsten die Augen ausgekratzt?« Aber wenn der oder die Betreffende dann die Tür seines Büros hinter sich geschlossen hatte, dann rümpfte Guy meist verächtlich die Nase und bemerkte: »Goodstone schafft es einfach nie, zu den wichtigen Shows eingeladen zu werden.« oder: »Trudy kann sich mit ihrem Geschmiere nicht einmal den Lebensunterhalt verdienen, das arme Kind. Die Redakteure haben es wirklich *entsetzlich* schwer mit ihren Manuskripten, ganz anders natürlich als bei Ihnen, Rose, mein Schatz.«

Rose mochte ihn nicht und mißtraute ihm, aber sie hatte bei der *Harmony* immerhin sehr häufig die Gelegenheit zu schreiben. Guy verlangte von seinem Stellvertreter, Roger Clovelly, und von Rose, daß sie jeden Monat auf der Redaktionskonferenz zehn Ideen für Reportagen und Tatsachenberichte vorlegten, und dann durften sie über alle Themen schreiben, die vom Herausgeber, Gordon O'Donnell, gebilligt wurden. Häufig legte Guy Rose irgendwelche Presseinformationen und PR-Informationsunterlagen auf den Schreibtisch. »Schauen Sie mal nach, ob es Sinn hat, dieser Sache hier nachzugehen.« Seine eigene Arbeit schien im wesentlichen daraus zu bestehen, mit Autoren zu Mittag zu essen. Außerdem verfaßte er regelmäßig die boshafte Klatschspalte auf der ersten Seite. Er kannte all die schicken Clubs und Restaurants, wo sich die wohlhabenden jungen Leute trafen, ging mit unermüdlicher Begeisterung zu sämtlichen Parties und hatte keine Hemmungen, nach Pressekarten für Theateraufführungen zu fragen, auch dann nicht, wenn die Kritik dann von Geraint Ludwell geschrieben wurde. »Kontakte, Rose, Sie können keine Kontakte knüpfen, wenn Sie nicht ein wenig herumkommen.« Rose mußte zugeben, daß er gescheit und witzig schreiben konnte, aber genau wie er selbst waren auch seine Artikel voller Boshaftigkeit.

Rose hatte mit den anderen Angestellten, von denen jeder mehr oder weniger sein eigenes Süppchen kochte, nur wenig Kontakt. Bei der *Attitude* hatte es ein zentral gelegenes Großraumbüro gegeben; jeder wußte, was gerade los war, und man konnte im übrigen nicht einmal von einer Redaktion in die andere gehen, ohne diesen Raum zu passieren. Die Büros der *Harmony* waren dagegen in einem eleganten Altbau in der Nähe des Sloane Square, und jede einzelne Redaktion befand sich auf einem anderen Stockwerk. Immerhin lernte Rose Amanda Jacques, die Artdirektorin, kennen. Sie hatte sie zuerst bei einer der Mammutparties gesehen, die Tim Jonas, der Fotograf, jedesmal zu Weihnachten gab, aber Rose hatte sie damals noch nicht näher kennengelernt. Eines Tages war Rose Amanda in der Damentoilette begegnet, und diese hatte vergnügt ausgerufen: »Ach, prima, jetzt hab' ich Gesellschaft: noch ein Pummelchen!« Rose war gekränkt zusammengezuckt. Sie hatte gerade drei Wochen lang strengste Diät gehalten. »Oh mein Gott, du bist ja schrecklich empfindlich! Laß Guy das nur nicht merken, oder er spielt mit dir Katz und Maus.«

Rose mochte sie sofort. Diese üppige, ein wenig schlampig aussehende Frau mit den vollen roten Backen war für das elegante, makellose Design der *Harmony* verantwortlich. Rose erinnerte sich daran, daß Joe ihr einmal erzählt hatte, Miss Twyford habe versucht, Amanda für die *Attitude* zu gewinnen, aber diese hatte nicht wechseln wollen. Paul hatte von der Sache Wind bekommen und war dermaßen wütend gewesen, daß man ihn mit einer kräftigen Gehaltserhöhung und einem teuren, mit Komplimenten garnierten Mittagessen hatte beruhigen müssen.

Rose begann regelmäßig in Amandas Büro vorbeizuschauen – um die Layouts zu besprechen oder um ein Schwätzchen zu halten. Amanda las die Manuskripte immer von vorn bis hinten durch – Rose fand das sehr beeindruckend. Paul hatte gewöhnlich nur einen oder zwei Absätze überflogen und sich dann für irgendeine Illustration entschieden, ohne den Stil oder den eigentlichen Tenor des Artikels erfaßt zu haben; deshalb waren seine Layouts fast immer gleich. Amanda studierte den Inhalt sehr sorgfältig, starrte dann eine Weile lang angestrengt aus dem Fenster, klopfte mit dem Zeigefinger auf den Schreibtisch und verkündete dann: »Schwarz und weiß, nicht wahr? Am besten klassisch. Versuch mal, die Bildarchivarin ans Telefon zu bekommen, wie heißt sie noch, Harry, weißt du, Melinda . . . Melissa. Sie wird schon wissen, wo das Richtige zu finden ist.« Rose bewunderte Amanda, weil sie das Layout für ihre Artikel immer so spannend gestaltete. Kein Wunder, daß Miss Twyford versucht hatte, sie abzuwerben. Amanda schaffte es, die Seiten intellektuell und optisch aufzuwerten.

Eines Tages, drei Monate nachdem sie bei der *Harmony* angefangen hatte, überreichte Guy ihr ein Bündel Restaurantrechnungen. »Rose, meine Liebe, könnten Sie die bitte mit zu Ihren Spesenrechnungen nehmen? Ich hab' in diesem Monat ein paar *sehr* anspruchsvolle Gäste gehabt, und ich möchte nicht, daß Snotty Scotty mir aufs Dach steigt.« Philip Scott war der Buchhalter. »Nein, eigentlich nicht«, antwortete Rose geistesabwesend, während sie weiter auf ihre Schreibmaschine einhämmerte.

»Rose«, seine Stimme klang plötzlich hart. »Darf ich Sie daran erinnern, daß ich Ihr Vorgesetzter bin und Sie entsprechend meinen Weisungen zu handeln haben. Also, jetzt keine Diskussion. Sie gehen Ihren Terminkalender durch und schreiben die Namen all der Leute auf, mit denen Sie im letzten Monat Interviews gemacht haben oder mit denen Sie aus anderen Gründen Gespräche führen mußten. Und dann schreiben Sie den betreffenden Namen auf irgendeine passende Rechnung.«

»Das möchte ich wirklich nicht tun, Guy.« Rose blieb hartnäckig.

»Mein liebes Kind, es gibt im Leben sehr viele Dinge, die wir nicht tun möchten, aber leider haben wir nicht immer die Wahl.«

Er nahm den Telefonhörer ab und wählte, um zu demonstrieren, daß das Thema für ihn erledigt sei. Bedrückt und widerwillig tat Rose, was Guy von ihr verlangt hatte, aber als Philip Scott von der Buchhaltung stirnrunzelnd die kleinen Kassenbelege studierte und Rose dann über seine Lesebrille hinweg schweigend musterte, da wäre sie fast mit der Wahrheit herausgeplatzt. Sie lächelte nervös und verschränkte die Hände hinter dem Rücken, um zu verbergen, wie sehr sie zitterte. Er zählte das Geld langsam und bedächtig auf den Tresen und schob es ihr dann hinüber. »In Ihrem Alter würde ich lieber nicht soviel trinken. Sie haben ja oft mehr für Wein als für das Essen ausgegeben.«

Am glücklichsten war sie immer, wenn sie an einer Geschichte schrieb. Die Zusammenarbeit mit Roger klappte gut, obwohl er bei der *Harmony*, die sich vorwiegend mit Gesellschaftsklatsch befaßte, fehl am Platze zu sein schien. Er war ein begeisterter Sportler und schien den Winter vor allem mit Skilaufen und den Sommer mit Segeln zu verbringen – Rugby, Cricket und Tennis kamen dann und wann noch als willkommene Abwechslung hinzu.

Ihr dickes Notizbuch füllte sich schnell mit Kontaktadressen – vor allem von PR-Leuten und Agenten, die bestimmte berühmte Leute, Autoren und Schauspieler vertraten. Sie schrieb über Produktpräsentationen, Öffentlichkeitsarbeit, Werbemaßnahmen, Filmvorschauen – alles, was Guy ihr nahelegte, und durchforstete die Zeitungen nach Ideen, die sie für eigene Geschichten nutzen konnte. Die Arbeit brachte ihr Spaß, ihr Gewicht allerdings machte ihr immer mehr zu schaffen. Wäre sie schlank, so meinte sie, dann hätte sie bestimmt eine Menge interessanter Verehrer. Ohne Alan hatte sie nicht einmal alle vier oder fünf Wochen eine Verabredung mit einem Mann. Ihre männlichen Kollegen behandelten sie vor allem als Kumpel und schienen sie als Frau gar nicht wahrzunehmen. Guy hatte erkannt, wie wenig selbstbewußt sie war, und machte sich einen Spaß daraus, bei jeder Gelegenheit in der Wunde herumzustochern. »Wie geht's denn unserem kleinen Rollmöpschen an diesem wunderschönen, sonnigen Morgen? Schon die leckeren Spiegeleierchen mit Schinken verputzt? Ein paar Löffelchen Zucker in den Tee? Und ordentlich Sahne dazu? Fragen Sie doch mal Roger, ob er Sie nicht ein bißchen über den Tennisplatz scheuchen will.«

Bei der *Attitude* hatte Rose immer versucht, den Eindruck von unerschütterlicher Fröhlichkeit zu erwecken; auf die Weise war es ihr gelungen, Bemerkungen oder Witze über ihre mollige Figur von vornherein abzuwehren. Sie war oftmals gekränkt gewesen, aber sie hatte gewußt, daß ihre Kollegen eher gedankenlos als bösartig waren. Sie hatte es sich angewöhnt, den Clown zu spielen; wenn die anderen dann über sie lachten, hatte sie das Gefühl, daß sie dazugehörte. Bei Guy konnte sie diese Technik nicht anwenden. Er schaffte es unweigerlich, sie mit seinen sarkastischen Bemerkungen zu verletzen. Bei ihm konnte man sich nur durch Schweigen schützen. Gelegentlich jedoch wurde deutlich, daß Guy selbst nicht besonders selbstsicher war, vor allem, als einmal eine große, eindrucksvolle Frau mit einer grünen Strähne im Haar, einem bunt schillernden Augen-Make-up, einer roten, herzförmigen Brille und einer Arroganz, als sei sie die Verlagsleiterin höchstpersönlich, in sein Büro trippelte.

»Ich habe mit Gordon gesprochen, und er möchte diesen Bericht in der Augustausgabe veröffentlichen. Er sagt, ich könne jemand von Ihnen für die Recherchen ausborgen. Ich kann das allein nicht schaffen.«

»Ach, tatsächlich . . . warum recherchieren Sie denn nicht selbst?« Guy machte nicht den geringsten Versuch, seine Abneigung gegen die exzentrische Person zu verbergen.

»Weil ich morgen nach Los Angeles fahre, mein Süßer, um ein Interview mit Meryl Streep zu machen.«

Rose betrachtete voll Bewunderung die Besucherin, die sich durch Guys Feindseligkeit nicht aus der Fassung bringen ließ.

»Darf ich Sie daran erinnern, daß *ich* hier der Feature-Redakteur bin?«

»Vielleicht. Aber es ist *meine* Story. Gordon hat dafür sechs Seiten *in Farbe* vorgesehen. Wir werden damit sämtlichen anderen Zeitschriften den Rang ablaufen. Wenn wir warten, bis Streep zu ihren Premieren hierherkommt, dann ist es zu spät. Sie ist im Augenblick unheimlich gefragt, aber das wußten Sie wahrscheinlich gar nicht, mein Bester?« Der breite amerikanische Akzent der exzentrischen Besucherin wirkte bei der eleganten *Harmony* völlig unpassend.

»Meine Redaktion ist ganz bestimmt nicht dazu da, Ihre Schmutzarbeit zu machen, während Sie nach Los Angeles entschweben.« Guy hatte ausnahmsweise einmal die Beherrschung verloren. Seine Stimme zitterte vor Wut.

»Das müssen Sie dann mit dem Chefredakteur besprechen. Er hat mir vorgeschlagen, einen Ihrer Leute zu nehmen . . .« Sie schaute zu Rose hinüber, die sich gerade an einem Aktenordner zu schaffen machte. »Wenigstens *Sie* machen hier einen einigermaßen intelligenten Eindruck. Wie heißen Sie denn?« Sie warf ein eng beschriebenes Blatt Papier auf Roses Schreibtisch. »Hier ist schon alles Wesentliche drauf. Konzept. Hintergrund. Ein paar Kontakt-Telefonnummern – Sie müssen aber versuchen, noch ein paar mehr Leute zu bekommen. Ich muß wissen, wann die Familienfehde angefangen hat, wer im Testament des alten Duke bedacht wurde, warum sein Enkel so plötzlich klammheimlich nach Brasilien verschwunden ist. . .«

»Sie arbeitet für *mich*«, zischte Guy der Sprecherin mit zusammengebissenen Zähnen zu und zerriß das Blatt Papier, das sie auf den Schreibtisch geworfen hatte, in kleine Stücke.

Die Frau zuckte mit den Schultern. »Ich werde Gordon über Ihre Reaktion informieren.«

Darauf schlich sie graziös und geschmeidig wie eine Katze aus Guys Büro.

»Wer war das denn?« Rose sah Guy verwirrt an.

»Eine ehrgeizige kleine Rotznase namens Daphne Frisson.« Guy zitterte vor Wut am ganzen Körper. »Wehe ich erwische Sie dabei, daß Sie auch nur *eine Zeile* für dieses Weibsbild schreiben. Ich werde mit dem Chefredakteur sprechen, damit er sie in ihre Schranken weist.«

Rose hatte den Namen sofort wiedererkannt. Daphnes Artikel wurden regelmäßig an herausgehobener Stelle in der *Harmony* veröffentlicht. Rose hatte sie fast alle gelesen und die Verfasserin für ihren Scharfsinn und Witz sehr bewundert.

Sie war gerade auf dem Rückweg von einem ausgiebigen Mittagessen mit Amelia, als Anne ihr über den Weg lief. Rose strahlte über das ganze Gesicht und hatte augenblicklich das letzte, peinliche Treffen völlig vergessen. »Anne, wie geht es dir? Wie schön, dich zu sehen.« Danach schwieg sie erwartungsvoll.

Anne Martin lächelte schwach. »Hallo, Rose. Du siehst gut aus. Was machst du denn jetzt? Ich habe die *Attitude* schon eine ganze Weile nicht mehr gekauft; dein Name taucht überhaupt nicht mehr auf. Die ganze Zeitschrift ist irgendwie ziemlich dämlich geworden.«

Rose erzählte kurz, was sich ereignet hatte. Anne Martin sah abgemagert und müde aus. Ihr Haar war zerzaust und stumpf, so, als machte es ihr viel zuviel Mühe, sich zu pflegen. Ihr Rock und ihre Bluse paßten nicht zusammen und hätten dringend gebügelt werden müssen.

»Hast du Zeit für einen Kaffee?« fragte Rose spontan. »Ich habe zwar gerade zu Mittag gegessen, aber es ist schön, dich wiederzusehen.«

Die beiden Frauen betraten ein überfülltes kleines Café. »Du hast mir gefehlt«, seufzte Rose und sah Anne Martin offen ins Gesicht. »Ich war so unhöflich und kratzbürstig, als ... als wir zuletzt zusammen waren. Ich habe mich immer entschuldigen wollen, aber irgendwie kam es nie dazu.«

Anne nahm mit gesenktem Blick einen Schluck aus ihrer Kaffeetasse. »Es ist alles vorbei, weißt du. Peter und ich sind...« Sie stand abrupt wieder auf und stürzte hinaus auf die Straße. Rose schob einen Geldschein unter ihren Kuchenteller und lief hinter ihr her. In der Southampton Row hatte sie sie endlich eingeholt. Anne Martin liefen die Tränen übers Gesicht.

Rose legte ihr den Arm um die Schulter. »Es tut mir so leid. Wo wohnst du denn eigentlich? Ist es hier in der Nähe? Hättest du nicht Lust, mal wieder zu mir in meinen *Salon* zu kommen?«

Anne mußte über den *Salon* lachen. »Ich habe mich in einem kleinen Hotel hier in der Nähe eingemietet. Es ist wenigstens billig, und ich brauche mich nicht um Essen und dergleichen zu kümmern...«

»Komm doch heute abend zu mir zum Essen vorbei«, schlug Rose vor. »Du könntest auch über Nacht bleiben, wenn du das möchtest. Mrs. Springfield lebt inzwischen in Bexhill; ich habe das Haus von ihr gekauft; also, ich meine natürlich die Bausparkasse und ich ...« – »Donnerwetter, Rose!« Anne hatte offenbar für einen Augenblick ihre persönlichen Sorgen vergessen. »Du scheinst ja inzwischen richtig wohlhabend zu sein ... und was macht dein *Salon*?«

»Also, Tom Stoppard und Edna O'Brien haben mich leider im Stich gelassen. Deshalb würde ich mich über ein paar andere intelligente Gäste besonders freuen.«

Rose begleitete Anne zu deren Hotel, einem finsteren Gebäude an einer Straße, durch die sich die Autos in endloser Schlange hindurchwälzten. In den Balkonkästen vor den staubblinden Fenstern steckten verblichene Plastiktulpen. Rose spürte, wie ihr das Herz schwer wurde. Wie konnte die anspruchsvolle Anne sich in einer solchen Gegend ein Zimmer mieten? Sie bat die alte Freundin noch einmal eindringlich, sie irgendwann abends einmal zu besuchen. Anne, die inzwischen etwas munterer aussah, versprach, auch wirklich am selben Abend zu kommen. Als Rose in einem Taxi in ihr Büro zurückfuhr, sah sie, daß Anne ihr vom Bürgersteig aus nachwinkte, eine kleine einsame und verlorene Gestalt, die allmählich in dem Menschengewühl verschwand. Auf dem Rückweg war Rose tief in Gedanken versunken. Es wäre gut, wenn Anne Martin nach Islington zurückkäme. Jetzt, da Rose allein in dem Haus lebte, könnte Anne ein paar Zimmer mehr bekommen und sich auch ihrem Buch wieder widmen. Verdammter Peter.

Kapitel 22

Am Abend erzählte Anne bei einem Glas Wein die Geschichte ihrer Beziehung zu Peter. Die Romanze mit ihm hatte weniger als drei Monate lang gedauert. Als sie berichtete, wie sie herausgefunden hatte, daß er verheiratet war, schwankte ihre Stimme, und Tränen traten ihr in die Augen.

»Ich hatte überhaupt keine Ahnung.« Sie schaute auf ihren Teller hinab. »Ich hätte mir nie vorgestellt, daß er verheiratet sein könnte – deshalb habe ich ihn auch nie danach gefragt. Ich war einfach so glücklich, mit ihm zusammenzusein. Eines Tages kam ich früher als gewöhnlich aus der Bibliothek zurück, weil ich Kopfschmerzen hatte und mich auf dem Sofa ausruhen wollte. Plötzlich hörte ich, daß er im Wohnzimmer telefonierte. Er wußte natürlich nicht, daß ich schon da war. Offensichtlich sprach er mit seiner Frau und danach mit mehreren Kindern. Ein Mädchen war anscheinend noch sehr klein – er fragte sie, wie es mit dem Lesen und Schreiben voranginge!«

Die Erinnerung an die demütigende Erfahrung war so schmerzlich, daß Anne es vermied, Rose ins Gesicht zu schauen. »Er hat ihnen *vorgelogen*, er sei in der Schweiz und würde an einer Story für die *Sunday Times* arbeiten; mir ist ohnehin aufgefallen, daß er in der Zeit, als ich mit ihm zusammenwohnte, häufig für ein paar Tage verschwunden ist. Er hat dann immer behauptet, er würde an einer bestimmten Enthüllungsgeschichte arbeiten – offensichtlich müssen sie dafür furchtbar lange recherchieren. Und ich habe ihm geglaubt. Aber dann auch noch *Kinder*!« Ihre Stimme begann wieder zu schwanken, und sie verstummte.

Rose schenkte ihr noch ein Glas Wein ein. »Und ... arbeitest du?«

»Nein. Mit Caroline Norton habe ich auch nicht weitergemacht – ich hatte einfach keine Lust dazu.« Sie zuckte mit den Schultern. »Ich habe inzwischen eigentlich gar nichts getan.«

»Aber Caroline Norton hat doch auch nicht aufgegeben. Sie hat ihr ganzes Leben lang gegen furchtbare Schwierigkeiten angekämpft, hast du mir erzählt. Du mußt unbedingt etwas tun. Es ist so schade, wenn die ganze Recherchenarbeit umsonst war.«

»Aber ich bin nicht wie du, Rose. Ich habe nicht so viel Energie. Ich bin nicht ehrgeizig.«

»Wenn du kein Geld hättest, dann *müßtest* du etwas tun.«

»Ich weiß. Ich bin eben schwach; irgendwie ist mir nichts mehr wichtig.«

»Das ist lächerlich.« Rose sprang verärgert vom Tisch auf. »Alles ist wichtig. Du kannst dich wegen eines Mannes doch nicht ganz und gar aufgeben. Zieh doch wieder hierher. *Ich* brauche dich. Ich habe niemanden, der mir sagt, wie ich mich verhalten soll.«

Anne lächelte schwach. »Ich glaube, das hast du ganz bestimmt nicht nötig – du hast es eigentlich noch nie nötig gehabt.«

»Egal, ob ich's nötig habe oder nicht – komm doch einfach zurück. Deine Zimmer sind leer. Es macht mich so nervös, hier ganz allein zu leben«, sagte sie, obwohl das nicht stimmte. »Und der Gedanke, noch einmal ein Zimmer an einen Studenten zu vermieten macht mir angst. Erinnerst du dich noch an die Socken und Unterhosen und an die verkrusteten Töpfe und Pfannen und an die Ketchupspritzer an der Wand?«

Anne mußte bei dem Gedanken, welche Kämpfe Rose ausgefochten hatte, als sie zu Anfang Küche und Bad mit dem schlampigen Studenten geteilt hatte, plötzlich lächeln. »Islington fehlt mir wirklich . . .«, räumte sie ein.

»Nun, dann . . .«

»Also gut.« Plötzlich stand Annes Entschluß fest. Sie lächelte. »Ich vermute übrigens, daß du eine schrecklich strenge Zimmerwirtin sein wirst.«

»Ich habe gehört, daß Sie sehr gern essen.« Ein sympathischer, ziemlich beleibter Mann trat ein paar Tage später in Roses Büro. Rose sah ihn gekränkt an.

»Nicht besonders gern«, sagte sie eisig.

»Schade! Ich bin Chamley Mortimer, ich schreibe über Restaurants, Weine und Speisen . . .«

»Ja, ich weiß.«

»Ich wollte Sie fragen, ob Sie Lust hätten, mit mir essen zu gehen. Ich möchte gern ein neues Restaurant in Battersea ausprobieren. Guy hat mit gesagt, daß Sie ungewöhnlich gern essen.« Rose spürte, daß ihr Herz vor Ärger zu klopfen begann. »Nun werden Sie nicht gleich böse, meine Liebe, *ich* würde das als ein Kompliment ansehen.«

»Nicht, wenn es von Guy kommt.«

»Nun ja, er hat manchmal eine spitze Zunge, aber im Grunde ist er völlig harmlos. Aber könnten Sie wohl freundlicherweise mit mir zusammen zu Mittag essen? Sie sind schon so lange bei uns, und ich habe mich Ihnen noch nicht einmal vorgestellt.«

»Ja, ich komme gern mit.«

»Gut. Das klingt schon viel besser. Wo ist Ihr Mantel? Ich merke, daß ich einen ziemlichen Hunger habe.«

Er war ein unterhaltsamer und angenehmer Begleiter. Als das Taxi, das sie sich genommen hatten, über die Vauxhall Bridge fuhr, begann er, ihr einiges über die verschiedenen Stadtteile Londons zu erzählen, über die Themse, darüber, wie man in Thailand ißt und welche Chancen England hätte, den Fußball-Europacup zu gewinnen.

Rose fühlte sich heiter und entspannt; seine altmodische Höflichkeit gefiel ihr. Er half ihr aus dem Taxi hinaus, öffnete ihr die Tür des Restaurants und fragte sie, ob ihr ein Champagnercocktail wohl recht wäre oder ob er ihr lieber etwas anderes vorschlagen solle.

Er begann, die Speisekarte sorgfältig zu studieren, und fragte Rose, ob es irgend etwas gäbe, was sie nicht mochte. Als Rose den Kopf schüttelte, schlug er einen warmen Kammuschelsalat als Vorspeise vor, gefolgt von Taubenbrust in Brombeersauce und dazu Artischockenpüree. Er sprach über Essen, Wein und Kochen, erzählte ihr über berühmte Köche und Restaurants, die soviel Atmosphäre haben, daß man sogar mittelmäßiges Essen dafür in Kauf nahm. Rose probierte alles, was er ihr vorschlug, schnupperte und kostete, ließ sich den Wein auf der Zunge zergehen, probierte kleine Eckchen etwa sechs verschiedener, sehr ausgefallener Käsesorten und trank zum Schluß sogar noch ein Glas Brandy.

Rosig und gesättigt ließ sie sich in das weiche Polster des Taxis zurückfallen und seufzte leise: »Das waren bestimmt zweitausend Kalorien.«

»Mindestens«, bestätigte Chamley. »Haben Sie nicht Lust, mich noch ein zweites Mal zu begleiten. Es bringt Spaß, eine Frau auszuführen, die soviel Freude am Essen hat. Immerhin eines der schönsten Dinge, die das Leben zu bieten hat. Das erinnert mich an eine Szene aus *Tom Jones* – haben Sie den Film gesehen? Die beiden haben nichts anderes getan, als sich beim Essen einander zuzuschauen – es war wirklich außerordentlich erotisch.«

Rose sah, daß er sie anlächelte. Wollte er damit sagen, daß sie erotisch sei? Sie fühlte sich im Augenblick sexy, sogar ein wenig verführerisch. Ob es wohl wahr war, daß einige Männer mollige Frauen mögen? Ihr Gefühl von Wohlbehagen und Entspannung verflüchtigte sich schnell, als sie in ihr Büro zurückkehrte.

»Na, mit dem alten Morty mal wieder kräftig reingehauen?« fragte Guy mit süßlicher Stimme. »Auf ein oder zwei Pfündchen mehr kommt es ja nun auch nicht mehr an.«

Rose blieb mit einigen der Leute, mit denen sie bei der *Attitude* gern zusammengewesen war, weiterhin in Kontakt. Sie traf sich mit Margot in einem Restaurant zum Mittagessen und trank ein Glas Wein mit Sally, die noch immer Gails Sekretärin war. Wenn sie mit ihren alten Kolleginnen zu Mittag aß, dann war das Gesprächsthema immer dasselbe: Die Schwächen und Fehler der neuen Chefredakteurin. Ed Mather wollte vor allem Kurzbiografien von Herzoginnen oder Gräfinnen veröffentlichen, so, als hätten diese auch noch etwas Verdienstvolleres getan, als sich innerhalb ihrer eigenen, wohlhabenden Kreise gut zu verheiraten. Die kleinen Hobbyarbeiten der Damen, beispielsweise Petit point-Kissenbezüge, wurden so überschwenglich gelobt, als handelte es sich um bedeutende Kunstwerke, die herrschaftlichen Gärten und Parks wurden in einer Weise beschrieben, als wären es von ihren Besitzern selbst erschaffene gartenarchitektonische Kunstwerke, obwohl die Parks sich meist seit Jahrzehnten nicht verändert hatten und nur durch die Arbeit von Gartenbau-Planungsfirmen und eine Armee fleißiger Gärtner instand gehalten wurden.

»Gail muß fast täglich irgendeine Dame aus dem Kreis der Reichen und Schönen fotografieren, die in einem langen Taftrock auf ihrem Louis-Quinze-Sofa posiert«, kicherte Sally, »und die dann ihr ganz spezielles Schönheitsgeheimnis verrät, dessen Wirkung allerdings für den normalen Leser in keiner Hinsicht erkennbar ist.«

»Genau wie Gail sich das immer vorgestellt hat«, seufzte Margot resigniert. »Sie und Egerton und Ed sind das ideale Team, vereint durch den Snobismus, den sie alle drei gemeinsam haben. Es ist genau nach Gails Geschmack, Kitschgeschichten zu schreiben, dann braucht sie sich nicht die Mühe zu machen, ihr hübsches Köpfchen allzusehr anzustrengen. Sie hat eine neue Assistentin – die Tochter von irgendeinem Lord. Deren komische Hochfrisur sieht aus wie ein Sahnebaiser – und genauso zuckersüß ist auch das, was sie schreibt. Die Zeitschrift ist ganz verändert. Ich bleibe da, weil ich irgendwie resigniert habe.«

»Ich habe auch keine Lust zu wechseln«, stellte Sally nachdenklich fest. »Ich nehme nicht an, daß ich irgendwo anders mehr verdienen würde, und das ist es vor allem, woran ich interessiert bin – mein Geld.«

Da Rose zu Amanda Jacques eine freundschaftliche Beziehung und mit Roger ein angenehmes Arbeitsverhältnis hatte und da sie zudem von Chamley Mortimer häufig zum Essen ausgeführt wurde, fühlte sie sich bei der *Harmony* einigermaßen wohl. Ihr Stil war ein wenig frecher, ironischer geworden; so schrieb sie beispielsweise eine witzige, fast sarkastische Reportage über die Parlamentseröffnung. Der Chefredakteur ließ ihr einen kleinen schriftlichen Glückwunsch zukommen, als sie eine amerikanische Schönheit interviewt hatte, die arm war wie eine Kirchenmaus und sich einen außerordentlich reichen Adligen geangelt hatte; das überschäumende Selbstbewußtsein der jungen Amerikanerin und ihre zugleich naive Bewunderung für das Spukschloß in Schottland und den alten Landbesitz in Gloucestershire wirkten urkomisch.

»Da hast du ja einen richtigen Knüller«, sagte Guy anerkennend.

»Ich brauchte es nicht einmal zu formulieren. Ich habe nur das Tonbandinterview aufgezeichnet.«

»Na ja, das hat ja dann auch ganz gut geklappt. Gordon ist begeistert. Er hat erzählt, Lord Donheads Mutter sei über die ordinäre Ausdrucksweise ihrer zukünftigen Schwiegertochter so entsetzt gewesen, daß sie versucht habe, ihren Sohn dazu zu überreden, die Verlobung zu lösen. Aber er ist bis über beide Ohren in das Mädchen verliebt.«

Rose mußte zugeben, daß Guy zumindest niemals versuchte, sich mit Lorbeeren zu schmücken, die eigentlich jemand anderem zustanden – aber darüber hinaus gab es wenig, was sie an ihm mochte.

Anne begann sich allmählich wieder zu erholen. Sie hatte sich erboten, einen Lese-Rechtschreib-Kurs für erwachsene Analphabeten zu leiten und war dadurch immerhin von ihrem Kummer ein wenig abgelenkt. Eines Tages erzählte sie Rose, sie denke daran, ihre Recherchen wiederaufzunehmen. Jedoch fürchtete sie sich sehr davor, daß sie bei ihrer Arbeit in der Bibliothek Peter begegnen könnte. Sie fühlte sich noch immer nicht stark genug, um eine solche Begegnung mit Fassung zu ertragen.

Rose hatte Chamley Mortimer versprochen, noch einmal mit ihm zu Abend zu essen.

»In einem kleinen Restaurant in der Greek Street ist ein neuer Koch. Hast du Lust, da mal hinzugehen?« Rose freute sich darauf, wieder einmal auszugehen. Chamley mußte ungefähr so alt sein wie ihr Vater, aber er behandelte sie wie eine verwöhnte Dame von Welt. An diesem Abend war er besonders gut gelaunt; er erzählte so lustige Geschichten, daß Rose vor Lachen die Tränen in die Augen traten.

»Dein Lachen ist so ansteckend«, schmeichelte er ihr. »Du darfst nie traurig sein.«

Später, als sie durch Soho schlenderten, nahm er ihre Hand. »Komm mit und trink noch einen Schluck mit mir in meiner Wohnung. Ich wohne nicht weit von hier. Ich schicke dich dann in einem Taxi nach Haus.«

Rose war einverstanden. Sie wollte gern sehen, wie ein so kultivierter, lebenserfahrener Mann eigentlich wohnte.

Sein Appartement, ein geräumiges Penthouse auf einem früheren Markthallengebäude, war äußerst elegant. Es war konsequent modern eingerichtet, mit Sofas aus schwarzem Leder, Chromtischen, weichen, abstrakt gemusterten Teppichen und einigen modernen Bildern. Sie wußte nur wenig über Malerei, aber von Kitaj hatte sie auch schon einmal gehört. Ein Bild, das über dem Sofa hing, war von ihm signiert. Chamley legte eine Platte auf und öffnete einen geschickt versteckten Getränkeschrank.

»Hast du schon einmal B&B probiert?«

»Nein. Was ist das denn?«

»Brandy und Benedictiner. Es wird dir bestimmt schmecken.«

Sie nahm das Glas und lächelte. »Mir scheint, du bist dabei, mich vom rechten Weg abzubringen, Chamley.«

»Ich hoffe es, mein liebes Kind. Ich hoffe es inständig.«

Er prostete ihr mit seinem Glas zu und trank es mit einem einzigen Zug aus. »Komm, trink aus und laß uns ins Bett gehen.«

»Ins Bett?« Rose sah ihn verdutzt an.

»Ja, komm, sonst wird es so furchtbar spät.«

»Aber ich kann nicht. Ich meine – ich liebe dich nicht«, stammelte Rose.

»Was hat das denn damit zu tun? Du magst doch Sex, oder?«

»Ja. Das heißt: nein. Ich weiß es nicht«, stotterte sie. Sie hätte aufspringen sollen, ihre Ehre verteidigen, fluchtartig die Wohnung verlassen – aber sie blieb einfach sitzen.

»Dann komm doch. Man kann das ganz einfach herausfinden.« Er nahm ihre Hand und zog sie hoch. »Du bist eine sehr begehrenswerte Frau, Rose. Ein hübsches, molliges Hühnchen, das endlich mal richtig gevögelt werden muß. Vertrau mir. Ich bin da Experte.«

Mortimer schien tatsächlich Experte zu sein. Später fühlte Rose sich wie auf Wolken. Alan war sanft gewesen, aber ihr erstes sexuelles Erlebnis erschien ihr im nachhinein eher bedeutungslos. Es hatte sie nicht besonders bewegt. Chamley, älter, dick, sehr viel weniger gutaussehend, schien ganz genau zu wissen, wie man eine Frau sexuell reizt. Wieder und wieder gelang es ihm, Rose zu erregen und in Ekstase zu versetzen, erst nach langer Zeit, wenn sie keuchte und stöhnte und die Spannung anscheinend nicht mehr ertrug, drang er in sie ein.

Schließlich wickelte sie sich in die Bettdecke ein und lehnte das Kinn auf die Knie. »Es geht mir wirklich gut«, seufzte sie. Chamley hatte sich auf dem Bett ausgestreckt; er lag mit halb geschlossenen Augen da und streichelte ihren Rücken.

»Natürlich fühlst du dich gut. Guter Sex hat einen therapeutischen Effekt. Du hast wunderschöne Brüste und Brustwarzen so dick wie Brombeeren. Das müssen wir irgendwann noch mal wiederholen.« Er öffnete die Augen und lächelte. »Komm, jetzt ziehen wir uns an. Es ist fast zwei Uhr. Ich werde ein Taxi bestellen.«

Er bestand darauf, sie im Taxi nach Hause zurückzubegleiten. »Du bist viel zu jung, um so spät in der Nacht allein nach Hause zu fahren. Den Taxifahrern kann man nicht immer vertrauen, weißt du. Im übrigen *möchte* ich dich auch gern nach Hause begleiten.«

»Ich kann dich unter keinen Umständen hereinbitten.«

»Gut. Mein Gott, was für ein gelehriges Mädchen du bist, Rose. Es wird schön sein, dich ein bißchen zu unterweisen.«

Nach dem Abend mit Chamley fühlte sie sich wohl und entspannt. War sie für einige Männer tatsächlich attraktiv? Als sie am nächsten Morgen in ihr Büro kam, stand auf ihrem Schreibtisch ein Strauß roter Rosen. Daran war ein Kärtchen geheftet, auf dem in der anonymen Handschrift eines Floristen geschrieben stand: »Danke für einen wunderschönen Abend.« Guy und Roger warfen ihr fragende Blicke zu.

»Ein Bewunderer, Rollmöpschen? Ein Araber vielleicht? Angeblich haben die 's ja gern, wenn an ihren Frauen was dran ist«, spöttelte Guy. Rose tat, als hörte sie ihn nicht. Als er aus dem Zimmer gegangen war, trat Roger an ihren Schreibtisch. »Ich gehe«, verkündete er. »Ich habe ein Konzept für eine Sportzeitschrift an ein neues Verlagshaus geschickt, und es gefällt ihnen. Sie haben die Kosten kalkuliert und Recherchen über den Anzeigenmarkt in Auftrag gegeben, und sie glauben, daß die Zeitschrift eine Chance hätte. Ich werde der Herausgeber.«

Roger strahlte sie an. »Der Posten ist wie für mich gemacht.«

»Herzlichen Glückwunsch«, sagte Rose lächelnd. »Ich bin wirklich froh für dich. Im Grunde genommen hast du dich doch bei der *Harmony* nie richtig in deinem Element gefühlt.«

»Ich bin halt ein Sportfan, wie du weißt. Im Augenblick gibt es keine Zeitschrift, die sich ausschließlich mit Sport befaßt – die Sportberichterstattung ist immer irgendwo eingestreut. Stell dir vor, ich werde bei allen Sportveranstaltungen auf den besten Plätzen sitzen. Keine Interviews mit arroganten Weibern mehr, und nicht mehr der ewige Zwang, Guys Spesenrechnungen zu fälschen.«

»Was? Dich hat er auch gefragt?« rief Rose entsetzt aus.

»Natürlich. Wußtest du nicht, daß unser lieber Guy gewaltige Schulden hat? Sein Nettoeinkommen reicht für seinen großspurigen Lebensstil leider nicht aus. Er sammelt Restaurantrechnungen wie andere Briefmarken sammeln. Das ist übrigens ganz schön unverschämt, wenn man bedenkt, wie sehr er mir aufs Dach gestiegen ist, als ich Renée Flavin mal zum Mittagessen ins *Langans* eingeladen hatte.«

Es schien, als würde Roger sich wegen Guys Betrügereien keine weiteren Gedanken machen. Aber Rose selbst machte sich Sorgen. Sie haßte es, ihre Spesenrechnungen frisieren zu müssen. Was wäre, wenn sie die Bombe einfach platzen ließe und Philipp Scott alles erzählte? Würde man Guy entlassen? Würde sie selbst entlassen werden? Sie ging ins obere Stockwerk, um die Frage mit Chamley zu besprechen, aber er war unterwegs.

Wenn Roger ginge, so überlegte Rose, dann würde sie Guys Stellvertreterin werden. Ihr schlechtes Gewissen machte ihr schwer zu schaffen. Anne hätte ihr natürlich geraten, sich zu weigern, Guys Spesenrechnungen in ihr eigenes Budget zu übernehmen. Aber Anne hatte keine Ahnung von Spesenbudgets. Bei Lehrern gab es so etwas nicht. Rose wußte, daß sehr viele Angestellte der *Attitude* behaupteten, sie hätten ein Taxi genommen, wenn sie in Wahrheit mit dem Bus gefahren waren, oder daß sie in einem Erster-Klasse-Abteil gereist seien, wenn sie in Wirklichkeit nur ein Ticket für die zweite Klasse gelöst hatten. Aber die Höhe von Guys Rechnungen überstieg das übliche Limit. Sie hielt sich vor Augen, daß sie sich, was Guys Betrügereien anbetraf, zur Mittäterin gemacht hatte und daß sie es ihm ermöglichte, das Unternehmen zu bestehlen, wenn sie weiterhin Schweigen bewahrte. Allerdings fehlte ihr der Mut, die Konsequenzen aus dieser Einsicht zu ziehen.

Sie schob die unangenehmen Gedanken beiseite und machte sich wieder an die Arbeit. Als sie eine Stunde später noch einmal in Chamleys Büro ging, erzählte ihr die Sekretärin, die er mit der Reiseredaktion teilte, daß er nach Oxford gereist sei, um dort ein neues Restaurant zu testen. Rose wünschte, er würde sie anrufen. Wenn sie an seine Zärtlichkeiten dachte, wurde ihr heiß und kalt. Chamley hatte gesagt: »Wir müssen das noch einmal wiederholen.« Sie würde zum Arzt gehen und sich die Pille verschreiben lassen. Der Gedanke gefiel ihr. Sie hatte das Gefühl, daß ihr nun endlich die Tür zur Welt der liebeserfahrenen Frauen offenstand.

Als sie heimkam, fand sie einen Brief von Alan. Er hatte, seitdem er in den USA war, nur sehr selten geschrieben. Vielleicht, so hoffte Rose, würde er bald zurückkommen. Als sie begriff, was er ihr mitteilte, mußte sie sich hinsetzen. Alan und Cheryl hatten geheiratet.

»Wahrscheinlich hast Du damals, als ich so schnell das Angebot aus den USA akzeptierte, gemerkt, daß ich sozusagen auf einer heißen Spur war«, schrieb er. »Das Projekt ist hochinteressant, aber ich habe den Posten angenommen, weil ich in dem Augenblick, als ich das schöne, ätherische junge Mädchen in deinem *Salon* sah, wußte, daß ich sie niemals wieder gehenlassen könnte. Ich war, als sie ins Krankenhaus mußte, vor Sorge fast krank, aber jetzt ist sie gesund und wohlauf. Ich bleibe während jeder Mahlzeit neben ihr stehen, bis sie literweise Milch, pfundweise Kartoffeln und ganze Steigen voller Obst und Gemüse zu sich genommen hat. Sie sieht inzwischen recht gut genährt aus.

Sie sagte, sie wolle Dir schreiben, aber sie muß dringend eine Reihe von Skizzen für die *Vogue* fertigmachen. Sie hat mich gebeten, Dir mitzuteilen, daß sie und Carol sich angefreundet haben.«

Rose schämte sich der heftigen Eifersucht, die sie beim Lesen des Briefes empfand. Alan und Cheryl hatten also einfach geheiratet. Aber Alan war doch *ihr* Freund. *Sie* hatte doch Cheryl überredet, in ihren *Salon* zu kommen, um ihn kennenzulernen, *sie* hatte doch ein Appartement für Cheryl gesucht, ihr geholfen, ihre Stiefmutter mit anderen Augen zu sehen. Es schien unfair, daß Cheryl ihr ihren alten Freund Alan so einfach weggenommen hatte. Es dauerte einige Minuten, bis Rose das bittere Gefühl des Neids auf das Glück der anderen überwunden hatte. Offenbar hatte sie unbewußt erwartet, daß Alan bald zurückkommen und die Fäden ihrer alten Beziehung wiederaufnehmen würde, vielleicht, um überrascht festzustellen, daß sie jetzt dank Chamley, sexuell erfahren und deshalb weitaus reizvoller wäre.

Rose ging ins obere Stockwerk, um Anne die Neuigkeiten zu erzählen.

»Ich weiß. Ich habe auch einen Brief bekommen. Ich habe Alan geschrieben, um ihm mitzuteilen, daß ich hier wieder eingezogen bin. Sind das nicht gute Nachrichten? Alan sagt, sie sei deine *Freundin*.«

Rose schämte sich ihrer Engherzigkeit. Ja, es *waren* gute Nachrichten. Alan hatte sie nie wirklich leidenschaftlich begehrt, und wenn sie ehrlich war, dann mußte sie zugeben, daß auch sie nicht wirklich in ihn verliebt gewesen war. Sie hatte nur endlich wissen wollen, wie es war, mit einem Mann zu schlafen. Natürlich würden sie jetzt nicht mehr gemeinsam in die Oper oder ins Theater gehen. Nun gut, dann eben nicht. Warum brauchte sie einen Mann, um Theater- oder Opernkarten zu besorgen oder abends auszugehen? Es ist höchste Zeit, Rose Summers, daß du auch ohne einen Mann etwas unternimmst. Das Gefühl, verraten und verlassen worden zu sein, verschwand so, wie es gekommen war. Morgen würde sie losgehen und eine Theaterkarte besorgen.

Kapitel 23

Drei Wochen waren vergangen, seitdem Roger gekündigt hatte; am Freitag war sein letzter Arbeitstag. Guy schien es gleichgültig zu sein, daß Roger die *Harmony* sobald verlassen würde, und er hatte Rose gegenüber keine Andeutung gemacht, wer sein Nachfolger oder seine Nachfolgerin werden würde. Wenn Guy ihr eröffnete, daß er sie zu seiner Stellvertreterin machen wolle, dann würde sie ihm freundlich danken und ihm sagen, daß sie in Zukunft allerdings seine Spesenrechnungen nicht mehr in ihr Budget übernehmen würde. Was könnte er schließlich dagegen tun? Jetzt, da Roger ging, konnte Guy es sich nicht leisten, sie zu verlieren. Sie hatte ein wenig Angst vor der Szene, die ihr bevorstand, war aber entschlossen, sich tapfer zu behaupten.

Am Mittwoch kam Guy leicht angetrunken von einem ausgiebigen Mittagessen zurück. Roger war nicht da; er war von einem PR-Repräsentanten zum Abschiedsessen eingeladen worden.

»Nun, mein kleiner Wackelpudding, jetzt, da Roger, diese alte Nervensäge, nicht mehr da ist, wird's hier bestimmt ein bißchen lustiger zugehen.« Guy schaute Rose mit leicht verschleiertem Blick an und ließ sich in Rogers Schreibtischsessel fallen. »Gerade ist es mir mit viel Mühe gelungen, Pauline Rivers dazu zu überreden, meine Stellvertreterin zu werden.«

»Pauline Rivers!« Rose war entsetzt. Pauline war eine schöne, elegante junge Frau, die in *Harmonys* Moderedaktion arbeitete. »Sie hat außer Begleittexten für Modefotos nichts geschrieben!«

»Ich weiß, aber ich vermute, daß sie andere, ungeahnte Fähigkeiten hat.«

»Und ich?« Rose war so zornig, daß ihr Hals und ihre Wangen sich mit Flecken überzogen. »*Ich* bin normalerweise Rogers natürliche Nachfolgerin.«

»Bei der Verteilung von Posten spielt die Natürlichkeit keine entscheidende Rolle«, stellte Guy fest. »Allerdings sagt mir meine Natur, daß ich gern Pauline als meine Stellvertreterin hätte. Das ist alles, was es dazu zu sagen gibt.«

»Aber Sie haben an meiner Arbeit nie etwas auszusetzen gehabt«, beharrte Rose. »Sie haben mich sehr häufig gelobt.«

»Ja, Sie sind eine gute Journalistin und der reinste Terrier, wenn Sie an irgendeiner Story dran sind, aber« – er musterte Rose von Kopf bis Fuß und lächelte herablassend – »*sie* kann starke Männer um den Finger wickeln. Sie wird es schaffen, Interviews zu bekommen, die *Sie* bestimmt nicht bekommen können ... Ich glaube, Pauline und ich, wir beide werden eng zusammenarbeiten.« Er lächelte anzüglich. »*Sehr* eng.«

»Darum geht es doch gar nicht. Ich habe mehr Erfahrung, ich habe mehr Kontakte ...«

»Nun mal nicht so aufgeregt, meine Beste. Es paßt nicht zu Ihren Sommersprossen, wenn Sie so rot werden. Sie werden zumindest eines noch lernen müssen: es ist zwar traurig, aber wahr, daß das Aussehen in diesem Geschäft ebenso wichtig ist wie das Talent; und leider, leider, hat Pauline Ihnen da einiges voraus.«

Rose spürte ein brennendes Gefühl von Enttäuschung und Ungerechtigkeit. Sie spürte einen heftigen Impuls, zuzuschlagen, mitten hinein in dieses alkoholgerötete, schweißglänzende Gesicht. Sie verließ wütend Guys Büro und stürmte, die Vorzimmerdame ignorierend, geradewegs in das Büro des Chefredakteurs.

Gordon O'Donnell war offensichtlich peinlich berührt.

»Guy hat natürlich das Recht, seine Stellvertreterin nach eigenem Gutdünken auszuwählen. Ich kann mich da nicht einmischen. Es ist unbedingt wichtig, daß die gesamte Redaktion als ein Team zusammenarbeitet. Ich habe Ihre Arbeit immer bewundert, Rose, aber Guy ist der Leiter der Feature-Redaktion. Seitdem er bei uns ist, hat er immer gute Arbeit geleistet. Vielleicht haben Sie Lust, in eine andere Redaktion zu gehen? Reisen, vielleicht. Von den Reiseberichten hängen eine Menge der jahreszeitlich bedingten Anzeigen ab. Es gibt sehr viele Möglichkeiten, um diese Redaktion noch weiter auszubauen.«

»Nein, danke.« Rose atmete heftig; sie hatte das Gefühl, zu ersticken. »Alles, was ich dazu sagen kann, ist, daß ich unter diesen Umständen gehen muß. Ich werde sofort meine schriftliche Kündigung einreichen.«

»Sie machen einen großen Fehler«, protestierte Gordon.

»Nein«, zischte Rose ihn wütend an. »*Sie* machen einen Fehler.«

Sie addierte ihre Spesenrechnungen und ließ sich die Summe von Philipp Scott zurückerstatten.

»Hmm. In diesem Monat haben Sie aber wirklich bescheiden gelebt, Rose.«

»Ja«, bestätigte sie einsilbig.

Mr. Scott stand auf, verließ seinen vergitterten Tresen und stellte sich vor sie. »Wollen Sie mir nicht einfach die Wahrheit sagen?« fragte er ernst. »Sie haben doch Ihre Spesenrechnungen schon seit Monaten frisiert, oder? Ihre und auch Roger Clovellys Ausgaben sind in dieser Woche vergleichsweise niedrig. Aber wenn Sie mir in den Monaten zuvor immer falsche Rechnungen vorgelegt haben, dann müssen wir die Polizei holen.« Er sah sie durchdringend an. Rose fühlte, wie ihre Knie weich wurden.

»Es tut mir leid.« Ihre Stimme schwankte. »*Meine* Ausgaben habe ich alle korrekt angegeben.« Unwillkürlich hatte sie das Wort *meine* betont.

Mr. Scott sah sie prüfend an. »Also gut.«

Als sie sein Büro verließ, hörte sie, daß er dabei war, eine Nummer zu wählen. Rief er schon jetzt die Polizei an? Auf der Treppe begegnete sie Roger.

»Was hat Scotty denn? Er will mich sehen.«

Rose zuckte unglücklich mit den Schultern und kehrte schweigend an ihren Schreibtisch zurück.

Am Freitag war Rogers und Roses letzter Arbeitstag. Sie gingen mit einigen der Angestellten in eine nahegelegene kleine Bar, um den Abschied zu feiern.

»Rose, ich habe keine Ahnung, wie Scotty es geschafft hat, Guys Spielchen zu durchschauen.« Roger schüttelte verwundert den Kopf. »Liz Hindon sagt, Gordon habe Guy fürchterlich zusammengestaucht, und Phillip Scott hätte die ganze Zeit daneben gestanden. Phillip hat darauf bestanden, daß Guy alle Beträge, die er über unsere Spesenrechnungen hat laufenlassen, aus eigener Tasche bezahlen solle – ansonsten würde er gefeuert. Am liebsten wollte er ihn sofort entlassen, aber Gordon hat sich Sorgen gemacht, was aus der Feature-Redaktion würde, wenn wir alle drei nicht mehr da wären.«

»Wie schade, daß Daphne Frisson zur *Sunday Times* gegangen ist.« Roses Stimme hatte plötzlich einen boshaften Unterton. »Ich hätte mich wirklich gefreut, wenn sie Guys Job bekommen hätte. Ich möchte wetten, *Sie* hätte nicht auf eine enge Beziehung mit Pauline Rivers spekuliert.«

Roger sah Rose voller Bewunderung an. »Du bist eine ganz schön harte Nuß . . ., sollte man gar nicht vermuten, bei einer so weichen Schale.«

Sie waren beide ein wenig beschwipst – vom Champagner ebenso wie von den verwirrenden, sich überstürzenden Ereignissen.

»Du hast ein wunderschönes Lächeln, Rose.« Roger prostete ihr zu. »Und hübsche kleine Sommersprossen. Ich liebe deine Sommersprossen, vor allem die in deinem Nacken.«

Rose blinzelte und sah ihn erstaunt an.

Roger nickte. »Ich bin verrückt nach Sommersprossen. Komm, wir gehen irgendwo etwas essen.« Er winkte seinen früheren Kollegen zu. »Sie sehen aus, als würden sie sich von Bier und Wein ernähren. Aber mir steht jetzt der Sinn nach einem ordentlichen Steak.«

Als Rose spät in der Nacht ein wenig beschwipst auf ihrer Bettkante saß, brach sie in Tränen aus. Roger hatte ihre Hand gestreichelt und seinen Arm um ihre Schultern gelegt. Er hatte sich auf der Bank des Restaurants, in das sie gegangen waren, ganz eng an sie gedrängt und versucht, jede einzelne ihrer Sommersprossen zu küssen. Dabei hatte er ihr ins Ohr geflüstert, sie sei die bezauberndste Frau, die er jemals getroffen habe. Er war, so wie sie selbst auch, ein wenig betrunken gewesen, aber er schien es wirklich ernst zu meinen. Und er hatte sie gebeten, ihm am kommenden Wochenende beim Cricketspiel in Richmond zuzusehen.

Kapitel 24

Als Rose am nächsten Morgen aufwachte, fühlte sie sich wie zerschlagen. Was jetzt? Es erschien ihr seltsam, nicht wie gewöhnlich an die Arbeit zu denken, die sie tagsüber erwarten würde, und das Wochenende nicht damit zu verbringen, im Haus herumzuwerkeln, während sie sich im Geiste mit neuen Ideen oder Artikeln beschäftigte. Ihre Eltern wollte sie lieber nicht besuchen. Ihr Vater, der sich mit Schrecken daran erinnerte, daß sein eigener Vater, Roses Großvater, zur Zeit der Wirtschaftskrise arbeitslos gewesen war, schätzte Sicherheit über alles. Er würde es nicht verstehen, daß sie einen guten Arbeitsplatz aufgegeben hatte, und ihre Mutter würde sich gewiß Sorgen machen, ob Rose nun in Zukunft ihre Hypothek abbezahlen könnte.

Sie war sicher, daß Roger sie nach ihrem gemeinsamen Abendessen anrufen würde, um ihr zu erklären, daß er am Abend zuvor nicht ganz bei Sinnen gewesen sei. Deshalb erstaunte es sie, daß seine Stimme am Telefon weich und freundlich klang. Er wiederholte noch einmal, wie er sich freue, daß sie ihn zum Cricketspiel begleiten wolle.

»Du hast also deine Meinung nicht geändert, Rose. Da bin ich aber froh.«

Er holte sie in seinem Sportwagen, einem wunderbar gepflegten Oldtimer, ab und fuhr mit ihr nach Richmond. Dort wollten sie gemeinsam in einem Gasthof zu Mittag essen. Als sie das Sportgelände erreicht hatten, hatte er offensichtlich nur noch sein Spiel im Kopf; er holte Rose eilig einen Klappstuhl, winkte einer kleinen Gruppe junger Frauen zu und sagte hastig: »Dies ist Rose.« Dann rannte er zur Umkleidehalle. Das Spiel war langweilig, aber harmlos. Die anderen Frauen waren davon offensichtlich ebenfalls nicht gerade fasziniert; sie wechselten hier und da ein paar Worte mit Rose, beschäftigten sich mit ihrem Strickzeug oder dösten hinter riesigen dunklen Brillen in der Sonne. Rose fühlte sich wohl und geborgen. Zwar langweilte sie sich ein bißchen, aber sie hatte doch immerhin einen Freund, mit dem sie am Samstagnachmittag ausging; sie gehörte dazu.

Als sie und Roger später zusammen mit einigen anderen Mannschaftsmitgliedern an der Bar standen und die Männer endlos lange über das Spiel diskutierten, lächelte Roger sie zärtlich an und nahm ihre Hand. Später fuhren sie im offenen Wagen durch den warmen Sommerabend nach Hause; aus dem Radio ertönte altmodische Tanzmusik. Rose lehnte den Kopf gegen die Rückenlehne des Sitzes und betrachtete verträumt den fliederfarbenen, von Federwölkchen verschleierten Himmel. Zumindest in diesem Moment war sie selbstbewußt und glücklich und dachte nicht mehr daran, daß sie arbeitslos war.

Es war nicht leicht, einen neuen Job zu finden. Einige Redakteure anderer Zeitschriften, die die Artikel kannten, die Rose für die *Harmony* geschrieben hatte, riefen sie an und luden sie zum Mittagessen ein, aber es kam kein Angebot, das sie wirklich gereizt hätte.

Nachdem sie fünf Wochen lang deprimiert und untätig zu Hause herumgesessen hatte, unterschrieb sie überstürzt einen Vertrag als Redakteurin der *Evening Gazette*. Amelia, mit der sie sich zum Mittagessen traf, warnte sie sofort: Rose sei nicht robust genug, um die hinterhältigen Angriffe und die grausamen persönlichen Spitzen, die in den Redaktionen von Tageszeitungen und ganz besonders bei der *Gazette* üblich seien, auszuhalten.

»Dies ist ganz einfach eine Herausforderung, Amelia. Ich habe noch nie bei einer Zeitung gearbeitet.«

»Immer noch der alte Dickkopf«, knurrte Amelia.

Fast am selben Tag, an dem sie bei der *Gazette* anfing, wurde ihr klar, daß Amelia recht gehabt hatte. Rose haßte die Zeitung praktisch vom ersten Augenblick an. Daß sich die Artikel vor allem mit Banalitäten und bösartigem Klatsch befaßten, machte ihr zu schaffen. Sie selbst hatte von einem schmierig aussehenden

Feature-Redakteur die ausdrückliche Anweisung bekommen, »ein bißchen im Dreck zu wühlen«. Die Reporter – nahezu ausschließlich Männer – machten so obszöne und rohe Bemerkungen über ihre Figur, daß sie beim Spießrutenlaufen an den Redaktionstischen vorbei sich taub stellen und sich auf irgendein weit entfernt liegendes Objekt konzentrieren mußte. Die anderen Frauen schienen sich an die Obszönitäten und Anzüglichkeiten inzwischen gewöhnt zu haben.

»Dies ist eine Zeitungsredaktion«, grinste ein unverschämter Kolumnist in der Garderobe, als Rose sich über eine der Bemerkungen beschwerte. »Was erwarten Sie denn eigentlich? Daß Sie in Watte gepackt werden? Mit dem Ton hier müssen Sie sich abfinden.«

Der Gedanke, das Anne Martin einen ihrer Artikel zu sehen bekommen könnte, trieb Rose die Schamröte ins Gesicht. »Mir wird übel bei dem Gedanken«, stöhnte sie Roger vor. Sie trafen sich regelmäßig, und das Gefühl, daß Roger sie wirklich gern mochte, gab Rose ein wenig innere Sicherheit. »Ich glaube nicht, daß ich sofort wieder kündigen kann – es sieht wirklich nicht gut aus, wenn ich so schnell wieder wechsele.«

Roses Unglück wurde ihr dadurch noch besonders bewußt, daß Roger in seinem neuen Job offensichtlich glücklich war. »Ich habe so viele Farbseiten zur Verfügung – das macht mir richtig Spaß – ich habe Yoki Mei Sim für uns gewonnen. Seine Fotografien sind erstaunlich. Er hat in Silverstone praktisch auf der Fahrbahn gelegen, um seine Grand-Prix-Bilder zu schießen, und sie sind so gut, daß sie in mehreren Zeitungen gleichzeitig veröffentlicht werden.«

Rose war in diesen Monaten, was ihre Arbeit und ihre Karriere anbetraf, zum ersten Mal in ihrem Leben völlig orientierungslos. Sie hatte sich früher immer darauf gefreut, in ihr Büro zu kommen und war meist erst spät wieder heimgekehrt, aber jetzt konnte sie es nicht erwarten, abends die Haustür hinter sich zu schließen. Sie las sehr viel, aber es fiel ihr schwer, etwas zu schreiben. Sie hatte einfach keine Ideen. Sie fühlte sich betäubt, wie beschmutzt durch die *Gazette*. Sie lud Sally und Margot zum Abendessen ein und nahm begierig alles auf, was diese über ihre Arbeit erzählten. Sie dachte wehmütig an die Zeiten bei der *Attitude*, obwohl es für alle offensichtlich war, daß sich die Qualität der Artikel seit Miss Twyfords Weggang drastisch verschlechtert hatte. Der Esprit, die geistreichen Kommentare, die originellen Berichte und Reportagen – all das gehörte der Vergangenheit an.

Seitdem sie die *Harmony* verlassen hatte, hatte sie Chamley nur dreimal gesehen, und jedesmal war das Treffen nach dem gleichen Muster verlaufen: ein gutes Abendessen in einem eleganten Restaurant und dann ein paar zärtliche Stunden in seiner Wohnung. Er war amüsant und nicht uninteressant – aber wollte sie eine solche Beziehung wirklich fortsetzen? War das Ganze nicht ein wenig geschmacklos? Aber ihre Neugierde und ihr Hunger nach Erfahrungen waren stärker als alle rationalen Erwägungen, vor allem, da Chamley in sämtliche erotischen Geheimnisse dieser Erde eingeweiht zu sein schien.

»Wo hast du denn diese Tricks eigentlich alle gelernt?« fragte sie ihn bei einem besonders aufregenden Liebesspiel.

»In den Bordellen überall auf der Welt, mein Schätzchen. Praktische Erfahrung ist da besser als alle Theorie.«

Für Rose war die Vorstellung, daß Chamley Tricks anwandte, die er bei Prostituierten gelernt hatte, eher abstoßend. Ging es denn nur darum, die richtigen Knöpfe zu drücken, um eine entsprechende Reaktion hervorzurufen? Und was war mit der Liebe? Die Bindung, die sich zwischen ihr und Chamley entwickelte, konnte man ganz gewiß nicht als Liebe bezeichnen. Aber vielleicht ist eine solche rein sexuelle Beziehung für meine Entwicklung als Frau notwendig, dachte sie. Andere Mädchen lernen das alles als Teenager von ihren verschiedenen Freunden.

Sie mochte Roger gern, aber seine Begeisterung für den Sport konnte sie beim besten Willen nicht teilen. Offenbar war es ihm sehr wichtig, die meisten Termine für Sportveranstaltungen persönlich wahrzunehmen, deshalb trafen sie sich nur sehr sporadisch. Aber es war tröstlich, einen gutaussehenden Mann zu kennen, der sich von ihrer molligen Figur offenbar nicht abgeschreckt fühlte.

»Warum schreibst du nicht ein paar Kurzbiographien für mich?« schlug er ihr vor, als sie bei einem Treffen wieder einmal über ihre Arbeit bei der *Gazette* jammerte. »Im Sport gibt es ein paar erstaunliche Persönlichkeiten – denk nur an Wimbledon, an das Open. Es gibt hervorragende weibliche Ralleyfahrerinnen und Golfspielerinnen, die sehr froh wären, wenn einmal ein Interview mit ihnen in der Zeitung veröffentlicht würde.« Rose lächelte. »Das ist sehr nett von dir, aber ich weiß überhaupt nichts über Sport. Da würde ich bestimmt nichts Gutes zustande bringen.«

Ab und zu aß sie mit Amanda Jacques zu Mittag und hörte mit einer gewissen Schadenfreude, daß Pauline Rivers' langweilige Artikel Gordon schon mehrmals zu einem Wutanfall provoziert hatten.

»Guy hat bei der *Harmony* schon lange keinen guten Stand mehr«, berichtete Amanda, nachdem sie einen doppelten Whisky heruntergekippt hatte. »Er ist boshafter als je zuvor, aber offensichtlich auch ziemlich verunsichert. Ich glaube auch nicht, daß Pauline sehr viel länger bei uns bleiben wird, und auf Dauer gebe ich Guy auch keine großen Chancen.«

Amanda schien wegen ihres Aussehens keine Komplexe zu haben, obwohl sie erheblich fülliger war als Rose. Sie bevorzugte grellbunte Kleidung, war stark geschminkt und trug immer sehr auffällige Ohrringe. Sie hatte die Ausstrahlung einer selbstbewußten Frau; für ihre künstlerische Gestaltung der *Harmony* waren ihr bereits mehrere Preise verliehen worden. Rose fand sie faszinierend und beneidete Amanda um ihr Selbstbewußtsein. Amanda hatte keine Scheu, völlig fremde Menschen anzusprechen, wobei sie durch ihr herzliches Lachen und ihr echtes

Interesse an ihrem jeweiligen Gesprächspartner sofort einen spontanen Kontakt herstellen konnte. Gewichtsprobleme schienen sie nicht zu bekümmern; offensichtlich aß sie mit Genuß, ohne jemals einen Gedanken an Kalorien oder Diäten zu verschwenden. Die Arbeit bei der *Gazette* machte Rose immer weniger Freude; jeden Morgen schleppte sie sich mißmutig in ihr Büro. Ihre Stimmung war so düster, daß sie mit niemandem reden mochte. Du mußt dir sofort eine andere Arbeit suchen, sagte sie sich immer wieder. Aber sie befand sich in einem Teufelskreis: ihre Depression lähmte sie so sehr, daß sie nicht die Kraft hatte, ihre Lage zu verändern. Ihr war, als hinge der Alltag wie Blei an ihr. Sie meinte, schlimmer könne es wohl nicht mehr kommen, als der Feature-Redakteur ihr einen Artikel zurückgab: eine Reportage über die reichen älteren Männer, die blutjunge Frauen heiraten. Der Aufhänger für den Artikel war die Hochzeit eines Großindustriellen gewesen, der seine vierzigjährige Ehe wegen eines 19jährigen Filmsternchens aufgelöst hatte.

»Nicht gut genug, Miss Piggy. Zu wenig Material. Sie müssen sehr viel tiefer wühlen. Mehr über die blutenden Herzen der verlassenen Ehefrauen. Mehr über Sex mit einem älteren Mann. Ich möchte den Artikel bis vier Uhr wieder auf meinem Schreibtisch haben.«

Sie setzte sich ans Telefon und schrieb die Story mit einem Gefühl von Selbstekel noch einmal um. Später, als sie sich erschöpft auf ihren Schreibtisch stützte und sich vor Scham fast krank fühlte, klingelte das Telefon. Vom anderen Ende der Leitung kam Rogers Stimme; sie war freudig bewegt.

»Zeit für ein Abendessen? Ich bin gerade aus Mailand zurückgekommen. Ich hätte große Lust auf ein Roastbeef und Kartoffeln, nach den Massen von Spaghetti und Pasta.«

Sie wollte gerade »Nein« sagen, aber der Gedanke an einen weiteren einsamen Abend hielt sie davon ab. Anne war gerade auf Besuch bei ihrer Schwester, und Rose war seit einer Woche allein im Haus.

Als sie sich trafen, bewirkten Rogers gute Laune und seine Fröhlichkeit, daß Rose zum ersten Mal seit Tagen wieder lächelte. Als sie allerdings beide ein großes Steak mit Pommes frites gegessen und eine Flasche Wein getrunken hatten und nun auf ein Stückchen Schokoladenkuchen zum Nachtisch warteten, überkam Rose wieder das alte Selbstmitleid.

»Was ist los, Süße?« Roger beugte sich zu ihr herüber und schaute ihr besorgt ins Gesicht. »Habe ich etwas Falsches gesagt?«

»Nein, natürlich nicht.« Plötzlich kullerten Rose zwei dicke Tränen über die Wangen. »Nun komm schon, jetzt erzählst du Onkel Roger . . . Schau her, hier kommt der schöne Pudding. Jetzt mach mal wieder ein fröhliches Gesicht.« Er drehte sich so, daß der Kellner Roses Gesicht nicht sehen konnte.

»Ich sollte das lieber nicht essen; ich bin sowieso viel zu dick«, jammerte Rose.

»Nein, überhaupt nicht. Du bist nur hübsch rund und mollig. Jetzt komm, Kopf hoch!«

Rose erzählte ihm, wie sehr sie die *Gazette* verabscheute und daß sich dieser Abscheu Tag für Tag verschlimmerte. Sie sei, so jammerte sie, inzwischen überhaupt nicht mehr fähig, etwas Vernünftiges zu schreiben; ihr letzter Artikel sei selbst von der *Gazette* zurückgewiesen worden: tiefer könne man nun wirklich nicht mehr sinken . . . Sie habe plötzlich überhaupt keine Ideen mehr und fürchte, nie wieder einen anderen Job zu bekommen.

Roger bestellte in aller Ruhe eine Käseplatte und eine zweite Flasche Wein. »Also, als erstes kündigst du, dann heiratest du mich und danach . . .«

Etwas eine Minute lang konnte Rose nicht begreifen, was er gesagt hatte.

»Dich heiraten?«

»Was ist daran so überraschend? Ich wollte dich sowieso demnächst darum bitten. Wir kennen uns schon seit vielen Monaten. In der Vergangenheit hast du häufig gesagt, du magst mich, wir beide kämen gut miteinander aus. Wir haben beide denselben Beruf . . . Wir haben sehr vieles gemeinsam.«

Rose starrte ihn fragend an.

Er wurde rot. »Ich nehme an, die meisten Paare steigen heutzutage sofort miteinander ins Bett, aber« – er senkte die Augen – »ich halte nichts von Sex vor der Ehe. Ich bin sehr altmodisch, Rose. Wahrscheinlich wirst du jetzt denken, ich bin zu langweilig für dich.«

»Was für ein Blödsinn.« Sie konnte nicht glauben, daß das Blatt sich gewendet hatte: Plötzlich mußte sie selbst und nicht mehr Roger die Rolle des Trösters und barmherzigen Samariters spielen. »Du bist nicht nur sehr nett, sondern siehst auch sehr gut aus.«

»Nun, also . . .?« Er holte tief Atem; dann zog er sie ein wenig abrupt an sich und küßte sie. »Das ist schon mal ein Anfang.« Rose war vor Überraschung sprachlos.

»Gib den verdammten Job auf, und fang an zu schreiben. Ich verdiene genug, um uns beide ernähren zu können, während du eine Weile lang als Freiberuflerin arbeitest.«

Warum nicht? Niemand sonst schien sie zu wollen. Sie mochte Roger sehr gern. Wenn nicht Roger, wer dann? Er gab ihr nie das Gefühl, dick und unattraktiv zu sein. Er schien überhaupt nicht bemerkt zu haben, wie sie aussah. Plötzlich hellte sich ihre Miene auf, und sie strahlte ihn an.

»Also, gut, einverstanden.«

»Meinst du das wirklich?«

»Ja, wenn ich es doch sage.«

Sie begannen so eifrig und aufgeregt Pläne zu schmieden wie zwei Kinder, die ein Picknick planen.

Als Rose in ihr leeres Haus zurückkehrte, hatte sich das Blatt anscheinend endlich gewendet. Sie war verlobt. Vor allem würde sich ihre Mutter freuen.

Kapitel 25

Nach kaum zehn Monaten war Roses Ehe wieder geschieden. Roger und Rose hatten mit Sondergenehmigung, ohne ein vorheriges Aufgebot, im Standesamt der Finsbury Town Hall geheiratet, begleitet nur von ihren Eltern, Roses alter Freundin Doreen und deren Mann Robin, Anne Martin und Rogers beiden Schwestern. Roses Mutter hatte während der ganzen Zeremonie heftig geweint. Rose, ihre einzige Tochter, war schwanger, dessen war sie ganz sicher. Sie aßen in einem kleinen Restaurant in Soho zu Mittag und flogen dann für die Flitterwochen zur Isle of Man; Roger wollte die Reise für einen Bericht für den *Sportsman* über das Trophy-Rennen verwerten.

Später, als sie zusammen in dem feuchtkalten, mit schweren viktorianischen Möbeln vollgestellten Hotelzimmer im Doppelbett lagen, hatte Roger versucht, mit ihr zu schlafen, allerdings ohne Erfolg.

»Es tut mir leid«, stöhnte er. »Wahrscheinlich ist es die Reise, die Aufregung. Es scheint nicht zu klappen.«

Rose, die sich an die Szene mit Maurice erinnerte, war vor Schrecken wie erstarrt. Vielleicht fühlte sich Roger ebenfalls von ihr abgestoßen, jetzt, da er ihren nackten, rundlichen Körper zum erstenmal erblickte. Sie versuchte, ihre Enttäuschung zu verbergen, nahm ihn in die Arme und flüsterte: »Es macht nichts. Wir sind beide müde. Laß uns einfach schlafen.«

Aber in der nächsten Nacht klappte es auch nicht besser. Am Tag hatte sie ihn zu dem Rennen begleitet, gelangweilt, aber zugleich ein wenig geschmeichelt, wenn Roger sie verschiedenen Bekannten als »meine Frau« vorstellte. Abends saßen sie einsam in der blumenüberladenen Hotelhalle mit einer Flasche Champagner vor dem Fernsehapparat. Roger sah sie wie ein geprügelter Hund mit großen Augen an. »Es tut mir so leid, Rose.«

»Das macht doch nichts.«

Am dritten Tag versuchte sie, ihn mit ihren Zärtlichkeiten zu verführen und wandte dabei einige der Techniken an, die Chamley ihr beigebracht hatte. Es schien allerdings, als würde dadurch alles nur noch schlimmer. Roger erschauderte und bog sich von ihr weg, um ihren Zärtlichkeiten auszuweichen. Sie ließ sich verzweifelt auf die Kissen zurückfallen und hatte das Gefühl, versagt zu haben. Er selbst war so wunderbar schlank und durchtrainiert; wahrscheinlich hatte er sich nicht richtig vorgestellt, wie dick sie in Wirklichkeit war. Mit dem humorvollen Chamley, der ohne Scham seinen massigen Körper gezeigt hatte, hatte sie sich viel weniger befangen gefühlt, aber jetzt, bei Roger, spürte sie wieder das brennende Gefühl der Demütigung, wie damals beim ersten Zusammensein mit Maurice.

»Es tut mir leid«, sagte sie scheinbar unbefangen. »Ich bin einfach zu dick. Du kannst mich ja gar nicht attraktiv finden.«

Plötzlich legte er seinen Kopf an ihre Schulter und begann hemmungslos zu weinen. Er sei homosexuell, brach es nach einer Weile aus ihm hervor.

Rose war schockiert. Sie streichelte ihn, versuchte, während er sein Elend hinausweinte, ihn, so gut es ging, zu beruhigen. Er erzählte schluchzend, wie verzweifelt er versucht habe, sich zu ändern, und daß er in einen international bekannten Tennisspieler unglücklich verliebt sei.

Später, als er sich beruhigt hatte, flehte er sie an, ihn nicht aufzugeben. »Du bist meine einzige Hoffnung, Rose. Wir können es immer noch schaffen; um eine glückliche Ehe zu führen, braucht man nicht unbedingt eine sexuelle Beziehung zu haben. Ich mag dich sehr gern. Wir können uns gut unterhalten. Ich brauche dich. Ich werde dir in nichts dreinreden. Wir könnten doch trotzdem ein Paar sein.«

»Ich glaube nicht, daß ich das schaffe, Roger«, hatte sie eingewandt. »Ich bin einfach nicht stark genug, um eine solche Rolle zu spielen.«

Am nächsten Tag waren sie schweigend und unglücklich nach London zurückgeflogen, und Rose war wieder in ihren *Salon* zurückgekehrt. Eine Weile lang tat sie nichts. Sie konnte es nicht ertragen, öffentlich eingestehen zu müssen, daß ihre Ehe ein Fehlschlag war. Nach drei oder vier Wochen, als es für alle offensichtlich wurde, daß sie nicht mit Roger zusammenlebte, sagte sie zu Anne: »Es ist alles vorbei.« Ihre Miene und ihr Verhalten signalisierten, daß sie die Angelegenheit nicht weiter diskutieren wolle.

Roger rief sie an und bat sie dringend, seine Familie zu besuchen und sich am Wochenende mit ihm zu treffen. »Ich habe es meinen Eltern nicht gesagt, Rose. Sie finden es seltsam, daß wir sie nicht besucht haben. Bitte, bitte komm doch.«

»Das macht es nur noch schlimmer, Roger.«

Schließlich, nach mehreren schmerzlichen und frustrierenden Unterredungen, war er damit einverstanden, eine Rechtsanwältin aufzusuchen, um das weitere Vorgehen zu besprechen. Beide, Rose und Roger, waren erleichtert, als diese ihnen mitteilte, man brauche die Ehe nur annullieren zu lassen. Roger lud Rose hinterher zum Mittagessen ein. Er war sehr blaß, und es schien, als hätte er seine charakteristische Munterkeit gänzlich verloren. »Du bleibst doch weiterhin meine Freundin, Rose? Wir können einander doch auch in Zukunft sehen, oder? Ich möchte dich wirklich nicht gern verlieren.«

»Natürlich, Roger, warum denn nicht?« Aber in ihrem Herzen fühlte sich Rose betrogen, verbittert. Warum hatte er ihr nicht die Wahrheit gesagt, bevor er mit ihr diese Scheinehe eingegangen war? Es war zwar irrational, aber ihre gescheiterte Ehe hatte sie in ihrer Überzeugung bestärkt, daß sie in körperlicher und emotionaler Hinsicht zu den Verlierern gehöre.

Der Zorn, den sie schon in der Schule oftmals als Ansporn zur Arbeit genutzt hatte, erfüllte sie mit neuer Energie. Sie kündigte bei der *Evening Gazette* und sah sämtliche Fachzeitschriften nach einem passenden Jobangebot durch. Sie würde in ihrer augenblicklichen Situation nicht mehr so wählerisch sein. Alles, was ihr helfen könnte, die monatlichen Hypothekenzahlungen zu leisten, wäre im Augenblick akzeptabel.

Sie zwang sich, Artikel zu schreiben, kaufte alle Zeitungen, um Themen zu finden, die sie für eine Story verwerten könnte. Als *The Times* die erste Reportage, die sie einschickte, auch gleich veröffentlichte, gab ihr das wieder ein wenig Auftrieb. Sie rief verschiedene Chefredakteure an, um ihnen Themenvorschläge zu unterbreiten. Sie versuchte, soviel Selbstsicherheit wie möglich in ihre Stimme zu legen und dadurch die Sekretärinnen, die ihre Chefs wie Löwenmütter abzuschirmen versuchten, zu überrumpeln. Ihre Arbeit schien das einzige zu sein, womit sie die innere Leere einigermaßen ausfüllen konnte; sie war euphorisch, wenn einer ihrer Texte akzeptiert wurde, und verzweifelt und deprimiert, wenn ihre Ideen abgelehnt wurden.

Sie gab einige Parties, um alte und neue Kontakte zu pflegen, fühlte sich dann aber meist den ganzen Abend lang nicht wohl, weil sie sich zwingen mußte, eine heitere Miene aufzusetzen. Einmal rief sie Chamley an, um ein Treffen vorzuschlagen, aber er reagierte sehr zurückhaltend.

»Nein, nein, mein Kleines. Ich bin schon früher mit verschiedenen Ehemännern aneinandergeraten; das ist eine ziemlich teure Angelegenheit. Für mich sind verheiratete Frauen inzwischen tabu.«

Sie legte den Hörer auf, erleichtert und enttäuscht zugleich. Chamley darzulegen, daß sie bereits nicht mehr verheiratet war, nur damit er wieder mit ihr schliefe, erschien ihr denn doch zu würdelos. Also zog sie es vor, gar nichts zu sagen.

Als Freiberuflerin allein zu Hause zu arbeiten, war nicht einfach. Ihr fehlte der Kontakt zu den Kollegen, sie vermißte die Presseinformationen und Mitteilungsblätter, die sie manchmal zu einer Idee für eine Story inspiriert hatten, das Telefon, das von morgens bis abends schrillte. Als sie für die *Harmony* gearbeitet hatte, hatte sie oftmals das Telefon verflucht, aber jetzt hockte es neben ihr auf dem Schreibtisch wie ein hinterhältiger grüner Zwerg.

Als es schließlich an einem feuchtkalten Morgen doch einmal klingelte, zuckte sie zusammen. Es war Amelia.

»Hallo, meine Süße. Viel zu tun?«

»Nein, leider nicht.«

»Ich habe gehört, daß es mit der *Attitude* abwärtsgeht. Die Klapperschlange hat es geschafft, daß die Auflage drastisch zurückgegangen ist, und die Anzeigenabteilung mußte mehrere Seiten abgeben.« ›Die Klapperschlange‹ war Jerrys Spitzname für Phyllida Egerton, die die Inserenten immer mit einem endlosen Wortschwall umwarb.

»Man hat angeblich bereits versucht, sie vom Sockel zu stürzen, aber Gerald Binder ist, glaube ich, schon seit vielen Jahren ihr Intimfreund, deshalb kann ihr nichts passieren. Ich habe neulich mit Frank Marnhull zu Mittag gegessen. Er war völlig verzweifelt.«

Frank Marnhull war der Verleger der *Attitude*, ein ehrgeiziger Geschäftsmann, der sich mit der Tatsache, daß das Unternehmen von der Binder-Familie beherrscht wurde, nur schlecht abfinden konnte. Er hatte sich persönlich eingesetzt, um Amelia daran zu hindern, zum *Chronicle* zu gehen, und als die tüchtige Miss Twyford gegangen war, war er äußerst besorgt gewesen.

»Ich denke, du solltest dich mal mit Frank treffen, meine Süße.«

»Warum?«

»Nun, er hat sehr viel Einfluß. Ein Machtmensch, wie er im Buche steht. Wenn es zu einer wirklichen Auseinandersetzung käme, dann würde ich auf ihn setzen.«

»Was hat das mit mir zu tun?«

»Für eine intelligente Journalistin kannst du manchmal ganz schön vernagelt sein, mein Herzchen. Wenn die Klapperschlange geht, dann werden sie eine neue Chefredakteurin brauchen. Dann bist du, meine Süße, ein ganz heißer Tip.«

»Ich – die Chefredakteurin der *Attitude*?«

»Warum nicht? Wer sonst würde dir spontan einfallen? Ich werde Frank anrufen und ein Essen verabreden, und dann lade ich dich dazu ein. In der Zwischenzeit mach' dir mal ein paar Gedanken, was du tun könntest, um die *Attitude* wieder in die schwarzen Zahlen zu bringen und welche guten Gründe es dafür gibt, daß gerade du unbedingt Chefredakteurin werden solltest.«

»Amelia, ich . . .«

»Bis bald, Kleines, und überleg's dir gut.«

Amelia hatte einfach aufgelegt und Rose in einem Zustand heftiger Verwirrung zurückgelassen. Rose hatte noch nie daran gedacht, Chefredakteurin zu werden. Sie war froh und stolz, endlich Artikel schreiben zu können – und, wie ihr immer wieder bestätigt wurde, sehr gute Arbeit zu leisten. Aber der Posten einer Chefredakteurin . . .? »Warum nicht?« hatte Amelia gesagt. Hatte Rose nicht schon als Teenager sämtliche Frauenzeitschriften verschlungen? Hatte sie nicht eine ganze Weile lang unter einer hervorragenden Chefredakteurin gearbeitet? Plötzlich erschien ihr der Gedanke nicht mehr so abwegig: wer, wenn nicht sie selbst, hätte das Zeug, die Chefredaktion der *Attitude* zu übernehmen?

Kapital 26

Kurz nach dem Telefonat mit Amelia wurde Rose von einer der großen Wochenzeitschriften ein Posten als Feature-Redakteurin angeboten. Die Themen der Zeitschrift lagen ihr allerdings nicht besonders; es ging vor allem um das Privatleben bekannter Film- und Fernsehstars und um rührselige Geschichten wie: »Das Leben mit meinem behinderten Kind« oder: »Wie ich es schaffte, die seelischen Folgen des Eisenbahnunglücks zu überwinden«. Fast jede Woche wurde eine Klatschgeschichte über Mitglieder des englischen Königshauses veröffentlicht. Mit schöner Regelmäßigkeit erschien die wohlfrisierte Prinzessin Diana als Model auf der Titelseite. Aber man hatte Rose zumindest ein gutes Gehalt angeboten. Außerdem freute sie sich darauf, sich endlich wieder in das hektische Treiben in einer großen Zeitschriftenredaktion zu stürzen und zur Abwechslung wieder einmal mit netten Kollegen ein paar Späße zu machen oder sich einfach unterhalten zu können. Die Einsamkeit und die Unsicherheit des Freiberuflertums hatten Rose nicht besonders gutgetan.

Selbst Amelia war der Ansicht, daß sie den Posten annehmen sollte. »Was hast du schon zu verlieren? Das bedeutet doch nicht, daß du ein Leben lang dort festsitzen wirst. Du kannst jederzeit wieder gehen.«

Allerdings an Geschichten wie »Meine Ehe mit einem Yemeniten« oder »Die privaten Affären der Dallas-Frauen«, war Rose nicht im mindesten interessiert. Die Zusammenarbeit mit den Kollegen jedoch machte ihr Freude. Sie erschienen ihr fast alle freundlich und humorvoll. Es gab, im Vergleich zu einer Monatszeitschrift, eine Unmenge von Angestellten, und das Ausgabenbudget war gewaltig.

»Daß Sie sich nur nicht wegen ein paar lumpigen Fünf- oder Zehntausend eine gute Geschichte durch die Lappen gehenlassen«, ermahnte sie der Chefredakteur, ein rauhbeiniger, aber gutmütiger Fünfziger aus Yorkshire namens Edward Haste. »Wenn Sie etwas Spannendes über Leben und Lieben der Joan Collins in Erfahrung bringen können, dann erwarte ich, daß Sie darüber schreiben.«

Zur Feature-Redaktion gehörten drei Mitarbeiter, dazu kamen verschiedene »feste Freie«. Rose fragte sich ein wenig besorgt, ob sie in ihrer neuen Position wohl akzeptiert werden würde, aber sie hätte sich deswegen keine Gedanken zu machen brauchen. Jedermann war so sehr daran gewöhnt, daß die Mitarbeiter ständig wechselten, daß es den Vorgängern gegenüber kaum Loyalitätsgefühle gab. Vielmehr wurde sie sofort in den Kreis der Kollegen einbezogen, und man vertraute ihr sämtlichen internen Klatsch an. Alex liebte einen Zeitungsjournalisten, der offensichtlich Alkoholiker war; sie bildete sich ein, sie könne ihn durch ihre Liebe ändern; Tina hatte andauernd Affären mit den falschen Männern, von denen keiner es ernst meinte. Julian war platonisch verliebt in ein hypernervöses rothaariges Mädchen, das bei einer Fachzeitschrift für Popmusik arbeitete.

Vor allem Julian war Rose sehr sympathisch. Er war Klatschspaltenreporter und nahm es mit den Fakten nicht allzu genau; das reizte die gewissenhafte Rose oftmals zum Lachen. Er liebte es, sich exzentrisch zu kleiden: Er trug vorzugsweise fliederfarbene Lederhosen und eine Samtjacke mit eingepreßtem Blumenmuster. Sein weißblond gefärbter Bürstenschnitt schien zu diesem verspielten Outfit allerdings nicht recht zu passen. Er flatterte zu den verschiedenen Schauplätzen des Londoner Nachtlebens wie ein exotischer Singvogel und kam dann mit den tollsten Geschichten über Popstars und berühmte Persönlichkeiten in die Redaktion zurück. Die Details waren oft so aufregend und so intim, daß es Rose den Atem nahm. »Ist das denn auch wirklich wahr?« fragte sie augenzwinkernd.

»Fast.« Er zuckte mit den Schultern und lächelte entwaffnend. »Aber auf jeden Fall eine gute Story, nicht?«

Fast im selben Augenblick, als sie bei der neuen Zeitschrift anfing, kündigte die von der Vorgängerin übernommene Sekretärin an, daß sie in die Moderedaktion überwechseln wolle.

»Ich werde dort die ganzen Hotelbuchungen für die Models machen«, erzählte sie begeistert.

Rose fand Gillian, die Nachfolgerin, sofort sympathisch. Die junge Frau hatte vier Jahre lang in einer Werbeagentur gearbeitet, hatte sich dort allerdings nicht besonders wohl gefühlt. »Ich weiß nicht, warum ich so lange geblieben bin«, erzählte Gillian im Vorstellungsgespräch. »Leider hatte ich mich in den Mistkerl, dem die Agentur gehört, verliebt.«

»Und was haben Sie dort gemacht?«

»Ich war seine Geliebte.«

Rose wurde rot. »Nein, ich meine, in welchem Bereich haben Sie *gearbeitet*?«

»Ach so, ich war in der Marketingabteilung. Ich hatte den Typ kurz nach meinem Examen auf einer Party getroffen, und er hat mich dazu überredet, bei Cole Rogers O'Connor Brown Murdoch und Wagstaff anzufangen. Kommt einem nicht ganz leicht über die Lippen, der Name, nicht wahr? Stellen Sie sich nur die arme Telefonistin vor, die das alle paar Minuten aussprechen mußte.«

Rose rutschte unruhig auf ihrem Stuhl hin und her. Es war ihr bewußt, daß dies ein etwas ungewöhnliches Vorstellungsgespräch war, aber die unbekümmerte Offenheit des jungen Mädchens gefiel ihr. »Können Sie tippen und dergleichen?« fragte sie etwas unbeholfen. Sie war es nicht gewohnt, Personal einzustellen.

»Ja, ich kann tippen, ich kann sogar lesen.« Gillian lachte. »Ich habe mein Examen in englischer Literatur in Cambridge gemacht.«

»Großer Gott!« rief Rose verblüfft aus. »Sie sind überqualifiziert . . .«

»Aber unterbewertet«, ergänzte Gillian lächelnd. »Um ehrlich zu sein: In der Zeit bei Cole Rogers O'Connor Brown Murdoch und Wagstaff habe ich herausgefunden, was ich eigentlich will. Jetzt hör' ich endlich auf damit, in den Tag hinein zu leben, habe ich mir gesagt. Eigentlich wollte ich nämlich immer Journalistin werden. Als ich in der *UK Press Gazette* dieses Stellenangebot sah, dachte ich, das könnte eine großartige Möglichkeit sein, herauszufinden, wie es bei einer Zeitschrift läuft.«

Rose fühlte sich an ihre eigenen Anfangsbemühungen erinnert. »Könnten Sie einfach mal versuchen, diesen Brief hier zu beantworten? Danach können wir uns weiter unterhalten.«

Gillian streckte ihre unglaublich langen Beine aus, glättete ihren engen schwarzen Rock, lächelte Rose nachsichtig an und ging zu der Schreibmaschine, auf die Rose mit der Hand gedeutet hatte. Den Brief las sie im Gehen. Ihr langes, schwarzes Haar war wie bei einer Ballerina im Nacken zu einem Knoten zusammengeschlungen. Rose beobachtete sie und bewunderte die Eleganz, mit der die junge Frau sich in den Stuhl gleiten ließ. Rose hatte während des Gesprächs intensiv gespürt, daß Gillian eine Begabung hatte, die es zu nutzen galt.

Die Arbeit bei der *World of Women* war anstrengend; es gab harte Konkurrenzkämpfe mit vier anderen großen Wochenzeitschriften. Allerdings mußte Rose bald feststellen, daß der eigentliche Inhalt der Zeitschrift wenig anregend war. Die Artikel waren meist sehr langweilig und wiederholten sich regelmäßig. Sie mochte den Chefredakteur sehr gern, aber es ging nichts Kreatives, nichts Anregendes von ihm aus.

»Über die Köpfe unserer Leserinnen hinweg«, war oftmals sein Kommentar, wenn Rose ihm ihre Ideen für Tatsachenberichte und Reportagen unterbreitete.

»Vielleicht sollten wir ihnen helfen, ein wenig über sich selbst hinauszuwachsen«, entgegnete Rose.

»Nein. Die Armen müssen sich den ganzen Tag lang mit Waschen und Bügeln und ihren rotznasigen Kindern abplagen. Sie wollen nicht belehrt werden, sondern vielmehr ihrem grauen, trostlosen Alltag entfliehen. Sie möchten an Sonnenuntergänge und romantische Begegnungen mit einem Fremden glauben. Das wirkliche Leben spielt sich für sie in ›Dallas‹ und ›Denver‹ und vielleicht auch noch in der Lindenstraße ab. Deshalb müssen wir ihnen auch alles über Sue Ellen und Christle berichten.«

Er liebte ausgedehnte Geschäftsessen und kam dann meist am frühen Nachmittag leicht angeheitert in sein Büro zurück. Wenn er guter Laune war, dann war keine der jungen Mitarbeiterinnen vor seinen Annäherungsversuchen sicher.

»Ich dachte immer, die Chefredakteure von Zeitschriften wären jung und dynamisch, eine Kreuzung zwischen Diana Rigg und Faye Dunaway«, bemerkte Gillian verächtlich. Sie hatte gerade das Manuskript für eine Reportage in Edward Hastes Büro bringen müssen und sich nur mit viel Diplomatie seinem Zugriff entziehen können. »Der Typ ist für mich so erotisch wie ein feuchtes Knäckebrot.«

In Gillians Terminkalender tauchten massenhaft männliche Namen auf, die aber meist nach wenigen Wochen wieder verschwanden.

»Wie schaffst du das nur?« fragte Rose bewundernd.

»Sieh mal, ich habe vier Jahre meines kurzen Lebens an Cole Rogers O'Connor Brown Murdoch und Wagstaff verschenkt – oder zumindest an einen von ihnen – und danach habe ich beschlossen, daß es nie wieder einen Mann geben wird, der mir das Herz bricht. Hat deine Mutter dir nie gesagt, daß eine Frau am besten immer mehrere Eisen im Feuer haben sollte?«

»Ich glaube, sie wäre schon zufrieden gewesen, wenn es in meinem Leben wenigstens einen gegeben hätte.« Rose hatte Roger unwillkürlich nicht mitgezählt.

Die Features-Redaktion hatte sämtliche wichtigen Frauenzeitschriften abonniert. Gillian verschlang sie wie ein Kind eine Tafel Schokolade. Rose lächelte, als Gillian, die gerade das neueste Exemplar der *Attitude* durchblätterte, laut zu stöhnen begann. »Snobismus an Reinkultur. Ich erinnere mich noch genau an die Serie, die *du* damals geschrieben hast – jetzt ist nichts mehr dergleichen in der *Attitude* zu finden. Mein Gott, was für eine Spinnerin haben sie denn da bloß als Feature-Redakteurin genommen? Ich könnte das tausendmal besser machen.«

Gillian hatte Phantasie, konnte gut mitdenken und blieb immer am Ball. Häufig fand Rose ein Blatt mit Gillians sauber getippten Vorschlägen für Berichte und Reportagen auf ihrem Schreibtisch. Gillians Idee, eine Kurzbiographie über Daphne Frisson zu schreiben, fand sofort Roses Beifall. Guys Erzfeindin war zum Fernsehen gegangen und Moderatorin eines sehr erfolgreichen Kulturmagazins geworden. Ihr Liebesleben, das in den Klatschspalten in allen Einzelheiten beschrieben wurde, war ebenso aufregend wie die tief ausgeschnittenen Kleider, die sie gewöhnlich trug, wenn sie irgendeinen nervösen avantgardistischen Dichter oder einsilbigen Kulturfilm-Regisseur vorstellte. Gillian berichtete, es gebe Gerüchte, Daphne werde den Hippie-Sohn eines unglaublich reichen Amerikaners heiraten, der ihr eine eigene Fernsehstation kaufen wolle.

»Da kannst du dich schwarz ärgern, Guy«, dachte Rose, als sie Gillians kleinen Notizzettel gelesen hatte und ihn an Alex Ludlow mit dem Kommentar: ›Eine Idee, die bestimmt in deinem Sinne ist‹, weiterleitete. »Versuch, wenn möglich, Zitate von früheren Liebhabern und Kollegen aus den entsprechenden Journalistenkreisen zu bekommen. Das könnte eine hübsche Story werden.«

»Das ist nicht fair!« Gillian starrte auf den Notizzettel in ihren Händen. Sie war rot vor Ärger. »Warum kann ich es nicht selbst versuchen. Es war doch *meine* Idee.«

»Du bist keine Journalistin«, stellte Rose fest.

»Wenn du mir keine Chance gibst, dann werde ich es auch nie werden. *Bitte*, Rose. Ich verspreche, daß ich die Story so schnell wie möglich fertigmache, und wenn sie nicht gut ist, dann ist es das letzte Mal, daß ich es versucht habe.«

Plötzlich mußte Rose lächeln. »Das wird Alex nicht gerade freuen, aber gut. Du kannst es einfach mal versuchen.«

Eines Abends, als Rose auf der Heimfahrt im Bus den *Standard* aufschlug, las sie, daß Gerald Binder, der Vorstandsvorsitzende von Binder Publications, plötzlich gestorben war. Er hatte wie immer den ganzen Tag in seinem luxuriösen Büro am Schreibtisch gesessen, als sein Herz sich plötzlich zusammenkrampfte und zu schlagen aufhörte.

Vielleicht hätte Rose damals Amelias Vorschlag, zusammen mit Frank Marnhull bei einem Essen über die Zukunft der *Attitude* zu sprechen, aufgreifen sollen, aber nachdem sie den Job bei der *World of Women* gefunden hatte, hatte Amelia sich nicht mehr die Mühe gemacht, die Verabredung zu arrangieren. »Es eilt ja nicht«, hatte sie gesagt. »Die Klapperschlange sitzt noch immer fest im Sattel, und deine Erfahrungen bei der *World of Women* können dir später nur nützlich sein.« Jetzt allerdings befürchtete Rose, daß ihre Chance vertan sein könnte.

Begierig, etwas über die neuesten Entwicklungen zu erfahren, verabredete sie sich mit Margot zum Mittagessen. Anscheinend, so erzählte Margot, hatte eine amerikanische Unternehmensgruppe insgeheim bereits seit geraumer Zeit Anteile der Binder Publications aufgekauft, ermutigt, so wurde gemunkelt, durch Insiderinformationen, die Frank Marnhull hatte durchsickern lassen. Eines der weiblichen Mitglieder der großen Binder-Familie, eine Frau, deren Ehemann zwei Jahre zuvor gestorben war und die jetzt, da sie sich in kurzer Zeit wiederverheiraten wollte, weder Interesse an der Firma noch an der Familie hatte, verkaufte ihre 17 Prozent an Aktien bereitwillig zu einem günstigen Preis. Ein junger Neffe, ebenfalls darauf bedacht, seine Anteile zu veräußern, um das Geld in ein Freizeitzentrum zu investieren, ließ sich seine 5 Prozent Aktienanteile in bar auszahlen. Zwei Tage nachdem sie sich mit Margot getroffen hatte, las Rose in der Zeitung, daß *Mayflower Publications*, bereits Besitzer von 22 Prozent der Firmenanteile, in Anbetracht des Todes von Gerald Binder ein Gebot für den Rest der Anteile gemacht habe.

Die Binder-Familie beraumte eilig eine Konferenz ein. Sämtliche Familienmitglieder waren erstaunt, als sie erfuhren, daß Gerald Binders Witwe ihren Aktienanteil von mehr als dreißig Prozent verkaufen wollte. Margot behauptete, sie kenne den Grund: Die Klapperschlange habe mit ihrem Mann ein Verhältnis gehabt. Zumindest trug die Witwe den versammelten Vorstandsmitgliedern mit erstaunlicher Gelassenheit vor, daß sie glaube, Binder Publications seien totkrank und das Kapital solle besser an anderer Stelle investiert werden. Der Binder-Familie bliebe nichts anderes übrig, als die bestmöglichen Bedingungen auszuhandeln. Nur ein Familienmitglied, Martin St.John Binder, sollte weiterhin als nebenamtlicher Geschäftsführer in dem Unternehmen verbleiben, man behielt ihn nicht nur wegen seines Wissens über die schwer überschaubaren Vertriebswege, sondern auch als einen Mittelsmann zwischen dem früheren Unternehmen und den zielstrebigen neuen amerikanischen Besitzern.

Mayflower Publications begannen sofort, unabhängige Experten zu engagieren, die analysieren sollten, warum Binder Publications seit einigen Jahren keine ordentlichen Profite mehr gemacht hatten. Eine der unbeantworteten Fragen war, warum die Auflage der *Attitude* jeden Monat zurückging und warum die Zeitschrift bei den Käufern nicht ankam, obwohl die vergleichbaren anspruchsvollen Frauenzeitschriften recht gute Profite machten. Eine neue Marketingabteilung wurde von einem der erfahrenen Manager der *Mayflower Publications* ins Leben gerufen. Bei der hochangesehenen Firma *Market Opinion Research International* wurden qualitative und quantitative Analysen in Auftrag gegeben. Über die Pläne der neuen Eigentümer wurde jede Woche in den Fachzeitschriften *Campaign* und *UK Press Gazette* in allen Einzelheiten berichtet. Rose interessierte sich für alles, was an Informationen durchsickerte.

Es war Margot, die eines Tages von einer ganz neuen, unerwarteten Entwicklung berichtete. Die seichten Artikel, in denen es im wesentlichen darum gegangen war, irgendwelche Frauen der besseren Gesellschaft über den grünen Klee zu loben, standen plötzlich nicht mehr auf der Tagesordnung. Neuerdings erschien die Klapperschlange um Punkt neun Uhr in ihrem Büro und blieb dort meist bis spät in den Abend hinein. Es gab unangenehme Auftritte mit Fotografen, deren Bilder zuvor regelmäßig und ohne jede Kritik akzeptiert worden waren. Die Artikel mehrerer Autoren wurden mit der Aufforderung, alles von vorn bis hinten umzuschreiben, zurückgeschickt. Selbst Ed Mather, der Feature-Redakteur und normalerweise PBEs Busenfreund, hatte plötzlich seinen herablassenden Charme verloren und war verwirrt und übellaunig.

»Hallo, meine Süße, Mittagessen am Donnerstag«, ertönte Amelias Stimme aus dem Telefon.

»Ich habe schon etwas vor.«

»Dann streich es. Dies ist sehr wichtig. Ich habe ein Essen mit Frank Marnhull arrangiert. Mach dir ein paar Notizen, was du mit der *Attitude* anstellen würdest, wenn du die Chefredakteurin wärest...«

»Oh, Amelia, meinst du nicht, daß er das für ziemlich voreilig halten wird?«

»Aber genau darum geht es doch, Dummerchen. Du mußt *schnell* reagieren, deinen Eifer deutlich demonstrieren. Es gibt eine ganze Menge kleiner Wichtigtuer, die sich um diesen Job reißen. Angeblich soll Guy Walsh auch darunter sein.«

»Guy!« rief Rose entsetzt aus. »Mein Gott, er ist ... er ist ...«

»Ja, genau. Um ein Uhr im Howard-Hotel. ›Allzeit bereit‹, wie die Pfadfinder zu sagen pflegen.«

Als Rose das Restaurant des Howard-Hotels, das ganz in der Nähe des Embankment lag, betrat, sah sie als erstes Amelias Hut, der den elegant gekleideten dunkelhaarigen Mann, der neben ihr saß, fast völlig verdeckte. Plötzlich verlor sie ihre Nervosität und merkte, wie sie ruhig und selbstsicher wurde. Wenn die *Attitude* eine neue Chefredakteurin suchte, dann war sie, Rose Summers, eine hervorragende Kandidatin. Die Vorstellung, daß Guy Walsh sich in Miss Twyfords Stuhl herumlümmeln könnte, war ihr unerträglich. Sie würde es schaffen. Gelassen und voller Selbstbewußtsein trat sie an den Tisch.

Als sie beim Dessert saßen, sah Frank Marnhull Rose nachdenklich an. »Wenn ich nicht sicher wüßte, daß Sie sie überhaupt noch nicht gesehen haben *können*, dann würde ich sagen, daß Sie sich die Marktforschungsberichte, die MORI für uns ausgearbeitet hat, ziemlich gründlich durchgelesen haben.«

»Ich habe mich einfach nur auf meinen gesunden Menschenverstand verlassen.« Rose sah ihm offen ins Gesicht. »Es ist doch ganz offensichtlich, was bei der *Attitude* im argen liegt.«

»Das Offensichtliche ist oftmals sehr schwer zu erkennen. Sehen Sie, ich weiß zwar, was Sie bisher gemacht haben, aber ich möchte Sie trotzdem bitten, mir Ihren Lebenslauf zu schicken und die Ideen, die Sie mir eben vorgetragen haben, schriftlich festzuhalten. Ich weiß nicht, welche Veränderungen bei Binder angesagt sind, aber ich werde mit James Littlejohn sicher über Sie sprechen. Es könnte sein, daß wir noch einige einschneidendere Veränderungen ins Auge fassen müssen. Jetzt muß ich gehen.« Er winkte, und fast augenblicklich stand ein Kellner mit der Rechnung neben ihm. Er unterschrieb und stand auf, um zu gehen.

»Bitte hetzen Sie sich nicht«, sagte er zu Amelia gewandt. »Trinken Sie in Ruhe noch eine Tasse Kaffee. Ich habe um drei Uhr eine Konferenz.« Er lächelte den beiden Frauen zu und verließ das Restaurant.

»Das Idealbild des modernen Managers; Mrs. Thatcher hätte ihre wahre Freude daran«, war Amelias trockener Kommentar. »Er wird über kurz oder lang im Binder-Verwaltungsrat sitzen. Aber im Vergleich mit einigen anderen Geschäftsleuten ist er gar nicht so übel. Komm, wir lassen uns noch ein ordentliches Stück Kuchen kommen.«

Kapitel 27

Rose erzählte Anne, daß sie gute Chancen habe, Chefredakteurin zu werden.

»*Natürlich* mußt du dich darum bewerben.« Anne lächelte. »Wenn ich mir vorstelle, daß ich dich schon als Universitätsdozentin für englische Literatur gesehen habe ...«

»Nein, das ist wirklich nichts für mich! Aber es hat mir so leid getan, dich enttäuschen zu müssen. Ich wußte, wie gern du es gesehen hättest, daß ich zur Universität gehe. Aber immerhin hat sich deine alte Schülerin Doreen hervorragend gemacht.«

Anne zuckte mit den Schultern. »Ach Garfield, das liegt schon so lange zurück. Hör mal.« Sie setzte sich gerade auf; ihre Augen strahlten. »Jetzt hab' ich aber auch mal was Spannendes zu berichten. Ich werde wieder Unterricht geben. Mir hat es soviel Spaß gebracht, Erwachsenen Lesen und Schreiben beizubringen, daß ich wieder richtig Lust bekommen habe. Du kennst doch diese alte Dame, Mrs. Preston? Sie hat früher als Näherin gearbeitet. Als sie einmal einen Brief von einer Behörde bekam, nahm sie ihn mit zur Arbeit, weil eine der anderen Frauen ihn ihr vorlesen sollte. Es ging um ihre Rente. Sie war gerade sechzig geworden. ›Oh, Ada, hier steht, daß du nicht mehr zu arbeiten brauchst‹, sagte die Frau, die ihr den Brief vorlas. Mrs. Preston hatte das vorher gar nicht gewußt. Sie arbeitete in einer schrecklichen kleinen Textilfabrik und war überglücklich, in Rente gehen zu können. Dann hörte sie davon, daß auch ältere Leute Lese- und Rechtschreibkurse belegen können und schrieb sich für die Kurse ein. Sie möchte natürlich vor allem die Briefe ihrer Enkelkinder lesen! Ist das nicht rührend? Und so mutig! Inzwischen ist sie allerdings in jeder freien Minute damit beschäftigt, massenhaft Kitschromane zu verschlingen. Sie ist geradezu süchtig danach. Sie bringt mir außerdem andauernd irgendwelche Merkblätter über ›Extraleistungen im Rahmen der Sozialversicherung‹; kein Wunder, schließlich kann ich unsere Behördensprache ja selbst kaum verstehen, aber sie hat inzwischen immerhin alle möglichen Extras beantragt.«

»Aber, das ist doch toll.« Rose lächelte in Annes strahlendes Gesicht.

»Jetzt mache ich also einen Kursus an der Volkshochschule. Ich freue mich natürlich darauf, zur Abwechslung einmal gut motivierte Schüler zu unterrichten. Eine Freundin hat mir erzählt, daß die erwachsenen Schüler tatsächlich lernen *wollen.*«

Rose war froh, daß Anne die schlimme Erfahrung mit Peter inzwischen verkraftet zu haben schien. Sie sah jetzt um viele Jahre jünger aus als damals, nach ihrer unglücklichen Affäre mit Peter.

Weniger als eine Woche später rief Margot, die bei der *Attitude* als das personifizierte Informationszentrum galt, am frühen Morgen bei Rose an.

»Die Klapperschlange ist weg!«

»Weg? Wohin?«

»Dummchen. Sie ist *weg*. Gestern abend wurde sie zu James Littlejohn beordert. Eine halbe Stunde später sauste sie wie ein weißer Wirbelwind in ihr Büro. Ich hörte die Türen und Schubladen auf- und zuknallen; es klang, als läge ihr Büro unter Artilleriebeschuß. Dann kam ihr Fahrer die Treppe herauf und lief ungefähr sechsmal den Weg zu ihrem Wagen hin und zurück, jedesmal beladen wie ein Packesel. Schließlich schoß sie selbst, ohne ein Wort zu sagen, aus ihrem Büro; sie sah aus, als hätte sie Lust, jemanden zu ermorden.«

»Ja und?« unterbrach Rose die Erzählung. »Was hat das zu bedeuten?«

»Nun, ich habe hinterher gleich mal ihr Büro inspiziert. Es war leer. Alle Schubladen waren herausgerissen, der Papierkorb quoll geradezu über, daneben lag ebenfalls haufenweise Papier, einschließlich einer Doppelseite Rezensionen, die sie mir hätte weiterreichen müssen. Ob du es glaubst oder nicht, sie hatte sie einfach zerrissen . . .«

»Die ist ja gut . . .«

»Na ja, offenbar ist sie jetzt immerhin ein für allemal weg. Deshalb habe ich für alle Fälle erst einmal Lisa angerufen, das ist meine Freundin im Personalbüro. Sie mußte bis 18.30 Uhr bleiben, um die Einzelheiten der Kündigung aufzuschreiben. Sie hat mir unter dem Siegel der Verschwiegenheit bestätigt, daß die Klapperschlange gefeuert worden ist.«

Rose zitterte. Bedeutete das . . . ? Würde sie jetzt ihre große Chance bekommen; würde Frank Marnhull sie jetzt wirklich zur Chefredakteurin machen? Nervös und besorgt zugleich, ging sie in ihr Büro.

»Was ist los mir dir?« Gillian betrachtete sie verwundert. »Du hast so merkwürdige rote Flecken am Hals, es sieht ja gerade aus, als hätte jemand versucht, dich zu erwürgen.«

Rose hatte Schwierigkeiten, sich auf ihre Story über Bob Geldorf zu konzentrieren; ein äußerst attraktiver Popstar, der sich zudem sehr für die Dritte Welt einsetzte.

Um elf Uhr klingelte das Telefon. Frank Marnhull fragte sie mit samtweicher Stimme, ob sie für ein Gespräch mit dem Vorstandsvorsitzenden, Mr. James Littlejohn, in sein Büro kommen könne. »Könnten Sie bis zwölf Uhr hier sein, Rose? Sie haben vielleicht gehört, daß Miss Egerton uns gestern abend . . . äh . . . sehr überstürzt verlassen hat. Natürlich möchten wir unseren Angestellten so schnell wie möglich eine gewisse Sicherheit, ein Gefühl der Kontinuität vermitteln . . . Ich kann Ihnen meinen Wagen vorbeischicken, wenn Sie das möchten.«

»Nein, ich komme zu Fuß. Es dauert ja nur fünf Minuten, bis ich bei Ihnen bin.« Rose hoffte, daß sie nicht allzu aufgeregt klang.

»Ich muß dringend zu einer Verabredung«, rief sie Gillian zu und ergriff ihre Handtasche. »Versuch alles, was auf dem Kalender steht, abzusagen, oder bitte jemand anderen, die Termine wahrzunehmen.«

Um 14.00 Uhr kehrte sie für kurze Zeit in ihr Büro zurück, und um 16.15 Uhr bat man sie noch einmal zu einem Gespräch mit Mr. Littlejohn. Sie unterhielt sich länger als eine Stunde mit ihm; um 17.23 Uhr trat sie verwirrt und benommen aus seinem Büro: Sie, Rose Summers, war die neue Chefredakteurin der *Attitude*! Es war alles so schnell gegangen! Ohne Erklärung nahm sie Gillians Mantel vom Bügel und reichte ihn ihr. »Komm mit. Der Champagner geht auf meine Rechnung.«

»Du bist Chefredakteurin der *Attitude* geworden!«

Rose nickte und strahlte sie an.

»Ich wußte, daß etwas sehr Wichtiges anlag, als du heute morgen hier wie ein aufgeregtes Huhn herumgerannt bist, und als Julian mir die sensationelle Neuigkeit über Lady Egerton mitteilte, habe ich sofort meine Schlüsse gezogen. Bravo!«

Gillian ergriff ihren Mantel und wirbelte ihn wie ein Lasso über den Kopf. »Gehen wir. Soll ich mit dir kommen? Kann ich nicht deine Feature-Redakteurin werden?«

»Nun mal langsam. Nicht alles auf einmal. Gehen wir erst einmal in das neue kleine italienische Restaurant um die Ecke – wie heißt es noch? ›Luigi‹? – nein ›Luca‹. Ich wette, wir bekommen da einen Tropfen Champagner, und wenn wir ihn aus Teetassen trinken müssen.«

In Lucas Restaurant war es um diese Tageszeit leer. Rose und Gillian setzten sich an einen Tisch in einer Ecke und begannen, angeregt zu diskutieren. Zweimal mußte der kleine Italiener »Signorina?« sagen, bevor sie schließlich aufschauten.

»Champagner!« Rose strahlte ihn so glücklich an, daß er verwirrt einen Schritt zurücktrat.

»Ich darf um diese Zeit ...«

»Bitte ..., wir haben etwas zu feiern. Schütten Sie ihn uns einfach in eine Tasse; wir tun dann so, als würden wir Kaffee trinken.« Roses Gesicht war gerötet, ihr Strahlen einfach unwiderstehlich.

»Seien Sie kein Spielverderber.« Auch Gillian lächelte den kleinen Italiener begeistert an. »Meine Freundin ist gerade Chefredakteurin geworden – kennen Sie Binder Publications in der Shoeblack Street?«

»Ach so, ja.« Der Kellner lächelte verständnisvoll. »Sie sind vor zwei Tagen zum Mittagessen hierher gekommen, ich erinnere mich jetzt. Ich *spendiere* Ihnen den Champagner. Ohne Rechnung.«

»Nein, ich möchte bezahlen.«

»Illegal.« Der Kellner schüttelte den Kopf und lächelte die beiden Frauen an. »Für mich ist das heute auch ein Festtag.« Er nickte heftig. »Mein schönes neues Restaurant und zwei schöne neue Kundinnen.« Er ging zu der verlassenen Bar hinüber.

Gillian zuckte mit den Schultern. »Er ist gar kein Kellner, sondern der Besitzer. Gib's auf. Er hat erst vor ein oder zwei Wochen eröffnet. Du kannst noch die Farbe riechen.« Sie sah sich in dem kleinen Restaurant um. »Es hat wirklich Atmosphäre. Und nicht ein einziges Bild vom Trevi-Brunnen, und auch keine signierten Jugendfotos von Filmstars an den Wänden – das kann nur ein gutes Zeichen sein. Auf jeden Fall wirst du doch nicht wollen, daß er wegen der Lizenzgesetze in Schwierigkeiten kommt.« Gillian wandte sich Rose voller Ungeduld zu. »Aber vor allem erzähl mir jetzt bitte – ganz ausführlich – was James Littlejohn zu dir gesagt hat, was du ihm erwidert hast . . . Ich möchte alles ganz genau wissen, so, als wäre ich selbst dabeigewesen. Oh, ich würde ein Vermögen darum geben, die Miene deiner früheren Chefredakteurin zu sehen, wenn sie diese Neuigkeiten erfährt.«

Rose erzählte Gillian die Einzelheiten des Gesprächs. ». . . und dann habe ich noch die Geistesgegenwart besessen, ihn um eine Garantie zu bitten, daß er die Zeitschrift noch sechs Monate lang am Leben erhält«, schloß sie ein wenig atemlos. »Ich brauche ein wenig Zeit. Es müßten sehr viel mehr Anzeigen hereinkommen. Die Anzeigenabteilung mußte mehrere Seiten an irgendwelche

Agenturen fortgeben. Beispielsweise herrscht unter den großen Kosmetikfirmen ein so harter Konkurrenzkampf, daß dann, wenn eine von ihnen eine Anzeige in einer Zeitschrift aufgibt, die anderen vielleicht zwei dagegensetzen. Die Anzeigenabteilung ist soweit gegangen, beispielsweise *Clarins* einen bestimmten Raum kostenlos zur Verfügung zu stellen, in der Hoffnung, daß Revlon nachkommen würde. Wenn das erst einmal geschieht, dann dauert es nicht lange, bis die Werbeagenturen den Verdacht schöpfen, daß die wirtschaftliche Lage ziemlich finster aussieht; und keine von ihnen möchte natürlich mit einer Zeitschrift in Verbindung gebracht werden, die in den roten Zahlen ist.«

»Nun, auf jeden Fall hat mir Mr. Littlejohn etwas verwundert zugestimmt und gesagt, er würde die Budgetberechnungen, die Auflagenzahlen, die Anzeigenplanung und den ganzen anderen Kram morgen in mein Büro herunterschicken.« – »Es wird nicht gerade eine angenehme Lektüre sein, Miss Summers«, sagte Rose, Littlejohns amerikanischen Akzent imitierend. »Sie werden da ganz schön viel zu tun haben. Aber mir gefallen Ihre Ideen und Vorschläge. Sie entsprechen genau dem, was wir in unseren Marktanalysen herausgefunden haben.«

Rose lachte und füllte die Tassen bis zum Rand mit Champagner. »Er möchte, daß ich sofort anfange. Er hat gesagt, wenn die *World of Women* mich auf meine dreimonatige Kündigungsfrist festnageln wolle, dann werde er ihnen die drei Monate meines Gehalts zahlen.«

»Heißt das, du sollst morgen anfangen?«

»Nein, Montag. Aber heute ist Mittwoch. Ich muß den Arbeitsplan für die *World of Women* entsprechend ändern, aber das ist nicht besonders schwer. Sie haben Hunderte von Leuten, die aushelfen und einspringen können, und Alex kann meine Arbeit für den Augenblick selbst übernehmen. Aber ich hab' nicht die mindeste Lust, Edward Haste die Neuigkeit mitzuteilen.«

»Nun, am besten machst du das vor dem Mittagessen, wenn er nüchtern ist und seine Pfoten noch unter Kontrolle hat.«

Plötzlich klang Rose sehr entschlossen. »Ich muß dafür sorgen, daß das Titelblatt der Maiausgabe geändert wird. Es ist schon reichlich spät, aber die Druckerei muß in diesem Fall eben warten. Ich werde damit drohen, daß wir den Vertrag annullieren, wenn sie sich querstellen. Du hättest mal das alberne, gestellte Titelbild sehen sollen, das Paul ausgewählt hat. Am besten gehe ich sofort nach Hause und fange gleich mit der Arbeit an. Am Montag muß ich den Angestellten das neue Konzept erklären. Sie müssen wissen, wer unsere Zielgruppe ist, in welcher Weise wir uns verändern wollen ...«

»Die nächsten Monate werden nicht einfach sein, Rose.« Gillian war ebenfalls ernst geworden. »Ein paar Leute werden versuchen, sich querzustellen.«

»Darauf bin ich gefaßt. Ich habe James Littlejohn gefragt, ob man Ed Mather nicht dazu bewegen könne, zu kündigen. Littlejohn hat mir die Freiheit gegeben, einige Leute, die nicht effektiv genug arbeiten, zu entlassen und mir ein paar gute neue Kräfte an Land zu ziehen. Ich habe ihm erklärt, daß die Zeitschrift ein wenig mehr Spannung, mehr Originalität dringend nötig habe. Einige der Leute, die momentan für die *Attitude* arbeiten, entsprechen nicht unseren Anforderungen. Einige werden kündigen, wenn sie erfahren, daß ich Chefredakteurin geworden bin. Ich muß stark sein und das auch ausstrahlen.«

Gillian sah sie respektvoll an. »Du bist gar nicht so naiv wie ich dachte.«

»Das bin ich eigentlich noch nie gewesen.«

»Ich komme mit und helfe dir.« Gillians Entschluß stand fest. »Ich habe wirklich gute Ideen. Ich werde dir beweisen, daß ich als Feature-Redakteurin arbeiten kann.«

Rose und Gillian dankten Luca für den Champagner und versprachen, bald wieder einmal vorbeizukommen. Luca ergriff Roses Hand und küßte sie. »Alles, alles Gute, Signora. Und bitte – das strahlende Lächeln dürfen Sie nie, niemals verlieren.«

Am Montagmorgen hatte Rose ein prägnant formuliertes Merkblatt über das neue Image der *Attitude* zusammengestellt. Sie und Gillian hatten jeden Tag bis spät in die Nacht hinein gearbeitet. Sie stellten eine Liste möglicher Autoren auf, entwarfen ›Erste-Hilfe‹-Pläne für die Maiausgabe (die allerdings schon fast fertig war), sahen die Liste der Angestellten durch und besprachen die Leseranalyse, die Frank Marnhull ihnen geschickt hatte.

Rose rief mehrere der Autoren an, die ganz oben auf der Liste standen, und informierte sie in groben Zügen über das neue Konzept der *Attitude*. Den herablassenden Bemerkungen, die ein oder zwei der Angerufenen über die Zeitschrift machten, begegnete sie mit der Zusicherung, daß die *Attitude* sich in Zukunft völlig verändern werde.

»Wieviel zahlen Sie?« fragte Melanie Crisp. *»Attitude* ist für das, was ich schreibe, viel zu konventionell. Es müßte sich daher wenigstens in finanzieller Hinsicht lohnen.«

Rose dachte über Gillians ehrgeizigen Wunsch, Feature-Redakteurin zu werden, gründlich nach. Die junge Frau hatte durchaus das Zeug dazu; sie war klug und umsichtig, nachdenklich und gelassen; in der kurzen Zeit, in der sie bei Rose in der Zeitschriftenredaktion gearbeitet hatte, hatte sie unendlich viele Ideen gehabt. Gillian konnte gut mit Menschen umgehen, und Rose mochte ihre Spontanität und ihre Begeisterungsfähigkeit.

»Wir müssen beweisen, daß eine Frauenzeitschrift nicht unbedingt eine Art Droge für frustrierte Hausfrauen zu sein braucht«, hatte Gillian gesagt, als die beiden Frauen in Roses Wohnung ihre Pläne zur Rettung der *Attitude* schmiedeten. »Ich habe allmählich die Nase voll davon, daß die Leute mich als erstes nach einem preiswerten Hackfleischrezept fragen, wenn sie erfahren, daß ich für eine Frauenzeitschrift arbeite. Das Problem ist natürlich, daß in jeder *World of Woman* mindestens sechs Rezepte zu finden sind.«

»KEIN HACKFLEISCH«, schrieb Rose sorgfältig in Großbuchstaben auf ihren Notizblock. »Mein Gott, ich bin so aufgeregt, daß ich platzen könnte.«

»Ich auch.«

Rose schaute auf die schöne, dunkelhaarige junge Frau, die sich über die Notizen gebeugt hatte. Sie wollte doch unbedingt mehr Originalität, junge Leute mit Schwung und Begeisterung in ihrer Redaktion haben. Warum also nicht Gillian? Was machte es schon aus, daß sie bisher noch keine Erfahrung hatte? Der Artikel über Daphne Frisson war Gillian hervorragend gelungen. Rose dachte einen Augenblick nach und legte dann freundschaftlich die Hand auf Gillians Schulter.

»Also gut, Gillian, ich probier's einfach mal und mach dich zur Feature-Redakteurin. Du hast ja eigentlich kaum Erfahrung, und möglicherweise sind deine Leistungen schließlich doch nicht so überzeugend. Wenn nicht, dann bist du mir doch nicht böse, oder? Die Zeitschrift muß unter allen Umständen laufen, und ich muß einfach hart sein.«

Gillian sah sie mit ernstem Blick an. »Das weiß ich. Ich brauche nur eine Chance, um zu beweisen, daß ich es kann. Ich bin bereit, mich wirklich einzusetzen. Du weißt, daß ich voll und ganz hinter dir stehe, denn daß du eine hervorragende Chefredakteurin sein wirst, das hab' ich im Gefühl. Du kannst mich ruhig absägen, wenn ich nicht gut bin.«

Rose nickte entschlossen. »O. K., das wäre also abgemacht.«

Kapitel 28

Genau um zehn Uhr sauste Rose in James Littlejohns privatem Aufzug an dem Stockwerk, in dem sich früher ihre Redaktion befunden hatte, vorbei in die siebte Etage. Dort wurde ihr von Miss Schefer, Mr. Littlejohns Sekretärin, bedeutet, daß sie, zunächst einmal ohne sich zu zeigen, in dem Büro neben dem Konferenzraum der Vorstandsvorsitzenden warten solle. Rose hatte kaum geschlafen und fühlte sich äußerst angespannt und ängstlich. Ihre Hände zitterten, und sie hatte das Gefühl, als müsse sie sich jeden Augenblick übergeben. Lange würde das Warten wohl hoffentlich nicht dauern. James Littlejohn hatte für 10.15 Uhr ein Meeting der leitenden Redakteure im Konferenzraum der Vorstandsvorsitzenden anberaumt. Auf jedem Schreibtisch hatte bereits ein Memorandum gelegen, das die Zukunft der *Attitude* zum Thema hatte. Die Redakteure, die früh gekommen waren, standen in kleinen Gruppen beisammen und diskutierten das Papier.

»Was meinst du, was jetzt kommen wird, Paul?« fragte Margot. »Hast du auch eines von diesen Dingern bekommen?« Sie schwenkte ihr Merkblatt hin und her.

Er nickte. »Ich hoffe, es wird nicht allzulange dauern. Ich bin bis über beide Ohren beschäftigt.«

»Übertreib's nur nicht«, entgegnete Margot kalt. »Vielleicht will er uns nur mitteilen, daß die Zeitschrift im nächsten Monat eingestellt wird.«

Gegen 10.15 Uhr war Rose nicht mehr in der Lage, einen einzigen klaren Gedanken zu fassen. Sie lauschte angestrengt an der halb geöffneten Tür auf ein Zeichen, daß sie endlich das Konferenzzimmer betreten könne. James Littlejohn stand in der Nähe der Tür, trotz seiner kleinen, schmächtigen Gestalt strahlte er Autorität und Selbstsicherheit aus. Nach und nach strömten die Angestellten in das große Konferenzzimmer; James Littlejohn betrachtete aufmerksam ihre Gesichter. Porträts der ehemaligen Vorstandsvorsitzenden der Binder Publications hingen an den Wänden; die Gesichter wirkten so starr, als hätte sich ein Tierpräparator an ihnen zu schaffen gemacht. James Littlejohn begrüßte die Angestellten und hielt eine kleine Rede: er kenne Binder Publications schon seit vielen Jahren, und obwohl der Konzern momentan ein wenig aus dem Tritt geraten sei, halte er ihn für ausbaufähig und sehr solide.

»Wir werden die Stärken unserer Verlagsgruppe nutzen«, sagte er lächelnd, »und ihre Schwächen beheben.« Er machte eine wirkungsvolle Pause. »Was die *Attitude* anbetrifft, so betrachten wir sie als eine Zeitschrift mit außerordentlich viel Potential.« Er betonte das Wort »Potential«. »Sie wissen natürlich, daß Miss Phyllida Egerton uns ganz plötzlich, äh, verlassen hat. Wir haben nach einer neuen Chefredakteurin Ausschau gehalten, einer Frau mit Energie und Ideen, die begriffen hat, daß es im Verlagsgeschäft, so wie in anderen Unternehmen auch, ums *Geldverdienen* geht. Wir haben eine Frau mit einem klaren Konzept gesucht, mit einer deutlichen Vorstellung, wie man der *Attitude* wieder neuen Schwung geben kann. Meine Damen und Herren, es war unser großes Glück, daß wir eine Chefredakteurin fanden, die nicht nur die Zeitschrift gut kennt, sondern auch ihre ganze Ausbildung in unseren Redaktionen durchlaufen hat.«

Die Anwesenden scharrten mit den Füßen, drehten die Köpfe hin und her und sahen einander fragend an. Sie konnten sich offenbar nicht vorstellen, um wen es sich handeln könnte. James Littlejohn lächelte. »Es handelt sich um eine junge Dame mit erstaunlichen Talenten und einem erstaunlichen Durchsetzungsvermögen. Sie hat sehr selbstbewußt Versprechungen und Garantien von mir verlangt, auf die ich, offengestanden, überhaupt nicht vorbereitet war, und das hat mir gefallen, meine Damen und Herren, es hat mir gefallen. Es hat mir gezeigt, daß sie sehr wohl weiß, daß das Verlagswesen ein hartes Geschäft ist, daß sie Munition, beispielsweise in Form eines angemessenen Budgets, braucht und ein Versprechen, daß wir die Zeitschrift so lange am Leben erhalten, bis sie, unsere neue Chefredakteurin, beweisen kann, daß die *Attitude* in Zukunft lebensfähig sein wird. Ich hoffe, sie wird dieselbe harte Durchsetzungsfähigkeit an den Tag legen, wenn es darum geht, die Auflagenzahlen und die Anzeigeneinnahmen zu steigern . . .«

»Oh, jetzt rück *endlich* damit heraus.« Rose, die an der halb geöffneten Tür stand und lauschte, fühlte sich fast unerträglich gespannt. »Ich darf Ihnen deshalb heute voll freudiger Zuversicht mitteilen, daß wir Miss Rose Summers zur neuen Chefredakteurin der *Attitude* ernannt haben.« James Littlejohn ging mit ein paar Schritten zur Tür, stieß sie auf und zog Rose herein.

Einige Sekunden lang herrschte verdutztes Schweigen. Irgend jemand unterdrückte ein Kichern, und Rose hörte, wie Ed Mather verächtlich schnaubte. Schließlich ertönte in die Stille hinein ein höfliches, zögerndes Klatschen. Die Anwesenden sahen Rose fragend, prüfend oder ungläubig an. Lally gab ihr einen Kuß und umarmte sie. »Herzliche Glückwünsche, Rose«, sagte sie lachend, und alle, die in ihrer Nähe standen, machten es ihr nach.

»Sie müssen jetzt ein paar Worte sagen, Rose«, flüsterte James Littlejohn.

»Also« – Rose lächelte und schaute sich im Konferenzsaal um – »erst einmal vielen Dank. Natürlich empfinde ich die neue Aufgabe als eine große, reizvolle Herausforderung. Ich hoffe, Ihnen wird es ebenso gehen, wenn Sie sich das neue schriftliche Konzept durchlesen, das ich verfaßt habe. Jeder von Ihnen hat ein Exemplar davon bekommen, und ich würde mich freuen, Ihre Meinungen und Vorschläge dazu zu hören. Es werden einige grundsätzliche Veränderungen nötig sein. Ich werde Ihre Hilfe dringend brauchen, und ich weiß, daß die meisten von Ihnen sich sehr für die *Attitude* engagieren und mir diese Hilfe auch bereitwillig geben werden.

Meine Ernennung ist für einige von Ihnen sicher eine ziemliche Überraschung gewesen« – sie benutzte nicht das Wort ›Schock‹, aber sie konnte in einigen Gesichtern lesen, daß es sich tatsächlich um einen Schock handelte – »und wir alle, vor allem ich selbst, müssen uns erst einmal an die neue Situation gewöhnen.« Noch einmal zeigte sich das strahlende Lächeln auf ihrem Gesicht. »Könnten wir uns um 15.15 Uhr zu einem Brainstorming in meinem Büro treffen? Und vielen Dank, Mr. Littlejohn«, schloß sie, an James Littlejohn gewandt, ihre kleine Ansprache, »für das Vertrauen, das Sie in mich gesetzt haben.«

Wieder klatschten die Zuhörer. Nach und nach verließen sie, die neuesten Entwicklungen eifrig diskutierend, den Konferenzsaal.

»Ah, Rose, hier sind die Zahlen und Berichte, die ich Ihnen versprochen habe.« Mr. Littlejohn ging sofort zur Tagesordnung über. »Das haben Sie gutgemacht. Sie werden es nicht ganz leicht haben. Mit meiner Unterstützung können Sie in jedem Fall rechnen. Halten Sie mich auf dem laufenden, das ist alles, worum ich Sie bitte, und überschreiten Sie nicht das Budget; sie können auf den rosafarbenen Seiten alles darüber nachlesen. Das wird von nun an Ihre persönliche *Financial Times sein*, o. k.?« Er klopfte Rose aufmunternd auf die Schulter, offensichtlich ein Signal, daß sie gehen solle.

Wie zu erwarten war, inszenierte Ed Mather seinen letzten großen Auftritt sofort nach dem Mittagessen, noch vor der Konferenz der Chefredakteure. Er schwenkte theatralisch einen Scheck in der Hand und sagte mit lauter Stimme: »Ich mußte unserem neuen kleinen amerikanischen Boß, *Little John* – ein so *passender* Name, nicht wahr? – einfach erklären, daß ich für unsere rührige runde Rose aus Romford nicht arbeiten kann, ganz einfach nicht *kann*. Die Vorstellung, sie als Chefredakteurin zu haben, als Nachfolgerin unserer eleganten Phyllida, ist mir leider unerträglich.«

»Und was hat Mr. Littlejohn gesagt?« fragte Jerry. »Er hat dich natürlich angefleht zu bleiben.« Er fixierte den Scheck.

»Oh, er konnte spüren, daß ich mich nicht umstimmen lassen würde.« Eds Gesicht glänzte feuerrot. »Ich bestand darauf, daß ich die *Attitude* umgehend verlassen müsse, und er rief resigniert seine Sekretärin herein, die mir dann diesen sehr beachtlichen Scheck ausgestellt hat.« Er denke daran, so erzählte er, sich mit einem »lieben Freund« zusammenzutun, der in Uckfield ein gutgehendes Antiquitätengeschäft führe. »Mein Freund ist der Ansicht, ich hätte den richtigen Blick für Qualität.«

Wie erwartet protestierte Paul Pearce, der notorisch ganz in Schwarz gekleidete Artdirektor, heftig dagegen, das Titelbild der Maiausgabe zu verändern. Rose hatte dieses Thema auf der Konferenz um 15.15 Uhr angeschnitten.

»Es ist keine Zeit mehr«, stöhnte er mit theatralischer Geste. »Es soll morgen in der Druckerei sein.«

»Ich habe schon bei der Druckerei angerufen und alles geklärt«, entgegnete Rose. »Sie haben sich bereit erklärt, noch eine Woche zu warten.«

»Aber wir haben kein Studio und auch keinen Fotografen gebucht. Und im Augenblick sind alle guten Models in Paris.«

»Dann fliegen Sie bitte morgen nach Paris und machen Sie dort das Foto. Nehmen Sie ein neues Gesicht – eine Schauspielerin wie Carole Bouquet beispielsweise. Ich bin sicher, Sie finden die ewigen Puppengesichter und Schmollmünder ebenso langweilig wie ich.«

»Noch nie von Carole Bouquet gehört«, bemerkte Paul finster.

»Nun, dann wird es aber höchste Zeit. Ich habe in einer der Sonntagszeitungen gerade einen Artikel über sie gelesen. Aber es muß ja nicht unbedingt die Bouquet sein – jemand mit einem interessanten Gesicht, mit Ausstrahlung und Niveau.«

»Aber das *Titelblatt*.« Paul ließ nicht locker. »Wir können doch mit dem Titelbild keine Experimente machen. Das Titelblatt ist für den Verkaufserfolg ganz entscheidend.«

»Nun, in der Hinsicht sind wir leider in letzter Zeit nicht besonders erfolgreich gewesen«, bemerkte Rose kühl. »Die Auflagenzahlen, die Mr. Littlejohn mir gegeben hat, sind erschreckend.«

»Die Leser mögen keine Veränderungen. Das verwirrt sie.«

»Ich ziehe es vor, von neuen Anregungen zu reden«, entgegnete Rose unbeirrt. »Wir alle hier scheinen ein bißchen frischen Wind nötig zu haben.«

Rose lächelte ironisch, als Gail Camberwell nach der Konferenz an ihren Schreibtisch trat, um ihre Glückwünsche anzubringen. »Rose, meine Liebe, wie freue ich mich! Ich habe schon immer gesagt, daß Sie ein ungewöhnliches Talent haben. Schauen Sie her, Estee Lauder hat mir ihre neue Kollektion geschickt ... sie ist einfach wunderbar. Sie sollten sie unbedingt einmal ausprobieren.« Früher hatte Gail Rose nie mehr als ein Plastiktütchen Shampoo oder eine Flasche altmodischen weinroten Nagellack gegeben. Jetzt stellte sie Rose einen großen Karton voller Kosmetikpräparate auf den Tisch. Der Bestechungsversuch war so offensichtlich, daß er geradezu beleidigend wirkte. »Ich habe in diesem Monat endlich einen Termin mit Lady Chesterbury bekommen. Sie hat diese wundervolle Pfirsichhaut und hat mir ihr Exklusivgeheimnis verraten, sie benutzt nämlich ...«

»Nein, Gail, bitte. Nicht noch mehr Damen der guten Gesellschaft, die auf teuren Seidensofas posieren. Die sind wirklich schrecklich langweilig – immer dasselbe seichte Geschwätz!«

Gail warf ihr einen gekränkten Blick zu. »Rose, ich glaube, Sie verstehen das nicht. Die Hersteller lieben es, wenn ihre Produkte mit eleganten Frauen in Verbindung gebracht werden. Es war sehr schwierig, Lady Chesterbury dazu zu bewegen ...«

»Gail, wir bringen die *Attitude* nicht wegen bestimmter Kosmetikproduzenten heraus. Wir machen sie für Frauen, richtige Frauen mit Berufen und Ehemännern, Kindern und Gärten ..., haben Sie meine Richtlinien gelesen?« Roses Stimme klang plötzlich sehr kühl.

»Selbstverständlich«, bestätigte Gail hastig. »Aber sie gelten doch nicht gleich für diesen Monat, oder?«

»Doch, sie gelten ab sofort. Jede Seite der Juniausgabe – unsere erste – muß neu durchdacht, neu fotografiert und, wenn nötig, neu geschrieben werden. So lange, bis alles stimmt. Das muß im Augenblick für Sie wichtiger sein als alles andere in Ihrem Leben. Das heißt« – sie machte eine bedeutungsvolle Pause – »wenn Sie weiter bei uns arbeiten wollen.«

Hinterher vertraute Rose Gillian an, sie habe selbst nicht gewußt, daß sie so hart reagieren würde. »Ich habe festgestellt, daß ich richtig autoritär werden kann . . .«

Ganz besonders viel Taktgefühl verlangte das Gespräch, das sie mit Margot führen mußte. Rose mochte sie nicht nur sehr gern, sondern respektierte auch ihre soliden Kenntnisse und Fähigkeiten.

»Schau, Rose, ich glaube nicht, daß ich unter diesen Umständen bleiben kann«, sagte Margot gequält, nachdem Gail das Büro verlassen hatte.

»Aber du mußt bleiben, Margot. Ich rechne mit dir.«

»Aber es ist wirklich ziemlich demütigend, wenn man eine Frau, die man schon als Anfängerin gekannt hat, plötzlich als Chefin vor die Nase gesetzt bekommt. Das meiste von dem, was du weißt, habe ich dir beigebracht, Rose.«

»Und das neue Konzept – gefällt es dir denn nicht, Margot?«

»Ja, aber . . .«

»Sehr vieles davon geht auf deine Ideen und Vorschläge zurück. Du hast tapfer und konsequent gegen die Oberflächlichkeit und den Snobismus gekämpft, den die Klapperschlange hier eingeführt hat; ich habe sehr viel daraus gelernt, wie du ihre eher schwachen und lächerlichen Artikel durch gute Überschriften und heimliches Umschreiben verbessert hast. Alles, was ich über Herstellung und Redigieren weiß, habe ich von dir gelernt, und ich kann es kaum in Worten ausdrücken, wie dankbar ich dir bin. Ich habe immer zu dir aufgeschaut, Margot, und ich hatte gedacht, daß jetzt, da ich ... also ... «, Rose schwieg einen Augenblick, »es wird einfach nicht mehr so viel Spaß bringen, wenn du gehst.«

Margot sah sie nachdenklich an. »Spaß?«

»Natürlich. Wir können keine gute Zeitschrift herausbringen, wenn uns die Arbeit nicht Spaß macht. Du weißt selbst, wie sehr du in der Vergangenheit gestöhnt und geklagt hast. Ich wollte dich zur stellvertretenden Chefredakteurin machen.«

»Stellvertretenden Chefredakteurin?«

»Ja. Du bist eine meiner engsten und wichtigsten Mitarbeiterinnen. Ich möchte, daß du in der *Attitude* eine wichtige, einflußreiche Rolle spielst. Eigentlich machst du die Arbeit einer stellvertretenden Chefredakteurin ja jetzt schon; ich denke allerdings, es ist höchste Zeit, daß du ein wenig mehr Anerkennung dafür bekommst« – wieder ein kurzes Schweigen –, »auch in finanzieller Hinsicht. Mr. Littlejohn sagte, ich könne hinsichtlich der Gehälter einige Anpassungen vornehmen – solange ich im Rahmen des Budgets bleibe.«

Rose sah auf ihren Schreibtisch und schob gedankenverloren einige Blätter Papier zur Seite.

»Nun, das ist etwas anderes, Rose.« Margot klang plötzlich sehr energisch und entschlossen.

»Unter diesen Umständen bleibe ich natürlich.« Hastig und offensichtlich ein wenig gerührt verließ sie das Büro.

Es dauerte eine ganze Woche, bis die Mitarbeiter begriffen hatten, daß Rose tatsächlich die neue Chefredakteurin war und diese Rolle auch auszufüllen gedachte. Das anfängliche Gekicher, das unangenehme Gefühl, daß man hinter ihrem Rücken über sie tuschelte, der Widerstand, den einige Mitarbeiter ihren neuen, unkonventionellen Ideen entgegenbrachten – Rose versuchte, all das soweit wie möglich zu ignorieren. Sie war in Hochstimmung, sprühte vor Energie. Jeden Abend fuhr sie mit einem Kopf voller Ideen nach Hause; ihre Aktentasche quoll über von Manuskripten und Informationsblättern, die sie unbedingt lesen mußte.

Dennoch war sie selten müde. Sie fühlte sich lebendig, vital, glücklich. Die Depression, die nach der Zeit bei der *Evening Gazette* und der traumatischen Erfahrung mit Roger auf ihr gelastet hatte, erschien ihr jetzt wie ein böser Traum, der lange zurücklag.

Das Personalbüro schickte ihr eine freundliche Sekretärin, die anstelle der hektischen, aufdringlichen Person, die für PBE gearbeitet hatte, in ihr Vorzimmer einzog. Marilyn, so hieß sie, schien mit telepathischen Fähigkeiten begabt zu sein; auf jeden Fall gelang es ihr fast immer, Roses Bedürfnisse vorauszuahnen. Sie arbeitete still und umsichtig und hatte ein wunderbares Organisationstalent. Intuitiv wußte sie Roses Besucher richtig einzuschätzen: Die, bei denen man es zulassen konnte, daß sie die Chefredakteurin in deren Arbeit unterbrachen, und die, die man eher abwehren mußte, da sie Rose mit unwichtigen Anliegen und Klatsch die Zeit zu stehlen pflegten. Rose selbst legte Wert darauf, daß sie mindestens einmal täglich durch den großen Redaktionssaal ging. Sie wollte den Kontakt zu den Mitarbeitern nicht verlieren, vor allem, um auf alles, was schieflief, sofort den Finger legen zu können.

Die Hektik und die Aufregung der nächsten Wochen hatten auf Rose eine belebende Wirkung, aber sie freute sich auch immer wieder darauf, spätabends in ihren Salon im zweiten Stock zurückkehren zu können. Es war nicht einfach, fortwährend Optimismus und Energie auszustrahlen, ihre Ideen mit Mitarbeitern zu diskutieren, die meist lange Zeit ihre Vorgesetzten gewesen waren und oftmals Vorbehalte gegen sie hatten.

Gillian hatte sich seit dem Tag, an dem auch Rose angefangen hatte, mit Takt und Diplomatie ihren eigenen Platz erobert. Niemand hatte bisher von ihr gehört, und als die eine oder andere Kollegin sie fragte, was sie zuvor getan habe, sagte sie, sie habe bei der *World of Women* gearbeitet, ohne allerdings genau anzugeben, was sie eigentlich dort gemacht habe. Sie traf sich zu Geschäftsessen mit den meisten der Autoren, die auf der Liste, die sie und Rose zusammengestellt hatten, ganz obenan standen – so, als habe sie bereits seit Jahren als Feature-Redakteurin gearbeitet. Die meisten dieser Essen fanden in dem kleinen italienischen Restaurant ›Bei Luca‹ statt.

»Das ist doch sicher in Ordnung?« fragte sie Rose. »Sie haben schließlich noch nie von mir gehört, und es ist wichtig, einen ersten Kontakt herzustellen. ›Luca‹ ist für solche Zwecke wirklich ideal, nicht wahr? Nicht zu teuer und so praktisch für unser Büro. Ich möchte keine Zeit damit verschwenden, jedesmal erst durch das dicke Verkehrsgewühl zum West End zu fahren.«

Rose nickte geistesabwesend. »Die Schönheitsseiten machen mir Sorgen, Gillian. Ich habe mir nie sehr viel aus Gails Reportagen gemacht, obwohl sie natürlich ihr Handwerk versteht. Sie macht kaum etwas anderes, als in ihren Manuskripten vor allem bestimmte teure Kosmetikprodukte über den grünen Klee zu loben. Ich wünsche mir jemanden, der ein wenig kritisch ist, der die wichtigsten Trends erkennt und beschreibt. Gail hat beispielsweise noch nie etwas über Fitneß geschrieben. Die Frauen von heute achten auf ihre Gesundheit. Im Januar hat sie etwas über eine Champagner- und Kaviar-Diät geschrieben; zweifellos köstlich, aber, mein Gott . . .«

»Frag doch mal diese clevere kleine Person bei der *Harmony*, wie war noch ihr Name, Liz sowieso . . .?«

»Liz Hindon. Ich habe sie kennengelernt, als ich damals bei der *Harmony* gearbeitet habe. Mir gefällt, was sie schreibt. Es macht Spaß, ihre Texte zu lesen, sogar, wenn du selbst noch nie einen Lippenstift benutzt hast, aber sie scheint ein fester Bestandteil der *Harmony*-Redaktion zu sein . . . im übrigen« – Rose zwinkerte Gillian verschmitzt zu – »ich habe bereits ein Auge auf Amanda Jacques geworfen. Ich kann wahrscheinlich nicht alle guten Leute abwerben.« Gillian runzelte die Stirn. »Warum denn eigentlich nicht?«

Rose hatte von Anfang an in ihrer neuen Rolle als Chefredakteurin Erfolg, aber gelegentlich hatte sie noch immer das Gefühl, als sei das alles nicht wahr, als befände sie sich in einem Traum. Was, zum Teufel, hatte sie, eine unerfahrene junge Frau mit dem Schulabschluß der *Garfield Comprehensive School* in Romford, am Schreibtisch einer Chefredakteurin zu suchen? James Littlejohn würde sicher sehr bald alle ihre Schwächen durchschauen. Es war tröstlich, daß sie mit Anne Martin über alles sprechen konnte. Anne kannte sie. Vor ihr brauchte Rose nicht so tun, als sei sie immer nur stark und selbstbewußt.

Als Rose Anne in ein schickes Restaurant zum Abendessen einlud, um den neuen Posten zu feiern, lächelte Anne und sagte: »Also, Rose, dies hier ist allerdings noch ein paar Klassen besser als das indische Restaurant in Chapel Market. Ich möchte wetten, der Kellner hier braucht nicht erst loszulaufen, um eine Flasche Wein vom nächsten Spirituosenladen zu holen.«

Rose lachte, als sie an die Szene dachte. »Nein, hier werden wir uns die beste Marke der Weinkarte bestellen. Weißt du, daß ich, als ich bei Mrs. Springfield einzog, nicht einmal wußte, daß manche Leute Wein zum Essen trinken?«

»Ich hoffe, du wirst jetzt nicht gleich anfangen, mit dem Kellner über den Jahrgang zu diskutieren.« Anne hatte das nur halbwegs als Scherz gemeint.

»Kein Problem. Ich sehe mir den Preis an und hoffe dann das Beste.«

Anne nahm einen Schluck aus ihrem Weinglas. »Bist du nicht etwas zu jung, um Chefredakteurin zu sein? Es ist komisch – in meinen Augen bist du noch immer das fleißige, brave Schulmädchen, trotz deiner eleganten Kleidung.«

»Oh, einige Leute beginnen schon in der Wiege mit dem Redigieren. Ich kenne drei, die noch während des Studiums Wirtschaftsfachzeitschriften herausgegeben haben.« Sie lächelte. »Ich bin in diesen letzten Wochen ziemlich schnell erwachsen geworden. Die Verantwortung macht mir ein wenig Angst. Die Zeitschrift muß innerhalb von sechs Monaten erheblich besser dastehen, oder sie wird eingestellt.«

Als Anne und Rose nach Islington zurückfuhren, fühlte Rose sich beruhigt und gestärkt. Anne Martins Unterstützung, die taktvolle Kritik, wenn sie etwas falsch machte, halfen ihr und taten ihr wohl. Rose fühlte eine Welle von Sympathie in sich aufsteigen und drückte den Arm der Freundin. »Ich habe dir soviel zu verdanken«, sagte sie, froh, daß man in der Dunkelheit nicht sehen konnte, daß ihr die Tränen in den Augen standen.

»Ach komm«, wehrte Anne ab. »Wenn es nach mir gegangen wäre, dann hättest du in irgendeinem staubigen College Jahr für Jahr denselben Kurs abgehalten. Es hat wirklich auch Vorteile, daß du eine so dickköpfige kleine Person bist.« Aber auch Anne war gerührt und drückte liebevoll den Arm der jüngeren Freundin.

Kapitel 29

Meistens sank Rose abends, wenn sie heimgekommen war, als erstes in ihren Schaukelstuhl und arbeitete sich dann noch durch den Inhalt ihrer Aktenmappe hindurch. An die Manuskripte klebte sie kleine gelbe Zettel, auf denen sie notierte, welche Artikel gekauft, welche umgeschrieben und welche mit einem Ablehnungsschreiben zurückgeschickt werden sollten. Sie beschäftigte sich mit der Liste der Themenvorschläge, die Redakteure ihr vorlegten, und schrieb kleine Vermerke dazu: »Sollte man diskutieren« oder »Für uns nicht unbedingt passend.«

Mr. Littlejohns Sekretärin schickte ihr fortwährend Gutachten und Berichte von Marktforschungsinstituten. Frank Marnhull besuchte sie von Zeit zu Zeit in ihrem Büro, betrachtete aufmerksam die neuen Blindmuster der *Attitude* und kommentierte die neuesten Entwicklungen, was Inserenten und Auflagenzahlen anbetraf. So, wie Amelia vorhergesagt hatte, war es gekommen: Er war jetzt im Vorstand der Binder-Verlagsgruppe, und es gab noch verschiedene andere Zeitschriften und Projekte, die ihn beschäftigten.

Eines Tages, kurz nach dem kleinen Festessen mit Anne, bemerkte Rose, als sie ihr Büro betrat, daß Marilyn ganz ungewöhnlich hektisch wirkte. Sie sprang nervös auf, fragte überstürzt, ob Rose einen Kaffee trinken wolle und plapperte in einem fort über das Wetter, die Verspätung der Untergrundbahn, das vergangene Wochenende.

»Danke, warten Sie mal mit dem Kaffee, Marilyn. Ich werde erst einmal die Zeitungen durchsehen, ob es etwas gibt, worum wir uns kümmern sollten.«

»Äh, ja also ... ich habe sie schon durchgesehen. Ich habe ein paar Sachen rausgeschnitten, von denen ich meinte, daß sie Sie interessieren würden.« Rose sah erstaunt hoch. »Das ist nett von

Ihnen, Marilyn, aber ich würde mir die Zeitungen wie üblich gern selbst anschauen.«

Das Mädchen rang vor Verlegenheit die Hände. »Ich – ich glaube, Gillian möchte sie unbedingt sehen. Sie ist heute schon ziemlich früh hier im Büro gewesen.«

»Gut. Sag' ihr, daß ich gekommen bin, aber gib mir vor allem die Zeitungen rüber.«

Marilyn schien sie nicht verstanden zu haben und steuerte durch die offene Tür auf Gillians Schreibtisch zu. Rose seufzte und stand auf, um die Tageszeitungen vom Ablagetisch neben der Tür zu holen. Sie hatte kaum begonnen, die erste aufzuschlagen, als Gillian auch schon hinter ihr stand.

»Hast du es schon gelesen?« Gillian sah ungewöhnlich finster drein.

»Was?«

Gillian nahm die *Post*, eine Kleinformatzeitung, und schlug sie auf der Klatschspaltenseite auf. Dort prangte ein Foto von Rose mit der Überschrift: »Miss Piggy verwandelt eine hochkarätige Frauenzeitschrift in wenigen Wochen in eine Feld-Wald-und-Wiesenpostille.« Die dazugehörige Story lautete:

Die pummelige Rose Summers, von ihren Freunden auch ›Miss Piggy‹ genannt, hat vor kurzem als Nachfolgerin der eleganten Phyllida Egerton die Chefredaktion der Attitude übernommen. Als erstes entließ sie den langjährigen Features-Redakteur Ed Mather. Die Angestellten der Attitude sind in Anbetracht der neuesten Entwicklungen äußerst verunsichert – eine Abwanderung größeren Ausmaßes wird nicht für ausgeschlossen gehalten. Insiderinformationen besagen, daß Rose Summers, deren Selbstbewußtsein etwa so aufgebläht zu sein scheint wie ihre Figur, das Niveau der Zeitschrift auf ein bescheidenes Mittelmaß herunterzuschrauben gedenkt. Die pummelige Rose besuchte eine Gesamtschule in Romford, Essex, wurde aus der Redaktion der auflagenstarken Harmony gefeuert und verließ ihren Posten bei der Evening Gazette nach wenigen Monaten unter äußerst my-

steriösen Umständen. Davor war sie Sekretärin der bekannten Kummerkastentante Amelia Barnsbury. Seriöse Mitarbeiter der Attitude machen sich in Anbetracht der jüngsten Veränderungen große Sorgen und fragen sich, ob der neue amerikanische Besitzer, James Littlejohn, ein vielleicht stärker persönlich gefärbtes Interesse an der molligen jungen Dame haben könnte.

Rose wurde blaß. »Woher haben die das?«

Gillian zuckte mit den Schultern. »Erinnerst du dich an dieses Foto?«

»Ja. Gail hat es damals, kurz nachdem ich hier angefangen habe, für eine Reportage über Diätprodukte aufgenommen. Das ist schon ein paar Jahre her. Das Foto wurde nie veröffentlicht. Aber wer hat der *Pigeon Post* die Story und das Bild gegeben?«

Gillian lief mit langen Schritten in Roses Büro auf und ab. »Ich weiß es nicht. Zuerst habe ich gedacht, es könnte nur Ed gewesen sein, aber möglicherweise ist die Geschichte auch von PBE lanciert worden. Ist nicht die Frau des Eigentümers der *Post* eine Freundin von ihr? Ich erinnere mich an diese peinlichen Reportagen, die PBE über Evadne Bretterton gemacht hat, über ihr angeblich fabelhaftes Stilgefühl, ihr Talent als Gastgeberin, ihr Ferienhaus auf den Barbados.«

Roses Wangen waren inzwischen wieder einigermaßen rosig, aber ihre Hände zitterten noch immer. »Ich bin bei der *Harmony* nicht gefeuert worden. Wenn James Littlejohn das sieht! Er wird entsetzt sein!«

Marilyn kam auf Zehnspitzen mit zwei Tassen Kaffee herein, stellte sie stillschweigend auf den Schreibtisch und verschwand wieder. Gillian trank einen Schluck. »Du mußt ihnen jetzt die Zähne zeigen. Immerhin finden sie dich interessant und wichtig genug, um solchen Klatsch über dich zu verbreiten; sonst würden sie sich die Mühe doch gar nicht machen. Am besten fragen wir mal, was Margot dazu meint. Sie ist erfahrener als wir und immer so wahnsinnig vernünftig.«

Margot kam herein, offensichtlich ebenfalls sehr betroffen.

»Das tut mir wirklich leid. Ich habe es im Zug gelesen; mir ist dabei fast schlecht geworden.«

»Wer, glaubst du, könnte es geschrieben haben?«

»Oh, Ed, PBE – irgend jemand, der sich vor den Kopf gestoßen fühlt; vielleicht auch ein Autor, dem du keine Aufträge mehr gibst. Das Ganze ist natürlich die reinste Verleumdung. Und das Bild – wem gehört das eigentlich? Wenn es dir oder uns gehört, dann ist dies eine Verletzung des Copyrights, es sei denn, sie hätten das Recht erworben, es zu benutzen. Am besten wäre es, du würdest dich sofort an Littlejohn wenden. Er wird die Sache wahrscheinlich umgehend seinen Anwälten übergeben.«

»Ich mag ihm gar nicht unter die Augen treten, zumal nach der Anspielung, die sie dem Ganzen dann noch als krönenden Abschluß aufgesetzt haben.«

»*Courage, mon brave*«, murmelte Gillian. »Er ist ein Mann von Welt. Er wird einfach darüber hinweggehen. Los, am besten rufst du sofort seine Sekretärin an.«

Rose sah Margot hilfesuchend an. Diese nickte ihr aufmunternd zu.

Als Rose James Littlejohns Vorzimmer durchquerte, hatte sie noch immer weiche Knie. Miss Schefers Gesicht war wie immer völlig ausdruckslos. »Bitte, gehen Sie direkt hinein.«

»Nun, meine liebe Rose«, Mr. Litteljohn kam ihr lächelnd entgegen und legte ihr den Arm um die Schultern. »Da haben wir beide also eine aufregende kleine Affäre, nicht wahr? Das schmeichelt mir natürlich. Ich lese nicht jeden Tag etwas über meine angebliche Romanze mit einer der tüchtigsten und hübschesten jungen Frau in unserer Branche. Sie haben nicht zufällig einen netten jungen Mann an der Hand, der jetzt furchtbar eifersüchtig auf mich ist? Nein? Wie schade!«

Rose sah ihn erstaunt an. »Ich dachte, Sie wären jetzt wütend.«

»Ja, ich bin wütend, daß dieser lächerliche kleine Klatschspaltenkolumnist behauptet, die *Attitude* sei eine Feld-Wald-und-Wiesenpostille, aber da die erste Ausgabe unter Ihrer Chefredaktion noch nicht einmal die Zeitungskioske erreicht hat, weiß ich nicht, woher er das wissen will. Wer hat der *Post* denn eigentlich diesen Klatsch zugespielt?« Er sah Rose fragend an.

»Ich weiß es nicht«, stöhnte sie. »Vielleicht Ed Mather, Miss Egerton, irgend jemand von den Angestellten, der Angst hat um seinen Posten...«

»Sind Sie bei der *Harmony* gefeuert worden?«

»Nein.«

»Dann ist der Artikel ja auch noch verleumderisch. Am besten rufen wir sofort unseren Rechtsanwalt an. Der kann dann per Boten einen Brief überbringen lassen, in dem wir mit einer einstweiligen Verfügung drohen. Danach können wir in Ruhe abwarten, was geschieht. Woher kommt denn eigentlich das Foto?«

»Es gehört zu einer Serie, die vor einigen Jahren für eine Reportage über Diäten aufgenommen wurde, als ich bei der *Attitude* anfing.« Rose lächelte, sie hatte wieder ein wenig Mut geschöpft. »Ich lasse mich nie fotografieren, wenn ich es irgendwie vermeiden kann.«

»Nun, inzwischen sehen Sie doch sehr gut aus. Ich hätte Sie wirklich kaum erkannt. Das muß ein ziemlich schlechter Fotograf gewesen sein.«

Rose erinnerte sich an das schreckliche Gefühl der Demütigung, als das vergrößerte Foto an der Wand der Bildredaktion geprangt hatte. »Ich mußte so dick wie möglich aussehen, weil auf den Fotos, die nach der Diät gemacht werden sollten, der Unterschied ganz deutlich erkennbar sein mußte.« Plötzlich mußte Rose lachen. »Aber die ›Nachher‹-Bilder sind nie aufgenommen worden, weil ich die Diät nicht durchgehalten habe.« Merkwürdigerweise machte ihr das in diesem Moment überhaupt nichts aus.

»Versuchen Sie herauszufinden, wer den Artikel und das Foto lanciert hat, und teilen Sie mir dann alles Wichtige mit. Aber jetzt Schwamm drüber. Sehen Sie mal her« – er zog sie zu dem großen

Tisch hinüber, der mit den unbeschnittenen Bögen von Roses erster Ausgabe bedeckt war –, »die sind gestern abend raufgekommen. Sie haben große Veränderungen vorgenommen, Rose, das muß ich sagen, aber ganz bestimmt werden Sie damit Erfolg haben. Ich verstehe allerdings nicht, warum in dem einen Mrs. Thatcher dafür kritisiert wird, daß in ihrem Kabinett keine Frauen sind. Vielleicht gibt es keine Frauen, die *gut* und *klug genug* sind, um in ihrem Kabinett einen Ministerposten anzunehmen. Aber lassen wir das jetzt. Sie haben da wirklich einen vielversprechenden Anfang gemacht. Nur weiter so, und lassen Sie sich wegen dieser Dreckschleuder keine grauen Haare wachsen, wir werden uns schon darum kümmern.«

»Ich werde mein Bestes tun.« Rose warf Mr. Littlejohn einen dankbaren Blick zu und wandte sich zum Gehen. Er zwickte sie freundschaftlich in den Arm. »Übrigens mag ich es, wenn an den Frauen ein bißchen was dran ist.«

Erheblich gestärkt ging Rose geradewegs in Gails Büro. »Gail, erinnern Sie sich an die Fotos, die Sie von mir aufgenommen haben, als Sie vor einigen Jahren mal eine Reportage über Diäten gemacht haben?«

Mitten auf Gails Schreibtisch lag ein Exemplar der *Post*. Gail schob einen Aktenordner darüber. »Ich kann mich gar nicht mehr entsinnen. Wer hat sie denn aufgenommen? Und wann?«

»Das muß 1975 oder 1976 gewesen sein, kurz nachdem ich hier angefangen habe. Tony Pickup hat sie gemacht.«

»1975 oder 1976? Rose, ich kann mich wirklich nicht an jede einzelne Aufnahme erinnern, die Tony im Laufe der Jahre gemacht hat.« Sie kicherte hysterisch und warf Rose einen ängstlichen Blick zu. »Warum?«

»Das Foto in der *Post* gehört zu dieser Aufnahmenserie. Ich frage mich nur, wie die Leute von der *Post* da rangekommen sind. Schließlich haben wir ein Copyright darauf, oder? Mr. Littlejohn will seinen Rechtsanwalt veranlassen, rechtliche Schritte einzuleiten.«

»*Rechtliche Schritte*?« Gail zuckte zusammen.

»Dieser Klatschartikel ist die reinste Verleumdung.« Rose schob den Aktenordner beiseite und tippte mit dem Finger auf die *Post*. »Mir ist bei der *Harmony* nicht gekündigt worden. Und an meinem Weggang von der *Evening Gazette* war ebenfalls nichts Geheimnisvolles – ich konnte nur einfach die Oberflächlichkeit nicht mehr ertragen. Ich habe gekündigt, um als Freiberuflerin zu arbeiten.« Und ich habe geheiratet, schoß es ihr durch den Kopf. »Wenn das Bild ohne unsere Zustimmung benutzt wurde, dann sind wahrscheinlich unsere Copyright-Rechte verletzt worden. Im übrigen kann man, was die sogenannten Fakten anbetrifft, mit Fug und Recht von einer Verleumdung sprechen, durch die meiner Karriere erheblicher Schaden zugefügt wird.« Rose wiederholte selbstbewußt Margots kühle, professionelle Analyse, gestärkt durch die Unterstützung, die sie von Mr. Littlejohn erhalten hatte. »Ich lasse so selten ein Foto von mir machen, daß ich mich an jedes einzelne genau erinnere, Gail.«

Als sie in ihr Büro zurückging und den Telefonhörer aufnahm, fühlte sie sich fast beschwingt. Die Unterstützung von James Littlejohn, die Wärme und das Engagement von Margot, Gillian und Marilyn taten ihr wohl. »Tony Pickup, bitte«, sagte sie.

»Er arbeitet gerade an einer Aufnahme. Wer spricht da bitte?«

»Rose Summers, die Chefredakteurin der *Attitude*. Es ist ziemlich wichtig.«

»Oh, Miss Summers. Er ist gerade mit der Beleuchtung beschäftigt. Ich sehe mal nach, ob er ans Telefon kommen kann.« War es Einbildung, oder hatte die Stimme wirklich erschrocken geklungen, nachdem Rose ihren Namen genannt hatte?

»Tony Pickup.«

»Rose Summers. In der heutigen *Post* ist ein Bild von mir. Ich glaube, das haben Sie aufgenommen. Können Sie das bestätigen?«

»Ich habe die *Post* noch nicht gelesen. Ich werde es mir mal ansehen. Viele meiner Bilder werden von einer Agentur an mehrere Zeitungen gleichzeitig verkauft. Ich selbst bin da gar nicht immer auf dem laufenden.«

»Dieses wurde Mitte der siebziger Jahre von unserer Redakteurin für die Schönheitsseiten, Gail Camberwell, aufgenommen.«

»Oh, Gail.« Tony Pickups Stimme klang plötzlich verändert. »Warum fragen Sie sie nicht selbst danach?«

»Das habe ich schon, sie kann sich an nichts erinnern.«

»Nun, das ist wirklich schon lange her. Ich fürchte, ich kann Ihnen nicht weiterhelfen.«

»Es hätte mir zumindest Zeit und Mühe erspart, wenn Sie das könnten. Aber es ist nicht wichtig. Wir können die Tatsachen sehr leicht auf indirektem Wege herausfinden. Ich fürchte, unsere neuen Eigentümer nehmen die Angelegenheit ziemlich ernst und wollen die *Post* verklagen.«

»Mein Gott, heißt das nicht, mit Kanonen auf Spatzen zu schießen? Schließlich geht es hier doch nur um ein bißchen Klatsch.« Er lachte unsicher.

»Ich dachte, Sie hätten die *Post* noch gar nicht gelesen, Tony. Woher wollen Sie denn wissen, daß es Klatsch ist?«

»Oh, äh, entschuldigen Sie mich bitte, aber ich bin gerade bei wichtigen Aufnahmen. Ich muß leider weitermachen. Es tut mit leid.«

Tony war es, der das Bild an die *Post* weitergegeben hatte, davon war Rose überzeugt. Als sie Gails Büro ein zweites Mal betrat, zuckte diese heftig zusammen und legte abrupt den Telefonhörer auf.

»Lassen Sie sich durch mich nicht stören, Gail, sprechen Sie nur zu Ende.«

»Oh, es war nichts Dringendes. Wie gut Sie aussehen, Rose, das helle Grün steht Ihnen ausgezeichnet. Ich muß irgendwo den perfekten Lidschatten haben . . . warten Sie mal . . .« Sie war sichtlich nervös.

»Gail, ich habe gerade Tony Pickup angerufen«, fuhr Rose

dazwischen und funkelte die Frau, die hektisch auf ihrem Schreibtisch herumräumte, wütend an.

»Also, Rose, äh, ja, Rose, ich habe natürlich nicht gewußt, daß die gleich eine so schmutzige Story daraus machen würden. Fiona Etherington-Smith ist eine Freundin von mir; sie arbeitet für die Pigeon Post. Wir haben zusammen zu Mittag gegessen, und sie hat mich, also, sie hat mich gefragt, woher sie ein Foto von Ihnen bekommen könnte. Ich hatte noch irgendwo im Hinterkopf, daß wir einmal Aufnahmen von Ihnen gemacht haben und daß die zu einem Artikel über Diäten gehörten. Die Fotos, das stimmt, die hat damals Tony Pickup gemacht...« Sie schwieg und warf Rose einen flehenden Blick zu.

»*Sie* also haben diesen entzückenden Text geschrieben?« Rose wischte voller Verachtung mit der Hand über die Seite.

»Ich versichere Ihnen, Rose, ich habe diesen Klatsch wirklich nicht weitergegeben. Das würde mir nicht im Traum einfallen, Sie glauben mir doch, Rose. Sie wissen doch, wie sehr ich Sie bewundere. Lassen Sie mich Fiona anrufen, damit sie Ihnen alles erklärt; sie hat die Geschichte offensichtlich völlig falsch verstanden.«

»Danke, Gail. Inzwischen sind die Anwälte für die Sache zuständig. Ich nehme an, daß Mr. Littlejohn Sie später zu sich rufen wird.«

Rose kehrte mit klopfendem Herzen, aber innerlich gestärkt, in ihr Büro zurück. »Bitte Gillian und Margot noch einmal zu mir zu kommen«, trug sie Marilyn auf.

»Es war Gail«, sagte sie, als die beiden Frauen an ihrem Schreibtisch standen. »Ich habe so getan, als wüßte ich sehr viel mehr, als tatsächlich der Fall war, und sie hat zugegeben, daß sie mit einer der Klatschkolumnistinnen der *Post* zu Mittag gegessen und ihr wegen des Fotos die Adresse von Tony Pickup genannt hat.«

»Die blöde Kuh!« stieß Margot wütend hervor.

»Ich frage mich, wann sie endlich gehen wird«, sagte Gillian kühl.

»Ja, sie geht. Sie kann unter diesen Umständen nicht bleiben. Also, damit hätten wir so ganz nebenbei auch noch ein anderes kleines Problem gelöst«, stellte Rose fröhlich fest. »Ich habe mich schon gefragt, wie wir Gail loswerden können, ohne ihren Stolz zu verletzen. Jetzt kann sie sich über ihren Stolz selbst Gedanken machen. Ich werde Mr. Littlejohn über alles informieren und das Weitere ihm überlassen. Die Angelegenheit hat ihn zwar nicht besonders berührt, aber er war entschlossen, rechtliche Schritte einzuleiten. Ich habe das Gefühl, daß ich ganz gut mit ihm zurechtkommen werde.«

Kapitel 30

Vielleicht sollte man eine Bombe unter Pauls Schreibtisch legen, um ihn aus seiner Lethargie herauszureißen, dachte Rose, als sie sich seine neuen Layouts betrachtete. Sie waren so perfekt gestylt, so konventionell, so *langweilig*. Am späten Vormittag bat sie Paul und seine Assistentin, mit ihr zusammen zu Mittag zu essen. »Nur eben um die Ecke bei Luca«, betonte sie, als Paul mit düsterer Miene hervorhob, daß er zum Essen nun wirklich keine Zeit habe. »Wir müssen einiges besprechen. Ich sehe, daß Sie schon ein Vorausexemplar in Händen haben. Ich selbst habe es zuerst in Mr. Littlejohns Büro entdeckt. Die Drucker haben die Modeseiten nicht richtig hingekriegt, nicht wahr? Die Farbe ist einfach miserabel. Aber das neue Titelblatt war es wert, noch einmal neu aufgenommen zu werden, was meinen Sie, Paul? Ich wette, daß es Ihnen in der jetzigen Version auch gefällt, oder?«

»Es ist anders«, räumte Paul ein. Chris Berwick, ein neuer Mitarbeiter der Zeitschrift, betrachtete Paul von der Seite und lächelte amüsiert.

Sobald sie das Restaurant betraten, kam Luca herbeigeeilt, um Rose den Mantel abzunehmen. Inzwischen aßen fast alle Redakteure hier zu Mittag, weil es so bequem war, und Luca war dankbar für die neuen Kunden. Gillian lud fast täglich einen der potentiellen Autoren hierher zu einem Gespräch ein; irgendwann einmal hatte sie erwähnt, daß Lucas Beflissenheit manchmal schon fast peinlich wirke.

»Ich glaube, er hat es nicht leicht«, sagte sie zu Rose. »Er hat vor Dankbarkeit fast geweint, als ich für dieses Ekel Victor Jonas eine zweite Flasche Rotwein, Hausmarke, bestellt habe. Jonas will übrigens Theaterrezensionen für uns schreiben – zu einem ganz schön gepfefferten Preis. Übrigens – seitdem Lally einmal spätabends, nachdem sie besonders lange gearbeitet hatte, ein paar Models in sein Restaurant gebracht hat, läuft es bei Luca erheblich besser. Als seine Gäste Marcia Levys üppigen Busen gesehen haben, haben sie Stielaugen bekommen. Es wäre nicht schlecht, wenn Luca mehr als eine solcher Attraktionen hätte.«

Luca war allen Mitarbeitern der *Attitude* inzwischen so vertraut wie das eigene Büro, und Rose konnte immer damit rechnen, den großen runden Ecktisch zu bekommen. Sie hatte zu ihrem Treffen mit Paul und Chris das Vorausexemplar der *Attitude* mitgebracht, um sich mit ihnen gemeinsam noch einmal das Layout anzuschauen. Sie wollte Paul provozieren, endlich einmal ein paar orginellere Ideen zu realisieren.

»Es gibt einige gute Bilder, Paul – mir gefällt die Art und Weise, wie Sie auf Seite 40 die Schwarzweißkontraste gesetzt haben«, begann sie vorsichtig. »Aber als ich das ganze Exemplar durchgeblättert hatte, hatte ich den Eindruck, daß sich alles ein wenig wiederholt; nicht genügend Abwechslung, oder?«

»Eine Zeitschrift braucht eine gewisse Kontinuität, eine unverwechselbare Identität«, wehrte Paul ab. »Sie können in einer Ausgabe nicht eine Million Ideen realisieren – das Ergebnis ist dann nur noch verwirrend.«

»Also, ich meinerseits muß Rose bis zu einem gewissen Grad recht geben.« Chris warf einen unsicheren Blick zu seinem Artdirektor hinüber. »Manchmal wünsche ich mir, wir würden mehr Grafiker beschäftigen; es gibt heutzutage eine Menge hervorragender, künstlerisch begabter Leute. Das gäbe dem Ganzen einen originellen Anstrich, eine größere künstlerische Variationsbreite, ohne daß dadurch gleich der Charakter verändert würde, nicht wahr, Paul?«

Rose ahnte, daß sie einen Verbündeten gefunden hatte. Paul nippte an seinem Weinglas und schüttelte nachdrücklich den Kopf. »Vielleicht. Rose, meine Liebe, für mich bitte etwas Mineralwasser.« – Rose kommentierte Chris' Worte nicht, um Paul zu einer Stellungnahme zu provozieren. – »Italiener verstehen leider nicht besonders viel vom Wein; nicht wie die Franzosen.«

Rose winkte dem nächststehenden der beiden Kellner. »Aber was ein paar neue Ideen und ein paar freiberufliche Grafiker angeht, das scheint mir eine gute Idee zu sein. Ich wußte gar nicht, daß wir bisher solche Leute noch kaum in Anspruch genommen haben. Jetzt erinnere ich mich daran, daß Amanda für die *Harmony* häufiger mal Auftragsarbeiten vergeben hat ...«

»Ah, die unvergleichliche Amanda Jacques.« Pauls Stimme klang eisig. »Ich bin wirklich der Ansicht, sie sollte sich mal einen Intensivurlaub auf einer Schönheitsfarm gönnen. Wir waren vor kurzem beide Mitglieder der Jury einer Kunsthochschule, und sie sah erschreckend aus, ganz einfach erschreckend. Kein Sinn für Farben. Wer um Gottes willen würde grün mit grüngelb kombinieren, vor allem wenn er ungefähr 15 Kilo abnehmen muß ... Entschuldigung, Rose, was hatten Sie gesagt?«

Es fiel ihr nicht leicht, aber Rose zwang sich zu lächeln. »Mir gefällt die Idee, mit freiberuflichen Illustratoren zusammenzuarbeiten, Ihnen nicht? Warum lassen wir uns nicht ein paar Proben kommen und schauen uns gemeinsam die Arbeiten an?«

»Rose!« Paul blickte sie aus seinen blaßblauen Augen vorwurfsvoll an. »Versuchen Sie jetzt, auch noch Artdirektor zu spielen? In dem Fall würde es mich interessieren zu erfahren, welche Ausbildung Sie hatten. Künstlerische Gestaltung bedeutet mehr, als ein paar Aufträge an Fotografen oder Grafiker zu verteilen; man muß Bescheid wissen über Typografie, die kreative Nutzung weißer Flächen ...«

»Natürlich, Paul, mißverstehen Sie mich bitte nicht.« Rose merkte, daß ihre Stimme bei solchen Gesprächen Gott sei Dank immer einen festen, entschiedenen Klang annahm. »Aber wir wollen doch versuchen, die *Attitude* aus den roten Zahlen zu holen, das Lebensgefühl der Menschen der achtziger Jahre zu treffen. Als PBE Chefredakteurin war, sah es in den Redaktionen eher so aus, als sei die Uhr um dreißig Jahre zurückgestellt worden. Alles war so geziert, so gespreizt und überaus vornehm. Wir haben sechs Monate Zeit, in denen wir zeigen müssen, daß die *Attitude* keine Leiche, sondern eine lebensfähige Zeitschrift ist, ein Blatt, das unterhaltsam, spannend, ja sogar einen Hauch chaotisch sein möchte. In allen Redaktionen sollte von jetzt an ein frischer, kreativer Wind wehen ...«

»Offenbar auch in meiner«, knurrte Paul unwillig.

»Ja, auch in Ihrer.« Sie blickte ihm offen in die Augen.

»Ich könnte heute nachmittag ein paar Grafiker anrufen.« Der Optimismus, den Chris ausstrahlte, entspannte die Lage ein wenig. »Ich laß mir ein paar Arbeitsproben kommen. Ich schau nach, was wir für die nächste Ausgabe planen. Jemand muß die freien Mitarbeiter an Land ziehen, ihnen im Nacken sitzen, daß sie ihre Arbeiten rechtzeitig abliefern, so daß Paul in Ruhe seine Auswahl treffen kann. Häufig kommen die Arbeiten erst so spät rein, daß er gar nicht in Ruhe auswählen kann.«

Rose lächelte dankbar, und Paul sah ein wenig besänftigt aus. »Genau das ist es, wir haben einfach nicht genügend Zeit zu *denken*, Rose. Wenn Sie alle diese Ideen realisieren wollen, dann wird die künstlerische Abteilung mindestens einen weiteren Assistenten brauchen. Wir sind völlig unterbesetzt.«

»Nein, das geht nicht.« Rose schüttelte den Kopf. »Ich habe Mr. Littlejohn versprochen, mich an das Budget zu halten, und das werde ich auch tun. Wir müssen mit den Leuten auskommen, die wir bereits haben.« Sie lächelte Paul an und legte ihre Hand einen Augenblick lang auf seinen Arm. »Sie haben doch das Zeug, Paul, das alles sehr gut allein in den Griff zu bekommen. In meiner Phantasie sehe ich Sie schon vor mir, wie Sie den diesjährigen Preis für Artdirektoren beim nächsten Meeting der *Magazine Editor's Society* in Empfang nehmen.«

Das Gespräch mit Paul war der reinste Eiertanz, und gegen Ende des Essens war Rose erschöpft und deprimiert. Paul hatte Geschmack, aber es mangelte ihm an Kreativität. Er war kühl, ein wenig verklemmt und nicht bereit, ungewohnte Gedanken zu denken. Rose fragte sich, wie Miss Twyford mit ihm fertig geworden war. Aber auch sie, so erinnerte sich Rose, hatte damals versucht, Amanda Jacques für die *Attitude* zu werben. Und sie hatte nicht unter dem Druck gestanden, die Lebensfähigkeit der Zeitschrift innerhalb von sechs Monaten unter Beweis stellen zu müssen. Der Gedanke war unangenehm, aber unumgänglich: Paul würde gehen müssen. Der Artdirektor einer Zeitschrift spielte eine ebenso wichtige Rolle wie der Chefredakteur. In ihr Büro zurückgekehrt, rief Rose Amanda Jacques an und lud sie zum Abendessen ein.

Die Werbeabteilung der *Attitude* befand sich an einem weit entfernt gelegenen Ende des Großraumbüros. Nur das Zimmer der Werbeleiterin war räumlich abgetrennt. Der Handelsvertreter und die drei Vertreterinnen saßen in einem offenen, nur durch Pflanzen abgetrennten Bereich davor. Rose hatte die Artdirektorin schon auf verschiedenen Weihnachtsparties getroffen. Sie war eine zierliche, sorgfältig geschminkte Frau, die sehr damenhaft wirkte und sich niemals anders als mit Trippelschritten fortbewegte. Sie liebte klassischbedruckte Seidenkleider und steife, taillierte Kostüme. Alles in allem sah sie aus wie eine Kandidatin für die konservative Partei, die krampfhaft versuchte, das Wahlkomitee zu beeindrucken. Seitdem Rose Chefredakteurin geworden war, hatte sie sie weder gesehen noch von ihr gehört, nicht einmal in Form eines kleinen Glückwunschschreibens.

»Hallo, Christine, haben Sie eine Minute Zeit?« Sie lächelte die Artdirektorin, die gerade hinter vorgehaltenem Handspiegel ihr Make-up auffrischte, freundlich an.

»Wenn es wirklich nicht mehr als eine Minute ist«, antwortete Christine Finnegan wichtigtuerisch. »Ich habe eine Verabredung mit dem Mediendirektor von Saatchi. Es ist schwer, an ihn heranzukommen, und unsere Auflagenzahlen gefallen ihm überhaupt nicht.«

»Sie werden bald besser sein«, prophezeite Rose mit mehr Zuversicht, als sie wirklich empfand. »Wir haben auf jeden Fall zu wenig Inserate. Das Verhältnis redaktioneller Teil zu Anzeigen sollte doch eigentlich fünfzig zu fünfzig sein, nicht wahr?

Nicht, daß ich mir deshalb große Sorgen machte«, lächelte sie. »Wir dürfen nicht weniger als 108 Seiten haben, und wenn Sie es einmal nicht schaffen, 54 Seiten zu verkaufen, dann habe ich natürlich ein bißchen mehr Platz für meine Stories. Aber ich fürchte, JL sieht das etwas anders.«

»Das ist nun wirklich nicht mein Problem. Ich und mein Team – wir schuften hier wie die Neger. Wir mußten neulich bis spät in die Nacht an der Geburtstagsparty einer Agentur teilnehmen; und gestern abend im Tramps mußte ich es ertragen, daß der alte Joe Henstridge von Whetstone mein Knie betätschelte. Whetstone hat dieses phänomenale Budget für das neue Parfüm *Chez Moi* bereitgestellt – hier, riechen Sie mal. Er hat mir eine Flasche davon geschenkt.« Sie sprühte eine Duftwolke in Roses Richtung. »Er hat mir natürlich nicht gleich auf der Stelle einen Auftrag gegeben, aber ich habe Angela schon mal darauf vorbereitet, daß sie ihn nächste Woche zum Mittagessen einlädt.«

»Das scheint mir eine etwas umständliche Art und Weise zu sein, eine Seite zu verkaufen«, bemerkte Rose. »Sind Sie denn nicht an unserer speziellen Leserzielgruppe interessiert?«

»Rose, es tut mir leid, aber Sie sind zu neu in diesem Geschäft, um es zu durchschauen. Wir sind in einer äußerst schwierigen Lage. Mit PBE war alles leichter. Sie war immer bereit, ein bestimmtes Produkt in ihren Artikeln lobend zu erwähnen, und wir konnten uns dann direkt an den Kunden wenden. Aber nach dem, was Gail mir erzählt hat, wollen Sie ja jetzt alles ganz anders machen.«

»Ja, genau«, bestätigte Rose.

»Schade. Bei PBE hatten wir sehr viel bessere Möglichkeiten. Sie machen uns durch Ihren Starrsinn das Leben ziemlich schwer, Rose. Ich muß so viel Zeit und Energie darauf verwenden, diese Mediadirektoren einzuseifen und mit ihnen zu essen, daß mein Alter zu Hause vor Eifersucht umkommt.« Sie schaute Rose prüfend an, um zu sehen, wie sie diese Information aufnehmen würde.

»Haben Sie die Pläne für das neue Image der Zeitschrift gelesen? Ich habe Ihnen die Merkblätter schicken lassen.«

»Ja, ja, irgendwo müssen sie liegen.« Christine wühlte in den Papieren herum, die sich auf ihrem Schreibtisch stapelten, und lächelte amüsiert. »Aber ich habe sie noch nicht gelesen. Wie Sie sehen – es liegt hier so vieles herum, was ich mir ansehen müßte ...«

»Ja, das sehe ich allerdings. Ich selbst nehme stapelweise Artikel und Merkblätter und dergleichen mit nach Hause; eine Menge davon kommt übrigens aus Ihrer Abteilung«, bemerkte Rose kalt. »Aber die Richtlinien, die wir ausgearbeitet haben, sind wirklich wichtig. Haben Sie die interessanten Untersuchungsergebnisse über die ›neue Frau‹ gelesen, die JL uns geschickt hat?«

»Rose, meine Liebe, das ist doch nun wirklich nicht unser Thema. Das kommt aus den USA und hat hier überhaupt keine Bedeutung. Die Amerikanerinnen sind völlig anders.«

»Soviel anders nun auch wieder nicht. Hätten Sie meine Richtlinien gelesen, dann wäre Ihnen klargeworden, daß wir vor allem auch die berufstätige Frau, die Karrierefrau, ansprechen wollen. Die moderne Frau, die bestimmte Dienste in Anspruch nimmt, weil sie wenig Zeit hat. Um diese Zielgruppe sollte sich Ihre Abteilung bemühen, Christine. Die Werbeleute müßten geradezu darauf brennen, sie anzusprechen. Haben denn nicht gerade diese Frauen mehr ›verfügbares Einkommen‹, wie die Marktforscher es nennen, als die meisten anderen weiblichen Leser?«

»Ah, Rose, ich merke, daß Sie leider überhaupt keine Ahnung haben. Ich muß jetzt gehen. Wir unterhalten uns gelegentlich einmal, und dann erkläre ich Ihnen, wie wir arbeiten, O. K.?« Christine lächelte herablassend, ergriff ihre Aktenmappe und trippelte davon. Rose kochte vor Wut.

Als sie in ihr Büro zurückkam, lag auf ihrem Schreibtisch eine Nachricht, sie solle Miss Schefer anrufen. »Mr. Littlejohn hat die Leute von der Werbeagentur, die unsere Werbung betreuen sollen, für heute nachmittag eingeladen. Er fragt, ob Sie am Nachmittag Zeit haben, um unsere Kampagne mit unseren Gästen zu besprechen.« Schon durch ihre Stimme machte Miss Schefer deutlich, daß Rose wohl kaum eine Wahl hätte.

»Ich komme auf jeden Fall«, versicherte Rose, aber nachdem sie den Hörer aufgelegt hatte, stieß sie einen leisen Fluch aus. Sie hätte eigentlich einen langen Aufsatz mit dem Titel ›Ehe à la Mode‹ lesen müssen, den Gillian sich von einem Psychologen hatte schicken lassen, nachdem sie in der *Times* einen Bericht darüber gelesen hatte. Gillian war hellauf begeistert gewesen und wollte den entsprechenden Artikel zum Aufmacher der nächsten Ausgabe machen. »Der Mythos des ewigen Glücks, das durch die Hochzeit eingeläutet wird, wird dadurch endlich zerstört«, triumphierte sie. »Seine Thesen werden die Konservativen schockieren, und sämtliche Spießer werden sofort massiven Protest anmelden. Der Aufsatz ist einfach Klasse. Ein so stiller, unauffälliger kleiner Mann. Ich kann gar nicht glauben, daß er fähig ist, so viel Sprengstoff zu liefern.«

Rose hoffte, daß Gillian den richtigen Riecher gehabt hatte, aber wenn es so wäre, dann stünden erneut lange Diskussionen mit Paul an, wie man das Ganze am besten präsentieren könnte. Es war bereits nach 15.00 Uhr.

Sie nahm die geplanten Artikel zum Vorzeigen heraus. Die Maiausgabe war fertig, die Juniausgabe war mehrmals zu den Druckern und dann wieder in die Redaktion zurückgeschickt worden. Für den Juli waren bis jetzt nur die Farbseiten aufgenommen worden, obwohl die Zeitschrift eigentlich schon im Juni in den Kiosken sein würde.

Die Juliausgabe sollte die erste sein, die wirklich Roses eigene Handschrift trug. Auf der Titelseite war ein Foto von Tricia Webb, einer Schauspielerin, die nahezu jedes Körperteil durch Schönheitschirurgie hatte verändern lassen. Neben der imposanten Ganzkörperaufnahme war die Summe aufgelistet, die sie für ihre Operationen hatte ausgeben müssen. Haaransatz zurückziehen: £ 500,–, Augenlider liften: £ 1000,–, Ohren anlegen: £ 850,–

und so weiter – insgesamt machte das eine wahrhaft monströse Summe aus. Rose war sehr zufrieden mit dem Bild, aber es hatte in den verschiedenen Redaktionen nicht ganz die Resonanz bekommen, die sie sich gewünscht hatte. Die Augustausgabe nahm bereits Gestalt an, und wenn Gillians Artikel wirklich so spannend war, dann würde das Heft dadurch eine besondere Brisanz erhalten. Sie überflog den Artikel und merkte, wie er sie mehr und mehr gefangennahm. Widerwillig legte sie ihn um fünf Minuten vor 16.00 Uhr zur Seite und eilte in den Konferenzraum der Vorstandsvorsitzenden.

Der Kreativgruppenleiter von Sturminster, Tillotson und Newton sah aus wie Robert Redford, nur, daß sein voller blonder Haarschopf nicht glatt, sondern gelockt war. Er trug verwaschene Blue jeans und ein lustiges T-Shirt. Seine riesigen Füße steckten in extrem abgetragenen Turnschuhen. Insgesamt wirkte er wie ein mittelloser Student. »Rose«, sagte James Littlejohn mit einem Augenzwinkern, »dies ist Burton Tillotson. Da er sich anzieht wie ein Student, der am Hungertuch nagt, kann er wohl nichts anderes als ein Genie sein.«

Rose schaute in ein lächelndes Gesicht mit ernsten, aufmerksamen Augen und fühlte sich plötzlich wie elektrisiert. Als er ihre Hand ergriff, wäre sie fast zusammengezuckt. »Das ist ja ein interessanter Name, Tillotson«, bemerkte sie matt.

»Eine Kombination aus dem Namen meiner Mutter und meines Vaters«, erklärte er achselzuckend. Sie war eine Burton und er war ein Tillotson. Ich war ein furchtbar schlechter Schüler, deshalb habe ich mich selbst immer Max genannt. Aber für einen Werbemenschen paßt der Name Burton, meinen Sie nicht?« Er lächelte sie so strahlend an, daß Rose ebenfalls lächeln mußte.

»Ich habe Burton Ihr Konzept für die *Attitude* gezeigt, Rose. Und ich habe ihm gesagt, wieviel wir für Werbung ausgeben können. Er hat die Marktanalysen gesehen, die wir in Auftrag gegeben haben, bevor Miss Egerton, äh, uns verlassen hat. Jetzt liegt es an Ihnen zu besprechen, was zu tun ist, um die arme, kränkelnde *Attitude* wieder auf die Beine zu bringen.«

Zunächst stotterte Rose ein wenig, als sie ihr neues Konzept und die Ideen für einige zukünftige Artikel erläuterte, aber während sie weitersprach, wurde sie sicherer. Sie beschrieb in großen Zügen die geplanten Modereportagen und die neue Grundtendenz der Mode- und Schönheitsredaktion. Burton Tillotson lümmelte sich, die Beine lang ausgestreckt, in einem Schreibtischsessel. Mit einem Ellenbogen stützte er sich auf die Ecke von Mr. Littlejohns riesigem Schreibtisch, während er auf einem Schreibblock geometrische Muster malte. Er schien, als hätte er kaum Interesse an dem Gespräch. Als Rose ausgesprochen hatte und beide Männer erwartungsvoll ansah, nickte Mr. Littlejohn beifällig.

Burton richtete sich ein wenig auf und bemerkte kühl: »Ich glaube nicht, daß Sie für Öffentlichkeitsarbeit überhaupt Geld ausgeben sollten.«

Rose erstarrte. Wie kam er zu einem solchen Urteil? Mr. Littlejohn beugte sich über seinen Schreibtisch, hielt den Kopf ein wenig schief und fragte: »Was? Ich habe noch nie gehört, daß eine Werbeagentur nicht auf Geld scharf gewesen wäre.«

Burton lächelte. »Aus dem, was ich gerade gehört habe, schließe ich, daß Sie mit einigen Ihrer Artikel schon an sich genügend Reklame machen. Sie brauchen einen guten PR-Mann, der kurze Zusammenfassungen Ihrer Stories an die Zeitungen weitergibt; für jede Zeitung jeweils unter einem anderen Blickwinkel. Die Themen, die Sie gerade erwähnt haben, sind wirklich stark. Schieben Sie die Ausgaben für Anzeigen bis zum Frühling hinaus und lassen Sie uns dann eine wohldurchdachte Kampagne starten. Ich habe mir das Maiexemplar angeschaut, Rose. Wieviel haben Sie verändert?«

»Sehr wenig. Es war leider nicht mehr möglich. Das meiste davon ist ohnehin sehr spät fertig geworden. Das Titelblatt ist neu aufgenommen worden, sicher. Ein bißchen haben wir doch noch machen können, aber nicht viel. Die Juniausgabe sieht schon etwas anders aus, aber ich denke, die Juliausgabe ist die erste, die von vorn bis hinten im neuen Gesicht erscheint.«

»Ich würde gern alles sehen, was Sie bereits in petto haben. Wenn Sie Artikel veröffentlichen wie die, von denen eben die Rede war, dann muß auch das Layout mutiger, selbstbewußter, kühner sein. Im Augenblick sind Sie da reichlich etepetete, nicht wahr?«

Rose nickte. Burt hatte das Problem offenbar völlig durchschaut. Es fiel ihr nicht leicht, unbefangen mit ihm zu sprechen. Der sexuelle Reiz, der von ihm ausging, verwirrte sie. Vor allem seine Stimme war äußerst verführerisch: männlich dunkel und volltönend. Sie zuckte zusammen, als Mr. Littlejohn ihre schwärmerischen Gedanken mit den Worten unterbrach: »Aha, ich sehe, Sie sind beide auf der gleichen Wellenlänge. Wenn Sie also jetzt kein Geld für eine Werbekampagne ausgeben wollen, dann kann ich ja gehen. Ich bin hier ja nur der Schatzmeister.«

»Was Sie im Augenblick brauchen, ist eine gute PR-Firma. Meine Agentur hat keine solche Abteilung, aber ich kenne eine kleine Französin, die sich gerade selbständig gemacht hat. Sie war vorher bei Good Relations. Ich könnte sie anrufen. Sie ist eine alte Kollegin von mir. Sie wird ihre Sache sicher sehr gutmachen.«

Rose empfand plötzlich einen irrationalen Haß auf diese Unbekannte.

»O. K., Rose?«

Sie nickte noch einmal, ohne etwas zu sagen.

»Ich melde mich«, schloß Burt die Unterhaltung.

»Danke, Rose. Das eben hat mir sehr gefallen«, sagte Mr. Littlejohn. Offensichtlich war seine Bemerkung das Signal, daß sie gehen sollte. Die beiden Männer begannen ein Gespräch über andere Bereiche des Unternehmens, und Rose machte sich mit weichen Knien auf den Rückweg in ihr Büro. Es war noch nicht einmal 17.00 Uhr, aber sie hatte das Gefühl, als habe sie sich ein ganzes Leben lang im oberen Stockwerk aufgehalten.

Kapitel 31

Rose hatte sich mit Amanda in Lucas Restaurant verabredet, aber als sie das Lokal betrat, ging ihr durch den Kopf, daß dies wahrscheinlich keine gute Entscheidung gewesen sei. Unweigerlich würde irgendein Mitarbeiter der Zeitschrift sie hier zusammen mit Amanda sehen, und in Null Komma nichts wäre Paul über ihr Treffen mit Amanda informiert und könnte seine Schlüsse daraus ziehen. Sie wollte ihn keinesfalls demütigen oder in Verlegenheit bringen. Während ihres Gesprächs mit Mr. Littlejohn und Burton Tillotson hatte sie ihre Blicke über verschiedene auf dem Schreibtisch ausgelegte Publikationen der Binder-Verlagsgruppe schweifen lassen; darunter war unter anderem auch eine ziemlich hochgestochene Kunstzeitschrift namens *Art*; vielleicht gab es eine Möglichkeit, Paul in deren Redaktion zu versetzen, ohne daß er sich dadurch gekränkt fühlte. Die Arbeit bei der *Art* würde wahrscheinlich seinem unbestechlich erlesenen Geschmack entgegenkommen.

Jetzt blieb sie in der Tür des kleinen Restaurants stehen und überlegte, ob sie Amanda noch in deren Büro erreichen könnte, um einen anderen Treffpunkt zu vereinbaren. Aber es war zu spät, bereits 18.15 Uhr. Wenn Amanda zu ihrer Verabredung um 18.45 Uhr rechtzeitig eintreffen wollte, dann hatte sie das Gebäude der *Harmony* bereits jetzt verlassen. Die Fahrt dauerte während der Hauptverkehrszeit gute vierzig Minuten.

Luca kam eilfertig an die Tür, um sie zu begrüßen. »Miss Rosa, zweimal am selben Tag! Mein Essen ist gut, ja?« Er lächelte. »Möchten Sie den Tisch, den Sie immer haben?«

Das Restaurant war fast leer. »Nein, Luca, nein, danke. Schauen Sie, ich habe hier eine Verabredung. Aber ich habe einen Fehler gemacht; am besten wäre es, niemand würde mich sehen, verstehen Sie? Ich hätte vielleicht irgendwo anders hingehen sollen.«

Luca sah sie enttäuscht und ängstlich an. »Miss Rosa?«

»Haben Sie nicht irgendwo hinten ein Eckchen, wo wir sitzen und uns in Ruhe unterhalten könnten, ohne daß uns jedermann sieht?«

Er nickte heftig, offensichtlich erleichtert. »Si, si. Ich habe ein Zimmer, das ich später für Feiern und geschlossene Gesellschaften einrichten will, wenn ich das Geld habe, es zu renovieren. Aber ich glaube, es ist zu schäbig für Sie und Ihren Gast.«

Nach dem Wort »Gast« schwieg er bedeutungsvoll, und Rose wurde plötzlich klar, daß er wahrscheinlich annahm, sie hätte hier ein heimliches Treffen mit einem Liebhaber. Wenn es doch nur so wäre! Und vielleicht könnte sogar Burton dieser Liebhaber sein!

»Es braucht nicht besonders schön zu sein. Ich möchte nur, daß wir allein sind.«

»In dem Raum stehen zwei oder drei Tische. Ich sage Hektor, er solle einen davon decken.«

»Danke. Die Dame, die ich erwarte, heißt Amanda Jacques. Sie ist ziemlich üppig, und äh, farbenprächtig. Wahrscheinlich fragt sie nach mir.«

Luca sah sie erstaunt an. Plötzlich strahlte er über das ganze Gesicht, nickte und führte Rose durch eine Drehtür in einen großen, staubigen Raum mit ein paar nackten Tischen, auf die jeweils ein paar Stühle gestapelt waren.

»*Un momento.*« Er nahm die Stühle herunter und wischte einen davon mit einer Serviette ab.

»Bitte, kommen Sie in mein Büro. Hektor wird aufräumen.«

Rose folgte ihm in ein kleines, aber geschickt eingerichtetes Büro. An einer Seite war eine Schrankwand mit weißen Regalen, Schubladen und einem Computer.

»Mein Gott, so einen habe ich ja noch nicht einmal, Luca! Sie sind ja wirklich auf dem neuesten Stand!«

Luca zuckte mit den Schultern. »Ich brauche ihn dringend. Ich habe keine Sekretärin. Hier sitze ich oft, wenn das Restaurant geschlossen ist, über meinen Rechnungen und den Wein- und Lebensmittelbestellungen. Sehen Sie, ich habe ein ganz spezielles Programm, individuell für mich entworfen.« Er drückte auf ein paar Tasten. »Gut, ja?« Als er ihr das System erklärte, leuchteten seine Augen vor Begeisterung.

»Aber, wo haben Sie das alles gelernt?« Rose war beeindruckt.

»Während des Studiums«, lachte er. »Ich habe Mathematik studiert. Ich bin nicht immer Gastronom gewesen.« Er wandte sich der Schrankwand zu. »Sie nehmen einen Drink mit mir, während wir auf Hektor und Ihre Freundin warten, ja? Oder möchten Sie lieber lesen? Immer, wenn Sie auf jemanden warten, lesen Sie. Möchten Sie ein Zeitung?« Er hielt ihr einen *Evening Standard* hin.

»Nein, danke, Luca. Aber einen Drink nehme ich gern. Einen Cocktail aus Gin und ein paar Tropfen köstlichem französischen Likör. Ich brauche etwas Starkes.«

»Sie meinen Gin und ein paar Tropfen köstlichen italienischen Likör.«

»Natürlich.«

Rose und Luca lachten.

»Und was macht Ihre Zeitschrift? Sie sind eine frischgebackene Chefredakteurin, und ich bin ein frischgebackener Gastronom, wenn man so sagen kann. Inzwischen haben Sie mir so viele neue Gäste hierhergeschickt; mein Restaurant wird bekannt. Zuerst dachte ich, es sei vielleicht zu weit vom West End entfernt, aber«, er zuckte mit den Schultern, »zum Parken ist es abends hier sehr viel günstiger. Und Sie? Geht es Ihnen gut?«

»Ich weiß es noch nicht. Es dauert lange, bis unsere Anstrengungen wirklich zu Buche schlagen, aber« – Rose machte ein V-Zeichen – »bisher läuft es gut an. Seit wann leben Sie in England, Luca? Ihr Englisch ist ausgezeichnet. Und warum führen Sie ein Restaurant, wenn Sie doch Computerexperte sind?«

»Kein Experte, nein. Es hat mir nicht gefallen. Ich habe studiert, weil ich meinem Vater einmal seine Wünsche erfüllen wollte, aber es hat nichts gebracht.« Plötzlich bekam sein Gesicht einen grimmigen Ausdruck. »Es war besser, das Land einfach zu verlassen. Ich bin seit vier Jahren hier und habe das Hotelfach gelernt. Ich liebe das Essen. Sie haben hier nicht viele gute Restaurants, die einigermaßen preiswert sind. In Italien gibt es viele hübsche Lokale, in denen ganze Familien essen. Ich wollte ein freundliches Restaurant aufmachen, für Leute, die eine gute Küche schätzen.«

Er fuhr fort, ihr seine Vorstellungen zu erläutern. Es sei wichtig, so sagte er, gut einzukaufen. Jeden Morgen fuhr er zum Wochenmarkt und suchte dort eigenhändig die Früchte und das Gemüse aus – »ich kaufe nur das Beste, das Frischeste« –, und inzwischen hatte er auch einige gute Lieferanten für Fleisch und Fisch aufgetan. »Zuerst habe ich alles zurückgeschickt. Sie sind so nachlässig, diese Händler. Jetzt, da sie wissen, daß ich Qualität sehr wohl zu schätzen weiß, ist es anders.« Er nickte befriedigt. »Jetzt rufen sie mich an und berichten, was sie haben, was das beste ist. Ob es mir zu teuer sei? ›Nie‹, antworte ich ihnen. ›Das Beste ist das Billigste. Es *kostet* mich Geld, wenn ich schlechtes Essen serviere und Kunden verliere, ja‹?«

Seine Begeisterung wärmte ihr das Herz. Er war ein paar Zentimeter größer als sie selbst, aber so schmal, daß er insgesamt kleiner wirkte. Er strahlte eine kontrollierte, dynamische Energie aus; Rose kam es so vor, als würden seine weißen Zähne, seine strahlenden Augen und sein festes, glänzendes Haar fortwährend Funken versprühen.

Hektor kam ins Büro, um zu sagen, daß der Raum in Ordnung gebracht sei. Er hatte den Tisch in eine gemütliche kleine Oase verwandelt, mit einem makellosen weißen Tischtuch, einer Vase frischer Blumen und Kerzen.

»Ich gebe Ihnen vier« – er zwinkerte Rose zu –, »und knipse das Licht aus. Dann sieht der übrige Raum nicht so öde aus.« Während Rose noch Hektors Geschick bewunderte, führte Luca Amanda herein.

»Was wird denn hier gespielt? Handelt es sich vielleicht um eine Verschwörung?« Sie bedeutete Luca, ihr die kirschrote Stola von den Schultern zu nehmen und schob sich die Ärmel eines knallengen Pullovers mit rundem Ausschnitt hoch. Dutzende kleiner Goldmünzen klimperten an ihren Ohren. »Kaum trete ich zur Tür herein, da stürzt unser junger Freund hier auf mich zu und fragt mich: ›Für Miss Rose? Hier entlang, bitte.‹ Und dann führt man mich in dieses dunkle Gelaß.« Sie sah sich neugierig um. »Purismus, nicht wahr?«

Rose lächelte. »Schön, dich wiederzusehen. Bestell dir einen Drink, und ich erzähl dir alles.«

Noch nicht einmal zwei Stunden später, nachdem sie die Maiausgabe durchgeblättert hatte und Rose ihr einiges über ihre Vorstellungen und die geplanten Artikel erzählt hatte, erklärte Amanda sich einverstanden, bei der *Attitude* anzufangen.

Rose lehnte sich triumphierend zurück. »Du darfst es dir aber nicht noch einmal anders überlegen, Amanda. Ich brauche dich wirklich dringend. Es würde mir so viel Spaß machen, mit dir zusammenzuarbeiten.«

Amanda blinzelte sie über ihr Whiskyglas – das dritte nachdem sie die Mahlzeit beendet hatten – hinweg an. »Nein. Die *Harmony* macht gerade eine ziemliche Flaute durch. Gordon ist nicht mehr so richtig am Ball. Er hat wirklich nichts anderes als Frauen im Kopf, und seine neue Flamme versteht es, ihn sehr geschickt zu manipulieren. Sie sieht sich selbst als Chefredakteurin, Gott allein weiß warum, und setzt ihm irgendwelche komischen Flausen in den Kopf. Er ist zu vernarrt in sie, um sie in ihre Schranken zu weisen. Und Guy ist irgendwie blockiert. Ich glaube allmählich, daß er nur dann effektiv arbeitet, wenn er in einem guten Team ist, das ihm eine paar Ideen eingibt. Aber er geht ohnehin. Er will Rennpferde trainieren. Nein, es gab natürlich eine Zeit, als ich um keinen Preis der Welt die *Harmony* verlassen hätte; ich habe sogar damals deiner Bella Twyford widerstanden, die es ja, wie du weißt, auch versucht hat, mich wegzulocken. Aber jetzt . . .« Sie nippte wieder an ihrem Glas.

»Guy will Rennpferde trainieren!«

»Oh, er hat sehr viel Ahnung von Pferden. Sein Vater ist früher ein bekannter Pferdezüchter gewesen, aber er hat alles Geld verwettet. Guy war ein ganz guter Amateurjockey – bis zur großen Katastrophe. Er liebt Pferde, aber glücklicherweise, mit dem traurigen Beispiel seines Vaters vor Augen, wettet er selbst nie. Er wird seinen Weg schon machen.«

Hektor kam herein, um zu sagen, daß Amandas Wagen warte. »Aha, das wird mein Taxi sein. Ich fahre jetzt nie mehr selbst. Einmal hat mich die Polizei erwischt, und ich mußte mich entscheiden, ob ich das Trinken oder das Autofahren aufgeben wollte. Das Trinken war stärker.«

Sie lachte herzlich und leerte ihr Whiskyglas. »Schick es mir schwarz auf weiß, Rosie, und wir beide sind im Geschäft.« Sie gab Rose einen freundlichen Klaps auf die Wange und stand auf. Während ihrer gemeinsamen Zeit bei der *Harmony* war Amanda nicht ein einziges Mal beschwipst gewesen, aber nachdem sie jetzt kurz nacheinander drei Whiskys heruntergekippt hatte, befürchtete Rose, daß Amanda inzwischen zur Alkoholikerin geworden sein könnte. Rose sah ihr nach, wie sie mit sicherem Schritt durch das halbleere Restaurant zur Tür steuerte. Beim Hinausgehen raunte sie Hektor etwas zu, was ihn laut auflachen ließ.

Luca trat mit Roses Mantel an den Tisch.

»Ich habe Ihnen wahrscheinlich die ganze Mühe umsonst gemacht«, sagte Rose. »Es sieht aus, als wäre heute abend nicht viel los gewesen.«

Luca zuckte mit den Schultern. »Die Dienstage sind oft sehr ruhig. Ich weiß nicht, ob einige unserer Gäste vielleicht von Ihrer Zeitschrift waren. Ich kenne nicht alle – außer etwa Miss Gillian natürlich.« Er küßte ihre Finger als Ausdruck der Hochachtung. »Ich gehe jetzt. Irgendwann muß ich auch mal früher nach

Hause, und Hektor wird ohnehin noch ein paar Stunden hierbleiben. Darf ich Sie nach Hause fahren, Miss Rosa? Taxis werden jetzt schwer zu bekommen sein.«

»Das ist sehr nett von Ihnen, Luca, aber wahrscheinlich müssen Sie dann einen Umweg machen. Ich wohne in Islington.«

»Das ist in meiner Richtung. Ich wohne in Kentish Town. Kommen Sie.« Bevor sie irgendwelche Einwände erheben konnte, führte Luca sie hinaus. Rose war im Grunde dankbar. Sie war nach einem langen Arbeitstag erschöpft. Nach einem vorbeifahrenden Taxi Ausschau zu halten, kam ihr plötzlich wie die Besteigung des Mount Everest vor.

Lucas Auto war klein, aber bequem. Rose war inzwischen so müde, daß sie ununterbrochen redete, um nicht einzunicken. »Ich muß unbedingt bald Auto fahren lernen. Wenn ich die Zeitschrift in den nächsten sechs Monaten am Leben erhalten kann, dann bekomme ich einen Firmenwagen und einen richtigen Vertrag.«

»Sie sind noch sehr jung, nicht wahr? Sie haben einen wichtigen Job, aber Sie sind eigentlich noch ein Kind.«

»Ein Kind ja nun wirklich nicht«, protestierte Rose. »Ich glaube, ich bin überhaupt nie jung gewesen. Als ich fünfzehn war, habe ich mich wie fünfzig gefühlt. Übrigens sind Sie auch nicht viel älter als ich.«

»Ich bin siebenunddreißig. Italiener in meinem Alter haben meist schon eine ziemlich große Familie. Und Sie, wie alt sind sie? Zwanzig? Einundzwanzig?«

»Achtundzwanzig. Im Januar werde ich neunundzwanzig«, sagte Rose ein wenig pikiert.

Luca lachte. »Sie haben ein weiches Kindergesicht. Möchten Sie, daß ich Ihnen am Sonntag ein paar Fahrstunden gebe? Ich glaube nämlich, Sie werden den Firmenwagen bekommen.«

Rose drehte sich überrascht zu ihm um. Er zuckte mit den Schultern. »Ich fahre gern. Glauben Sie vielleicht, daß alle Italiener wüste Autofahrer sind? Den Ruf haben wir, ja.« Rose sah in der Dunkelheit seine weißen Zähne aufblitzen. »Es stimmt, wir sind ziemlich wüst.«

Rose lachte. »Ich möchte es wirklich gern lernen. Aber Sie haben doch sicher andere Dinge zu tun – mir scheint, daß Sie neben dem Restaurant kaum eine freie Minute haben.«

»Kein Problem. Ich hole Sie am Sonntag morgen ab. Dies ist ein altes Auto. Sie können ruhig ein paar Beulen reinfahren – aber nicht zu viele!«

Das Auto näherte sich Roses Haus, und Rose überlegte krampfhaft, was sie tun sollte. Ob sie ihn hereinbitten müßte? Sie dachte an ihr kleines Appartement, das sie am Morgen in aller Eile verlassen hatte und das wahrscheinlich ziemlich unordentlich aussah. Hatte sie etwas zu trinken da? Kaffee? Sie war hundemüde. Lange würde sie sich nicht mehr auf den Beinen halten können.

»Welches ist Ihr Haus?« fragte er, als der Wagen die Straße entlangfuhr.

»Das dritte auf der linken Seite, das, wo in der Vorhalle noch Licht brennt.«

Er langte an ihr vorbei, um die Tür zu öffnen. »Gute Nacht, Rosa. Schlafen Sie gut.« In seiner Stimme lag keinerlei Erwartung.

»Gute Nacht. Danke.« Sie stieg müde die Treppen zur Eingangstür hinauf und suchte nach dem Schlüssel. Nachdem Luca gesehen hatte, daß sie im Haus war, ließ er den Wagen wieder an. Sie hätte sich keine Sorgen zu machen brauchen. Er hatte ohnehin nicht hereinkommen wollen. Als sie nach einer Katzenwäsche unter ihre Daunendecke geschlüpft war, wurde ihr nachträglich bewußt, daß er sie einfach nur ›Rosa‹ genannt hatte.

Kapitel 32

Die Tage vergingen wie im Fluge. Rose diskutierte mit dem Personalchef Pauls mögliche Versetzung. »Man müßte ihm den neuen Job *anbieten«*, erklärte sie. »Er ist sehr empfindlich. Er würde nicht gehen, wenn er das Gefühl hätte, daß man ihn dazu drängt.«

»Hmm. Er ist schon sehr lange dabei. Ich glaube, PBE hat große Stücke auf ihn gehalten. Und er hat auch für Miss Twyford gearbeitet.« Der Personalchef musterte Rose mit einem kalten Blick. »Sind Sie sicher, daß Sie nicht ein wenig zu weit gehen? Ein erfahrener Artdirektor ist Gold wert.«

»Ich weiß«, sagte Rose. »Ich habe selbst ein bißchen gemischte Gefühle, was das anbetrifft, aber als ich mit ihm über das neue Image der Zeitschrift sprach, da hielt er stur an seinem alten Konzept fest. Wir haben sechs Monate, um das Steuer herumzureißen und zu zeigen, daß die *Attitude* eine Zukunft hat – und das bedeutet, daß wir vieles wirklich von Grund auf verändern müssen. Paul will da einfach nicht mithalten.«

»Und wen hätten Sie gern an seiner Stelle?«

»Amanda Jacques von der *Harmony*.«

»Amanda, ja, natürlich, die will jeder. Aber Sie werden sie nicht bekommen. Das hat schon Miss Twyford versucht, und sie ist daran gescheitert.«

»Amanda ist inzwischen bereit zu wechseln. Ich habe gestern abend mit ihr gesprochen. Meine Vorschläge zum neuen Image der *Attitude* haben ihr gefallen, und sie ist von der *Harmony* enttäuscht. Das Problem ist Paul.«

Gavin Collet lehnte sich in seinem Stuhl zurück. »Sie sind ja wirklich ganz schön aktiv. Nun, in dem Fall können Sie den Rest vertrauensvoll mir überlassen. Ich werde sehen, was wir tun können, um einen Wechsel in die Wege zu leiten – Veränderungen kosten leider immer Geld. Jeder, der sich verändert, wünscht sich eine Gehaltserhöhung, auch wenn er auf der gleichen Stufe bleibt.« Er tippte mit dem Zeigefinger auf den Tisch. »Mr. Littlejohn möchte eine eigene Entwicklungsabteilung für neue Zeitschriftenprojekte aufbauen. Vielleicht würde sich *Arts* augenblicklicher Artdirektor für das Projekt interessieren, und ich könnte Paul dazu bewegen, zur *Art* zu gehen.« Er seufzte schwer. »Sie haben keine Ahnung, welche Probleme Sie mir damit schaffen, junge Dame. Der Chefredakteur von *Art* mag keine Veränderungen. Es gibt übrigens nur wenige Menschen, die die mögen.« Er seufzte noch einmal. »Es wird ziemlich viel Geld kosten. Ist Mr. Littlejohn sich darüber im klaren?«

»Er sagte, ich habe freie Hand, Leute einzustellen oder zu entlassen, solange ich im Rahmen des Budgets bleibe. Ich beobachte unsere Ausgaben ganz genau, und wir versuchen, so viele Artikel wie möglich intern zu schreiben. Ich glaube, wir werden es schaffen.«

»Na, da passen Sie mal gut auf. Ich habe zu viele Zeitschriften – und Chefredakteure – den Bach runtergehen sehen, weil sie ihr Budget nicht in den Griff bekommen haben.« Plötzlich lächelte er. »Ich denke, Sie werden das schaffen. Was Paul angeht – ich werde sehen, was ich tun kann.«

»Aus Sybyls Artikeln könnten wir wirklich mehr machen.«

Rose sah erstaunt die zierliche kleine Volontärin an, die kurz vor PBEs dramatischem Abgang bei der *Attitude* angefangen hatte.

»Was? Sie meinen aus dem Horoskop?«

Sonia Sullivan nickte. »Sybyl ist gut. Ich habe ihre Beiträge immer gelesen. Aber sie ist inzwischen auf eine Seite verbannt worden, die jedesmal wandert, manchmal versteckt zwischen mehreren Seiten mit Inseraten, so daß sie ganz schwer zu finden ist.«

»Aber glauben Sie nicht, daß unsere Leser zu . . .« Rose schluckte das Wort intelligent herunter . . . »intellektuell für

Horoskope sind? Im Grunde ist das doch nur eine Menge Blödsinn, oder? Glauben Sie wirklich, daß jeweils ein Zwölftel der Erdbevölkerung immer genau dasselbe Schicksal hat?«

»Wenn Sie natürlich meinen, daß Astrologen so etwas wie Wahrsager sind . . .« Sonias Stimme klang ein wenig herablassend. »Ja, natürlich, ein oder zwei Sätze pro Monat über alle Stiere oder Löwen oder Wassermänner sind völlig nichtssagend. Aber Sybyl ist ganz anders. Sie hat einen feinen, hintergründigen Humor; auch wenn man skeptisch ist, bringt es trotzdem noch Spaß, ihre Beiträge zu lesen. Die *allgemeine Tendenz* ihrer Aussagen ist übrigens immer erstaunlich akkurat. Prüfen Sie das doch selbst einmal nach.«

Rose sah Sonia neugierig an. Sie selbst hätte es damals, als Anfängerin, nie gewagt, mit Miss Twyford so ruhig und selbstbewußt zu sprechen.

»Und worauf ist Ihr Engagement zurückzuführen?«

»Wir mußten gerade längere Passagen aus ihrem Manuskript herausschneiden, damit es in die Seite paßt. Was übriggeblieben ist, ist nahezu nichtssagend. Auf dem oberen Teil der Seite ist eine blöde astrologische Kartenzeichnung, die völlig unverständlich ist; darum herum ist gerade so viel weißer Platz, daß nur achtzig Wörter pro Horoskop hineinpassen. Wenn ich Sybyl wäre, dann würde ich mir jetzt die Kehle aufschlitzen. Ich habe am Telefon mit ihr besprochen, welche Passagen unbedingt wichtig sind und welche nicht, und sie hat fast geweint. Sie jammerte, sie habe mehrere Tage lang daran geschrieben.«

Rose nahm den Probeabzug in die Hand. »Allerdings, das sieht sehr mager aus. Ich werde mit Paul darüber sprechen.«

»Und schauen Sie, das Ganze ist auf Seite 98, umgeben von Kleinanzeigen für Schönheitssalons und Annoncen für Kurse, wie man sein Heim verschönert.« Sonia war ärgerlich. »Im letzten Monat haben wir Sybyls Kolumne zwischen einer Reiseserie auf Seite 76 untergebracht, und natürlich, wie immer, auf der linken Seite.«

»Aber Kleinanzeigen bringen Geld; die Leute *wollen* informiert werden, wo man Jalousien machen lassen oder sich den Oberlippenbart entfernen lassen kann ...«

»Die Leute lesen aber auch gern, was das Schicksal im kommenden Monat für sie bereithält – sogar die Männer. Sie sollten nur einmal sehen, wie sie in der Untergrundbahn verstohlen die Serie von Patrick Walker im *Standard* aufschlagen. Wenn wir Sybyl mehr Raum geben würden, dann könnte sie uns eine Menge neuer Leser bringen, davon bin ich überzeugt.«

»Gut. Ich werde darüber nachdenken. Das ist ein Bereich, den ich bisher eigentlich kaum beachtet habe. Warten Sie«, rief Rose ihr nach, als Sonia schon in der Tür stand. »Entwickeln Sie mal Ihr *eigenes* Konzept, wie wir die Seite verbessern könnten. Wenn ich mir die Sache genauer angesehen habe, dann können wir uns noch einmal darüber unterhalten.«

Sonia strahlte sie an. »Wirklich? Das würde ich liebend gern tun.«

Rose war beeindruckt. »Ich werde ein Auge auf sie haben«, dachte sie. Übrigens hatte, wie ihr jetzt einfiel, auch Amelia schon immer gesagt, Sybyl sei brillant. Alles war beachtenswert, was der Zeitschrift einen besonderen Charakter, eine besondere Attraktivität verleihen könnte. Nachdenklich schlug Rose ihr zwei Monate zurückliegendes Horoskop in Sybyls Spalte nach:

Eine Zeit der Umwälzungen und der Herausforderungen. Eine unerwartete Chance könnte die Tür zu einem neuen Leben öffnen. Verlassen Sie sich auf die Unterstützung von Menschen, die Sie lieben und von denen Sie geliebt werden, aber vertrauen Sie vor allem Ihrem eigenen Urteil. In finanzieller Hinsicht hervorragende Perspektiven.

Das könnte auf jedermann zutreffen, dachte Rose. Wo, frage ich mich, ist die Unterstützung der Menschen, die mich lieben? Für den kommenden Monat hieß es:

Sie werden schwierige Entscheidungen treffen müssen, und diese werden nicht immer sehr klug ausfallen. Möglicherweise sind Sie einfach zu dickköpfig. Hören Sie auf den Rat eines älteren Freundes oder einer älteren Freundin. Seien Sie wachsam; nicht jeder hat freundschaftliche Absichten.

»Da hast du mal wirklich den Nagel auf den Kopf getroffen‹, dachte Rose. Was war das bloß für ein Blödsinn. Dickköpfigkeit war nun wirklich das letzte, was man ihr vorwerfen könnte. Aber vielleicht hatte Sybyl so wenig Platz, daß sie einfach nichts Wesentliches sagen konnte ... Vielleicht sollte man ihre Seite wirklich vorziehen ..., ihr eine Möglichkeit geben, zu erklären, wie die Astrologie zu verstehen war ..., eine ausführliche Beschreibung zum Sternzeichen des Monats abdrucken ..., vielleicht ... Diese pfiffige kleine Volontärin könnte ja ihre eigenen Ideen in die Seiten einbringen. Rose, du mußt bei den Mitarbeitern Begeisterung wecken – und diese Begeisterung dann nutzen. Du solltest jeden einzelnen dazu ermutigen, über sich selbst hinauszuwachsen. Anne fiel ihr ein, die ihr immer so taktvoll geholfen hatte, ihre Gedanken und Ideen für Aufsätze zu ordnen, und sie dachte an Amelia, die sie immer wieder auf ihre knurrige, humorvolle Art ermutigt und nie die Geduld verloren hatte, als Rose am Anfang so unendlich viele Fragen stellte. Rose mußte selbst lächeln, als sie sich an ihre eigene Naivität und an all die *Fehler* erinnerte, die sie gemacht hatte.

Nach einigen Wochen bemerkte Rose, daß sich die Atmosphäre in allen Redaktionen verändert hatte; überall wehte ein frischer und optimistischer Wind, überall wurde mit Bienenfleiß gearbeitet. Aber seitdem Gail gegangen war, fehlte der *Attitude* eine Redakteurin für die Schönheitsseiten; diese war sowohl für den redaktionellen Teil als auch für die Anzeigenaufträge äußerst wichtig. Sally ging tapfer zu sämtlichen Präsentationen der großen Kosmetikfirmen und hielt die Fahne der *Attitude* hoch. Wenn sie zurückkam, berichtete sie über den Klatsch, der überall über die Zeitschrift im Umlauf war. Von einigen der PR-Frauen, von denen Gail zuvor immer hofiert worden war, wurde sie ziemlich schlecht behandelt.

»Sie wissen eben, daß ich Gails Sekretärin war, und es ist ziemlich klar, daß Gail bei verschiedenen Leuten schlecht über uns geredet hat. Man hat mich gefragt, wer denn wohl die nächste Schönheitsredakteurin sein wird, und einige Leute nehmen offenbar an, die Wahl würde auf mich fallen. Selbstverständlich habe ich diesem Image zu entsprechen versucht.« Sie lächelte. »Ich wünschte wirklich, ich könnte schreiben.«

»Woher weißt du, daß du es nicht kannst?« fragte Rose.

»Oh, ich bin nicht kreativ. Ich bin eine verdammt gute Sekretärin, das weiß ich – ich kann organisieren, und ich vergesse nichts –, aber ich habe keine Ideen.«

»Ich habe für die Schönheit schon jemanden im Auge; ich weiß allerdings nicht, ob sie es machen wird«, erzählte Rose. »Ich glaube, sie wird dir gefallen. Aber wenn du dich in der Zwischenzeit bitte selbst ein bißchen um die Aufnahmen kümmern würdest ... Lally wird auch ein Auge darauf haben, und ich kann ja die Texte schreiben, wenn du mich über die neuesten Produkte auf dem laufenden hältst.«

»O. K., Rose.« Sally war wie immer gutgelaunt und freundlich, aber die neue Aufgabe schien sie nicht besonders zu reizen.

»Komm mit, wir gehen ins ›Löffelchen‹ und essen eine Kleinigkeit«, sagte Rose unvermittelt. Sie hatte ein leeres Gefühl im Magen und fühlte sich ein wenig schwindlig. Sallys Unkompliziertheit und ihr gesunder Menschenverstand erschienen ihr plötzlich als eine willkommene Abwechslung nach den harten und anstrengenden Arbeitsstunden des Vormittags.

Sallys Gesicht wurde plötzlich ernst. »Das wäre wunderbar, aber es ist trotzdem keine gute Idee, Rose. Du kannst jetzt nicht mehr einfach mit den Sekretärinnen zu Mittag essen. Das würde allen möglichen Gerüchten Vorschub leisten. Man würde denken, ich wollte dich aushorchen. Die ganze Atmosphäre würde sich verändern. Im Augenblick herrscht hier so eine Art Hochspannung.«

»Aber du bist meine Freundin«, protestierte Rose.

»Natürlich. Aber nicht während der Bürozeit. Ich gehöre zu deinen Angestellten, du bist meine Vorgesetzte. Aber vielen Dank für die Einladung. Ich weiß sie sehr zu schätzen.« Sie winkte Rose freundschaftlich zu und verließ das Büro. Rose blickte trübsinnig auf die Manuskripte und Briefe, die sich auf ihrem Schreibtisch stapelten. Sie fühlte sich einsam und ein wenig ängstlich. Der nächste Telefonanruf allerdings bewirkte, daß sie wie elektrisiert zusammenzuckte.

»Burton«, klang es tief und volltönend aus dem Telefon. »Ich muß einiges mit Ihnen diskutieren. Bis zum Frühling ist es noch ziemlich lange hin, aber wir müssen schon jetzt eine Strategie entwickeln. Ich habe ein paar Ideen, was die allgemeine redaktionelle Linie angeht. Wir haben noch einige qualitative Recherchen durchgeführt; es fehlen nur noch ein paar winzige Impulse, und dann haben Sie es geschafft.«

»Prima.« Rose versuchte, gelassen zu wirken. Als sie Burtons Stimme hörte, zitterten ihr plötzlich die Knie. Wie sollte sie sich verhalten, wenn sie ihn wiedersah? »Wann?«

»Um 17.00 Uhr heute abend? Wissen Sie, wo mein Büro ist?«

»Bis dahin schaffe ich es nicht. Um 17.00 Uhr habe ich hier noch eine Besprechung. Und 18.00 Uhr? Wäre 18.00 Uhr zu spät?«

Er lachte leise. »Gut, dann also um 18.00 Uhr.«

18.00 Uhr – dann könnte sie noch schnell nach Hause gehen und sich ihr neues Yves-Saint-Laurent-Kostüm anziehen, das sie, als sie Chefredakteurin der *Attitude* geworden war, für erschreckend viel Geld gekauft hatte. Das Kostüm würde ihr hoffentlich helfen, einen selbstbewußten und kompetenten Eindruck zu machen. Das würde ihr nämlich bei Burt ganz und gar nicht leichtfallen.

Kapitel 33

Burtons Werbeagentur, Sturminster, Tillotson und Newton, befand sich in einem der kürzlich umgebauten Warenhäuser im Covent Garden. Der Boden des Erdgeschosses war mit einem roten Teppich ausgelegt, die Wände waren kanariengelb, und gläserne orangefarbene Raum-Trennwände gaben dem Besucher den Eindruck, als stünde die ganze Etage in Flammen.

»Mr. Tillotson«, sagte Rose mit gespieltem Selbstbewußtsein zu der Rezeptionistin hinter dem gelb-rot blinkenden Tresen.

Als die junge Frau den Hörer abnahm, lächelte sie verstohlen. »Miss Summers?« fragte sie mit einem Blick in ihren Terminkalender. »Burt erwartet Sie. Sechster Stock. Der Aufzug ist linke Hand.«

»Die Farben hier sind wirklich eindrucksvoll, äußerst eindrucksvoll und imposant«, plapperte Rose, als sie in Burtons Büro ankam. Sein eigenes Zimmer war grün. Ein grasgrüner Teppich, gelbgrüne Wände, in grünweißem Gänseblümchenmuster bedruckte Jalousien, die vor den Fenstern halb herabgezogen waren. Rose fühlte sich kurzatmig, linkisch. Sie strich sich den Rock ihres teuren Kostüms glatt und dachte an die Knitterfalten, die sich immer dort zeigten, wo er sich über den Hüften spannte. Sie hoffte, Burton würde nicht bemerken, wie mollig sie war.

»Das Orangerot ist zur Anregung gedacht. Ich möchte, daß jedermann in meiner Umgebung vor guten Ideen nur so sprudelt. Genau das sollen diese feurigen Farben im Parterre bewirken.«

»Die Farben hier sind aber nicht feurig.«

»Nein, hier ist der Ort, wo ich nachdenke, meditiere, wo ich zu mir selbst komme.« Er lächelte sie an und stand auf. »Alle Werbeleute sind Angeber. Wie sonst sollten wir sonst wohl genug Begeisterung wecken, um Rasierapparate und Deo-Sprays zu verkaufen? Jetzt setzen Sie sich neben mich auf meine Meditationscouch, und ich erkläre Ihnen, was wir uns für die *Attitude* überlegt haben. Wirklich, seit langer Zeit der erste Auftrag, den ich richtig spannend finde.« Er ging vor ihr zu einem riesengroßen tannengrünen Samtsofa, das eine ganze Wandseite einnahm. Davor stand ein massiger, grüngefleckter Holzblock, der als Tisch diente.

Rose fürchtete, Burton könne hören, wie laut ihr Herz klopfte, und rückte deshalb ein wenig von ihm ab. »Auf mich jedenfalls hat Grün keine beruhigende Wirkung«, dachte sie, und versuchte verzweifelt, sich auf Burtons Skizzen und Notizen zu konzentrieren.

Er war sich offensichtlich nicht bewußt, welche heftigen Gefühle er bei ihr ausgelöst hatte; sehr sachlich, selbstbewußt und gelassen sprach er über das neue redaktionelle Konzept und die Verkaufschancen der neugestalteten *Attitude*. »Sie werden ein bißchen kämpfen müssen. Viele Inserenten sind an Zeitschriften gewöhnt, in denen ein eifriger Journalist sich in allen Einzelheiten darüber ausläßt, wie gut Poncys Haarfarbe ist – und zwar genau gegenüber – nun raten Sie mal! – einer Farbanzeige für Poncys Haarfärbemittel. Wie ich den Notizen, die Sie mir gegeben haben, entnommen habe, wollen Sie sich sozusagen mit Ihren Lesern verbünden, deren Vertrauen in die Objektivität des redaktionellen Teils wecken – ist das richtig?«

»Ja. Ja, ich hoffe, daß mir das gelingt.«

»Gut, damit ziehen Sie sich den Leserkreis heran, den jeder Werbemann, der sein Geld wert ist, eigentlich ansprechen möchte. Aber leider gibt es nicht viele solcher Inserenten. Manche werden wahrscheinlich ziemlichen Druck auf Sie ausüben, damit Sie Ihre Prinzipien aufgeben. Meine Agentur hat auch gelegentlich von ihren Grundsätzen abweichen müssen, um einen Klienten zufriedenzustellen.« Er zuckte mit den Schultern. »Sie werden das selbst feststellen, wenn James Littlejohn sich in der Bilanz die Zeile mit den Werbeeinkünften ansieht. Haben Sie Ihre Vorstellungen mit ihm durchgesprochen?«

»Nein, aber ich habe ihm mein schriftliches Konzept gegeben und darin einiges zu diesem Problem ausgeführt.«

»Sie müssen Ihre Ansichten ganz deutlich formulieren. Sie brauchen in diesem Punkt unbedingt seine Unterstützung. Haben Sie übrigens im Hinblick auf die künstlerische Gestaltung etwas unternommen? Ich wollte vor dem allmächtigen Littlejohn nicht allzu starke Worte benutzen, aber augenblicklich sieht das Layout ziemlich öde aus. Geziert und tuntig und fürchterlich brav ...«

»Ich weiß. Demnächst wird Amanda Jacques für uns arbeiten.«

Burton pfiff durch die Zähne und warf Rose einen respektvollen Blick zu. »Toll. Die Frau ist absolute Spitze. Haben Sie auch an neue Themenbereiche gedacht – Haus- und Grundbesitz, Autos, neue Technologie? Die Frauen von heute sind ebenso wie die Männer interessiert an Computern, Laserstrahlen und dergleichen, nicht wahr?«

Er schlug ein paar Ordner mit Statistiken auf. »Jetzt verlieren Sie nicht den Mut, Mrs. Chefredakteurin«, ermahnte er sie, als er sah, wie entsetzt sie auf die Zahlen starrte. »Sie brauchen nicht alles von vorn bis hinten zu lesen – nur das Wichtige. Sehen Sie, hier ist ein Bereich, in dem sehr viel Wachstum möglich ist.«

Nach einer Stunde hatte Rose so viele Zahlen gehört und so viele verschiedene Ideen diskutiert, daß ihr der Schädel brummte. Burtons Begeisterung für die *Attitude* faszinierte sie, obwohl eine leise warnende Stimme sie daran erinnerte, daß er schließlich ihr Kunde war; wahrscheinlich sprach er mit demselben Elan zu den Herstellern von Rasierapparaten und Deo-Sprays, über die er sich vorhin so verächtlich ausgelassen hatte.

»O. K., jetzt haben wir uns aber wirklich etwas zu essen verdient.« Burton stand auf, streckte sich und reichte ihr die

Hand, um ihr beim Aufstehen zu helfen. »Wau, was für ein Gewicht«, grinste er. »Ich bin nicht sicher, ob Sie *wirklich* etwas essen sollten.« Sein Lächeln war harmlos und freundlich, aber Rose wurde feuerrot.

»Ich könnte jetzt bestimmt etwas zu essen vertragen«, bemerkte sie indigniert. Burt warf den Kopf in den Nacken und lachte. »Wer wird denn gleich beleidigt sein, Mrs. Chefredakteurin. Sie wären das perfekte Modell für Rubens, allerdings sind Sie dafür natürlich viel zu dynamisch. Seine Frauen wirken auf mich immer furchtbar träge. Sagen wir also lieber Picasso. Oder Renoir. Die haben keine Sekunde Zeit auf dünne Frauen verschwendet. Betrachten Sie sich als ein Ölgemälde.«

Er hatte ihren Arm unter seinen geschoben und verließ mit ihr das Büro. »Mantel? Nein? Kein Mantel, nur das perfekt geschnittene Kostüm – Yves Saint Laurent, hab' ich recht? Wirklich extravagant – das ist übrigens etwas, was ich liebe, Extravaganz. Keine Geduld mit heuchlerischen, knickrigen, geizigen kleinen Spießern. Von denen wird mir speiübel. Also, wohin gehen wir jetzt – irgendwohin, wo es besonders elegant oder wo es besonders lecker ist – oder vielleicht auch beides?«

»Sie haben mich noch gar nicht gefragt, ob ich Zeit habe«, beschwerte sich Rose.

»Wenn nicht, dann rufen Sie den Glücklichen, der schon seit Stunden danach lechzt, Sie in die Arme zu schließen, einfach an und sagen Sie ihm, Sie hätten eine wichtige geschäftliche Verabredung . . . oder wollen Sie sich nur ein bißchen interessant machen?« Er streckte den Kopf vor und starrte ihr prüfend in die Augen. Rose fand seinen langgestreckten Hals plötzlich so komisch, daß sie laut zu lachen anfing.

»Ich will mich nur interessant machen«, bestätigte sie. »Sie sind übrigens viel zu frech.«

»Ich weiß. Das ist eine meiner Stärken. Also gut, gehen wir ins *Le Gavroche*.«

Vor dem Bürogebäude parkte ein stahlblauer Bentley. Als

Rose und Burton erschienen, sprang der Fahrer heraus und öffnete die Tür.

»Dies ist Charles. Er ist ein miserabler Fahrer, aber er trinkt nicht – und ich trinke.« Er knuffte Charles in den Arm. »Hab' ich gewonnen?«

»Um einen kurzen Kopf geschlagen, Burt.«

»Die Wette haben wir verloren. Na gut, dann eben das nächste Mal. Le Gavroche, aber fahr nicht über Brighton.« Er wandte sich Rose zu. »Er hat überhaupt keinen Orientierungssinn und ist unfähig, eine Karte zu lesen, nicht wahr, Charles? Lieben Sie übrigens Pferde, Rose?«

»Ich weiß es nicht, ich habe noch nie eins kennengelernt.«

»Ich nehme Sie mal mit, dann können Sie sich mein Pferd, Blue Steel, ansehen, wenn Sie schön brav sind. Das ist ein vielversprechender Dreijähriger.«

»Vielversprechend sind sie alle«, bemerkte Charles und zwinkerte Rose im Rückspiegel zu.

Rose konnte kaum etwas essen. Eine Köstlichkeit nach der anderen wurde ihr vorgesetzt, aber sie spielte nur damit herum. Burton dagegen aß mit gutem Appetit, redete dabei wie ein Wasserfall, und wenn er zu Ende gegessen hatte, tauschte er seinen leeren Teller kommentarlos gegen ihren aus und aß ihn ebenfalls völlig leer. »Ich darf den Küchenchef nicht verärgern«, bemerkte er augenzwinkernd.

Rose wußte nicht, wie sie auf Burt reagieren sollte. Er war anders als die Männer, denen sie zuvor begegnet war, talentiert, selbstbewußt, erfolgreich, reich, amüsant. Ihr Gesicht glühte, und ihr Atem ging schnell und flach. Nur als Burt noch einmal kurz die *Attitude* erwähnte, war sie fähig, sachlich zu reagieren. Gott sei Dank schien er ihre innere Unruhe nicht zu bemerken, redete ununterbrochen über die Agentur, Pferde, seine persönlichen Vorlieben, die Malerei und seinen Widerwillen gegen die Oper.

»Warum mögen Sie keine Opern?« rief sie entsetzt aus. »Haben Sie denn gar nichts für Musik übrig?«

»Doch, natürlich. Jazz. Elvis Presley. Die Filmmusik von *Oklahoma* und *Annie Get Your Gun* und *Guys and Dolls* ...«

»Aber das ist doch schrecklich!«

Er runzelte die Stirn. »Warum?«

»Mein Gott, das ist alles so oberflächlich. Überhaupt keine Tiefe, kein Gefühl ...«

»Ganz schön arrogant, die Dame. Im Gegenteil. Man sieht da mehr feuchte Augen und lächelnde Münder als bei den blöden Klassikern. Und Jazz! Jazz ist extrem gefühlvoll – denken Sie doch nur an den Blues, die Musik, die die amerikanischen Neger aus dem tiefen Süden bei Beerdigungen spielen, die Sklavenlieder. Da gibt es sehr viel Sentimentalität, sehr viel Gefühl. Ich mach Ihnen einen Vorschlag«, bemerkte er und rief nach der Rechnung. »Sie nehmen mich mit in die Oper, und ich nehme Sie mit zu Ronnie Scotts – und dann sehen wir mal, ob wir uns gegenseitig bekehren können. O. K.?«

Roses Herz begann, vor Freude heftig zu klopfen. Das bedeutete, sie würde mindestens noch zweimal mit ihm zusammensein – dreimal, wenn er darüber hinaus den Besuch bei Blue Steel nicht vergaß. »O. K.« Sie versuchte, möglichst gleichmütig zu klingen.

»Also gut. Charlie, setz mich zu Hause ab und fahr unsere Mrs. Chefredakteurin, wohin sie will. Morgen um Punkt acht Uhr vor meinem Haus. Aber stell deinen Wecker, du fauler Hund.«

Er stieg vor einem Block altmodischer Appartementwohnungen in der New Cavendish Street aus, und der Fahrer fuhr Rose schnell und sicher nach Islington. Sein Fahrstil und sein Orientierungsvermögen waren ganz ausgezeichnet, und Rose war in ungefähr zehn Minuten vor ihrem Haus angelangt. Glücklich, wie auf Wolken schwebend, öffnete sie die Tür. War sie jetzt wirklich verliebt? Obwohl sie diesen Mann nur zweimal getroffen hatte? Sie lehnte sich gegen die Wand des Korridors und schaute mit verschleiertem Blick auf die Stuckrose an der Decke. Zweifellos mochte er sie – oder hofierte er sie nur als zahlungskräftige Klientin? Aber er war in keiner Weise verpflichtet gewesen, sie einzuladen. Dieser Gedanke tat ihr wohl, und sie stieg erwartungsvoll und mit klopfendem Herzen die Treppe hinauf in ihren Salon im zweiten Stock.

Kapitel 34

»Weißt du, ich betrachte das Schreiben über Kosmetikprodukte als eine Form von Verbraucherschutz.« Liz Hindon schnitt mit eleganten Bewegungen eine Spitze ihres Filetsteaks ab, bestrich sie dick mit Kräuterbutter und schob sie sich in den Mund. »Ich will die Vorzüge oder die Wirkung besonders der teuren Produkte analysieren ... haben sie überhaupt eine Wirkung? Sind sie ihr Geld wert? Wieviel bezahlt der Verbraucher für die Verpackung?« Liz warf Rose einen prüfenden Blick zu. »Es wäre sinnlos, von der *Harmony* wegzugehen, wenn ich bei dir unter denselben Bedingungen schreiben müßte wie dort. Gordon würde vor Wut platzen, wenn ich sagte, die Marke *Manhattan* ist genausogut wie das 30-Pfund-Cremedöschen einer teuren Kosmetikfirma, auch wenn letzteres wie eine Zwiebel in Informationsblätter über medizinische Analysen eingewickelt ist. Würdest du solche etwas ungewöhnliche Berichterstattung über Schönheitsprodukte zulassen?«

»Nun, also ... ja.« Nach ihrem Abendessen mit Burton war Rose nervös geworden. Konnte die Zeitschrift ihre redaktionelle Unabhängigkeit bewahren *und* zugleich lebensfähig sein? Sechs Monate erschienen ihr beängstigend kurz. »Du weißt es besser als ich, Liz, daß es die Inserenten sind, die die Miete zahlen. Ich kann sie nicht alle vor den Kopf stoßen.«

»Natürlich nicht. Es gibt bestimmte Möglichkeiten, die Tatsachen so zu verpacken, daß deutlich wird, was gemeint ist. Ich selbst habe die Leser noch nie für dumm gehalten. Wenn sie wissen, daß sie deinem Urteil vertrauen können, dann bleiben sie bei der Stange. Das Ganze nennt sich dann redaktionelle Integrität, nicht wahr?« Liz lächelte. »Und was hältst du von Humor? Mich machen diese ganzen verkniffenen Artikel so furchtbar müde.«

»Ja, natürlich, ohne Humor geht gar nichts!« rief Rose. »Und ein paar neue Ideen bei den Fotos. Keine blasierten, dümmlichen Schönheiten mehr. Frauen mit Charakter und Intelligenz . . .«

»Und einer guten Haut«, warf Liz trocken ein.

Am Ende des Mittagessens war Rose überzeugt, daß sie Liz Hindon bei der *Attitude* haben wollte, aber sie bekam noch keine definitive Antwort.

»Ich würde gern noch mal darüber nachdenken.«

Ein wenig frustriert rief Rose Amanda an. »Sie ist vorsichtig, weil sie einen Mann hat, der praktisch kein Einkommen hat – er ist Dichter! – und drei Kinder unter fünfzehn«, erklärte Amanda. »Ich nehme an, daß sie letztlich kommen wird. Aber dräng sie nicht. Sei geduldig.«

»Ich habe nicht die *Zeit*, um geduldig zu sein . . . ich brauche sie *jetzt*. Und *du* solltest auch am besten sofort anfangen.«

»Also, meine Liebe, ich *habe* schon angefangen. Ich habe ein visuelles Konzept ausgearbeitet. Ich habe ein neues Logo entwickelt, das ich dir zeigen möchte; die Seite mit dem Inhaltsverzeichnis neu gestaltet, so daß sie – du weißt, daß ich normalerweise nicht gerade protze – wirklich Eindruck macht. Schau, wir gehen abends mal essen, und dann zeig ich dir ganz genau, was ich meine. Würde dir Mittwoch passen? Großartig.«

In bester Stimmung machte sich Rose auf den Weg zur Werbeabteilung. Christine Finnegans vier Mitarbeiter waren über den Tisch der Sekretärin gebeugt. Sie zeigte ihnen eine Bluse, die sie in der Mittagspause im Sonderangebot gekauft hatte. Als Rose auftauchte, blickten sie erschrocken auf. Die Sekretärin senkte verwirrt und nervös den Blick. Rose lächelte freundlich und verständnisvoll, klopfte leicht an die Tür der Werbeleiterin und betrat ihr Büro. Christine Finnegan döste in ihrem Schreibtischsessel. Ein Dunst von Alkohol erfüllte den Raum.

Angewidert kehrte Rose ins Vorzimmer zurück. »Ich denke, Sie sollten Christine jetzt besser einen starken Kaffee bringen«, forderte sie die verstörte Sekretärin auf. Dann blickte sie herausfordernd in die Runde. »Ich bin froh, daß Sie gerade alle anwesend sind. Ich wollte mich gern mit Ihnen über die neue *Attitude* unterhalten. Ich nehme an, daß Sie inzwischen alle das neue Konzept gelesen haben?«

Zögerndes Kopfnicken, halbherzige Zustimmung.

»Dann würde ich gern etwas über Ihre Reaktion und vor allem die der Agenturen erfahren.«

»Die Reaktionen sind jeweils sehr unterschiedlich«, stellte ein sehr junger, sehr gutaussehender Mann zögernd fest. »Die Agenturen mit den dicken Budgets, die zehn oder zwölf Doppelseiten pro Jahr buchen, setzen uns ziemlich unter Druck.«

»Wieso unter Druck?«

»Wir sollen die Anzeigen an eine Stelle setzen, die für das Produkt relevant ist . . . Werbung für Mode in der Nähe der Modeseiten, Lebensmittelwerbung in der Nähe der Kochseiten . . . aber Sie wollen ja den redaktionellen Teil der Zeitschrift von Werbung freihalten.«

Rose nickte. »Weil ich meine, die Leser mögen es nicht, wenn die Artikel und Fotoseiten ständig von Anzeigen unterbrochen werden. Und so, wie die Anzeigen vorher plaziert waren, sahen sie aus, als gehörten sie zum redaktionellen Teil.«

»So macht man das eben«, murmelte der junge Mann.

»Ich bin Ruth Butterfield«, stellte sich eine der jungen Frauen vor. »Ich betreue die Anzeigen der Reisebüros. Übrigens – wie ich sehe, wollen Sie regelmäßig Beiträge über Autos bringen.«

Rose nickte.

»Das ist Platzverschwendung. Frauen kaufen keine Autos.«

Rose runzelte die Stirn. »Das kann wohl nicht stimmen. Mir liegen einige Untersuchungsergebnisse aus Amerika vor, die besagen, daß Frauen nicht nur einen großen Einfluß auf die Entscheidung haben, die von der Familie getroffen wird, sondern auch für sich selbst Autos kaufen.«

»Oh, Amerika!« Ruth zuckte mit den Schultern und unterdrückte, während sie die Blicke ihrer Kollegen suchte, ein Lachen.

»Und ich habe«, fuhr Rose unbeirrt fort, »die Frage auch von einigen englischen Marktforschungsinstituten untersuchen lassen, die mir bestätigt haben, daß dasselbe auch für die Verhältnisse in Großbritannien gilt. Soviel ich weiß, besitzen Sie alle einen Firmenwagen?«

Die vier nickten gelangweilt.

»Nun, drei von Ihnen sind Frauen; zusammen mit Christine sind das 80 Prozent weibliche Autofahrer in dieser Werbeabteilung ... Haben Sie Ihre Autos selbst ausgesucht?«

»Mehr oder weniger«, bestätigte eine junge Frau, die nicht ganz so auffällig und protzig gekleidet war wie ihre beiden Kolleginnen. »Es mußten britische Autos sein, und sie durften eine bestimmte Preisgrenze nicht überschreiten.«

»Sehen Sie.« Rose lächelte freundlich. »Und so läuft das heutzutage überall. Die Autohersteller entdecken, daß wir ihnen einen neuen Markt erschließen.«

Aus den Gesichtern konnte Rose ablesen, daß ihre Zuhörer nicht besonders überzeugt waren.

»Ich glaube daran, eine gute Zeitschrift für die Leser zu machen, und wenn die Inserenten diese Leser erreichen wollen, dann werden sie auch bei uns inserieren.«

»Sie können die Inserenten nicht vor den Kopf stoßen«, wandte Ruth Butterfield mit einem wissenden Lächeln ein, »*sie* sind es, die die Zeitschrift zu einem finanziellen Erfolg machen – nicht die Leser.«

»Nun, dieser Erfolg ist allerdings bereits seit einigen Jahren ausgeblieben.« Rose lächelte noch immer. »Und Sie haben die Werbung bisher immer auf die wichtigsten Seiten der Zeitschrift plaziert. Es hat nichts geholfen.«

Christine, ein dümmliches Lächeln im Gesicht, trat schwankend aus ihrem Büro. »Ah, Rose, ich bin froh, daß ich Sie hier treffe. Jetzt können wir endlich unser kleines Gespräch führen, wenn Sie die Zeit haben, allerdings muß ich sagen, daß mir heute nachmittag der Schädel brummt. Ich mußte Steward Donhead zu einem dieser feuchtfröhlichen Mittagessen einladen, Sie wissen schon . . .« Sie kicherte und knuffte Rose in die Seite.

»Ich weiß hier leider gar nichts.« Roses Stimme klang eisig. »Ich habe gerade mit Ihrem Team gesprochen. Mir sind die Vorbehalte vorgetragen worden, was das neue Konzept und die neue Tendenz der *Attitude* angeht. Ich frage mich . . . vielleicht wäre es eine gute Idee, wenn Sie bei unserer nächsten Redaktionssitzung dabeiwären; dann würden Sie erfahren, was in den anderen Redaktionen vor sich geht. Überlegen Sie sich vor allem ein paar Verkaufsargumente, die Sie an Ihre Anzeigenverkäufer weitergeben könnten.«

»Was für eine wunderbare Idee, Rose«, hauchte Christine mit gespielter Begeisterung und ergriff dann abrupt einen Stuhlrücken, um sich daran festzuhalten. »Aber mein Terminkalender ist dermaßen voll . . .«

»Das nächste Meeting ist am Donnerstag um neun Uhr, und es dauert nur eine halbe Stunde. Ich bin sicher, daß sogar Sie dreißig Minuten erübrigen können. Wenn nicht, dann könnte vielleicht Ihr Kollege oder eine Kollegin dabeisein.«

Christines Augen funkelten giftig. »Das ist leider völlig unmöglich.« Sie öffnete den Mund, verschluckte dann aber das, was sie sagen wollte, und bemerkte hastig: »Ich werde kommen.«

»Gut. Bis dann also.« Rose lächelte kurz in die Runde und verließ das Vorzimmer. Offensichtlich lag hier einiges im argen; die gesamte Abteilung brauchte neue Perspektiven, neuen Schwung. Rose erinnerte sich daran, daß Amelia einmal gesagt hatte, es sei klüger, die Mitarbeiter um Hilfe zu bitten, als allein zu kämpfen. Rose war keine Expertin in Sachen Werbung, aber sie wußte jemanden, der sich wirklich auskannte. Als sie in ihr Büro zurückkam, rief sie Frank Marnhulls Sekretärin an, um einen Termin für ein Gespräch zu vereinbaren. Er hätte gewiß ein paar Ideen, wie man die Werbeabteilung wieder auf Vordermann bringen könnte.

Vier Wochen später kam Paul in Roses Büro, um ihr die traurige Mitteilung zu machen, daß man ihm einen sehr wichtigen Posten bei einer anderen Zeitschrift des Binder-Verlagsimperiums angeboten habe. Zwar, so betonte er, fiele es ihm sehr schwer, Rose in dieser Situation im Stich lassen zu müssen, aber diese Chance müsse er unter allen Umständen wahrnehmen. Seine Augen glitzerten vergnügt und boshaft, und zur Abwechslung sah er geradezu gutgelaunt aus. »Ich werde Artdirektor der *Art*«, schwärmte er. »Die Zeitschrift ist total avantgardistisch; sie hat in der Kunstszene einen hervorragenden Ruf. Natürlich ... ich habe so viele Freunde, die Künstler sind – ich kann verstehen, daß sie mich unbedingt haben wollen. Der Chefredakteur, Oliver Pretty, ist ein richtiges *Schätzchen* – er sagte, er habe das, was ich für die *Attitude* getan habe, immer sehr zu schätzen gewußt.«

Paul sah Rose triumphierend an. Sie wünschte ihm alles Gute und bemühte sich, eine untröstliche Miene aufzusetzen. »Ich hoffe, daß Chris und Joe den Laden eine Zeitlang allein schmeißen können«, sagte er grinsend. Auf seinem Gesicht malte sich ein Ausdruck befriedigten Zweifels. »Jedenfalls, bis Sie jemand anders finden. Oliver möchte, daß ich *sofort* bei ihm anfange.«

»Dann werden wir wohl irgendwie ohne Sie fertig werden müssen«, bemerkte Rose.

Amanda hatte ihr bei einem gemeinsamen Mittagessen einige glänzende Entwürfe für Titelseiten vorgelegt und ihr das neu entworfene, einprägsame Logo gezeigt. Rose hatte sich in ihrem Büro einige der Titelblattentwürfe an die Wand gepinnt – zusammen mit den Titelblättern einiger konkurrierender Zeitschriften. »So ungefähr wird die Mischung dann am Kiosk wirken«, hatte Amanda festgestellt, während sie sich die Wand kritisch betrachtete. Die neue *Attitude* fiel deutlich ins Auge. Amanda hatte zwei Seiten für das Inhaltsverzeichnis vorgesehen; die Überschriften der Artikel wurden durch farbige Großbuchstaben hervorgehoben und die Inhalte durch einige sorgfältig ausgewählte Fotos angekündigt.

»Man muß seine Beute möglichst früh fangen, das haben schon die Jesuiten immer gesagt«, erklärte Amanda. »Warum sollte man den Inhalt nicht groß ankündigen, wenn er doch gut ist?«

Fasziniert forderte Rose sie auf, in diesem Stil weiterzumachen. Insgeheim dankte sie Gavin Collet. Ihm war es gelungen, das Problem Paul aus der Welt zu schaffen. Die Augustausgabe mit Amandas Layout würde ein Knüller werden.

Als sie am Sonntagmorgen zwischen einem Haufen von Sonntagszeitungen auf dem Fußboden ihres Wohnzimmers saß und einige Stories ausschnitt, die es wert waren, weiter verfolgt zu werden, klingelte es. Sie hüllte sich in ihren Morgenmantel und öffnete: Luca stand vor der Tür.

Er lächelte. »Sie sind nicht bereit für unsere Fahrstunde, Rosa?«

Sie hatte sein Angebot völlig vergessen.

»Kommen Sie rein, Luca, es tut mir leid; oh Gott, ist es schon so spät? Ich hab es gar nicht gemerkt. Ich war gerade dabei, einige Artikel auszuschneiden.« Verwirrt raffte sie die Zeitungen zusammen. »Möchten Sie eine Tasse Kaffee? Ich muß mich nur schnell anziehen.«

»Macht nichts. Ich setze mich hierher und lese einfach um die Löcher herum.« Er hielt eine Doppelseite in die Höhe, die eine größere Operation über sich hatte ergehen lassen müssen.

Rose ließ ihn im Wohnzimmer zurück, um sich anzuziehen. Wenn dies nun Burton Tillotson anstelle von Luca gewesen wäre – sie wäre vor Scham im Boden versunken. In ihrer Phantasie sah sie sich, so wie im Film, in einem weißen Seidenmorgenrock zur Tür schreiten, mit langem, blondem Haar und einer schmalen, biegsamen Taille. Sie starrte in den Spiegel: In ihrem flauschigen blauen Morgenmantel sah sie aus wie ein überdimensionales Plüschhäschen; ihr eben gewaschenes Haar kräuselte sich in die verhaßten kleinen Löckchen. Wie konnte sie hoffen, daß ein so attraktiver Mann wie Burton sie anziehend finden würde? Sie zwängte sich hastig in einen marineblauen Cordrock und einen dunkelgrünen Pullover und kehrte zu Luca zurück.

Unerwarteterweise machte ihr das Autofahren Angst. Sie hatte sich vorgestellt, daß sie sich hinter das Lenkrad setzen und innerhalb weniger Minuten die Landschaft an sich vorbeigleiten sehen würde. Als sie dann aber beim Starten die Kupplung kommen ließ, machte das Auto erst einmal unter fürchterlichem Krach einen Satz nach vorn und tuckerte dann nur sehr langsam voran.

»Beide Füße fest nach unten, beide Füße nach unten«, sagte Luca mit leiser, beruhigender Stimme, und das Auto blieb stehen. »Wenn Sie das Gefühl haben, daß der Motor anspringt, dann müssen Sie die Kupplung langsam kommen lassen und aufs Gaspedal drücken. Jetzt versuchen wir es noch einmal.«

Nach einer Stunde sah Rose Luca mit flehenden Blicken an. »Es hat keinen Zweck. Ich werde nie Auto fahren lernen. Es ist zu gefährlich. Ich werde wahrscheinlich den erstbesten Fußgänger totfahren.«

»Sie sind zu ungeduldig, Rosa. Sie möchten in *allem* sofort Erfolg haben. *Subito*. Für heute genügt das erst einmal. Jetzt lade ich Sie zum Mittagessen ein. Sie müssen vor allem die Ruhe bewahren.«

Sie aßen in einem kleinen, sehr sauberen, bescheidenen italienischen Restaurant in Highbury zu Mittag. »Bellissimo, genauso sind die meisten Restaurants in Italien, und am Sonntag geht dann die ganze Familie dorthin zum Mittagessen«, erklärte Luca. »In Italien schließen wir die Kinder nicht aus. Sie kommen mit ihren Eltern und Großeltern, und dann sitzen alle gemeinsam um den Tisch herum. Das ist gut, nicht?«

Rose dachte an die wenigen Male, als sie mit ihren Eltern ein Restaurant besucht hatte.

»Vielleicht. Ich glaube, die Engländer essen normalerweise nicht im Restaurant ...«

»Sie haben keine Liebe und keine Geduld zum Essen«, unterbrach Luca sie heftig. »Fettigen Bratfisch und Fritten, ja? Hühnchen wie Gummi, gefrorenes Gemüse, bäääh.« Er lächelte entschuldigend. »Sorry. Ich werde ganz traurig, wenn ich sehe, daß soviel schlechtes Essen gegessen, daß soviel gutes Essen schlecht gekocht wird. Warum? Faulheit, Gleichgültigkeit?«

Rose lächelte. »Sie müssen ein bißchen toleranter sein, Luca. Es gibt auch Ausnahmen. Meine Mutter ist eine sehr gute Köchin. Vielleicht nicht gerade sehr erfindungsreich – außer bei Kuchen und Gebäck. Sie macht diese tollen, bunten, glasierten Torten für die Nachbarn, wenn eine Hochzeit oder ein Geburtstag gefeiert wird.« Rose sah wehmütig an sich herab. »Im Grunde ist sie dafür verantwortlich, daß ich dick bin. Als ich klein war, habe ich immer den Zuckerguß aus der Schüssel gekratzt und alle Kuchenreste gegessen, wenn sie einen Kuchen in eine bestimmte Form geschnitten hat.«

Er lächelte und schaute ihr in die Augen. »Und was stört Sie daran?«

»Die Folgen stören mich. Den Kuchen selbst habe ich natürlich gern gegessen.«

Es war angenehm, sich mit Luca zu unterhalten. Er hörte gut zu und schien an allem interessiert zu sein. Am Ende der Mahlzeit hatte Rose ihm von ihren Jungmädchenplänen, bei einer Zeitschrift zu arbeiten, erzählt, von Anne Martins und ihres Vaters anfänglicher Mißbilligung, die jedoch bei ihrem Vater in Bewunderung umschlug, als er das erste Mal feststellte, daß sie mehr als er selbst verdiente und sich ein eigenes Haus kaufen konnte. Rose erzählte Luca auch einiges über ihre Zukunftspläne. Nur ihre kurze Ehe mit Roger erwähnte sie nicht.

»Und keine Männer, keine Affären?«

Rose wurde rot. »Nein, eigentlich nicht. Ich habe einen Mann getroffen, der mir wirklich gefällt, aber ich kenne ihn noch nicht lange. Wir gehen demnächst zusammen in die Oper. Er mag die Oper nicht besonders, aber ich werde versuchen, ihn zu bekehren. Ich liebe Opernmusik.«

Luca machte plötzlich ein trauriges Gesicht. »Ich gehe mittlerweile nicht mehr in die Oper. Mein Vater hat meine Mutter wegen Orestia de Cruz verlassen – Sie haben doch sicher von ihr gehört?«

Rose nickte. Orestia de Cruz war eine berühmte Sopranistin, die ihre Auftritte oft in letzter Minute absagte. Alan hatte Rose erzählt, das Opernhaus habe schließlich mit ihr die Geduld verloren und sie bekomme jetzt kaum noch Engagements.

»Ich liebe die Oper. Ich habe früher auch gesungen.« Luca sah Rose ein wenig wehmütig an. »Aber nicht gut genug. Mein Vater war sehr enttäuscht von mir; die Oper ist seine große Leidenschaft. Und dann wollte er gern, daß ich Banker werde. Können Sie sich das vorstellen – ich als Banker?« Er wandte sich Rose zu und lächelte sie an. »Wir haben dann mit der Informatik und den Computern einen Kompromiß gefunden, aber ich habe mir nie vorgestellt, daß ich mein ganzes Leben vor einem Computer verbringe. Für die Abschlußprüfung habe ich mich überhaupt nicht angestrengt und bin natürlich durchgefallen, und er war schrecklich wütend. Da er gerade mit der de Cruz zusammengezogen war, war ich ebenfalls stinkwütend auf ihn, weil er meine Mutter verlassen hat. Ich bin aus Italien fortgezogen, und heute sprechen wir nicht mehr miteinander. Ich fahre manchmal nach Rom, um meine Mutter zu besuchen. Sie lebt jetzt bei meiner Schwester; die ist Ärztin, und meine Mutter paßt auf ihre Kinder auf; jetzt ist sie richtig glücklich.«

Luca lächelte. »Am nächsten Sonntag machen wir noch eine Fahrstunde, ja? Jetzt fahre ich Sie zurück zu Ihren Zeitungen.« Als er sie vor ihrer Eingangstür wieder abgesetzt hatte, rief er durchs Fenster: »Wenn Sie wieder zu ›Luca‹ zum Mittagessen kommen, dann bekommen Sie zum Nachtisch ein Stück Kuchen, wie Ihre Mutter ihn gemacht hat. Ich finde die Folgen nämlich sehr hübsch.«

Kapitel 35

Am Montagmorgen rief Liz Hindon an, um zu sagen, daß sie Roses Angebot annehmen würde.

»Ach, toll. Da bin ich aber wirklich froh«, betonte Rose. »Ich werde das Personalbüro anrufen; sie sollen gleich einen Vertrag machen.«

»Warte. Da ist nur ein Problem«, sagte Liz zögernd. »Ich möchte meine eigene Sekretärin mitbringen. Sie arbeitet schon lange für mich und kennt die Kosmetikfirmen ebensogut wie ich; sie kommt gut mit den Fotografen aus, die, wie du weißt, furchtbar launisch sein können, und sie kann gut mit den Models umgehen. Ehrlich gesagt« – sie atmete tief ein –, »ehrlich gesagt glaube ich nicht, daß ich ohne sie kommen könnte.«

»Oh.« Rose hatte plötzlich Sallys offenes, freundliches Gesicht vor Augen. »Die Schönheitsredaktion hat bereits eine sehr gute Sekretärin. Sie war schon bei der *Attitude*, als ich dort angefangen habe, und sie hat, nachdem Gail Camberwell gegangen ist, sich jetzt die ganze Zeit lang sehr tapfer allein geschlagen.«

»Sally Forest? Ja, die kenne ich. Sie kommt manchmal zu Modenschauen. Ich mag sie, aber Veronica und ich sind ein Team. Ich hätte das damals bei unserem Mittagessen schon erwähnen sollen, aber ich war von deinen Ideen so fasziniert, daß ich es ganz vergessen habe.«

»Weißt du, ich möchte unbedingt, daß du zu uns kommst. Mir hat deine Arbeit bei der *Harmony* immer sehr gefallen, und ich weiß, daß du genausogute, wenn nicht bessere Arbeit für die *Attitude* leisten wirst, aber ich muß erst mit Sally sprechen. Ich kann sie nicht einfach raussetzen.«

»Natürlich. Das verstehe ich vollkommen. Aber ohne Veronica kann ich nicht kommen.«

Rose legte den Hörer auf, und starrte auf ihren Schreibtisch. Das war fast schon Erpressung. Wie würde Sally reagieren, wenn man sie irgendwo anders hin versetzen würde, nachdem sie seit jeher so erfolgreich in der Schönheitsredaktion gearbeitet hatte? Und wohin könnte man sie versetzen? Rose wurde es unwohl bei dem Gedanken, eine so liebenswerte und tüchtige Person – zu der sie im übrigen auch noch ein freundschaftliches Verhältnis hatte – vor den Kopf stoßen zu müssen, aber Liz Hindon war für die Zeitschrift lebenswichtig.

Lally kam mit einigen Kleidungsstücken herein, die sie für das September-Titelblatt besorgt hatte. »Gelb?« fragte sie und hielt ein hübsches Wollkostüm in die Höhe. »Herbstfarbe, stark für die Zeitungskioske . . . oder dieses hier, schwarzweiß kariert, sagen wir einmal mit einem roten Halstuch und einer dicken Brosche? Ich vermute, du willst nur Kopf und Schultern?«

Sie hielt noch einige andere Kleidungsstücke in die Höhe. Nachdem sie das Passendste ausgesucht hatten, reichte sie Rose noch ein Memo zur Unterschrift. »Es ist für das Personalbüro; sie brauchen eine neue Sekretärin. Pat geht, Gott sei Dank. Sie will ihrem Onkel in seinem Haushaltswarenladen in Bromley helfen.« Lally zog eine Fratze. »Ich habe kein Glück mit Sekretärinnen. Erinnerst du dich an diese schreckliche Trantüte Paula? Und danach hatte ich diese religiös Erleuchtete, das hagere Mädchen, das sämtliche Kosmetika, Diäten und modische Frisuren ablehnte, außer einem strengen Knoten, und das von morgens bis abends versuchte, mich endlich zu einem moralischen Lebenswandel zu bekehren. Und – sie zog die Nase kraus – jetzt Pat. Sie ist natürlich völlig in Ordnung, abgesehen davon, daß sie ziemlich vergeßlich ist, nur sehr unvollständige Rechtschreibkenntnisse hat und am Telefon meist ziemlich aggressiv reagiert.«

Rose lehnte sich zurück. »Ich kann's gar nicht glauben. Ich habe gerade überlegt, was ich mit Sally machen soll – Liz Hindon hat sich bereit erklärt, unsere neue Kosmetikredakteurin zu werden, vorausgesetzt, sie kann ihre eigene Sekretärin mitbringen. Würde dir denn Sally als Sekretärin gefallen?«

»Sally! Das wäre phantastisch! Aber wird sie überhaupt wechseln wollen? Sie hat sich doch so sehr für die Schönheitsredaktion eingesetzt.«

»Sie würde wahrscheinlich sehr gern zu dir kommen. Nach ihren Erfahrungen mit Gail wird sie dich ganz besonders zu schätzen wissen.«

»O. K.«, sagte Sally später, als Rose ihr die Angelegenheit in einer ruhigen Minute erklärte. »Eine Veränderung ist ja fast so gut wie ein Ferienaufenthalt, nicht wahr? Aber für den Wechsel, die verletzten Gefühle und so weiter könnte ich doch vielleicht ein bißchen mehr Geld bekommen?« Sie lächelte Rose verschmitzt an.

»Erpressung, aber einverstanden.« Als Rose den Hörer abnahm, um Liz Hindon anzurufen, zwinkerte sie Sally noch einmal zu.

Gegen Abend kam Frank Marnhull in ihr Büro. Er saß Rose gegenüber und sah wie immer aus, als habe er gerade ein Bad genommen und käme vom Friseur. Rose fuhr nervös mit der Hand durch ihren eigenen Schopf, um die widerspenstigen Locken zu glätten.

»Sie hatten recht, was die Werbeabteilung anbetrifft«, sagte er. »Seitdem wir darüber gesprochen haben, habe ich ein Auge darauf gehabt und habe einige Erkundigungen eingeholt. Wußten Sie, daß Tempo sechs Monate lang Farbseiten für einen Hygieneartikel gebucht hat?« Seine Stimme klang ziemlich gereizt. »Mir ist allerdings der Grund dafür zu Ohren gekommen: Ihre Werbeleiterin hat für deren PR-Mann die Beine breit gemacht. Anscheinend nicht das erste Mal, daß sie ein paar Seiten auf diese Weise verkauft hat.«

Rose starrte ihn ungläubig an.

»Und«, fuhr er leiser fort, »sie trinkt. Sie ist Stammgast bei irgendeinem Club in der Nähe der Drury Lane am Covent

Garden; das ist anscheinend ein Treffpunkt für eine ganze Reihe von Typen aus der Werbung. Der Club soll angeblich ein Geheimtip sein.« Er lächelte gezwungen und zupfte sich einen Fussel vom Ärmel. »Die Kellnerinnen sind, wie ich gehört habe, alle halbnackt. Unsere Miss Finnegan geht offiziell dorthin, um ›Kontakte zu knüpfen‹, aber vor allem wohl, um sich vollaufen zu lassen. Allein in den letzten beiden Wochen mußten ihre Mitarbeiter sie zweimal in ein Taxi setzen, um sie nach Hause fahren zu lassen. Das dritte Mal war sie in einem solchen Zustand, daß der Fahrer sie nicht befördern wollte. In dieser Woche hat man sie vor dem Club auf dem Bürgersteig liegend gefunden, krampfhaft bemüht, ihre Finger zu zählen.« Er hüstelte leise. »Soviel ich weiß, gibt es dort nicht wenige Kunden, die versuchen, von Christines gelöster Stimmung zu profitieren, um in Verhandlungen einzusteigen.«

»Aber, was ist mit ihrem Mann?«

»Mann?« Er runzelte die Stirn. »Sie hat gar keinen Mann. Sie lebt mit irgendeinem unangenehmen Typen zusammen, der Pornohefte aus Dänemark importiert.« Frank Marnhulls Stimme klang angewidert.

»Sind Sie sicher, daß das stimmt?«

»Völlig sicher. Ich habe natürlich selbst meine Kontakte – ich bin früher Werbeleiter gewesen, wissen Sie. Und wir besitzen noch einige andere Zeitschriften. Es ist nicht schwierig, ein paar zuverlässige Leute auszufragen und ein paar Schecks auszustellen.«

Rose lief es eiskalt den Rücken hinunter. »Was sollen wir tun?«

»Nichts, mein Kind. Ich habe Christine Finnegan gesagt, sie solle sich hier nicht mehr blicken lassen, sonst ...« Sein Blick wurde hart und kalt. »Und ich habe Ruth Butterfield einen heiligen Schrecken eingejagt; sie war so etwas wie Finnegans Schützling. Sie hat mich angefleht, bleiben zu dürfen. Offensichtlich war sie in der Vergangenheit als Vertreterin recht erfolgreich. Ich werde ein Auge auf sie haben; im Moment ist sie mir persönlich verantwortlich – aber ich glaube, sie hat es verdient, daß man ihr die Chance gibt zu zeigen, was sie kann. Die anderen scheinen soweit in Ordnung zu sein; sie haben nur nicht die richtige Führung gehabt und waren nicht gezwungen, sich mit Zielvorgaben auseinanderzusetzen oder täglich ihre Kurzberichte abzuliefern.«

Rose seufzte leise. »Das ist das Schlimmste – jemanden zu entlassen.«

»Meinen Sie? Sie sind kein guter Manager – oder keine gute Chefredakteurin –, wenn Sie nicht auch hart sein können. Und mehr noch: Sie dürfen sich von solchen eher unangenehmen Aufgaben wie jemanden zu feuern nicht den Schlaf rauben lassen. Ich ... also ich könnte sämtliche Angestellte entlassen und wie ein Säugling schlummern.« Er sah Roses entsetztes Gesicht und lächelte. »Sie werden es schon lernen.« Er klopfte ihr auf die Schulter. »Sie lernen das schon.«

Rose hoffte inständig, daß sie es lieber nicht lernen müsse. Gails Weggang war eine Erleichterung gewesen, und Paul war offensichtlich ganz begeistert über seine Versetzung. Aber es würde ihr wirklich schwerfallen, irgendeine nette Person zu entlassen, nur weil sie unfähig war.

»Übrigens ...« Frank Marnhull drehte sich an der Tür noch einmal um. »Ich habe eine neue Werbeleiterin gefunden – sie kommt aus Murdochs Stall; dort ist die Ausbildung wirklich erstklassig. Sie ist stellvertretende Werbeleiterin für verschiedene Gesundheits- und Fitneßzeitschriften gewesen und fühlt sich durch diese Aufgabe offensichtlich nicht mehr genug gefordert. Sie brennt darauf, zu zeigen, was sie kann. Ich glaube, sie wird uns eine große Hilfe sein. Sie fängt Ende des Monats an. Sie heißt Marsha Redland; ich werde mit ihr herunterkommen und sie Ihnen vorstellen. Bis ich sicher bin, daß die Werbeabteilung wirklich effektiv arbeitet, werde ich persönlich ein Auge darauf haben. Gute Nacht, Rose, und – schlafen Sie gut.« Er tat, als wolle er salutieren, lächelte und verließ Roses Büro.

Im Laufe der nächsten Wochen wurde Rose immer zuversichtlicher und merkte, wie ihr ungeahnte Energien zuwuchsen. Mit Amanda Jacques und Liz Hindon hatte sie zwei außerordentlich tüchtige neue Mitarbeiterinnen hinzugewonnen, und das Arbeitstempo bei der *Attitude* wurde um eine Gangart schneller. Es war schön, Amanda dabei zu beobachten, wie sie mit ihrer Begeisterung andere mitriß, die Fotografen anleitete, den Grafikern kurze Erklärungen zu den Inhalten der Artikel gab, ihren Stellvertretern unmißverständliche Anweisungen erteilte. Die Drucker waren aufs äußerste gefordert. Amanda ließ sich zur Druckerei in Swindon fahren und hielt sich dort, während die Korrekturabzüge der Augustausgabe gemacht wurden, mehrere Stunden lang auf. Sie bewies den Druckern, die versuchten, sie mit irgendwelchen Fachsimpeleien totzureden, daß ihr Wissen über das Scannen und Farbtrennungen durch Computer ebenso fundiert, wenn nicht fundierter als deren eigenes Wissen war. Als die fertigen Drucke endlich zu ihrer Zufriedenheit ausgefallen waren, schenkte sie allen ein strahlendes Lächeln und lud sie in den Pub ein. Dort wurde die Leistung gebührend gefeiert, und Amanda gab zur Feier des Tages ein paar schlüpfrige Stories zum besten. Danach fraßen ihr sämtliche Drucker aus der Hand.

Liz Hindon nahm für ihre erste Reportage die Titelblätter anderer Frauenzeitschriften aufs Korn. Sie hatte sich ein sehr verwandlungsfähiges Model gesucht, das verschiedene Frauentypen darstellte: eine lächelnde, kompetente Hausfrau für *Good Mousekeeping*, eine schmollende, erotische Sexkönigin für *Metropolitan*, eine freche, helläugige Schönheit für *Vogue* und eine blaublütige Pferdenärrin für *Prattler*.

Der Begleittext war intelligent und witzig, und Rose freute sich, als die Direktorin für Öffentlichkeitsarbeit anrief und ihr mitteilte, daß die BBC Liz gern für die *Woman's Hour* einladen würde. »Etwas über die Verwandlungsfähigkeit der Frauen – wie wir uns fortwährend verändern, während Männer in jeder Lebenslage gleich aussehen. Eine ausgezeichnete Werbung für Ihre

Zeitschrift, Rose. Und ITV ist interessiert an dem Artikel über ›Ehe à la Mode‹. Sie möchten gern eine Diskussionsrunde dazu einladen. Haben Sie mitgekriegt, daß die *Daily Mail* das Thema auch schon aufgegriffen hat?«

Ihre Stimme war vor Aufregung ganz heiser. James Littlejohn hatte sich geweigert, eine fremde PR-Firma zu beauftragen, und Renate Ludwell war entschlossen, zu beweisen, daß er die richtige Entscheidung getroffen hatte.

Burton Tillotson kam persönlich in ihr Büro, um Rose zu der Augustausgabe zu gratulieren. Er sagte, er habe mit Freunden von der *Campaign*, einer Fachzeitschrift für Werbung, über die *Attitude* gesprochen, und er gehe davon aus, daß man die *Attitude* mit ihrem neuen Konzept wohlwollend erwähnen werde.

Schnell, bevor der Mut sie verließ, fragte Rose, ob er nicht Lust habe, mit ihr in die Oper zu gehen. Sie hatte sofort, nachdem sie mit ihm ausgegangen war, Karten bestellt, hatte es aber bisher nicht gewagt, ihn anzurufen und einzuladen. Er lachte sein tiefes männliches Lachen, und sie spürte, wie ihr Herz wieder zu klopfen begann. »Natürlich werde ich kommen, wenn ich vorher einen doppelten Drink bekomme, und Sie, Mrs. Chefredakteurin, mir nicht böse sind, wenn ich zwischendurch mal ein Nickerchen mache.«

Rose bat Marilyn, eine Flasche Champagner auf Eis in der Theaterbar für sie und Burton zu bestellen und einen Tisch in einer gemütlichen Ecke von »Bei Orso« zu buchen. Das war ein Restaurant, wohin Alan sie einmal ausgeführt hatte und das nach dem Theater häufig von Schauspielern und Tänzern frequentiert wurde. Rose war noch immer voller naiver Bewunderung, wenn sie berühmte Leute zu Gesicht bekam, und sie hoffte, daß Burton ebenfalls Spaß daran haben würde.

Dann und wann besuchte Rose Lally in ihrem Büro. »Und – wie ist es?« fragte sie Sally, die Sekretärin. Lally war bei einer Modenschau.

»Es ist lustig. Sie bringt mich so oft zum Lachen. Sie ist eine richtige Komikerin, wußten Sie das? Und sie läßt mich sehr viel allein machen. Gail hat mir immer sehr genau auf die Finger geschaut und war nur schwer zufriedenzustellen. Lally ist entschlossen, Liz mit ihrem Titelbildartikel im nächsten Monat noch zu übertreffen. Die Idee war einfach super, Rose.«

Gillian strich mit graziösen Bewegungen an ihr vorbei; ihre Augen glänzten vor Vergnügen. Sie war schöner als je zuvor. Es überraschte Rose nicht, daß immer eine lange Schlange von Männern darauf wartete, Gillian ausführen zu dürfen.

»Rose, man merkt den Unterschied jetzt schon ganz deutlich. Denk doch nur mal daran, was für eine Schwerstarbeit es noch vor zwei oder drei Monaten war, jemanden dazu zu bewegen, für uns zu schreiben, und jetzt hat A. D. Peters höchstpersönlich angerufen, um uns die Besten seiner Schützlinge anzubieten – kannst du dir das vorstellen! Das hat natürlich seinen Preis. Aber ich glaube, wir sollten uns lieber ein paar begabte Anfänger suchen – andernfalls gehen wir noch bankrott. Einige der renommierten Autoren berechnen bereits ein paar hundert Pfund, wenn sie nur ihren Kugelschreiber in die Hand nehmen.«

Aber am allermeisten freute sich Rose über einen dünnen Luftpostbrief mit dem Vermerk »persönlich«, der eines Morgens ganz oben auf ihrem Poststapel lag. Darin lag ein handgeschriebenes Briefchen von Miss Twyford, in dem sie Rose zur Augustausgabe gratulierte. Sie hatte ein paar Dinge zu kritisieren, war aber insgesamt voll des Lobes. »Ich freue mich wirklich, daß sich die Zeitschrift in so kurzer Zeit so positiv verändert hat«, schrieb sie. »Unter der letzten Chefredakteurin hat mein Herz für die arme alte *Attitude* geblutet.«

Rose rief Amelia an, um ihr ein gemeinsames Mittagessen vorzuschlagen und ihr von dem Brief zu erzählen.

»Nun gib mal nicht so an, Kleines«, sagte Amelia gutgelaunt. »Wer hat dich denn als erste dazu gedrängt, dich um den Posten zu bewerben? Ja, ja . . .« knurrte sie, als Rose bestätigte, daß *natürlich* sie, Amelia, die Idee zuerst gehabt habe. »Es tut gut, mal ein bißchen Lob abzubekommen. Da, wo ich arbeite, gibt es herzlich wenig davon. Die meisten meiner Kollegen würden mir viel lieber ein Messer zwischen die Rippen rammen, als mir etwas Nettes zu sagen. Aber wenigstens ist die Bezahlung gut.«

»Amelia, du bist super. Nimm nur die Diskussionsrunde im Fernsehen, an der du jede Woche teilnimmst; ohne dich wäre das Ganze total langweilig.«

»Genau«, bestätigte Amelia fröhlich. »O. K., wohin lädst du mich zum Mittagessen ein?«

Amelias Hüte waren so verrückt wie immer, und seitdem sie im Fernsehen auftrat, waren sie zu ihrem Markenzeichen geworden. Ernsthafte Artikel wurden über diese Hüte verfaßt, Hutmacher übersandten ihr ihre Kreationen als Geschenk, und sie wurde gebeten, regelmäßig ihre Meinung über die Hüte in Ascot zu äußern. Ihre beißenden Glossen hatten die Aufmerksamkeit eines Fernsehproduzenten erregt, und man hatte sie gebeten, an einer Expertenrunde im Fernsehen teilzunehmen, die sich mit den Fragen und Problemen der Zuschauer befassen sollte. Amelias bizarres Aussehen, ihr messerscharfer gesunder Menschenverstand und ihre amüsanten und oftmals paradoxen Sprüche waren in der Medienwelt zu einem Markenzeichen geworden.

Rose wünschte sich sehr, ihre alte Freundin dazu bewegen zu können, wieder für die *Attitude* zu schreiben, aber Amelia war bei weitem zu teuer. Mit einem Hut auf dem Kopf, der aussah wie ein Kaminschornstein mit Zebramuster, steuerte Amelia auf den Restauranttisch zu, an dem Rose schon auf sie wartete. Schon von weitem rief sie ihrer jungen Freundin zu: »Na, wie geht es denn der tüchtigsten Chefredakteurin seit Harold Ross?«

Kapitel 36

Der Opernbesuch mit Burton Tillotson war absolut kein Erfolg. Rose hatte Karten für *Tosca* besorgt; während des ersten Aktes starrte Burt gleichgültig auf die Bühne und beschäftigte sich in den darauffolgenden Stunden vor allem damit, mit kritischen Blicken die Zuschauer zu mustern. Schließlich, als der Vorhang gefallen war, sprang er ungeduldig auf, ergriff Roses Hand und zerrte sie in den Gang hinaus, die finsteren Blicke der anderen Opernbesucher, die begeistert klatschten und »Bravo!« schrien, ignorierend.

Als sie dann in dem nahe gelegenen Restaurant saßen, lächelte er Rose mit strahlender Miene an. »Tut mir leid, Mrs. Chefredakteurin. Nicht mein Fall. Aber der Sekt war ausgezeichnet.« Er schaute in die Runde. »Ich habe noch nie verstanden, warum dieses Restaurant so beliebt ist. Ich nehme an, weil es gemütlich ist.« Er sprach das Wort mit einem deutlich kritischen Unterton aus und runzelte beim Anblick der Speisekarte die Stirn. »Radicchio scheint hier ja außerordentlich beliebt zu sein? Gibt's vielleicht auch mal ein Gericht ohne das gräßliche scharfe Zeug?«

Rose wurde immer nervöser und versuchte, den Blick der jungen Kellner auf sich zu ziehen, die in dem langen Raum hin und her eilten. Das Restaurant war brechend voll. Burton trommelte mit den Fingern auf den Tisch und sah sich ungeduldig um.

»Sie sparen offenbar an allen Ecken und Enden. Zu wenig Personal«.

Plötzlich stand er auf und ging zur Bar, wo die Kellner ihre Getränkebestellungen aufgaben. Sekunden später erschien eine junge Dame an ihrem Tisch, um die Bestellung entgegenzunehmen. Ihr Gesicht war wie versteinert. Was auch immer Burton an der Bar gesagt haben mochte – es hatte sie verärgert. Rose sank der Mut. Burts schlechte Stimmung gab ihr das Gefühl, linkisch, unzulänglich zu sein.

»Ich fand, daß die Tosca wunderschön und sehr gefühlvoll gesungen hat«, sagte sie lahm. »Einige Sopranistinnen haben technisch sehr hübsche, reine Stimmen, aber viel zu wenig Ausdruckskraft.«

»Ich kann das nicht beurteilen.« Die Frage schien Burton nicht zu interessieren. »Aber warum eine eifersüchtige, besitzergreifende Frau gleich zu einer Heldin hochstilisieren? Meine beiden Ehefrauen waren genauso; ich kann das mit meinen Unterhaltszahlungen schwarz auf weiß beweisen. Solche Weiber nehmen einem ja die Luft zum Atmen.«

Burt war also bereits zweimal verheiratet gewesen. Gab es eine Ehefrau Nummer drei?

»Vielleicht waren sie verunsichert«, bemerkte Rose. »Frauen brauchen ein Gefühl der Sicherheit.«

Sie hatte ihre Karriere, er hatte seine. Warum mußte sie die Beziehung mit ihrem verdammten Mißtrauen zerstören? Warum hätte sie nicht einfach den Sex mit ihm genießen und ihn im übrigen in Ruhe lassen können?

»Ist Ihre gegenwärtige Ehefrau so großzügig, daß sie Sie in jeder Hinsicht in Ruhe läßt?« Rose spielte mit einer Knabberstange und zuckte heftig zusammen, als diese zerbrach.

»Gebranntes Kind scheut das Feuer«, bemerkte Burt kalt.

Als die Speisen kamen, wurde das verlegene Schweigen endlich unterbrochen. So wie bei ihrem letzten gemeinsamen Essen mit Burt konnte Rose auch diesmal kaum einen Bissen herunterbringen. Burt saß ihr so dicht gegenüber, daß es ihr schwerfiel, sich zu konzentrieren. Am liebsten hätte sie ihm gestanden, daß sie ihn liebte, ihn gefragt, ob er auch ein wenig Zuneigung für sie empfand. Sie wollte ihm versprechen, nie mehr in eine Oper zu gehen und ganz gewiß nie wieder eifersüchtig oder besitzergreifend zu sein, wenn er nur bei ihr bliebe. Sie hatte das Gefühl, durchzudrehen, den Verstand zu verlieren angesichts der Anstrengung, die es sie kostete, ihre Liebe zu verschweigen. Es war absurd. Sie beobachtete ihn, wie er sein Essen in sich hineinschaufelte, entzückt von seinem Anblick, eifrig darauf bedacht, ihm zu gefallen.

»Sagen Sie«, bemerkte er plötzlich, »wie kommen Sie eigentlich mit Euer Ehren aus?«

»Euer Ehren?«

»James Littlejohn. Ihrem Chef. Sie erinnern sich an ihn?« Er lächelte ironisch, und ihr Herz machte einen Satz. Gott sei Dank, es war alles in Ordnung. Er war nicht länger in schlechter Stimmung. Warum sollte er die Oper auch mögen? Er fluchte wahrscheinlich insgeheim über die verschwendete Zeit, so, wie sie geflucht hätte, wäre sie von ihm zu einem Fußballspiel geschleppt worden.

»Oh, ich sehe ihn nur sehr selten. Er hat mich eingestellt, natürlich, und mir ein Budget und dergleichen zur Verfügung gestellt. Seine Sekretärin schickt mir stapelweise Marktforschungsberichte mit Anmerkungen von ihm, aber das ist auch ungefähr alles. Gelegentlich werde ich zu ihm bestellt, aber nicht sehr häufig.«

»Er ist ein ziemlich komischer Kauz, nicht wahr? Ich kann ihn nicht besonders gut einschätzen.«

»Ein komischer Kauz?«

»Nun, zu Anfang hat er mehr oder weniger angedeutet, daß wir die Werbung der gesamten Verlagsgruppe übernehmen könnten. Sie wissen, daß er sich besonders um einige Fachzeitschriften kümmert; es gibt eine Art redaktioneller Strategiekommission, die sich angeblich neue Namen für die Zeitschriften ausdenkt; eines seiner amerikanischen Herrenmagazine soll, wie es heißt, an den englischen Markt angepaßt und hier ebenfalls herausgegeben werden. Aber ich würde gern Genaueres darüber wissen.«

»Sie wissen mehr über das, was läuft, als ich«, stellte Rose fest. »Ich nehme an, daß es noch zu früh ist. Mayflower hat Binder

Publications im Januar übernommen; jetzt haben wir Juli. Sie haben recht; wahrscheinlich müssen eine Reihe von Anpassungen vorgenommen werden. Littlejohn muß sich nicht nur darum kümmern, was auf dem englischen Markt läuft, sondern ist auch für das gesamte Mayflower-Imperium verantwortlich. Soviel ich weiß, flitzt er wie ein Bumerang zwischen London und New York hin und her.«

»Aber wer hält denn eigentlich die Fäden der Macht in der Hand?«

»Ich bin da nicht sicher. Mr. Littlejohn ist natürlich der Vorsitzende und der Hauptaktionär. Angeblich soll er Multimillionär sein; er scheint im übrigen sehr viel Sympathien für England und die Engländer zu haben. Binder Publications sind mehr oder weniger nur ein Vorwand dafür, daß er hierhergekommen ist. St. John Binder ist noch immer im Verwaltungsrat, aber er kümmert sich vor allem um die Bereiche Großhandel und Vertrieb. Ich nehme an, Frank Marnhull ist es, der die Macht in den Händen hält. Auf jeden Fall scheint Mr. Littlejohn für ihn immer ein offenes Ohr zu haben. Vor einigen Monaten wurde Littlejohn offiziell zum Direktor ernannt, aber es heißt, daß Frank Marnhull Binder Publications schon seit längerer Zeit de facto geleitet hat, sogar als der alte Mr. Gerald noch an der Spitze stand.«

»Frank Marnhull, nicht wahr? Ich habe ihn flüchtig kennengelernt, damals, als er noch Werbeleiter war. Was ist er für ein Mensch?«

»Oooh . . . geschickt, schlau, ein wenig erschreckend, denke ich, aber er kennt das Verlagsgeschäft.«

»Könnten Sie ein gutes Wort für mich einlegen, Rosie?« Burt sah ihr tief in die Augen, nahm ihre Hand und küßte ihre Finger. Rose fühlte, wie ihr heiß wurde und ihr der Atem stockte.

»Ich sehe ihn nicht sehr oft. Wenn ich kann, werde ich es tun.«

»Ich weiß, daß Sie das für mich tun werden. Sie sind wirklich süß.« Er schaute sich um und bedeutete einem Kellner, die Rechnung zu bringen. »Ich muß nach Hause. Ich muß morgen sehr früh raus; ich fliege nach Rom.«

»Rom? Wofür?«

»Um mir die Haare schneiden zu lassen, natürlich. Da arbeiten die besten Friseure der Welt.« Rose war verwirrt, nicht sicher, ob er sie nicht wieder neckte. Sie bezahlte die Rechnung mit einem Scheck und versuchte, die Kellnerin mit einem reichlichen Trinkgeld und einem Lächeln zu versöhnen. »Hey, Mrs. Chefredakteurin, Sie haben die Rechnung vergessen.«

»Ich brauche sie nicht.«

»Was? Ich bin nicht auf Ihrer Spesenrechnung?«

»Natürlich nicht.« Rose war gekränkt. War dies für Burt ein Geschäftsessen gewesen?

An der Tür rief er ihr ein Taxi. »Danke Rosie. Bis bald mal.« Er winkte ihr zu und ging mit langen, federnden Schritten zur Themse hinunter, bog dann um eine Straßenecke und war verschwunden. Rose fühlte sich plötzlich erschöpft und entmutigt. Im Grunde war der Abend in keiner Hinsicht so verlaufen, wie sie es sich vorgestellt hatte.

Kapitel 37

Am nächsten Morgen stand auf Roses Schreibtisch ein imposantes Blumengebinde. Darin steckte ein Kärtchen, auf dem stand: »Ich bin leider ein Banause, was Opern anbetrifft. Danke, daß Du versucht hast, mich ein bißchen zu zivilisieren. Alles Liebe, Burt.«

Rose konzentrierte sich auf das »Du« und das »Alles Liebe«. Hatte es irgend etwas zu bedeuten? Sie war gerade dabei, einen angemessenen Platz für die Blumen zu suchen, als Gillian hereinkam. »Mein Gott, wer hat die denn geschickt. Scheint ja den ganzen Laden leergekauft zu haben.«

»Burt Tillotson.« Rose fühlte sich schrecklich linkisch. »Als Dankeschön für das Abendessen.«

»*Du* hast *ihn* eingeladen! Ich dachte, du seist die Kundin.«

»Das war rein privat«, erklärte Rose verlegen. »Wolltest du mir etwas zeigen?«

Gillian warf ihr einen prüfenden Blick zu und legte ihr ein Manuskript auf den Schreibtisch. »Das reinste Dynamit. Es ist das Tagebuch von Mary Hickstead – erinnerst du dich an sie? Es gab einen gewaltigen Aufschrei, weil sie damals wegen Mord verurteilt wurde. Sie hat den Mann, der ihre achtjährige Tochter sexuell mißbraucht und vergewaltigt hat, mit einer Strumpfhose erwürgt. Jede Frau, die dazu die Gelegenheit gehabt hätte, hätte dasselbe getan. Auf jeden Fall ist sie in den Knast gewandert und gerade vor ein paar Tagen entlassen worden. Der Verleger bietet uns die Exklusivrechte für eine Serie an, wenn wir ein Minimum von achttausend Wörtern drucken.«

»Das ist *uns* angeboten worden – und nicht einer Sonntagszeitung?« Rose konnte es kaum glauben.

»Wie hast du die Story bekommen? Wieviel will er haben?«

»Ich kenne den Verleger ziemlich gut«, bemerkte Gillian.

»Dreitausend Pfund. Das ist geradezu ein Schnäppchen.«

»JL wird trotzdem einen Wutanfall bekommen ... Das ist viel mehr, als im Budget für solche Dinge vorgesehen ist.«

»Aber das wird uns Leser bringen. Du mußt das Manuskript so schnell wie möglich lesen. Ich glaube, der Verleger war ein bißchen nervös, daß seine Kollegen irgendwelche Gerüchte in die Welt setzen könnten, warum gerade ich das Manuskript bekomme. Ich muß ihm bis sechs Uhr mitteilen, wie ich mich entschieden habe.«

Gillian verließ das Büro, und fast gleichzeitig stürzte Lally herein. »Ich kann es nicht zulassen, daß Liz sich sämtliche gute Themen an Land zieht – jetzt hab' ich auch mal einen Knüller.« Sie breitete eine Serie von Zeichnungen auf dem Tisch aus. »Irgendein Student aus der Kunsthochschule hat sie eingereicht – sind sie nicht urkomisch? Schau mal die Strichführung! Und sieh hier, die Karikatur von Mrs. T....«

Rose begann zu lachen. Bekannte Frauen des öffentlichen Lebens wie die Premierministerin, Prinzessin Anne und Judy Dench waren als Models dargestellt, allesamt in Posen, die erhebliche Verrenkungen erforderten. Das Ganze war eine Verulkung der Modeseiten bestimmter Zeitschriften, in denen verbissen lächelnde Models wie Athlethen bei der Olympiade durch die Gegend springen oder sich vorsichtig gegen Fensterbänke in furchterregenden Wolkenkratzern lehnen. Während auf den Modefotos die Models immer strahlten, wie unangenehm die Situation, in der sie sich befanden, objektiv auch sein mochte, zeigten die Karikaturen die betreffenden Frauen in einer eher nervösen, erschreckten oder offensichtlich unbequemen Pose. Die charakteristische Mimik war hervorragend getroffen, und besonders amüsant wurden die Karikaturen dadurch, daß man bestimmte, vertraute Details wiedererkannte, etwa wie Mrs. Thatcher ihre Handtasche umklammerte oder wie Prinzessin Anne mit ihrem konservativen Kleidungsstil und obligatorischem Kopftuch von einem Pferd begleitet wurde, das kaum mit ihr Schritt halten konnte.

»Ich dachte, drei Doppelseiten hiervon, und danach könnte ich das übliche Zeug irgendwo hinten unterbringen, sehr schlicht und klassisch ... gefällt es dir?«

»Gefällt mir. Sehr sogar.« Rose gab Lally die Zeichnungen zurück. »Geht's dir gut?«

»Ja, sicher.«

»Aber übertreib es nicht. Du hast abgenommen.«

»Gott sei Dank.« Lally raffte lächelnd die Zeichnungen zusammen, aber sie sah angespannt aus; die Haut auf ihrem Nasenrücken wirkte merkwürdig dünn und gelb.

»Wie hast du das geschafft?« Roses Blicke wanderten wieder zu den Blumen.

»Ich hab's dir schon erzählt, dieser Student ist einfach in mein Büro gekommen. Es war seine eigene Idee, er hat die Zeichnungen nach ganz bestimmten ...«

»Nein, ich meine das Abnehmen.«

»Oh.« Sally sah sie verständnislos an. »Ich arbeite einfach zu viel. Diese neue Redakteurin – sie ist eine richtige Sklaventreiberin . . .« Lallys Worte klangen eher amüsiert, aber Rose spürte, daß irgend etwas ganz und gar nicht in Ordnung war. Aber Lally hatte unmißverständlich signalisiert, daß sie nicht weiter gefragt werden wollte. Rose zog Gillians Manuskript zu sich heran. »Also, gib Amanda das zur Ansicht, und dann können wir mit ihr besprechen, wie wir die Modeseiten neu verteilen. Sie wird stöhnen, aber ich wette, daß ihr dies hier gefallen wird.«

Rose konnte sich nur halb auf Mary Hicksteads Tagebücher konzentrieren. Der Anblick und der Duft des riesigen Blumengebindes erinnerte sie fortwährend an Burt. Sie hätte alles dafür gegeben, mit ihm in Rom zu sein. War er wirklich dorthin gefahren – und allein? Und wann würde er sie zu Ronnie Scott's mitnehmen? Die Besichtigung von Blue Steel stand auch noch an. »Alles Liebe, Burt.« Hätte er diese Worte gewählt, wenn sie ihm gleichgültig wäre? Wäre er mit ihr in die Oper gegangen –

etwas, wonach ihm gar nicht der Sinn stand – wenn sie nur einfach eine seiner Kundinnen gewesen wäre?

Als sie eine Woche später auf dem Weg zu ›Luca‹ war, um sich dort mit einer Agentin zu treffen, sah sie zu ihrer Überraschung Burts Rolls-Royce vor dem Bürogebäude parken. Wollte er sie irgendwohin zum Mittagessen einladen? Sie sah angestrengt in den Wagen hinein, konnte aber nur Charlie erkennen.

»Mahlzeit, Miss Summers.« Charlie nickte ihr lächelnd zu.

»Sind Sie meinetwegen hier, Charlie?« Ihr Herz klopfte heftig. Sie könnte umdisponieren, vom Tisch des Portiers aus eine Kollegin anrufen und sie bitten, sich mit dem Gast zu treffen.

Charlie schüttelte den Kopf. »Mr. Marnhull, Miss.«

Rose spürte die Enttäuschung wie einen körperlichen Schmerz. »Oh, dann ist also Mr. Tillotson wieder aus Rom zurück?«

Charlie nickte. »Er ist nur eine Nacht dort geblieben. Er läßt sich in Rom immer das Haar schneiden.« Charlie lachte glucksend. »Sein Aussehen ist ihm ziemlich wichtig.«

Plötzlich öffnete er die Tür und stieg aus dem Wagen. »Mr. Marnhull? Guten Tag, Sir.«

Rose drehte sich um und sah, daß Frank Marnhull hinter ihr stand. »Oh . . . Entschuldigung.« Sie richtete sich auf. »Guten Tag, Mr. Marnhull und – angenehme Mahlzeit.«

Sie setzte enttäuscht ihren Weg zu ›Luca‹ fort, während Frank Marnhull in den Wagen einstieg.

Rose nahm Lucas überschwengliche Begrüßung gar nicht richtig wahr. Wollte Burt Frank Marnhull jetzt um den Bart gehen, weil sie ihm gesagt hatte, daß er wichtig sei? Aber was sollte daran auszusetzen sein? Hatte sie nicht auch viele Kontakte – ein Adreßbuch, das von vorn bis hinten vollgeschrieben war, nicht nur mit den Namen vieler Autoren, sondern auch vieler Informanten und anderer wichtiger Kontaktpersonen. Sie kämpfte darum, den unangenehmen Gedanken, daß sie für Burt nur »ein Kontakt« war, zu verdrängen und versuchte statt dessen, sich auf das Gespräch mit ihrem Gast zu konzentrieren. Die Frau, mit der sie sich zum Mittagessen getroffen hatte, war Effie Bulford, eine der einflußreichen literarischen Agentinnen in London. Rose beabsichtigte, in zukünftigen Ausgaben der *Attitude* gute, moderne Dichtung zu veröffentlichen und hatte Effie Bulford voller Verzweiflung angerufen, nachdem ihr zunächst nur eine Reihe banaler »Frauen«-Romane und Kitschgeschichten eingereicht worden waren.

Effie Bulford lächelte. »Das wird nicht ganz einfach sein, Kurzgeschichten sind ein Problem. Meine Autoren bekommen mindestens fünfzigtausend Pfund pro Roman, und sie würden ihre kreative Energie nicht auf eine Kurzgeschichte verschwenden, es sei denn, diese sei Teil einer Sammlung und würde in Buchform veröffentlicht ... Wieviel zahlen Sie?«

»Nicht fünfzigtausend«, antwortete Rose. »Aber reden wir darüber.«

Effie Bulford hatte sich vor allem aus Neugierde mit Rose treffen wollen. Sie hatte schon soviel über diese neue Chefredakteurin gehört, die das neue Konzept der *Attitude* entworfen hatte. Effie konnte sich zwar nicht vorstellen, daß sie einen ihrer renommierten Autoren oder eine ihrer anspruchsvollen Autorinnen für eine *Frauenzeitschrift* schreiben lassen würde, aber, so hatte sie gedacht, vielleicht würde ein kostenloses Mittagessen dabei herausspringen.

Gegen Ende der Mahlzeit, die Mrs. Bulford mit verschiedenen alkoholischen Getränken heruntergespült hatte, erklärte sie sich einverstanden, sechs ihrer Schützlinge zu bitten, eine Auftragsgeschichte von jeweils etwa 10 000 Wörtern zu schreiben. Rose hatte versprochen, daß man zu Anfang jeder Geschichte einen kurzen biografischen Abriß des jeweiligen Autors veröffentlichen würde und daß die Veröffentlichung zeitlich mit der Erscheinung eines neuesten Buches zusammenfiele. Sobald die Serie ausliefe, hätte Effie das Recht, diese Sammlung von Kurzgeschichten einem Verleger anzubieten.

Rose wies darauf hin, daß die *Attitude* eine intellektuell anspruchsvolle Zeitschrift sei, mit Lesern, die regelmäßig Bücher kauften; sie könne als eine Art Schaukasten für Autoren dienen. Eine kurze, impressionistisch gefärbte Erzählung könnte einigen der Autoren und Autorinnen als eine angenehme Abwechslung erscheinen, wenn sie gerade mit einem schwierigen Roman in einer einsamen Sackgasse steckten. Dem einen oder anderen könnte ein solches Projekt sogar helfen, eine Schreibhemmung zu überwinden.

Effie ließ eine Rauchspirale zur Decke aufsteigen. »Das muß ich Ihnen lassen – Sie sind eine ausgezeichnete Geschäftsfrau. Ich weiß nicht, ob Hamish mitmachen wird, aber ich glaube, die anderen werden es tun ... ich merke, daß ich selbst von der Idee ganz fasziniert bin. Es wäre so erfrischend, in einer Frauenzeitschrift ein Forum für künstlerisch wertvolle Kurzgeschichten zu haben. Ich habe die Short-Story immer für eine hochinteressante Literaturgattung gehalten – ich frage mich, warum sie sowenig gepflegt wird?«

»Das Fernsehen, nehme ich an«, antwortete Rose finster. »Man hat mir berichtet, selbst die ältere Generation würde heute nicht mehr lesen, sondern nur noch in die Glotze starren. Aber ich habe noch eine andere Erklärung dafür. Ich glaube, es ist der Druck, der von der Werbung ausgeht. Mit Dichtung kann man keine Produkte lancieren. Der Einfluß der Werbung wird immer stärker. Ich werde wahrscheinlich wegen meines Engagements für die Literatur früher oder später gefeuert.«

Rose fühlte sich plötzlich sehr bedrückt. Möglicherweise waren ihre Vorstellungen völlig unrealistisch. Sie mußte vor allem dafür sorgen, daß die Zeitschrift wieder auf die Beine kam, wieder lebensfähig wurde. Und jetzt saß sie da und machte Pläne, wie man dem Leserpublikum Dichtung nahebringen könnte, erzählte Liz Hindon, sie könne ruhig objektiv über Kosmetikprodukte berichten, machte eine völlig unerfahrene Assistentin zur Redakteurin ... Rose sah Effie Bulford mit ängstlichen Augen an.

Die ältere Frau klopfte beruhigend auf Roses Handrücken. »Folgen Sie nur Ihrem Gefühl. Die besten Zeitschriften sind stets von unverbesserlichen Idealisten gemacht worden – das hat den verbissenen Typen vom Management natürlich immer ziemliche Kopfschmerzen bereitet, aber für ihre Kopfschmerzen werden sie schließlich bezahlt. Wann hat denn ein Buchhaltertyp jemals eine gute Idee gehabt?«

Kapitel 38

Rose fand Marsha Redland, die neue Werbeleiterin, vom ersten Augenblick an sympathisch. Sie mochte die ruhige, selbstbewußte Art, wie Marsha Fragen stellte und ihre eigenen Erfahrungen und Ideen einbrachte.

»Frank Marnhull hat mir erzählt, Sie seien mit der Aufgabe betraut worden, die *Attitude* im Laufe von sechs Monaten wieder lebensfähig zu machen ... obwohl sie in den letzten vier Jahren immer nur in den roten Zahlen war. Und Sie haben sich wirklich einverstanden erklärt, unter einer solchen Bedingung zu arbeiten? Und wie haben Sie sich das vorgestellt?«

Rose erläuterte ihre Pläne für den redaktionellen Teil der Zeitschrift. »Wir haben, seitdem ich mein erstes Konzept entworfen habe, unsere Ideen noch weitaus detaillierter ausgearbeitet.« Sie deutete auf die Kopie ihres ursprünglichen Entwurfs für das neue Konzept der *Attitude*, das in Marshas aufgeschlagenem Aktenordner lag. »Ich hätte auch gern Dichtung dabei – gute, moderne Dichtung. Zunächst einmal fangen wir mit bekannten Namen an, aber ich hoffe, daß wir bald ein paar junge, talentierte Autoren gewinnen können ...«

»Hmm. Dichtung bringt natürlich kein Geld von den Inserenten.«

»Meine Vorstellung ist, den redaktionellen Teil und die Werbung ganz klar zu trennen. Die meisten Zeitschriften sind nur ein Forum, um indirekt Produkte zu lancieren. Ich möchte vor allem die Interessen der Leserin berücksichtigen, ihr die Möglichkeit geben, etwas Gutes und Anregendes zu lesen. Artikel über Mode, Schönheit, Essen, Reisen, und zwar unterhaltsam und wenn möglich witzig geschrieben. Liz Hindon beispielsweise arbeitet an einem Artikel über Bräunungspräparate, der im nächsten Frühjahr veröffentlicht werden soll. Wir wollen deutlich darauf hinweisen, daß die ewige Jagd nach Sonnenbräune auf schnellstem Wege zu Falten und Fältchen führt, und kritisch anmerken, daß die Kosmetikproduzenten sich dadurch nicht abhalten lassen, in ihrer Werbung dauernd hervorzuheben, wie attraktiv Sonnenbräune ist.«

»Und – wird Ihre Redakteurin die Kosmetikwerbung offen angreifen?«

»Nein, aber sie wird einige Statistiken über Krebs veröffentlichen, sie wird testen, wieweit die Leser sich wirklich auf eine bestimmte Creme zum Schutz der Haut vor UV-Strahlen verlassen können, welche Substanzen darin enthalten sind . . . In einigen ist, glaube ich, eine Chemikalie, die genauso gefährlich ist wie ein Übermaß an Sonne. Liz hat für ihren Artikel verschiedene Kapazitäten auf dem Gebiet der Dermatologie interviewt. Wenn die Leser die Fakten wissen, dann können sie selbst entscheiden, ob sie die Risiken eingehen wollen.«

Marsha lächelte kühl. »*Das* wird Sie ganz bestimmt nicht beliebt machen, Rose. Haben Sie denn schon ein Budget aufgestellt, in dem sie die Annullierung einer Reihe von Werbeaufträgen berücksichtigen?«

»Nein, ich dachte die Werbeleute wären froh, Frauen anzusprechen, die gut informiert und fähig sind, eine vernünftige Wahl zu treffen. Die Zeitschrift *Which* hat mit diesem Konzept großen Erfolg gehabt.«

»Die Zeitschrift *Which* veröffentlicht allerdings überhaupt keine Werbung und hat eine ellenlange Abonnentenliste. Sie braucht nicht die Hälfte des Verkaufserlöses für Grossisten und Nachrichtenagenten aufzuwenden.«

»Aber sie ist dadurch groß geworden, daß die Leute ihr vertrauen und sich beispielsweise kein Küchengerät, keine Spülmaschine kaufen, bevor sie nicht die entsprechenden Tests in der *Which* nachgelesen haben. Genau das ist es, was ich mir wünsche: kritische Verbraucher. Und hat nicht *Good Housekeeping* mit seinem ›Gütesiegel‹ genau dasselbe versucht? Dadurch haben die Leserinnen allmählich ihr Vertrauen in die Werbung zurückgewonnen.«

»Wenn die Idee so gut war, warum hat *Good Housekeeping* sie dann wieder fallengelassen?«

Rose spürte, wie eine diffuse Angst in ihr hochstieg. War sie zu naiv?

»Werbeleute suchen in einer Zeitschrift das, was sie ›redaktionelle Unterstützung‹ nennen. Die Inserenten werden wahrscheinlich eine Zeitschrift, die ihre Täuschungen und Übertreibungen aufdeckt, nicht gerade als besonders ›unterstützend‹ ansehen.«

»Glauben Sie, daß es nicht klappen wird, Marsha? Müssen wir denn wie alle anderen sein und uns immer neue Superlative ausdenken, um einen sündhaft teuren Lippenstift anzupreisen, obwohl wir wissen, daß die darin enthaltenen Substanzen nur ein paar Pennies kosten und daß die ›neue‹ Farbe genau die alte ist und bloß einen neuen Namen bekommen hat?«

Marsha lachte kurz durch die Nase. »Ich sehe da ein paar Probleme auf uns zukommen, aber wer will schon ein problemloses Leben? Was Sie sagen, ist überzeugend. Die Grundsätze von Integrität, die wir für den redaktionellen Teil aufgestellt haben, müssen natürlich für die Werbung ebenfalls gelten. Haben Sie das Thema mit Frank Marnhull besprochen?«

»Nicht direkt. Er und Mr. Littlejohn haben mein ursprüngliches redaktionelles Konzept vorliegen, und das hat ihnen, wie sie mir versichert haben, gefallen . . . Sie meinten, unter der Voraussetzung, daß die Verkaufszahlen steigen, hätte ich freie Hand.«

»Nun, ich hoffe, Marnhull und Littlejohn haben deutlich verstanden, was Ihnen vorschwebt. An zwei Fronten, nach drinnen und nach draußen kämpfen zu müssen – das wird selbst Ihnen zuviel werden. Vor allem«, sagte Marsha entschieden, »sollten wir uns jetzt gezielt darum bemühen, andere Produktbereiche dazuzugewinnen . . . Autos, Büroausstattung, Hotels . . ., und die Seite › Vermischtes ‹ ist meiner Meinung nach bisher sträflich vernachlässigt worden.«

Rose konnte spüren, daß sie von Marsha aufrichtige Unterstützung bekam, und ihre Angst flaute ein wenig ab. Sie nickte. »Es gibt sehr viele Bereiche, die wir bisher noch gar nicht abgedeckt haben – Finanzen, Eigentum, Grundbesitz. Ich sehe die Leserin der *Attitude* als karriereorientiert, finanziell unabhängig – wenn sie alleinstehend ist, wird sie wahrscheinlich ihre eigene Wohnung oder ihr eigenes Haus kaufen, wenn sie verheiratet ist, wird sie zu den Hypothekenzahlungen beitragen. Sie ist tüchtig und intelligent . . ., sie braucht vieles und kann sich vieles leisten. Für unsere Inserenten ist sie geradezu ein *Geschenk*.«

Marsha lächelte und zwinkerte Rose zu. »Sie müssen versuchen, das auch den beiden Herren begreiflich zu machen. Zumindest ist es einen Versuch wert. Es ist Zeit, daß einmal ein ganz neuer Typ Frauenzeitschrift auf den Markt kommt. Ich werde mit Ihnen in Kontakt bleiben. Jetzt muß ich erst einmal den Vertretern gründlich den Kopf waschen – sie glauben, sie brauchten nur am Telefon herumzuhängen, um Anzeigen hereinzuholen. Sie werden sich in Zukunft sehr viel häufiger die Hacken ablaufen müssen, und mit den mehrstündigen Mittagessen wird es wohl auch bald vorbei sein.«

Nach dem ersten gemeinsamen Abend wollte Rose Burt so bald wie möglich wiedersehen, aber er rührte sich nicht. Sie stürzte sich in die Arbeit, um sich daran zu hindern, ihn unter irgendeinem Vorwand anzurufen. Mehr als je zuvor machten ihr jetzt ihr Aussehen und ihr Gewicht Sorgen. Wahrscheinlich fand Burt sie einfach zu dick. Jetzt, da Burt nicht anrief, plagten sie wieder die alten Selbstzweifel. Sie bat Marilyn, ihr einen Schmalzkringel zu holen. Wenn sie sich Sorgen machte, wurde sie immer hungrig. Sie war ohnehin dick – da machte ein Schmalzkringel dann auch keinen Unterschied mehr.

Sie mußte unbedingt mit Liz Hindon über deren Artikel über Kosmetikprodukte sprechen. Als sie die Tür zu Liz' Büro öffnete, saß diese an einer uralten Reiseschreibmaschine und hackte mit zwei Fingern darauf herum. Eine Seite ihres Gesichts schimmerte – mit Ausnahme eines weißen Ringes um das Auge – hellgrün. »Mein Gott, Liz, fühlst du dich schlecht?«

»Oh, sorry.« Liz sah von ihrer Schreibmaschine auf und lächelte gequält. »Verdammt! Wenn man nur einen Muskel bewegt, fängt die ganze Paste an, abzusplittern. Ich probiere eine neue Maske, mit der sie dir ewige Schönheit versprechen. Ich möchte sehen, ob die behandelte Seite nachher schöner aussieht als die unbehandelte.« Sie lächelte verschmitzt. »Wenn es tatsächlich wirkt, dann werde ich natürlich in einer halben Stunde aussehen, als hätte ich gerade einen Schlaganfall erlitten.« Sie sah auf die Uhr. »Ohnehin Zeit, sie abzuspülen. Ich bin in einer Minute bei dir.«

In der Tür stieß sie mit Veronica, der neuen Assistentin, zusammen. Veronica zuckte resigniert mit den Schultern. »Machen Sie sich nichts daraus, Miss Summers, sie ist immer so. Wenn ich nicht auf sie aufpasse, dann geht sie mit fünfzehn verschiedenen Lippenstiftschattierungen auf dem Handrücken zu einer Pressekonferenz. Letzte Woche hat sie hier den ganzen Vormittag an ihrer Maschine gesessen und völlig vergessen, daß sie sich die Oberlippe dick mit Enthaarungscreme eingeschmiert hatte. Die Haut konnte man später in Fetzen abziehen – ich mußte zur Apotheke rennen und etwas gegen Verbrennungen holen. Haben Sie sie in der letzten Woche mal genau angesehen? Sie sah aus, als hätte sie eine gefährliche Flechte über der Oberlippe.« Veronica lachte.

Liz öffnete die Tür. »Irgendein Unterschied erkennbar?« Sie näherte ihr Gesicht bis auf wenige Zentimeter dem von Veronica.

»Eigentlich nicht. Sieht ein bißchen sauberer aus.«

»Dieselben alten Krähenfüße?«

»Dieselben alten Krähenfüße.«

»Schade.« Sie kritzelte etwas auf ein Stück Papier, klebte es mit Tesafilm auf die Packung und legte das Paket auf den Tisch, der hinter ihr stand. »Du siehst«, sagte sie zu Rose gewandt, »das Leben hier ist nicht ganz ungefährlich. Es ist nicht unwahrscheinlich, daß du sehr bald einmal ebenfalls als Versuchskaninchen herhalten mußt.«

Rose warf einen Blick auf die Produkte, die auf dem Tisch herumstanden. Liz nahm eine Plastikflasche in die Hand. »Hier, dies ist eine Sonnenschutzcreme – probier doch mal aus, ob sie hilft. Du siehst aus, als hättest du eine empfindliche Haut, die leicht verbrennt.«

»Erst mal muß die Sonne scheinen«, murmelte Rose. »Was ist, wenn das Präparat nicht wirkt. Dann sehe ich aus wie ein rohes Schnitzel.«

»Alles im Dienste der Produktforschung für unsere Leser. Was macht es da, wenn du ein bißchen leidest?«

»Ich würde lieber einen Zaubertrank probieren, mit dem ich meine Fettzellen auflösen kann. Ich versuche andauernd abzunehmen.« Rose lachte verlegen.

»Mmm . . . ein paar Kilo weniger wären nicht schlecht.« Liz war immer sehr direkt. Sie drehte sich um und warf einen suchenden Blick auf den Abstelltisch. »Was ist denn hiermit – probier das Zeug doch einfach mal aus.« Sie studierte den Zettel mit der Presseinformation. »Der neue Schlankheitsriegel – viele Ballaststoffe, wenig Fett, kein Zucker, eine von Wissenschaftlern zusammengestellte, wohlausgewogene Mahlzeit. Klingt wenig appetitanregend. Wahrscheinlich mehr Kalorien als ein Steak. Auf jeden Fall kannst du's ja mal versuchen. Du ißt den Riegel anstatt einer Mahlzeit und trinkst ein Glas Wasser dazu. Aber kratz mir nicht die Augen aus, wenn es wie Hühnerfutter schmeckt.«

Rose nahm die Packung und dachte an die Pleite, die sie mit der Zentinormdiät, die Gail ihr damals aufgedrängt hatte, erlebt hatte. Sie hatte seither Dutzende von Diät- und Schlankheitsprodukten ausprobiert, die angeblich eine normale Mahlzeit problemlos ersetzten; das Ergebnis war leider mehr oder weniger gleich Null. »Das sieht ja ekelhaft aus.«

»Und schmecken tut es wahrscheinlich noch ekelhafter. Treibst du Sport?«

Rose schüttelte den Kopf. »Ich habe gar keine Zeit.« Das stimmte. Sie mußte Berge von Manuskripten durchsehen; auf ihrem Terminkalender standen fast täglich Konferenzen, Geschäftsessen und Empfänge, an denen sie in ihrer Funktion als Chefredakteurin teilnehmen mußte. Es war nicht immer möglich, die Mahlzeiten, die mit den Einladungen verbunden waren, zu übergehen, und wenn sie müde war oder Sorgen hatte, dann steckte sie sich etwas Eßbares in den Mund.

Liz lehnte sich in ihrem Stuhl zurück. »Ich sage immer: ›Was reingeht – an Essen oder Getränken –, muß auch wieder rauskommen – in Form von Energie.‹ Du *mußt* ganz einfach weniger essen, süße und alkoholische Getränke meiden ... Das Leben ist hart, wenn du nicht gerade den Stoffwechsel eines Windhundes hast.« Sie lächelte in Roses unglückliches Gesicht. »Es gibt leider kein Wundermittel ... Oh, mein Gott, ich klinge wie meine eigenen Artikel. Wer hat denn eigentlich gesagt, daß wir alle aussehen müßten, als kämen wir von einem Fließband für Models? Ha, wieder die verfluchte Tür.« Sie machte eine Fratze in Richtung auf die Bürotür, die aufgesprungen war und laut knarrte. »Wo ist diese neue Nachtcreme, Veronica?« Sie schraubte eine Cremedose mit teurer Nährcreme auf, beschmierte die Scharniere vorsichtig mit dem Präparat und stieß die jetzt lautlose Tür mit zufriedenem Gesicht wieder zu.

»Ardens Creme – was spricht dafür? Sie ölt zumindest jede Tür! Komm mal mit – ich würde dir gern ein paar neue Fotos zeigen – sie sind im Atelier. Amanda meinte, eines davon könnten wir als Dezember-Titelbild nehmen.« Rose konnte gut verstehen, warum Veronica so gern für Liz arbeitete.

Als sie in ihr Büro zurückkehrte, fand sie eine Nachricht auf ihrem Schreibtisch: Burt hatte angerufen. Ihr Herz begann zu klopfen; sie hoffte, er habe sich an sein Versprechen, sie in den Jazzkeller mitzunehmen, erinnert und wählte seine Nummer.

»Ah, Mrs. Chefredakteurin. Wie geht es dir? Also, wir haben einige Pläne für die Frühjahrskampagne entwickelt. Die Strategie ist für einen längeren Zeitraum konzipiert, deshalb müssen wir früh damit beginnen. Kannst du morgen vorbeikommen? Gut, dann bis um fünf.«

Er legte auf. Rose starrte bedrückt und enttäuscht auf ihren Schreibtisch. Sie hatte das freundliche Necken, die Wärme in seiner Stimme vermißt. Sie richtete sich gerade auf. Was war los mit ihr – war sie denn ein Schulmädchen, das für seinen Lehrer schwärmte? Burt war ein vielbeschäftigter Mann, er und seine Partner hatten die Agentur durch harte Arbeit aufgebaut; sie konnte nicht erwarten, daß Burt von morgens bis abends an sie dachte und sich in Sehnsucht nach ihr verzehrte. Vielleicht war ihre Liebe zu Burt nur eine Illusion, auf nichts anderes gegründet als auf ein paar Blumen und auf eine Karte, auf der geschrieben stand: »Alles Liebe, Burt.« Wenn sie nicht so vorsichtig wäre, dann würde sie sich womöglich noch lächerlich machen. Sie ergriff zum Trost den Schmalzkringel, den Marilyn ihr auf den Schreibtisch gestellt hatte, und begann, einige Frauenzeitschriften, die von der Konkurrenz herausgegeben wurden, durchzublättern. Es war immer wichtig, die Stärke des Gegners richtig einschätzen zu können.

Fünf Minuten später wurde sie von Frank Marnhulls Sekretärin angerufen, die ihr mitteilte, daß er ebenfalls zu der morgigen Präsentation gehen würde, und ebenso Marsha Redland. Er wollte die beiden Damen in der Eingangshalle abholen, und sie würden alle drei von seinem Chauffeur abgeholt werden.

Am nächsten Tag wurden Rose, Marsha und Frank Marnhull von einer respektvollen Sekretärin empfangen, die in dem feuerroten Foyer von Sturminster, Tillotson und Newton bereits auf sie wartete und sie in einen eleganten Präsentationsraum im Erdgeschoß führte. Darin befanden sich ein langer, ovaler Tisch und eine große, weiße Leinwand. Rechts und links von der Leinwand stand ein Fernsehapparat. Burton saß bereits am Kopfende des Tisches, flankiert von verschiedenen jüngeren Damen und Herren. Er schüttelte zuerst Frank Marnhull so herzlich die Hand, als sei er ein langjähriger Freund, und küßte dann Rose auf die Wange. Sie zitterte, als sie seine Lippen auf ihrer Haut spürte. Als er auch Marsha auf beide Wangen küßte, zwang sie sich zu einem gequälten Lächeln. Burt stellte seinen Gästen die Mitarbeiter der Agentur vor: den Texter, den Artdirektor, den Anzeigen- und Werbezeitenkäufer (der dafür verantwortlich war, daß sie gute, relevante Fernsehzeiten bekamen und in der Presse an einem guten Platz plaziert wurden) und eine magere, müde aussehende Dame namens Carol Peppins, die er ihnen als Kundenkontakterin vorstellte. Die Artdirektorin Julia Tapper war eine erstaunlich junge, äußerst attraktive Frau mit einem leichten amerikanischen Akzent, die sich mit offenkundigem Sachverstand und einem trockenen Humor daranmachte, ihnen eine Reihe von Entwürfen vorzulegen. »Dieses wird ein sechzig Sekunden langer Werbefilm – es handelt sich natürlich zunächst nur um einen Entwurf –, ich möchte Ihnen erst einmal einen Eindruck von dem Video geben, das wir gern machen würden. Die Wörter werden synchronisiert – wir versuchen, dafür Anna Massey zu gewinnen, da wir der Ansicht sind, daß sie für die *Attitude* genau die richtige Stimme hat. Aber die Vertonung beginnt mit einer amüsanten kleinen Melodie, einem richtigen Ohrwurm sozusagen, und wird dann, wie immer der Text auch ausfallen mag, wieder mit dem musikalischen Leitmotiv enden.«

Rose war von dem Video begeistert. Plötzlich wurde das neue Konzept der *Attitude* zu einer Realität; die Zeitschrift begann, eine eigene Identität zu gewinnen. Burt hatte Roses Ideen sehr gut verstanden und umgesetzt. Sie strahlte ihn an und stellte sich vor, wie sie ihm bei einem Abendessen mit leuchtenden Augen versicherte, daß er einfach wunderbar sei. Plötzlich bemerkte sie, daß Frank sie von der Seite beobachtete. Sie schob ihre schwärmerischen Gedanken beiseite und machte einige kritische Vorschläge: eine kleine Veränderung des Textes, eine kleine Verschiebung der Betonung. Frank und Marsha fragten das Agenturteam nach allen möglichen Einzelheiten: die Kosten, der Zeitplan, wie die darauffolgenden Kampagnen gehandhabt werden, wann das Video aufgenommen werden würde, ob es ausreichend Gelegenheit gab, den Werbespot in den vorgeschlagenen Fernsehsendezeiten zu zeigen. Die Diskussion verlief äußerst sachlich. Das Meeting endete damit, daß Carol Peppins, auf ein Nicken von Burt hin, aufstand und allen Anwesenden ein Glas Champagner in die Hand drückte.

»Ich möchte gern, daß Sie sich die Erkennungsmelodie anhören«, sagte Julia Tapper zu Rose. »Ein wirklich pfiffiger kleiner Song. Eigentlich hätte der Komponist das Band rechtzeitig zu unserem Meeting vorbeibringen sollen, aber bis um fünf war er noch nicht hier – wir haben sie bisher nur auf dem Klavier gehört. Er wollte für heute nachmittag zusammen mit einer kleinen Band ein Demonstrationsband fertig machen. Ich frag' mal nach, ob er inzwischen angekommen ist.« Julia nahm schon den Hörer ab, als Frank Marnhull ankündigte, er werde jetzt gehen; er habe noch eine Einladung zum Abendessen. Marsha war in der anderen Ecke des Raumes in ein Gespräch mit dem Mediadisponenten vertieft. Burt kam zu Rose herüber. »Also, Mrs. Chefredakteurin, das gefällt dir, nicht wahr?«

»Es war großartig.« Roses Stimme vibrierte vor Wärme und Begeisterung. »Du hast das Konzept der neuen *Attitude* ganz genau erfaßt. Julia sieht gerade nach, ob das Tonband mit der Musik schon da ist.«

Julia lächelte und nickte. »Der Komponist ist gekommen ... Er wird gleich hier sein ... Ist der Apparat angeschlossen?«

Carol Peppins, offenbar das Mädchen für alles, nickte.

Als die Tür sich öffnete, erblickte Rose Maurice, der auf der Schwelle stehengeblieben war und nervös blinzelte. Plötzlich stand ihr das Bild des schäbigen Sofas vor Augen, auf dem Maurice mit seinen dünnen weißen Oberschenkeln auf ihr lag und ohne Erfolg in sie einzudringen versuchte. Sie merkte, daß sie blaß wurde, aber als Julia ihn hereinführte, hatte sie ihre Fassung bereits so weit wiedergewonnen, daß sie ihn anlächeln konnte: »Hallo, Maurice.«

»Sie kennen sich!« rief Julia überrascht aus.

»Wir sind in dieselbe Schule gegangen.« Rose empfand eine boshafte Befriedigung, als sie sah, daß Maurices Mund vor Staunen offenstand und sich Gesicht und Hals mit roten Flecken überzogen. »Hallo, Rose«, brachte er mit belegter Stimme hervor. Rose musterte ihn kritisch und stellte fest, daß er trotz seiner flotten, modischen Kleidung immer noch ziemlich mager und unattraktiv wirkte. Auch seine Pickel waren nicht weniger geworden. Aber die Melodie, die er für das *Attitude*-Video komponiert hatte, war wirklich gelungen.

»Ein hübsches Leitmotiv mit ein paar Jazz-Anklängen.« Burt hatte beim Zuhören seinen Arm lässig um Roses Schulter gelegt. »Wirklich ein cleverer junger Mann, unser Maurice. Hast du die Chico-choc-Werbefilme gesehen? Maurice hat die Hintergrundmusik komponiert, und neulich hat doch tatsächlich jemand bei Capital-Radio angerufen und die Redakteurin gebeten, die Melodie im Wunschkonzert zu spielen!«

Rose spürte Burts Arm schwer und warm auf ihrer Schulter und bemerkte zugleich, daß Maurice erst sie und dann Burt nachdenklich musterte. Sie sah Burt mit einem strahlenden Lächeln an. Er drückte freundschaftlich ihren Arm und wandte sich dann zur Seite, um mit Julia zu sprechen.

»Äh, äh, Rose, du bist ja eine richtige Karrierefrau geworden«, stotterte Maurice. »Du bist jetzt eine erfolgreiche Chefredakteurin. Du siehst sehr gut aus . . . und, und . . . größer . . .«

»Und du, Maurice? Was machen deine Kompositionen? Hast du inzwischen auch Filmmusik geschrieben? Und was ist mit dem Musical, das du schreiben wolltest?«

»Nein. Größere Sachen scheine ich nicht so gut in den Griff zu bekommen. Ich versuche es schon gar nicht mehr. Diese

Erkennungsmelodien werden allerdings sehr gut bezahlt ... Ich kann mich nicht beklagen.« Maurice grinste verlegen.

»Bist du verheiratet, Rose?« Rose zuckte zusammen.

»Nein.«

»Ich auch nicht.« Er zögerte und begann dann stotternd zu erzählen. »Ich – ich habe einige Jahre lang mit einer Frau zusammengelebt. Sie hat mich gerade verlassen und ist zu meinem besten Freund gezogen.«

»Das tut mir leid, Maurice.«

»Na ja, auf Freunde ist eben auch kein Verlaß.« Er vergrub die Hände in den Hosentaschen und malte mit der Schuhspitze ein Muster auf den Teppich. »Rose, äh, ich wollte mich immer entschuldigen, weißt du, für das letzte Mal ... Ich hatte einfach nicht den Mut. Wir waren zu unerfahren...«

»*Bitte*, Maurice – es war doch völlig unwichtig, und außerdem ist es so lange her.«

Maurice sprach unbeirrt weiter. »Ich wollte unbedingt auch mal ein Mädchen haben. Alle anderen Jungen hatten eine Freundin, aber keine außer dir schien mich zu mögen. Aber irgendwie ist alles schiefgelaufen . . .« Maurice schwieg verlegen. Schließlich sagte er leise: »Ich habe mich hinterher schrecklich einsam gefühlt.«

»Mein Gott, Maurice, du tust ja so, als hätte es sich um eine große Liebestragödie gehandelt. Warum bringst du die Sache überhaupt zur Sprache? Ich denke überhaupt nicht mehr daran.«

Plötzlich spürte Rose wieder die alte Scham und Demütigung, die sie an jenem Samstagabend empfunden hatte. Im Grunde hatte sich nichts verändert. Sie war immer noch dick, und, trotz ihres beruflichen Erfolgs, unattraktiv und einsam. Einer Frau wie Gillian würde Burt Tillotson inzwischen gewiß längst zu Füßen liegen. Sie und Maurice waren sich ziemlich ähnlich: in Sachen Liebe die ewigen Verlierer.

Beide standen sich schweigend gegenüber, frustriert und verlegen. Rose spürte den altbekannten Neid auf das Selbstbewußtsein hübscher Frauen. Die brauchten bestimmt nicht lange zu rätseln, ob ein Mann sie mochte. Es war einfach ungerecht. Sie spürte, wie ihr die Tränen in die Augen traten, und starrte auf den Teppich. Marsha unterbrach ihre trübsinnigen Gedanken und fragte, ob sie sich nicht für den Rückweg ins Büro ein gemeinsames Taxi nehmen sollten.

»Ich habe meinen Wagen dabei«, bot Maurice, dankbar für die Unterbrechung, sich an. »Ich kann Sie beide am Büro absetzen.«

»Ich fahre nicht ins Büro zurück«, entgegnete Rose.

»Oh, das ist nett von Ihnen, vielen Dank.« Marsha nahm das Angebot sofort an.

Rose sah sich suchend im Zimmer um, Burt war verschwunden. Wie konnte er gehen, ohne ihr etwas zu sagen? Enttäuscht fragte sie Carol Peppins nach ihrem Mantel. »Es war wirklich nett, Sie kennengelernt zu haben«, verabschiedete sich die junge Frau. »Ich hoffe, wir werden gut zusammenarbeiten. Sie rufen mich an, wenn etwas nicht in Ordnung ist, nicht wahr?«

»Sie anrufen?« Rose sah sie verdutzt an.

»Ich bin Ihre Ansprechpartnerin. Haben Sie nicht gehört, wie Burt es gesagt hat? Ich bin sozusagen das Verbindungsglied zwischen dem Kunden und der Agentur. Sie rufen mich an, und ich kümmere mich um alles, stelle die Unterlagen zusammen, sorge dafür, daß Sie die Fahnenabzüge oder die Graphiken vorgelegt bekommen – was auch immer Sie sehen möchten. Wenn Sie Analysen zu Ihrer Zielgruppe sehen möchten – wir haben unsere eigene Forschungsabteilung; ich mache alles, was Ihnen hilft, Ärger und Zeit zu sparen.«

»Danke. Aber sonst habe ich doch immer alles mit Mr. Tillotson besprochen?«

»Oh, Burt. Jetzt, da die Kampagne einmal gebilligt worden ist, übergibt er sie jemandem aus seinem Angestelltenteam. In diesem Fall werde ich in Zukunft Ihre Ansprechpartnerin sein.«

»Ach so.« Rose fühlte sich plötzlich müde und niedergeschlagen.

Sie schlüpfte in ihren Mantel, um zu gehen. Julia lief ihr nach. »Haben Sie eine Sekunde Zeit, um in mein Zimmer zu kommen? . . . Ich würde mir gern mit Ihnen zusammen ein paar passende Models ansehen. Wir müssen möglichst bald mit ihnen Kontakt aufnehmen. Die besten sind natürlich immer lange im voraus ausgebucht. . . Wahrscheinlich spricht einiges dafür, eine Schauspielerin zu nehmen – was meinen Sie?«

Sie ging vor Rose die Treppe hinauf. Burt kam ihr, zwei Stufen auf einmal nehmend, entgegengepoltert. »Man sieht sich, Rosie«, rief er ihr zu, als er an ihr vorbeirannte.

Mit dem Mut der Verzweiflung rief sie ihm nach: »Wo? Bei Ronnie Scott's?« Burt blieb stehen, und Rose hatte plötzlich das Gefühl, als würde ihr schwarz vor Augen.

»Das hab' ich ganz vergessen. Ich rufe dich morgen an.«

Julia lächelte. »Sie gehören also auch zur Gemeinde der Jazzfans?«

»Ich weiß es noch nicht.« Rose spürte, wie ihre Stimmung sich wieder hob. »Es ist ein Experiment.« Eines war sicher: Wenn Burt gern Jazz mochte, dann würde sie, so gut es ging ,versuchen, sich auch für diese Musik zu begeistern.

Kapitel 39

»Ich habe überhaupt keine Zeit mehr für ein Schwätzchen mit dir, Rose«, klagte Gillian, als sie beide ein paar Tage später zu »Luca« zum Mittagessen gingen. »Es gibt immer soviel zu tun. Ich muß an jeden einzelnen Autor schreiben und die Anweisungen, das Honorar, das Datum, zu dem wir das Manuskript brauchen, bestätigen. Manche scheinen es nötig zu haben, daß man ihnen beim Schreiben das Händchen hält. Fanny Runcorn hat es sich zur Gewohnheit gemacht, mich um sechs Uhr morgens anzurufen, um mir vorzulesen, was sie am Vorabend geschafft hat. Neulich ist es mir immerhin nach dreißig Minuten gelungen, auch mal einen Satz zu sagen. ›Fanny‹, sagte ich, ›wir haben uns auf 2000 Wörter geeinigt; was Sie mir vorgelesen haben, klingt eher wie zwanzigtausend.‹ Sie behauptete, sie habe nur wissen wollen, ob sie im großen und ganzen den richtigen Ton getroffen habe; erst wenn sie da ganz sicher sei, könne sie einiges streichen. Am nächsten Morgen hat sie um *zehn* vor sechs wegen der sogenannten gekürzten Fassung angerufen; es waren ungefähr 18.000 Wörter.«

Die beiden Frauen lachten. »Sie ist es allerdings wert, daß man sich ein bißchen um sie kümmert«, gab Rose zu bedenken. »Sie schafft es, Dinge auf den Punkt zu bringen, die man selbst schon oft gesagt, aber nie so elegant formuliert hat ... ein bißchen wie Katherine Whitehorn.«

»Nur sehr viel wortreicher.«

»Ich habe überlegt, ob wir versuchen sollten, diesen lustigen Typen, Julian, von der *World of Women* als freien Mitarbeiter zu gewinnen. Er hat den richtigen Riecher für Klatschgeschichten; ich dachte, er und Cressida würden gut zusammenpassen. Sie sind beide sehr extrovertiert, haben hervorragende Kontakte und treiben sich nächtelang in Bars und Nachtclubs herum. Cressida ist halt ein bißchen überspannt, deshalb ist sie vermutlich sogar einigermaßen mit PBE zurechtgekommen. Julian wäre sicher eine gute Ergänzung: er schreibt glänzende Stories über Aussteiger, Popstars und die kleinen Leute des Showgeschäfts.«

»Meinst du, seine fliederfarbenen Lederhosen würden zum Image der *Attitude* passen?«

»Wie die Faust aufs Auge!« Beide Frauen lachten. »Guter Klatsch über interessante und berühmte Leute ist einfach unentbehrlich ... Natürlich nicht das blöde Geschwafel, das die Klapperschlange immer so gern über die Leute der High-Society verbreitet hat. Das war nur snobistisch und stinklangweilig ... Was ist übrigens aus ihr geworden?«

»Sie ist offenbar hauptberuflich damit beschäftigt, sich einen verwitweten Industriekapitän zu angeln, einen steinreichen Adligen aus Gloucestershire. Er scheint allerdings noch nicht so recht angebissen zu haben.«

»Woher weißt du das?«

»Von einem Freund meines Verlegers. Er geht dort oben auf die Jagd; das ist so ungefähr sein einziger Fehler.«

»Der Typ, der uns die Mary-Hickstead-Story verkauft hat?«

»Genau der.« Gillian wurde nicht gerade rot, aber ihre Wangen glühten. »Also gut, ich gebe es zu, ich mag ihn ziemlich gern«, bestätigte sie, als Rose sie fragend ansah. »Ja, ja, ich weiß – ich habe geschworen, ich würde mich nie wieder verlieben, aber« – sie zuckte mit den Schultern und lächelte schwach – »er ist ganz anders als diese Windhunde aus der Werbung. Er hat soviel von der Welt gesehen, ich könnte ihm ewig zuhören. Bei ihm fühle ich mich geborgen, zufrieden, irgendwie glücklich.«

Rose schluckte den Ärger über die »Windhunde aus der Werbung« herunter. »Und – hegt er dieselben Gefühle auch für dich?«

»Ja, es scheint so.« Gillian lachte verlegen. »Ich meine, wenn die vielen Anrufe, die ich jeden Tag von ihm bekomme, etwas zu bedeuten haben. Im übrigen sehen wir uns fast jeden Abend –

natürlich nur dann, wenn ich nicht gerade für die *Attitude* durch die Gegend sause.«

Rose spürte den altbekannten Neid auf schöne Frauen. Sie wünschte, sie könnte so über Burt sprechen. Ob sie es wagen sollte, ihn zu fragen, ob er mit ihr übers Wochenende zu Doreen fahren würde?

Doreen hatte, als sie ihr Baby erwartete, ihren Beruf an den Nagel gehängt. Sie hatte Rose gebeten, die Patin ihrer Tochter Celia zu werden. »Komm doch übers Wochenende rauf zu uns, damit du sie schon vor der Taufe mal kennenlernst«, schlug sie Rose vor. »Du kannst auch einen Freund mitbringen, wenn ihm das ruhige Leben bei uns gefällt. Wir wohnen ziemlich weit draußen, aber wir haben enorm viel Platz.«

Ein ganzes Wochenende mit Burt! Das wäre der Himmel auf Erden. Er hatte nicht vergessen, sie am Tag nach der Präsentation anzurufen und sie zu Ronnie Scott's auszuführen, aber sie waren nicht allein. Gerald Sturminster, einer der anderen Partner der Agentur, war mit seiner Freundin gekommen, einer jungen Frau mit katzenartigen Bewegungen, die Rose ein Gefühl von Unzulänglichkeit gab. Auch ein zweiter, männlicher Gast war dagewesen, ein untersetzter, mittelalterlicher Mann mit Glatze und der unglücklichen Angewohnheit, alle seine Sätze mit »Ich weiß nicht, aber ...« zu beginnen. In seinen knallengen Jeans und dem neonfarbigen T-Shirt sah er aus wie eine Wurst in der Pelle; er hatte eng eingezwängt zwischen Rose und einer anderen Frau gesessen, die offensichtlich die Werbeleiterin seiner Firma für Tiernahrung und Futtermittel war. Letztere schien von Burt außerordentlich fasziniert zu sein.

Burt war Rose gegenüber außerordentlich aufmerksam gewesen; er nannte sie ›Rosie‹ und sah ihr ab und zu tief in die Augen. Er hatte sie sogar von zu Hause abgeholt und sich in ihrem Wohnzimmer anerkennend umgesehen. »Es ist hübsch hier, Rose. Gemütlich. Es hat Atmosphäre.«

Bevor sie zum Jazzclub aufbrachen, nahmen sie bei Rose einen

Drink, und Burton lernte Anne kennen, die zufällig vorbeikam, um Rose zu einer Party einzuladen, die sie am Samstag geben wollte. »Kommen Sie doch auch, wenn Sie Zeit haben«, sagte sie zu Burt, und Rose hielt den Atem an und betete insgeheim, daß er »ja« sagen möge. Burt bedauerte: er sei gerade an diesem Wochenende auf Pfauenjagd in Wiltshire.

»Ich versuche, so gut es geht, ein Landadliger zu werden.« Burt lächelte Rose über den Rand seines Glases hinweg an. »Ich kann nicht besonders gut schießen, aber ich bezahle den größten Teil der Jagdgebühren, deshalb müssen sie mich wohl oder übel akzeptieren.«

Nach dem Konzert im Club war die Gruppe ins Escargot zum Abendessen gegangen. Die Leute waren angenehm, aber Rose hätte sich gewünscht, daß sie und Burt allein gewesen wären.

»Glaubst du, es wäre richtig, wenn ich einen Mann, den ich nicht besonders gut kenne, bitten würde, ein Wochenende mit mir im Landhaus meiner Freunde zu verbringen?« Rose unterbrach Gillian in deren Erzählung über einen Autor, der seine Beiträge gewohnheitsmäßig zu spät ablieferte.

Gillian sah sie erstaunt an. »Wie lange läuft die Sache denn schon? – Du hast noch nie darüber gesprochen.«

»Im Grunde hat sie noch gar nicht richtig angefangen. Er hat mich zum Abendessen ausgeführt, als ich ihn in die Oper eingeladen habe – und dann ist er noch ein zweites Mal mit mir ausgegangen, aber es waren noch verschiedene andere Leute dabei. Er ruft mich nicht jeden Tag an, aber er hat auch furchtbar viel zu tun.«

»Was macht er denn beruflich?«

»Er arbeitet in der Werbung.«

»Oh, Gooott!« Gillian faßte sich mit beiden Händen an den Kopf. »Ist es der Typ, der dir die Blumen geschickt hat?«

Rose nickte. »Burton Tillotson.« Als sie den Namen nannte, senkte sie die Stimme und sah Gillian mit flehendem Blick an. Sie fürchtete, Gillian könnte sich über sie lustig machen.

»Er war in der Kreativabteilung von Cole Rogers O'Connor Brown Murdoch und Wagstaff, als ich dort gearbeitet habe, und ist dann gegangen, um mit ein paar anderen eine eigene Agentur aufzumachen«, sagte Gillian.

»Du hast meine Frage nicht beantwortet. Du hast mehr Erfahrungen mit Männern als ich . . ., ob ich ihn bitten soll, mit mir zusammen zu meiner Freundin Doreen zu fahren. Das wäre eine Gelegenheit, sich näher kennenzulernen. Ich war zusammen mit Doreen auf der Schule. Sie hat inzwischen Robin, einen sehr netten Mann, geheiratet, und sie haben ein Baby, eine kleine Tochter.«

»Du meinst, das könnte Burt inspirieren, ebenfalls eine Familie zu gründen?«

»Daran habe ich überhaupt nicht gedacht«, protestierte Rose.

»Liebes, da wirst du dir bestimmt blaue Flecken holen.« Gillian berührte Roses Hand und sah ihr liebevoll und besorgt ins Gesicht. »Glaub' mir, Burt ist bereits zweimal verheiratet gewesen.«

»Ich weiß. Er hat es mir selbst erzählt.«

»Du bist seine *Kundin*! Es ist klar, daß er dich hofiert. Sie legen sich immer krumm, bis sie den Vertrag in der Tasche haben, und dann geben Sie das Ganze an irgendeine Nummer drei oder vier weiter, und du siehst sie niemals wieder. Laß dich nicht von ihm einwickeln.«

»Ich glaube, er mag mich wirklich.« Rose sprach mit leiser, aber trotziger Stimme. Sie versuchte krampfhaft, das Bild von Carol Peppins, das ihr plötzlich vor Augen stand, zu verdrängen. Hatte Burt sie tatsächlich bereits an eine Nummer drei weitergegeben?

»Wer würde dich nicht mögen? Aber interpretier nicht zuviel in seinen unpersönlichen Charme hinein.«

»Soll ich ihn fragen, ob er mit mir zusammen Doreen besucht? Das ist es, was ich gern wissen würde.« Rose blieb hartnäckig.

»Nein. Wenn du eine ehrliche Antwort haben willst: *Nein.*« Gillian nahm ihre Handtasche. »Ich muß los. Ich muß ein paar Briefe durchsehen, die ein amerikanischer Professor im letzten Krieg an Petronella Mosiman, die Schriftstellerin, geschrieben hat; ich muß herausfinden, ob sie echt sind. Danke für das Mittagessen. Schau« – sie blieb verlegen neben ihrem Stuhl stehen – »tu es doch einfach, wenn du es möchtest. Möglicherweise ist das Abenteuer ein paar blaue Flecken wert. Oder vielleicht erkennt Burt, daß du ein wirkliches Goldstück bist, und ändert sich schließlich doch noch. Hör' nicht auf mich. Meine Männergeschichten waren sowieso immer katastrophal.«

Gillian beugte sich zu Rose hinunter, küßte sie auf die Wange und verließ dann eilig das Restaurant, wobei sie Luca und seinen beiden Kellnern freundschaftlich zuwinkte.

Luca trat lächelnd an Roses Tisch. »Immer in Eile, die schöne Miss Gillian. Kann ich Ihnen eine Tasse Kaffee bringen?«

Rose zögerte. »Ja, bitte. Und – und einen Brandy.«

Luca runzelte die Stirn, aber er nickte und ging zur Bar. Er kam mit einem Cognacschwenker und einer Tasse frisch aufgebrühten Kaffees zurück.

»Rosa, wegen Sonntag. Ich glaube, Sie sind jetzt soweit, daß Sie durchaus eine längere Fahrt versuchen können. Sie müssen einmal eine Hauptverkehrsstraße fahren – und durch Dörfer hindurch. Wir haben jetzt häufig genug gewendet und den Wagen auf einer ansteigenden Straße gestartet. Sie sollten jetzt wirklich mal eine längere Strecke fahren. Und sich vor allem schleunigst zur Fahrprüfung anmelden. Es gibt da eine Warteliste. Sie bekommen wahrscheinlich den Firmenwagen lange bevor Sie Ihren Führerschein haben.«

Rose strahlte ihn an. »Glauben Sie, daß ich soweit bin? Letzte Woche haben Sie noch laut über mich geflucht.«

Er zuckte mit den Schultern. »Weil Sie nicht auf mich gehört haben, Rosa. Manchmal sind Sie unglaublich selbstbewußt und dann wieder eine ängstliche Schlange.«

»Ein Angsthase. Schlangen sind nicht ängstlich, sondern angeblich falsch.«

»Also, am Sonntag machen wir einen langen Ausflug, ja? Ich habe mir eine längere Tour überlegt; da müssen Sie dann zeigen, was Sie können.«

»Darf ich das noch offenlassen? Vielleicht muß ich übers Wochenende wegfahren.«

»Gut.« Er sah sie mit ernsten Augen an. »Warum trinken Sie zur Mittagszeit Cognac, Rosa? Das ist nicht gut.«

Sie stellte das Glas wieder auf den Tisch zurück. »Ich weiß. Ich bin ziemlich albern. Und ich habe so viel zu tun. Trinken Sie den Cognac, Luca.«

Er nahm das Glas schweigend fort. Rose bezahlte die Rechnung und verließ das Restaurant.

Auf dem Weg ins Büro zurück überlegte sie, was sie tun sollte. Wenn sie Burt fragte, ob er sie zu Doreen begleiten wolle, was würde er dann von ihr denken? Aber was hatte sie schon zu verlieren? Er könnte nur ›nein‹ sagen.

An der Tür zu ihrem Büro wartete Sally auf sie. »Lally ist im Krankenhaus. Sie ist heute morgen zum Arzt gegangen – ich glaube, ihr Mann hat sie dazu überredet, weil sie sich in letzter Zeit immer so schlecht fühlte –, und der Arzt hat dann gleich im Krankenhaus angerufen und sie sofort einliefern lassen. Nigel ist in einem furchtbaren Zustand. Er sagt, sie wird jetzt gerade operiert. Er glaubt, daß der Arzt glaubt . . ., sie fürchten, es könnte Krebs sein.« Sallys Augen wirkten vor Entsetzen ganz hell.

»Oh, nein!« Plötzlich erinnerte sich Rose daran, wie erschöpft Lally ausgesehen hatte, als sie ihr die Skizzen gezeigt hatte.

»Welches Krankenhaus?«

»St. Thomas. Nigel ist gerade dort. Ich habe gesagt, ich würde ihn heute abend anrufen.«

»Sally, beruhige dich erst einmal. Es könnte ja etwas ganz Harmloses sein.« Rose dachte fieberhaft nach. Alan war der einzige Arzt, den sie kannte, aber er war weit fort, in den USA. Sie kannte seine private Telefonnummer, aber Alan und Cheryl würden zu dieser Tageszeit bestimmt nicht zu Hause sein. Sie kannte den Namen des Krankenhauses, wo er arbeitete; Marilyn könnte die Nummer herausfinden. Alan würde die besten Ärzte kennen, an die Lally sich wenden könnte. Rose hatte Angst, aber sie versuchte, trotzdem Lally gegenüber Optimismus auszustrahlen. Amelia! Sie würde jemanden kennen. Rose würde sich bei beiden erkundigen. Sie verbannte alle Gedanken an Burt und griff nach dem Telefon. Neben der Sorge um Lally gab es jedoch noch eine ganz andere Frage, die sie beschäftigte: Was war mit der *Attitude*? Wer sollte jetzt die Modeseiten machen?

Kapitel 40

Was man über Lally hörte, war nicht gerade sehr ermutigend. Ein großer Tumor war entfernt worden, und man hatte eine Gewebeprobe ins Labor geschickt. Der Chirurg hatte Nigel vorbereitet: er müsse sich auf schlechte Nachrichten einstellen. Rose rief Nigel an und nannte ihm die Namen dreier hervorragender Spezialisten, die ihr Alan und Amelia genannt hatten. Einer von ihnen war der Facharzt, der Lally bereits operiert hatte. »Dann ist sie in guten Händen, Nigel. Wie geht es ihr heute?«

»Noch immer benebelt. Ein bißchen verwirrt, aber sie hat keine großen Schmerzen. O Gott, sie sah so schrecklich aus ...« Er verstummte.

»Nach einer Narkose sieht man immer schlecht aus, Nigel.« Roses Wissen über Krankheiten und Operationen war zwar sehr dürftig, aber sie versuchte, ihrer Stimme einen optimistischen Klang zu geben. »Sie befürchten offenbar das Schlimmste, aber vielleicht ist es gar nicht so schlimm. Kommen Sie nach dem Krankenhaus doch bei mir vorbei; ich lade Sie zum Abendessen ein.«

»Das geht nicht. Lallys Schwester ist von Exeter angereist. Wir werden heute abend zusammen essen.«

»Ja, natürlich. Sehen Sie, wenn Sie Ausgaben für Taxis haben oder zu Haus eine Hilfe brauchen, dann wird die Firma gewiß ...«

»Das ist schon in Ordnung. Ich werde es schon schaffen. Vielen Dank, Rose.«

»Lassen Sie mich wissen, wann ich Lally besuchen kann.«

«Sicher. Ja. Danke.« Er legte auf. Rose fühlte sich traurig und hilflos. Sie erklärte Marilyn, daß sie kurz weggehen müsse und fuhr mit einem Taxi zu Jane Packers Laden, um ein paar Blumen auszusuchen. Sie wollte Lally nicht den üblichen, per Boten überbrachten Standardstrauß von weißen Chrysanthemen und roten Nelken zukommen lassen.

»Etwas Duftendes und sehr elegant. Nichts allzu Großes.« Rose sah zu, während die hübsche junge Verkäuferin ein Gebinde ungewöhnlicher Blumen und Gräser, vor allem in Grün und Weiß, zusammenstellte. Das Bouquet wirkte frisch und elegant. Rose kannte Lallys Geschmack – dies würde ihr gefallen. »Stecken Sie den Strauß in ein weißes Körbchen, und schicken Sie ihn zusammen mit dieser Karte zum St.-Thomas-Krankenhaus, bitte.«

Auf dem Rückweg überlegte sie, was sie tun sollte. Irgend jemand müßte sich um die Modeseiten kümmern, aber wer? Wer würde vorübergehend eine so wichtige Aufgabe übernehmen? Der Gedanke, daß die Stellvertreterin schließlich doch auf Dauer für die *Attitude* arbeiten müßte, machte Rose Angst.

Sonia Sullivan, die kleine, pfiffige Volontärin, stand, als Rose zurückkam, neben Marilyns Tisch. »Ich habe mich mit Sybyls Seiten beschäftigt«, berichtete sie strahlend. »Könnte ich sie Ihnen zeigen?«

»Nicht gerade jetzt . . .«

Die junge Frau sah plötzlich aus, als hätte man in ihren Augen das Licht gelöscht.

»Na gut, gehen Sie schon mal in mein Büro.« Rose sah Marilyn fragend an: »Irgend etwas Neues?«

»Amanda will Ihnen das neue Titelblatt zeigen . . . Marsha möchte, daß Sie noch vor dem Mittagessen anrufen . . . Erinnern Sie sich an die große italienische Katastrophe? In der Eingangshalle steht eine Leserin und *will sie uns vorführen*. Sie möchte einen Ersatz für die Wolle«, Marilyn fing an zu kichern, »und für die investierte Zeit! Vier Jahre Arbeit!«

Die elegante Wolljacke, von einem italienischen Couturier entworfen, war von einer Hobbystrickerin, die PBE ausfindig gemacht hatte, mit Hilfe eines dilettantischen, unmöglichen

Strickmusters nachgeahmt worden. In dem dazugehörigen Artikel waren die italienischen Arbeitsanweisungen und auch die subtilen Farbbeschreibungen so schlecht übersetzt worden, daß der Text für die Leserinnen fast unverständlich gewesen war und daß offenbar monströse Kleidungsstücke dabei herausgekommen waren.

»Mein Gott!« Rose lachte ebenfalls. »Hol' jemanden, der sie ein bißchen beschwatzt, führ sie durch die Büros, bitte Liz Hindon, ihr einen Sack Kosmetikartikel zu schenken.«

»Soll ich ihr auch PBEs Adresse geben?« fragte Marilyn ein wenig boshaft und verschwand, noch immer kichernd.

»Schauen Sie, ich habe die Seiten ganz neu gestaltet«, erklärte Sonia begeistert, als Rose sich ihr zuwandte. »Ich habe hier ein großes Foto von Sybyl eingefügt – sie ist schon über achtzig, aber sie hat ein interessantes Gesicht. Sie sieht *weise* und *vertrauenserweckend* aus. Und hier« – sie deutete auf ein schraffiertes Feld auf dem grob skizzierten Layout – »da kommen die wichtigen Trends des Monats rein: vor allem in Politik und Wirtschaft, *danach* kommt das Private. Das Ganze wird dann nicht mehr in kleine Segmente bedeutungsloser Aussagen unter jedem einzelnen Zeichen zerhackt. Auf diese Art könnte Sybyl sich über die allgemeinen Tendenzen auslassen und zwischendurch entsprechende Hinweise für Steinböcke oder Löwen oder wen auch immer geben ...« Sonia schwieg und sah Rose erwartungsvoll an.

»Mmmm ..., das sieht wirklich interessant aus. Ich frage mich, ob wir dafür ausreichend Platz haben ... Aber ich denke noch immer, daß es eher eine Spielerei ist, nicht wahr?«

»Jetzt erzähle ich Ihnen mal etwas, was sie vielleicht überraschen wird. Ich ... ich habe von Lallys Krankheit gehört. Ich habe mich nach Lallys Geburtsdatum erkundigt und mir von Sally ein Halstuch geben lassen, das Lally in ihrer Schublade vergessen hatte. Sybyl kann alles mögliche spüren und fühlen, wenn sie persönliche Gegenstände, vor allem Kleidungsstücke, in die Hand nimmt – sie hat wirklich übersinnliche Fähigkeiten.

Sie kann auch aus der Handfläche lesen – bei mir hat sie's auch getan. Auf jeden Fall – ich habe ihr Lallys Geburtsdatum gesagt *und* ihr das Halstuch gegeben. Sie hat Lallys Astrodaten nachgeschlagen und sich in eine Art Trance begeben, während sie das Tuch in der Hand hielt ...«

Sonia atmete tief ein und sah Rose bedeutungsvoll an. »Sie hat gesagt: ›Sie brauchen sich keine Sorgen zu machen. Ihre Freundin hat sehr starke Schwingungen. Was für ein Trauma es auch immer gewesen sein mag, durch das sie hindurchgehen mußte, es ist jetzt überwunden. Hatte sie Kontakt zu einem scharfen, spitzen Gegenstand ... hat sie sich geschnitten? Sie ist von einem schützenden, hellen Licht umhüllt. Gott beschützt sie ...«

Sonia atmete heftig aus. »Ich hatte ihr überhaupt nicht erzählt, daß es sich um Lally handelt. Ich glaube ohnehin nicht, daß sie sie kennt, wahrscheinlich ist ihr nur der Name geläufig. Ich habe so getan, als handelte es sich um eine Freundin. Natürlich, ein scharfer Gegenstand, das war die Operation, und das helle Licht, das könnte doch Hoffnung sein, nicht wahr ...«

Rose hatte, allen ihren Prinzipien zum Trotz, plötzlich das Gefühl, als könne sie Sonia glauben. Sie lächelte das entschlossene junge Mädchen, das vor ihr stand, wohlwollend an. »Danke. Das war eine gute Idee. Und was die Astrologieseite anbetrifft – lassen Sie Ihren Entwurf mal hier; ich werde ihn mit Amanda durchsehen. Vielleicht haben wir doch noch Platz dafür übrig.«

Als Nigel am nächsten Tag anrief, um zu bestätigen, daß es Krebs sei, war Rose auf alles gefaßt. Der Onkologe hatte eine Röntgentherapie vorgeschlagen. Der Chirurg meinte, es sei durchaus möglich, daß der Tumor sich nicht weiter ausgebreitet habe. Lally sei sehr tapfer, berichtete Nigel, aber sie wolle auf keinen Fall irgendwelche weiteren Therapien über sich ergehen lassen. Am liebsten wolle sie die Krankheit einfach ignorieren und während der Zeit, die ihr noch blieb, ganz normal weiterleben. Bei diesen Worten hörte Rose Nigel am Telefon laut schluchzen.

»Sagen Sie ihr, daß sie wieder gesund werden wird«, drängte Rose. »Ich weiß es. Fragen Sie mich nicht, wieso ich so sicher bin – ich bin es einfach. Ich werde es ihr selbst sagen. Ich werde sie heute nachmittag besuchen. Sie muß die Therapie machen.«

Als Rose am Krankenbett stand, sah sie, wie blaß und elend Lally aussah. Sie war an verschiedene Tröpfe angeschlossen, aber sie lächelte ihrer Besucherin vom Bett aus entgegen. Ohne die riesige Brille wirkten ihre Augen ängstlich und sensibel, und ihr Haar, das normalerweise zu einem eleganten Knoten zusammengefaßt war, lag unordentlich auf dem Kopfkissen.

»Du siehst aus wie ein Filmstar«, schwindelte Rose. »Vor allem mit diesen vielen Blumensträußen um dich herum. Die Station hat wahrscheinlich überhaupt keine Vasen mehr.«

»Das stimmt. Am besten siehst du nicht so genau hin, in welche Gefäße sie die Sträuße gesteckt haben – eine der Krankenschwestern hat da eine ganz erstaunliche Kreativität bewiesen! Der, den du mir geschickt hast, ist übrigens besonders schön. Wie bist du denn an *epidendrum difforme* rangekommen?«

»Bin ich das? Was ist das denn eigentlich?«

»Da, kombiniert mit Margaret Merrill.« Lally wies auf das flache weiße Körbchen auf ihrem Nachttisch. »Ich hab's Euch doch immer gesagt: Wenn ich nicht Moderedakteurin geworden wäre, dann hätte ich als Gärtnerin gearbeitet ... die beiden Berufe haben sehr viel gemeinsam. Jahreszeiten, Farbe, Form ... selbst Accessoires. Der göttliche Duft kommt von Margaret Merrill, der weißen Rose in der Mitte. Besser als jedes Parfüm.«

»Das ist ja eine Seite, die ich an dir noch gar nicht kenne. Also, wenn es dir bessergeht, mußt du mich einladen, damit ich mir deinen Garten ansehe. Ich brauche eine Topfpflanze nur in die Hand zu nehmen – und sofort läßt sie die Blätter hängen.«

»Rose, du weißt doch, daß es mir nie wieder bessergehen wird. Machen wir uns doch nichts vor. Dadurch wird alles nur noch viel schwieriger. Ich habe den Chirurgen dazu gebracht, ganz offen mit mir zu reden. Ich kenne die Wahrheit ...«

»Nigel hat mir erzählt, der Chirurg sei sehr optimistisch und meinte, daß mit einer Röntgentherapie die Chancen sehr gut seien.«

»Das werde ich mir bestimmt nicht antun. Röntgentherapie schwächt dich, drückt dich nieder. In der Zeit, die mir noch bleibt, will ich nicht ewig müde und deprimiert herumhängen und damit noch meine Familie belasten. Vor ungefähr 15 Jahren hat eine meiner Tanten eine Röntgentherapie gemacht; sie hat sich die ganze Zeit furchtbar schlecht gefühlt, und es hat überhaupt nicht geholfen. Am Ende ist sie trotzdem gestorben. Die Behandlung war schlimmer als die Krankheit.«

»Aber, mein Gott, in fünfzehn Jahren hat die Medizin doch erstaunliche Fortschritte gemacht. Heute sind diese Behandlungen sehr viel effektiver, und die Wirkungen sind nicht viel schlimmer als ein anstrengender Tag im Büro. Übrigens« – Rose lehnte sich in ihrem Sessel zurück –, »ich weiß aus sehr zuverlässiger Quelle, daß du wieder gesund wirst.«

Lally lächelte. »Du scheinst ja einen direkten Draht zum lieben Gott zu haben. Bei dir überrascht mich überhaupt nichts mehr, Rose.«

»Zu Sybyl, nicht zum lieben Gott. Die kleine verrückte Volontärin, Sonia, ist mit deinem Halstuch und deinen Geburtsdaten zu Sybyl gegangen. Anscheinend ist Sybyl nicht nur Astrologin, sondern hat auch noch hellseherische Fähigkeiten, die vor allem dann aktiviert werden, wenn sie ein Kleidungsstück der betreffenden Person in der Hand hält. Sybyl hat ihr gesagt, du seist von einem hellen, schützenden Licht umhüllt – sie wußte allerdings nicht, daß es sich um dich handelt – und daß bald alles in Ordnung kommen würde. Das helle Licht, das ist natürlich die Röntgentherapie . . . Du siehst also, du mußt das einfach machen, und sei es nur, um zu beweisen, daß Sybyl mal wieder recht hat.«

Rose hatte nichts anderes als Widerspruch erwartet und war darauf vorbereitet, als nächstes sämtliche medizinischen Gründe für eine Röntgentherapie darzulegen, als Lally fragte: »*Sybyl* hat das gesagt?« Als Rose nickte, sagte sie verträumt: »Ich war immer überzeugt, daß sie wirklich übersinnliche Fähigkeiten hat. Ich habe mich einmal, als ich ziemliche private Probleme hatte, mit ihr unterhalten, und alles hat sich dann ganz genauso entwickelt, wie sie es vorhergesagt hat. Und Sybyl hat einer anderen Angestellten der *Attitude* zu einer Zeit, als diese gerade intensiv mit ihren Hochzeitsvorbereitungen beschäftigt war, prophezeit, daß die Hochzeit platzen werde, daß sie aber in fünfzehn Monaten nach Übersee gehen und dort heiraten würde. Und genau so ist es dann auch gekommen.«

»Ich weiß. Amelia hat mir die Geschichte erzählt. Also, jetzt meinst du auch, daß die Therapie einen Versuch wert ist, nicht wahr? Nigel ist vor Sorge ganz krank, weil du nicht auf die Ratschläge der Ärzte hören wolltest ... er liebt dich so sehr.«

Tränen quollen unter Lallys geschlossenen Augenlidern hervor und rannen über ihre Schläfen auf das Kissen.

»Es ist vor allem Nigel, um den ich mir Sorgen mache. Er hat Angst vor Krankheit. Ich möchte nicht, daß er mitansehen muß, wie ich mich wie meine Tante in ein gelbes Skelett verwandle – schrecklich!«

»Du wirst bestimmt nicht so aussehen wie deine Tante. Und Sybyl hat gesagt, daß du auf jeden Fall wieder gesund wirst.« Rose versuchte, das Vertrauen in die Hellseherei, das Lally offenbar mit Sonia und Amelia gemeinsam hatte, zu nutzen. »Du wirst gesund werden, das weiß ich ganz bestimmt – gib der Therapie eine Chance.«

Einige Minuten lang herrschte nachdenkliches Schweigen, und dann sagte Lally mit normaler Stimme: »Warte, bis ich mit Sonia gesprochen habe – wie hat sie übrigens herausgefunden, wie alt ich bin?«

Rose lachte. »Sie will schließlich Journalistin werden – und sie hat offenbar wirklich das Zeug dazu.«

Zehn Minuten später, als die Krankenschwester mit verschiedenen Thermometern und einem Rollwagen voller Medizin und Verbandsmaterial hereinrumpelte, verabschiedete sich Rose. Sie fühlte sich sehr viel optimistischer. Nigel rief sie nach seinem Besuch im Krankenhaus noch am selben Abend zu Hause an und erzählte, jetzt habe er Lally endlich dazu überreden können, einer Röntgentherapie zuzustimmen.

Nachdem Rose ein paar Tage lang hin und her überlegt hatte, entschloß sie sich, Burt doch nicht zu fragen, ob er das Wochenende mit ihr bei Doreen verbringen wolle. Sie fühlte sich zu unsicher und hatte Angst vor einer Zurückweisung. Gillians spontanes ›Nein‹ hatte ihre eigenen Zweifel noch verstärkt. Statt dessen rief sie Luca an und fragte ihn, ob nicht auch Doreens Bauernhof in Suffolk ein gutes Ziel für eine Übungsfahrt sein könnte. Warum sie wohl so viele Hemmungen hatte, Burt zu fragen, während ihr das bei Luca keine Probleme zu machen schien, darüber machte sie sich keine Gedanken.

Zwar hatten Rose und Luca gelegentlich, nach den Fahrstunden am Sonntagmorgen, zusammen zu Mittag gegessen oder einen Drink genommen, aber ihre Beziehung blieb völlig unkompliziert. Sie wurde weder durch einen Flirt noch durch heftige Gefühle gestört. Es war eben nur eine Freundschaft. Sie hatten vieles gemeinsam, waren beide fleißig und risikofreudig und standen am Anfang ihrer beruflichen Laufbahn. Rose betrachtete Lucas Erfolg, die Tatsache, ob sein Restaurant gut oder schlecht besucht war, unbewußt als ein Zeichen, ob sie selbst Erfolg haben werde oder nicht. Wenn sein Restaurant voll war, dann war sie für die Zukunft der *Attitude* optimistisch; wenn er nur wenige Gäste hatte, dann war sie plötzlich nicht mehr sicher, ob durch das neue Konzept, die Veränderungen, die sie vorgenommen hatte, die Verkaufszahlen tatsächlich steigen würden. Sie war froh, daß inzwischen so viele Mitarbeiter der Zeitschrift Lucas Restaurant besuchten.

Luca zögerte nur einen winzigen Augenblick lang. »Sicher werde ich mit Ihnen kommen, Rosa. Ich kann mit meiner Buchhaltung und meinen Bestellungen für die nächste Woche um ungefähr zwei Uhr mittags fertig sein. Und danach kann ich Sie gleich abholen. Ist das früh genug?«

Als Rose hinter dem Steuerrad von Lucas Wagen saß und die A 12 in Richtung Nordosten entlangbrauste, kehrte ihre frühere Nervosität wieder zurück. Die A12 war früher eine Straße ausschließlich für den Lastwagenverkehr gewesen, bis auch Personenfahrzeuge darauf zugelassen wurden. Aber es schienen noch immer beängstigend viele Lastwagen und Pferdetransporter in Richtung Newmarket darauf entlangzudonnern.

Luca saß gelassen neben ihr und sprach sehr wenig, außer, daß er hier und da eine Warnung äußerte: »Spiegel. Schauen Sie in den Rückspiegel.« Manchmal, wenn Rose eine hübsche Kirche oder ein großes Haus entdeckte, rief sie aus: »Schauen Sie mal, wie schön, Luca!« Er ermahnte sie dann: »Augen auf die Straße, Rosa. Sie fahren Schlangenlinien, wenn Sie sich nicht auf die Straße konzentrieren.« Einmal fuhr dicht hinter ihr ein Sportwagen und schoß an ihr vorbei, um sie zu überholen, gerade in dem Moment, als sie selbst ausscheren wollte, um den kleinen Lieferwagen, der vor ihr dahinrumpelte, zu überholen. Von der Hupe des Sportwagens ertönte ein markerschütterndes Signal, und ein junger, wütender Fahrer rief ihr, als er vorbeifuhr, offensichtlich irgendwelche Beschimpfungen zu. Während Roses Schrecken sich allmählich legte, hielt Luca ruhig das Lenkrad fest und bemerkte dann: »Sie müssen den anderen Verkehrsteilnehmern immer signalisieren, was sie vorhaben, Rosa.«

»Aber ich wußte ja nicht, daß er direkt hinter mir war«, protestierte Rose ärgerlich. »Es war ja gerade so, als wäre er aus dem Nichts aufgetaucht.«

»Sie hätten es aber bestimmt gewußt, wenn Sie in Ihren Spiegel geschaut hätten. Sie müssen immer im Auge behalten, was auf der Straße geschieht. Jetzt biegen Sie an der nächsten Abzweigung links ab«, sagte er, während er die Straßenkarte studierte. »Wir werden irgendwo Kaffee trinken.«

Der Kaffee wurde von einer schlampigen Frau serviert und schmeckte labberig. Der einzige, der Rose und Luca seine Aufmerksamkeit schenkte, war ein schmutziger Köter, der um ihren wackeligen Tisch herumstrich.

»Iiii!«, Luca pfiff leise und verächtlich durch die Zähne. »Wie ist es nur möglich, daß ein solcher Schuppen nicht längst geschlossen worden ist. Warum haben so viele Engländer überhaupt kein Gefühl dafür?«

»Vielleicht haben sie doch ein Gefühl dafür«, entgegnete Rose. »Immerhin sind wir hier die einzigen Gäste.«

»*Ich* würde hier ein Vermögen verdienen.« Luca sah sich mißmutig um. »Es gibt so wenige gute Restaurants in England – außer einigen, die dann auch gleich sehr teuer sind. Eines Tages werde ich eine Kette von einfachen, hübschen Restaurants besitzen. Dort werde ich dann frische, leckere Gerichte zu bescheidenen Preisen anbieten. Keine Popmusik, aber die Atmosphäre wird so angenehm sein, daß jeder sich bei Luca wohl fühlt, ja?«

»Nicht unbedingt, die Engländer essen aus Gewohnheit fast immer zu Hause.«

»Jetzt nicht mehr, Rosa. Es gibt so viele Frauen, die arbeiten; Sie selbst haben mir das immer wieder erzählt. Wie können sie kochen? Eine gute Küche braucht Aufmerksamkeit, Liebe. Die Hausfrau muß in Ruhe einkaufen, die Lebensmittel sorgfältig auswählen. Das braucht seine Zeit.«

»Es gibt doch Supermärkte. Frauen, die berufstätig sind, kaufen Fertiggerichte.«

»Ah, Rosa, haben Sie die einmal wirklich gekostet? Immer dieselbe geschmacklose Käse-Sahnecreme-Sauce; sie sind in Ordnung, wenn man es einmal sehr eilig hat, aber man kann doch bei solchen Gerichten nicht gemütlich beisammensitzen, die Mahlzeit genießen und sich unterhalten. Wer könnte ein mit Käse überbackenes Fischfilet aus der Tiefkühltruhe wirklich genießen? Die meisten Engländer versuchen doch nur, sich das Essen so schnell wie möglich reinzuschaufeln, um sich dann vor den Fernsehapparat zu setzen. Das ist nicht gut für die Familie, glauben Sie mir!«

Das, was Luca gesagt hatte, war nur zu einem Teil als Scherz gemeint. Er warf ein paar Münzen auf das klebrige Plastiktischtuch. »Kommen Sie, wir müssen noch eine ziemlich lange Strecke fahren. Sind Sie müde? Soll ich fahren? Morgen werden Sie schon mehr Übung haben.«

Rose schüttelte den Kopf und setzte sich selbst hinter das Lenkrad, aber jetzt fuhren sie auf schmalen, holprigen Landstraßen, die sich durch kleine Dörfer hindurchwanden. Als erst ein Landrover und dann eine erschreckend rotgesichtige Frau auf einem offensichtlich hypernervösen Pferd ihr auf der engen Straße entgegenkamen, mußte Rose jedesmal den Wagen ganz dicht an den von Hecken gesäumten Straßenrand fahren. Eine halbe Stunde später, als Luca ihr dasselbe Angebot noch einmal machte, überließ sie ihm bereitwillig das Lenkrad.

Kapitel 41

Doreen und Robin lebten auf einem alten Bauernhof, ungefähr drei Meilen vom nächsten Dorf entfernt. Der Farmer, der früher dort gewohnt hatte, hatte ihn sofort verkauft, als er die Genehmigung bekam, ein paar Meilen entfernt ein modernes Backsteingebäude mit riesigen Wellblechkuhställen und Futtersilos zu errichten.

»Gott sei Dank war ihm die Arbeitsersparnis wichtiger als die gemütliche Atmosphäre«, lachte Robin. »Seine Frau ist begeistert von ihren modernen Plastikeinbauschränken und meint, wir könnten ihr nur leidtun.« Er sah sich zufrieden in der großen Küche um: dicke Deckenbalken, ein großer Küchenschrank aus Kiefernholz, der schwarzweiß geflieste Küchenboden, der schwere, gußeiserne Herd und der Hundekorb neben der Tür gaben dem Raum ein behagliche Note. »Und wir – wir konnten unser Glück überhaupt nicht fassen.«

Sie aßen an einem großen Holztisch, dessen Oberfläche durch jahrzehntelange Benutzung blankpoliert worden war. »Den hat sie uns geschenkt«, sagte Doreen, als Luca anerkennend mit dem Daumen darüberfuhr. »Sie hat uns praktisch gedrängt, ihn zu übernehmen. Sie meint, wir hätten keinen Geschmack, weil wir die alten Sachen so schön finden.«

Die Mahlzeit war einfach, aber köstlich. »Siehst du«, versuchte Rose Luca zu provozieren, »man hat gar nicht den Wunsch, auswärts zu essen, wenn man es daheim so schön hat.«

»Oh, das stimmt ja nun eigentlich nicht«, protestierte Robin. »Wir wollten Euch heute abend irgendwohin einladen, aber es gibt nur ein Restaurant, und da ist das Essen nicht nur schlecht, sondern auch teuer; außerdem mögen sie keine kleinen Kinder und Babys natürlich erst recht nicht. Nachdem Doreen aus dem Krankenhaus zurückgekommen war, haben wir Celia einmal in einer Tragetasche dorthin mitgenommen, aber es hat ein fürchterliches Theater gegeben.«

»Wir sollten ihnen eine Garantie geben, daß sie nicht schreien würde«, ergänzte Doreen entrüstet. »Das wird bestimmt das letzte Mal sein, daß ich dort gewesen bin.«

»Seht ihr?« rief Luca triumphierend aus.

Doreen sah zufrieden und glücklich aus. In ihre kleine Tochter war sie geradezu verliebt, allerdings konnte Rose nicht recht nachvollziehen, wieso ein Säugling bei seiner Mutter eine so blinde Begeisterung hervorrufen konnte. Nachdem Rose und Luca angekommen waren, hatte Doreen Rose als erstes an das Babybettchen geführt. Es war kurz vor sechs Uhr abends gewesen, und Doreen hatte mit liebevollem Blick ihr schlafendes Kind betrachtet.

»Sie wird in einer Minute aufwachen, um zu trinken. Sie ist pünktlich wie ein Uhrwerk. Wenn du magst, dann kannst du sie morgen früh mal baden«, bot Doreen ihr an, als täte sie Rose damit einen großen Gefallen.

»Ich weiß gar nicht, wie man das macht«, sagte Rose entsetzt.

»Das ist ganz einfach. Hör mal« – Doreen senkte die Stimme –, »du hast es nicht ganz klar gesagt. Schläfst du mit ihm?« Sie deutete mit dem Kopf zur Tür. »Ich habe euch das große Schlafzimmer gegeben; es ist ein bißchen kahl, aber bequem, und nebenan ist ein etwas altmodisches, aber funktionsfähiges Badezimmer.«

»Nein, natürlich nicht!« Rose war völlig verblüfft, daß Doreen überhaupt auf eine solche Idee kommen konnte. »Er ist nur ein Freund. Er ist der Eigentümer eines Restaurants in der Nähe meines Büros und bringt mir das Autofahren bei. Weiter ist nichts zwischen uns.«

»Oh«, meinte Doreen enttäuscht. »Nun, am anderen Ende des Flurs ist noch ein kleines Gästezimmer. Das kann er dann haben. Wenn ich Celia gefüttert habe, beziehe ich das Bett. Am Telefon hatte ich den Eindruck, daß du sehr an ihm interessiert wärest.«

»Das war jemand anderes. Am Ende hatte ich doch nicht den Mut, ihn zu fragen. Ich dachte, er würde sich vielleicht zurückziehen, wenn ich ihm meine Gefühle zu sehr zeige. Ich kenne ihn nicht sehr gut.«

»Aber er gefällt dir?«

»Ich bin ganz verrückt nach ihm.«

Es war angenehm, sich wieder einmal mit Doreen zu unterhalten; die beiden jungen Frauen sprachen über die Schule, die sie beide nicht besonders gemocht hatten, ihren Wunsch, der Enge und Spießbürgerlichkeit ihrer Elternhäuser zu entkommen. Rose entdeckte, daß allein der Tapetenwechsel und die Tatsache, daß sie nicht dem üblichen Streß ausgesetzt war, ihr die Zunge lösten. Sie saß in Doreens gemütlichem Schlafzimmer mit den dicken Deckenbalken und beobachtete fasziniert, wie Doreen ihre geschwollene Brust mit der riesigen Brustwarze in den suchenden Mund des Säuglings schob, wie sie beglückt darauf wartete, daß die Kleine leise rülpste, und wie sie sie dann an die andere Brust anlegte. Genau wie Tanken an einer Tankstelle, dachte Rose. Rose erzählte Doreen von ihren Ängsten, ob sie es wohl wirklich schaffen würde, die Zeitschrift in so kurzer Zeit wieder auf die Beine zu bringen. Sie erzählte stolz, daß Mr. Littlejohn und die Inserenten ihr eine Chance gegeben hatten, fragte sich, ob Lally wohl wieder gesund werden würde und gestand, wie sehr sie in Burt verliebt sei. Doreen hörte nachdenklich zu, den Blick auf den Säugling in ihren Armen gerichtet.

»Rose, du hast schon immer genau gewußt, was du willst, du warst schon immer sehr zielstrebig. Weißt du noch, wie du dir damals selbst das Maschineschreiben beigebracht hast? Und wie du uns im Nacken gesessen hast, damit wir für die Schülerzeitung ein paar Artikel schreiben? Du hast immer gesagt, du würdest mal für eine Zeitschrift arbeiten, und jetzt sieh, was aus dir geworden ist, eine einflußreiche Chefredakteurin. Wie ist es nur möglich, daß du sowenig Selbstbewußtsein hast, wenn es um einen Mann geht?«

»Ich bin dick und unattraktiv. Und er ist von morgens bis abends von bildschönen Frauen umgeben.«

»Quatsch. Du bist schlanker als ich.«

»Du hast gerade ein Kind bekommen.«

»Nein, ich bin von Natur aus mollig. Als ich noch ein Teenager war, hat mich das gestört, aber jetzt denke ich überhaupt nicht mehr daran. Es sind bloß die blöden Frauenzeitschriften und die Werbung, die uns einreden wollen, es gäbe nichts Wichtigeres auf dieser Welt, als schlank und schön zu sein.« Doreen schüttelte selbstbewußt den Kopf. »Ich sehe so viele dynamische Frauen, die bestimmt nicht Größe 38 tragen, aber was macht das schon? Es ist doch der Mensch, der zählt. Ich kann gar nicht verstehen, daß du deine Komplexe nicht schon vor langer Zeit abgelegt hast.« Doreen sah Rose fragend an. »Du hast so schnell Karriere gemacht; macht dich das nicht stolz und selbstbewußt? Der Typ hat wahrscheinlich nur Angst vor dir. Vielleicht hat er Hemmungen, sich an eine seiner Klientinnen heranzumachen. Wenn du ihn abblitzen ließest, dann müßte er sich auch noch Sorgen machen, ob du ihm als Kundin erhalten bleibst.« Doreens Worte überzeugten sie nicht, aber Rose fühlte sich dennoch ein wenig beruhigt.

Nach dem Abendessen zogen alle vier, Rose, Luca, Doreen und ihr Mann in das längliche, niedrige Wohnzimmer um. Im Kamin loderten die Flammen; auf einem Teppich davor lag der Schäferhundmischling und wärmte sich. »Genauso habe ich mir das Leben in England immer vorgestellt«, erzählte Luca, »bevor ich nach London gekommen bin und festgestellt habe, daß die meisten Engländer in einer kleinen Appartementwohnung mit Zentralheizung leben.«

Robin schenkte die Weingläser voll und ging zu dem Klavier, das an der Wand stand. Er warf Doreen einen stolzen und glücklichen Blick zu und spielte *Thank Heaven for Little Girls.* Danach improvisierte er mehrere Songs aus anderen Musicals. Wenig später stand Luca auf, stellte sich selbstbewußt neben ihn und begann, ein paar englische Volkslieder zu singen, wobei sein weicher, italienischer Akzent seinem Gesang einen besonderen Charme verlieh. Doreen und Rose hatten sich auf zwei Sofas gesetzt, die zu beiden Seiten des Kamins standen, und sangen ebenfalls mit. Danach flüsterte Luca Robin leise etwas ins Ohr, und dieser begann, einen schnelleren Tanzrhythmus zu spielen. Luca ging zu Doreen hinüber, verbeugte sich und forderte sie zum Tanzen auf. Sie lachte und schüttelte den Kopf. Luca legte die Hand aufs Herz, um anzudeuten, daß er untröstlich sei, dann verbeugte er sich vor Rose. Beide wirbelten zu den Klängen des Klaviers über die Holzplanken. Rose war verwirrt: Es war schön, mit Luca zu tanzen, aber sie hätte sich eigentlich gewünscht, in Burts Armen zu liegen.

Erhitzt und atemlos sanken sie auf das Sofa, und Robin trat lächelnd heran, um die Gläser aufs neue zu füllen. »Sie haben eine gute Stimme, einen schönen, leichten Tenor. Haben Sie Gesangsstunden gehabt?«

»Ja«, antwortete Luca ohne eine weitere Erklärung. Er ging mit seinem Glas zum Klavier, setzte sich und spielte aus dem Gedächtnis Passagen aus *Figaro*, *Romeo und Julia* und *Gilbert and Sullivan.* Schließlich schloß er seinen kleinen musikalischen Vortrag mit einer hübschen, improvisierten Version von *Bring on the Clowns.* Als das kleine Konzert vorbei war, drehte er sich auf dem Klavierhocker herum und lächelte seine Zuhörer an.

»Bravo.« Robin sprang auf und klatschte Beifall. Auch Rose strahlte ihren Freund voller Begeisterung an. »Du hast dir dein Abendessen wirklich redlich verdient. Das war wunderschön.« Luca lächelte und neigte sich mit einer nicht ganz ernstgemeinten tiefen Verbeugung über ihre Hand, um ihre Finger zu küssen.

Am nächsten Tag gingen die beiden Paare auf den Feldwegen spazieren; Doreen hatte natürlich den Kinderwagen dabei. »Ich kann es nicht glauben, daß du wirklich so weit draußen auf dem Lande wohnst«, sagte Rose zu ihrer Freundin. »Fühlst du dich hier nicht ein bißchen einsam?«

»Unsinn. Einsam ist man vor allem in London«, mischte Robin sich ein. »Hier redet jeder mit jedem; wenn Not am Mann ist, dann bieten die Nachbarn ihre Hilfe an. Doreen will sich im übrigen im Women's Institute einschreiben.«

»Er glaubt, daß wir allmählich zu dick werden, wenn ich den ganzen Morgen am Kochtopf stehe.« Doreen piekte mit dem Finger in Robins gewölbten Bauch. »Beim nächsten Treffen geht es um Umweltverschmutzung und Müllentsorgung – das Thema ist ein Appetitzügler par excellence.«

Auf dem Wege besuchten sie eine junge Malerin, eine von Doreens neuen Freundinnen, und bekamen in ihrer eiskalten Atelierscheune eine Tasse Kaffee serviert. »Die Kälte macht mir nichts aus«, sagte die junge Frau, offensichtlich nicht ganz der Wahrheit entsprechend, da sie sich eine dicke Jacke und Wollhandschuhe übergezogen hatte und trotzdem fortwährend erschauderte. Roses Blick fiel auf ein kleines Ölgemälde: ein schläfriges braves Pferd, das seinen Kopf über die Eingangspforte eines Bauerngartens hängen ließ. Ein paar Zwerghühner wuselten an seinen Hufen herum. Das Motiv war ein wenig abgenutzt, aber das Gemälde wirkte insgesamt eher modern; die Farbwahl war treffend, die Pinselführung eher grob. Sofort dachte Rose an Burt und fragte, einer spontanen Eingebung folgend, ob sie das Gemälde kaufen könne. Sie stellte sich vor, wie sie in zärtlicher Umarmung mit Burt im Bett lag, sich plötzlich aus seinen Armen löste, das Bild hervorholte und sich mit ihm über die gelungene Überraschung freute.

Sie fand es aufregend, ein Gemälde zu kaufen – zum ersten Mal in ihrem Leben. Ihre Eltern in Romford hatten höchstens einmal einen Kalender, »Die schönsten Parks und Schlösser Englands«, an der Wand hängen gehabt und dazu ein ziemlich verschwommenes Sepiafoto der Großeltern ihres Vaters, Seite an Seite vor einem kleinen Eisenwarengeschäft posierend, das sie in Colchester besessen hatten. Rose fühlte sich angesichts der überschwenglichen Dankbarkeit der jungen Frau ein wenig peinlich berührt; plötzlich wurde ihr bewußt, wie wohlhabend sie im Vergleich zu vielen anderen Menschen doch war.

»Sie hat es nicht einfach«, erzählte Robin auf dem Heimweg. »Es scheint, daß Landschaftsmalerei nicht gerade sehr gefragt ist, und sie ist offensichtlich nicht bereit – oder nicht in der Lage –, sich an anderen Motiven zu versuchen.«

Nach dem Mittagessen fuhren Rose und Luca nach London zurück. Rose setzte den Wagen mit viel Mühe rückwärts aus dem kleinen, gepflasterten Hof, und Robin und Doreen winkten ihnen am Straßenrand stehend, lange hinterher.

»Sie sind sehr nett, deine Freunde, Rosa.«

»Ja. Ich kenne Robin nicht sehr gut, aber sie scheinen glücklich zu sein. Er ist sehr klug – er ist Mathematiker, ich weiß allerdings nicht genau, was er jetzt macht.«

»Er hat mir gesagt, er arbeite im Auftrag der Regierung – für das Verteidigungsministerium, nehme ich an. Und du, Rosa, hättest du auch gern ein Baby wie Celia?«

»Natürlich nicht. Zumindest noch nicht. Im übrigen brauche ich dafür zunächst einmal einen Mann.«

»Dein Freund, der Mann, von dem du mir erzählt hast, ist er nicht bereit, dein Ehemann zu werden, ein Baby mit dir zu haben?«

»Soweit sind wir noch lange nicht. Wir haben beide noch sehr viel vor.«

»Er ist zu langsam, dein Engländer. Vielleicht mußt du ihm deine Liebe deutlicher zeigen.«

Rose erinnerte sich an Doreens Worte: »Du warst schon immer sehr zielstrebig, Rose.« Vielleicht war sie, was Burton Tillotson anbetraf, nicht zielstrebig genug. In den nächsten Wochen und Monaten, so beschloß sie, würde sie eine Party, nein, mehrere Parties geben und ihn dazu einladen. Dann könnte sie ihm diskret zeigen, wie sehr sie ihn mochte.

»Rosa! Langsam. Du fährst viel zu schnell. Wir sind in einer geschlossenen Ortschaft.«

»Oh, sorry.« Rose sah Luca von der Seite an und bemerkte, daß er mit einem grimmigen Gesichtsausdruck vor sich hinstarrte. Als sie vor Roses Haustür angekommen waren, stieg er rasch aus und reichte ihr ihre Tasche.

»Danke für das Wochenende. Es war sehr vergnüglich. Du fährst wirklich nicht schlecht, wenn du dich konzentrierst.« Seine Stimme klang plötzlich sehr kühl und distanziert.

»Du bist aber auch sehr geduldig, Luca. Möchtest du nicht hereinkommen? Eine Kleinigkeit trinken oder essen?« Er schüttelte den Kopf. »Nein – ich muß noch einiges erledigen. Guten Abend, Rosa.« Er ging rasch um das Auto herum zur Fahrerseite hinüber und stieg ein. Fast augenblicklich heulte der Motor laut auf, und der Wagen fuhr mit laut quietschenden Reifen an. Luca schien irgendwie irritiert gewesen zu sein. Vielleicht hatte sie doch zuviel von seiner knapp bemessenen Freizeit in Anspruch genommen. Das Ölgemälde unter dem Arm, schloß Rose die Haustür auf: Sie überlegte, ob sie Luca zum Dank eine Flasche Wein schicken sollte; die Geste erschien ihr allerdings in Anbetracht dessen, daß er regelmäßig Wein im Großhandel einkaufte, ziemlich überflüssig. Vielleicht sollte sie sich besser etwas anderes ausdenken.

Als Rose das Haus betrat, kam gerade Anne die Treppe herunter, gefolgt von einem grauhaarigen Mann, der, so schätzte Rose, etwa im selben Alter wie ihr Vater sein mußte.

»Oh, Rose, ich habe gerade an deine Tür geklopft, um zu fragen, ob du Lust hättest, mit uns zum Abendessen zu gehen. Dies ist übrigens Harry, Harry Alwyne – er ist einer meiner Schüler. Wir haben uns gerade über *Middlemarch* die Köpfe heißgeredet.«

»Hallo, Rose.« Er schüttelte ihr die Hand. »Ich habe schon viel von Ihnen gehört. Sie waren auch mal eine von Annes Schülerinnen, hat sie mir erzählt.« Er hatte freundliche, hellblaue Augen und ein sanftes, ein wenig entschuldigendes Lächeln.

»Das stimmt. Eine, von der sie enttäuscht worden ist, fürchte ich. Ich hatte nämlich später keine Lust zu studieren.«

»Oh, das ist wirklich nicht sehr klug von Ihnen. Was hätte ich nicht dafür gegeben, an der Cambridge-Universität studieren zu können! Ich werde es mein Leben lang bedauern, daß ich nicht zur Universität gehen konnte.«

»Harry mußte, als sein Vater gestorben war, das Gymnasium mit fünfzehn verlassen, um Geld zu verdienen. Er war in der Schule immer einer der Besten, hat er mir erzählt . . .«

»Oh, Anne, das mußt du doch jetzt nicht erzählen . . .!«

»Und jetzt möchte er sich noch einmal an der Universität einschreiben. Ein paar Monate mit mir befreundet und schon dabei, seinen Doktor zu machen.« Harry und Anne lachten. Offensichtlich verstanden sie sich gut.

»Ich habe die kluge Entscheidung getroffen«, sagte Harry, zu Rose gewandt, »den Rest meines Lebens wirklich zu genießen. Ich habe mein Geschäft verkauft, und jetzt werde ich all das nachholen, was ich in den vielen Jahren der harten Arbeit versäumt habe. Alle wichtigen Bücher lesen, die ich bisher noch nicht gelesen habe, Musikfestivals besuchen, in Griechenland den Spuren des Odysseus folgen.«

»Jetzt fang nicht wieder von deinem Hobby an.« Anne zog ihn am Ärmel. Aber Harry ließ nicht locker. »Sie müssen das, was Anne sagt, immer sehr ernst nehmen, meine Liebe. Sie ist eine sehr gescheite Person. Man fühlt sich natürlich ein bißchen wie ein alter Esel, wenn man mit sechzig wieder zur Schule geht, aber es sind Gott sei Dank noch ziemlich viele andere Schüler in ihrer Klasse, die so alt sind wie ich. Wir löchern Anne mit unseren Fragen, jeder saugt das, was sie sagt, wie ein trockener Schwamm auf. Lernen zu dürfen, das ist ein herrliches Privileg.«

Rose mußte wieder lachen. »Nun, Sie haben aber auch sehr großes Glück gehabt. Anne ist eine hervorragende Lehrerin. Ich bin froh, daß sie jetzt Schüler hat, die ein bißchen besser motiviert sind, als die in Garfield.«

Anne und Harry drängten Rose erneut, doch mit ihnen essen zu gehen, aber Rose war zu müde. Ihr Rücken und ihre Beine schmerzten, wahrscheinlich auf Grund der ungewohnten Anstrengung, eine so lange Strecke hinter dem Steuer zu sitzen. Sie wünschte sich nichts sehnlicher, als mit einem Tablett auf dem Schoß in ihren Schaukelstuhl zu sinken und die Sonntagszeitungen durchzusehen.

Sie legte den Brie und eine ungeöffnete Packung Oliven auf das Tablett und stellte eine Flasche Beaujolais dazu. In einer Blechdose war noch ein wenig Obstkuchen, den ihre Mutter ihr mitgegeben hatte . . ., und sie fand noch einen schrumpligen Apfel. Mit ihrem wohlgefüllten Tablett sank sie entspannt in den Schaukelstuhl und genoß die freundliche Stille ihres kleinen Salons.

Kapitel 42

Lally würde eine Zeitlang nicht arbeiten können, daran bestand kein Zweifel. Die *Attitude* schien ihr im Augenblick überhaupt nicht wichtig zu sein. Als Rose sie besuchte, sprach Lally ausschließlich vom Krankenhaus, den Krankenschwestern und besonders der Schwester in der grünen Tracht, die von den Patienten »der grüne Drachen« genannt wurde, die sich aber als sanfter Engel erwies, als Lallys Wunde zwei Tage nach der Operation erneut zu bluten begonnen hatte.

Rose hatte Lally die neue Septemberausgabe der *Attitude* mitgebracht, aber diese blätterte die Zeitschrift und selbst ihre eigenen Modeseiten ohne großes Interesse durch. »Wie unwichtig das alles plötzlich zu sein scheint«, sagte sie nachdenklich. »Wenn ich daran denke, wieviel Kopfzerbrechen es mir gemacht hat, daß die Überschrift zu schwer wirken und daß Amanda zu viel von dem Trendfoto abgeschnitten haben könnte.«

Lally sollte mit der Röntgentherapie beginnen, sobald der Chirurg feststellte, daß die Wunde ausreichend verheilt war – »das wird ungefähr in sechs Wochen sein, meint er. Ich muß nur die ersten paar Male über Nacht im Krankenhaus bleiben, damit die Ärzte beobachten können, wie ich reagiere. Danach kann ich mich ambulant behandeln lassen.«

»Ich habe inzwischen einiges darüber gelesen«, sagte Rose. »Du wirst dich bestimmt nicht besonders elend fühlen, nur müde. Du könntest deine Krankheit auch als eine Chance ansehen, dich endlich mal auszuruhen.«

Lallys hatte die Augen geschlossen. Rose glaubte, ihre Freundin schliefe, und wollte gerade auf Zehenspitzen hinausgehen, als Lally fragte: »Habt Ihr schon einen Ersatz für mich gefunden?«

»Noch nicht. Aber natürlich brauchen wir jemanden, der für dich einspringt, während du dich erholst.«

»Möchtest du denn überhaupt, daß ich wiederkomme, Rose? Ich könnte es gut verstehen, wenn du es nicht möchtest. Es wird noch einige Zeit dauern, bis ich wieder fit bin – wenn die Röntgentherapie anschlägt, natürlich.«

»Sie wird anschlagen. Sybyl hat es gesagt. Hast du einen Vorschlag, wer dich bis zu deiner Genesung vertreten könnte?«

Lally lächelte dankbar. »Es gibt natürlich eine Menge Stylisten, die freiberuflich arbeiten, aber die meisten können nicht besonders gut formulieren. Vielleicht kann Sally jemanden finden, der gerade verfügbar ist, sie war übrigens ein richtiger Fels in der Brandung und hat Nigel, dem immer schnell alles zuviel wird, nach Kräften Mut gemacht. Sie besucht mich fast jeden Tag.«

»Ich werde sie fragen – und selbst mal meine Fühler ausstrecken. Mach' dir keine Sorgen – wir werden das schon in den Griff bekommen. Du wirst aber doch auch während deiner Genesung einen Blick auf die Modeseiten werfen, oder?«

»Ja, vermutlich. Im Augenblick bin ich schon froh, wenn ich allein ins Badezimmer gehen kann. Der Grüne Drachen ist von morgens bis abends hinter mir her.« Und sogleich begann Lally wieder, ihre Krankenhausgeschichten zu erzählen. Nach einer halben Stunde machte sich Rose deprimiert und ängstlich auf den Weg zurück ins Büro. Mode war ein so großer, wichtiger Teil der Zeitschrift; sie mußte unbedingt eine gute Stellvertreterin für Lally finden.

Als sie ihr Büro betrat, lag auf ihrem Schreibtisch eine Einladung von Burt. Der Anlaß war das fünfjährige Bestehen der Agentur. Das Fest fand im großen Flußsaal des Savoy-Hotels statt; von dort aus hatte man einen wunderbaren Blick auf die Themse. Die Kleidung sollte, so hieß es, zu diesem Anlaß »elegant, originell oder beides« sein. Rose ging als erstes in Gillians Büro, um ihr die Einladung zu zeigen.

»Wen nimmst du mit?« fragte Gillian, nachdem sie einen Blick auf die Karte geworfen hatte.

»Mitnehmen? Niemanden. Warum?«

»Es heißt: › Miss Rose Summers und Begleitung‹ .«

»Das hab ich ganz übersehen. Ich nahm an, sie sei von Burt ...«

»Das steht hier aber nicht. Dann hätte er dich doch sicher persönlich eingeladen, nicht wahr?« Gillians Stimme klang kalt, unbarmherzig.

»Ich kenne niemanden«, sagte Rose hilflos. »Niemanden, den ich mitnehmen könnte, meine ich.«

»Also, wenn du allein gehst, wirst du dich wahrscheinlich ziemlich einsam fühlen. Bestimmt sogar. Ich habe selbst schon an solchen Parties teilgenommen. Was ist mit Frank Marnhull – ist er auch eingeladen worden? Könntest du mit ihm gehen?«

»Aber wenn man mit Begleitung kommen soll, dann wird Frank doch sicher mit seiner Frau kommen.«

»Wenn sie nur einen Funken Verstand hat, dann sagt sie ab«, sagte Gillian plötzlich in Gedanken verloren. »Der Sinn der Sache ist«, fuhr sie fort, »daß die Kunden, vor allem die Männer, von einer erfolgreichen Agentur ein bißchen verwöhnt werden.«

»Was heißt das denn nun wieder?«

»Es wird dort nur so wimmeln von Models und Filmsternchen, alle ganz versessen darauf, sich eine Rolle im nächsten Werbespot mit seinen üppigen Wiederholungshonoraren zu angeln. Süße, glaub mir, die Weiber legen sich alle krumm, um zu einer solchen Party eingeladen zu werden, selbst wenn das bedeutet, daß man sich um die Klienten in ganz spezieller Hinsicht persönlich kümmern muß. Und die Werbeleute selbst haben richtige Vorzeigefrauen dabei, Ehefrauen oder Freundinnen, meist beide zugleich. Jugend und Schönheit gehören zum Image einer Werbeagentur – warum sonst, glaubst du wohl, ziehen sie sich immer so krampfhaft jugendlich an? Wer bezahlt denn all die Sonnenbänke und Squash Courts und sorgt dafür, daß die Friseure ihren BMW fahren?«

»Burt ist da ganz anders.« Rose warf ihrer Freundin einen gekränkten Blick zu.

»Nun ja, du bist eine wichtige Kundin, vielleicht haben sie einen attraktiven Schauspieler für dich an Land gezogen, einen mit schwellenden Muskeln und künstlicher Sonnenbräune. Einen von den Typen, die immer unter der Dusche stehen und das teure ›Anti-Shampoo‹ benutzen.«

»Oh, wahrscheinlich ist für mich eher so ein Typ mit einer Baskenmütze vorgesehen, einer von denen, die in einem Bistro herumsitzen und bei einer Flasche Rotwein massenweise Gouloise rauchen.«

»O Rose, ich würde dir ja gern Henry ausleihen, aber er ist gerade in den USA ... und die meisten anderen Männer, die ich kenne, sind fast ebenso schlimm wie die Werbeleute.«

»Ich weiß überhaupt nicht, warum du sie nicht leiden kannst.« Roses Stimme klang eisig.

»Weil ich sie verdammt gut kenne. Was Männer anbetrifft, kommst du mir vor wie ein Baby, das in einem finsteren Wald herumkrabbelt.«

»Ich bin auch nicht gerade unerfahren.« Rose tat plötzlich sehr selbstsicher. Ob sie Chamley fragen sollte? Aber er würde von ihr erwarten, daß sie hinterher mit ihm ins Bett ginge – und dazu hatte sie keine Lust. Burt war es, den sie begehrte.

»Schau, meine Süße, geh' und amüsier dich, aber rechne nicht damit, daß Burton Tillotson sich den ganzen Abend um dich kümmert.«

Rose verließ enttäuscht Gillians Büro. Sie fühlte sich verletzt und deprimiert. Die Party fand erst in vierzehn Tagen statt; Burt hatte immer noch genügend Zeit, sie persönlich einzuladen. Sie wünschte sich, Lally könnte ihr jetzt helfen und mit ihr zusammen etwas »Elegantes, Originelles, oder beides«, aussuchen. Deprimiert kehrte sie in ihr Büro zurück und bat Marilyn, sämtliche Termine für Geschäftsessen auf den Vormittag oder den Nachmittag zu verlegen. Wenn sie sich weiter konsequent an Liz Hindons Diätriegel hielt, dann könnte sie es vielleicht noch schaffen, sich in eine kleinere Kleidergröße hineinzuhungern.

Sally berichtete, sie habe überall angerufen, um zu fragen, ob es eine gute Moderedakteurin gäbe, die sofort einsatzbereit sei. »Da gibt es eine Stylistin, die für den *Tatler* gearbeitet hat. Sie soll ein gutes Auge haben, aber ich weiß nicht, ob sie gut schreiben kann... Und es gibt noch eine andere junge Frau, die diese tollen Werbeaufnahmen für Hertzee-Schuhe macht, aber man muß sie manchmal in ihre Schranken weisen, sonst schnappt sie leicht über. Die letzte Fotoserie, die sie gemacht hat, mußte gekippt werden, weil sie die beiden Models bis auf die Halstücher oder Schuhe oder Gürtel, die sie gerade aufnehmen wollte, splitternackt vor die Kamera gestellt hat. Außerdem hielten sich die beiden Frauen wie in einer Liebesszene umschlugen . . . Das Ganze wirkte offenbar so pornographisch, daß der Fotograf alle paar Minuten rausgehen mußte, um sich zu beruhigen.«

»Wir stecken leider in einer ziemlichen Klemme und müssen uns schnell entscheiden. Bitte die beiden, mit ihren Mappen vorbeizukommen. Ich ruf noch eine Freundin bei der *World of Women* an; vielleicht kennt sie auch noch jemanden.«

Die Septemberausgabe war bei der Fachpresse gut angekommen. *UK Press Gazette* und *Media Week* hatten sie freundlich besprochen, und auch in der *Campaign* war sie positiv erwähnt worden: »Die ersten drei Ausgaben der *Attitude* unter der neuen Chefredakteurin Rose Summers zeigen deutlich das veränderte Konzept dieser Zeitschrift. Der Stil ist erfrischend respektlos; der Leitartikel des letzten Monats war absolut schockierend; viele Organisationen wie das Institut für Eheberatung und der Verein christlicher Ehefrauen haben die Thesen dieses Artikels tage- und wochenlang diskutiert, und der Chefredakteur der *Sunday Times* wurde, so sagt man, im wahrsten Sinne des Wortes grün vor Neid.« Sogar auf der Medienseite der *Financial Times* stand eine kurze Notiz: Wenn die neue Identität der *Attitude* sich in diesem Sinne positiv weiterentwickele, dann werde sich diese Frauenzeitschrift tatsächlich das häufig mißbrauchte Prädikat »Die erfolgreichste Zeitschrift der 80er Jahre« verdienen.

Der kleine dicke Vertriebsleiter der Binder-Verlagsgruppe rief Rose an, um ihr mit zusammengebissenen Zähnen mitzuteilen, daß man zwar den permanenten Rückgang der Auflagenzahlen hatte aufhalten können, daß auch die August- und Septemberauflagen leicht angestiegen seien, daß aber die Großhändler sich über die gewagten Titelblätter beschwert hätten.

George Bryanston war mit dem neuen Image der *Attitude* offenbar nicht einverstanden. »Dem *Trade*«, sagte er bedeutungsvoll, »gefällt das September-Titelblatt ganz und gar nicht. Dort hofft man, daß die Zeitschrift wieder zu ihren hübschen, fröhlichen Models zurückkehren wird.«

Endlich war die Entscheidung über das September-Titelblatt gefallen. Nachdem Amanda sich über einige eher konventionelle Kopf- und Schulternahaufnahmen der üblichen Models bitter beschwert hatte, war für das neue Foto ein einsachtzig großes Mannequin ausgesucht worden, von dem bekannt war, daß es mit einem etwa einssechzig großen Schauspieler liiert war. Die junge Frau war in einer erotischen Yoga-Pose, Arme und Beine wie Schlangen um den Körper gewunden, aufgenommen worden, wobei ihr kühn gestreiftes Trikot zu dem Wirrwarr von eckigen und runden Formen erheblich beitrug. Vor dem schlichten weißen Hintergrund, mit dem neuen roten *Attitude*-Logo, wirkte das Titelblatt einfach hinreißend – aber für Mr. Bryanston war dies offenbar zu gewagt.

Rose legte den Telefonhörer auf. »Das freut mich ja noch mehr als das, was die *Campaign* über uns geschrieben hat. Wenn ein Titelblatt George Bryanston nämlich gefällt, dann ist das für die Zeitschrift so eine Art Todesschuß.«

»Wie würde dir denn ein männlicher Moderedakteur gefallen?« fragte Gillian, die sich, einen Becher Kaffee in der Hand, gegen Roses Schreibtisch lehnte.

Rose war noch immer irritiert über die herablassenden Bemerkungen, die Gillian über Burt gemacht hatte. »Daran habe ich noch nie gedacht. Warum?«

»Gestern habe ich mich mit Melanie Crisp, übrigens eine ziemliche Nervensäge, zum Mittagessen getroffen, und sie hat mir eine Themenliste vorgelegt, von der ich ganz begeistert war ...«

»Und ...?«

»Sie kennt Angela Hitchcock von der *Post*. Sie erzählte, Angela würde andauernd von einem Typ schwärmen, der zeitweise für sie gearbeitet hat. Er ist vor drei oder vier Jahren vom St. Martin's College abgegangen und hat dann für Karl Lagerfeld gearbeitet. Danach war er Assistent von Arthur Elgorts, dem Fotografen, und hat eine Zeitlang eben auch bei der *Post* Vertretung gemacht, während Angelas Assistentin in Mutterschaftsurlaub war. Angela ist angeblich untröstlich, daß sie ihn nicht behalten kann.«

»Warum denn nicht, wenn er so gut ist?«

»Illegal. Sie muß den Posten für ihre Assistentin offenhalten, und sie kann die *Post* nicht überreden, ihr zwei Assistenten zu finanzieren. Dann heißt es gleich wieder, sie wolle sich eine persönliche Hausmacht schaffen. Im übrigen arbeitet sie für einen Chefredakteur, der glaubt, Frauenseiten, vor allem Mode, würden eine gute Zeitung in Verruf bringen.« Gillian lachte und Rose mußte ebenfalls lächeln. Ihre Gereiztheit hatte sich inzwischen gelegt.

»Danke. Ich schaue ihn mir mal an.«

»Er ist Japaner, aber er spricht perfekt Englisch. Übrigens, Rose ...« Sie schwieg. Rose war so empfindlich, so übersensibel, wenn es um Burton Tillotson ging. Gillian wurde das Herz schwer, als sie sich an den Kummer erinnerte, den ihr ihre vierjährige Affäre mit einem ähnlichen Herzensbrecher eingebracht hatte, und sie selbst war damals robuster und erfahrener gewesen als Rose. »Hast du schon mal überlegt, was du zu dem Fest im Savoy anziehen willst? Ich habe ...«, sie sprach hastig weiter, da sie merkte, daß Roses Miene sich plötzlich in eine Maske der Abwehr verwandelte, »ich habe ein hübsches, goldfarbenes Fortuny-Kleid – du kennst doch diese hübschen Dinger, die nur aus weich fließendem Stoff bestehen? Es hat meiner Großmutter gehört, aber es ist zeitlos schön. Du würdest bestimmt wunderschön darin aussehen.«

Rose entspannte sich ein wenig. »Was dir paßt, geht mir wahrscheinlich nicht einmal über den Kopf.«

»Nein, es wird dir bestimmt passen. Das ist es ja eben. Es ist im wesentlichen ein Hängerkleid aus unendlich viel Stoff und fließenden Falten. Ich glaube, meine Mutter hat mir mal erzählt, es sei ein delphisches Kleid oder ein Kleid aus Delphos oder so ähnlich – auf jeden Fall etwas Griechisches. Es paßt einfach jedem und sieht aus, als hätte es eine Million Dollar gekostet. Ich kann mir gut vorstellen, wie es an dir aussehen würde – Gold war eigentlich nie meine Farbe, aber um es genau zu sagen: es schimmert eigentlich eher golden-rostfarben-braun-orange ...«

»Und wenn ein Fleck darauf kommt?«

»Na und? Man kann es schließlich reinigen lassen. Ich habe es übrigens erst ein einziges Mal getragen. Meiner Mutter hat es viel besser gestanden; bevor sie grau wurde, hatte sie immer kastanienbraunes Haar, und meine Großmutter ebenfalls. Soll ich es morgen mal mitbringen?«

»Wenn es dir wirklich nichts ausmacht... Das ist wirklich nett von dir. Ich habe mir die ganze Zeit schon den Kopf zerbrochen, was ich anziehen soll. Ich möchte mir eigentlich nichts kaufen – ich versuche gerade, ein bißchen abzunehmen. Wenn ich erst mal dünner bin, werde ich mein ganzes Geld für Kleidung ausgeben.« Rose spürte wieder ihr altes Wohlwollen für die hilfsbereite und sympathische Gillian. Sie war wirklich in Ordnung. Sie hatte eben nur einen blinden Fleck, was Werbeleute anbetraf.

Einen oder zwei Tage später erkundigte sich Carol Peppins per Telefon, ob Rose zu »der netten kleinen Party im Savoy« kommen würde.

»Ja. Ich freue mich schon darauf.« Rose hatte eine unerklärliche Abneigung gegen Carol Peppins.

»Das freut mich sehr. Können Sie mir den Namen Ihres Begleiters nennen? Es ist nur wegen der Tischkarten. Wir wollen auf jede Speisekarte den Namen des betreffenden Gastes drucken.«

»Ich komme wahrscheinlich allein«, sagte Rose kühl.

»O Gott. Ach so. Ja ... Es sind bestimmt viele Leute da, die Sie kennen. Wir werden uns auch selbst um Sie kümmern.« Der herablassende Ton machte Rose ärgerlich. Sie war durchaus in der Lage, sich um sich selbst zu kümmern. Warum mußten die Leute überall und immer paarweise erscheinen; was für ein Blödsinn, anzunehmen, daß Frauen sich nicht auch gern mit anderen Frauen unterhalten. Und es gab nur einen einzigen Mann, den sie gern als Begleiter gehabt hätte. Einen Augenblick lang überlegte Rose, ob sie nicht Anne als ihren »Begleiter« einladen solle, aber nein, als Chefredakteurin einer renommierten Frauenzeitschrift müßte sie auch allein selbstbewußt auftreten können.

Am nächsten Tag rief Maurice sie an. »Gehst du ... äh, zu der STN-Party?«

»Ja«, antwortete sie zögernd.

»Ich dachte, daß ich dich vielleicht mitnehmen könnte. Du wirst doch wahrscheinlich nicht allein gehen wollen.«

»Wer hat gesagt, daß ich allein ginge?«

»Oh, äh, Carol. Sie hat mich angerufen, weil Julia ihr erzählt hat, daß wir zusammen auf der Schule waren. Im Augenblick habe ich nämlich auch niemanden, mit dem ich gehen könnte, du siehst also ... Ich dachte, Carol hätte gedacht – also Rose, ich finde, das ist doch eine gute Idee ...«

»Das finde ich überhaupt nicht.«

»Du bist also immer noch wütend, nur weil ich dich damals nicht wollte?« brach es plötzlich aus ihm hervor. »Weißt du, offengestanden – ich will dich immer noch nicht. Für jemanden wie dich ist es doch ein riesiges Glück, wenn du von jemandem wie mir mitgenommen wirst.«

»Dann habe ich lieber kein Glück.« Rose knallte den Hörer auf. Sie hätte lachen sollen, aber Maurice hatte sie genau an dem

Punkt getroffen, wo sie verletzlich war. Da sie inzwischen nicht mehr darauf hoffte, daß Burt sie bitten würde, seine Partnerin zu sein, dachte sie einen Augenblick daran, die STN-Einladung abzulehnen, aber das wiederum ließ ihr Stolz nicht zu. Sie könnte einen der Autoren fragen – inzwischen hatte die *Attitude* eine Reihe interessanter und renommierter fester Mitarbeiter. Aber wahrscheinlich war Burt nur zu beschäftigt gewesen, um sich selbst darum zu kümmern, sie einzuladen. Sie würde ihn unter irgendeinem Vorwand anrufen.

Burt schien erstaunt zu sein, Roses Stimme zu hören, kam dann aber sofort auf die positive Reaktion der Agenturen auf die September-Ausgabe zu sprechen. »Ich habe mich bei einem Abendessen des Verbands der Werbeagenturen mal umgehört, Rosie – Ihr wart in aller Munde . . . die Kollegen waren ganz schön neidisch, daß wir uns den Auftrag an Land gezogen haben. Und das Titelblatt – *ganz schön sexy*, muß ich sagen!« »Das freut mich. Ich habe mich gefragt, welches Model wir deiner Meinung nach am besten für den Werbespot im Fernsehen nehmen sollen – Julia hat mir einige Probeaufnahmen geschickt.«

»Oh, ich glaube, das ist etwas, das du mit ihr selbst besprechen solltest. Du hast eine klare Vorstellung von der Leserzielgruppe, und sie kennt die Models und weiß genau, welche gut mit dem Fotografen zusammenarbeiten. Wen hat sie übrigens genommen?«

»David Bailey. Ich dachte, du wüßtest das, Burt. Du scheinst das Interesse an unserem Auftrag ja sehr schnell verloren zu haben.« Rose konnte den leisen Vorwurf in ihrer Stimme nicht unterdrücken und bereute den Satz schon in dem Augenblick, als sie ihn aussprach. Jetzt würde er bestimmt denken, sie sei so eifersüchtig und besitzergreifend wie Tosca. Burts Stimme veränderte sich schlagartig. »Oh, Mrs. Chefredakteurin, das war jetzt aber ein ganz schöner Schlag in die Magengrube! Natürlich bin ich interessiert. Aber augenblicklich versuchen wir, einen großen Lebensmittelwerbevertrag an Land zu ziehen, und ich sitze dauernd im Flugzeug nach Hanley und zurück. Schreckliche Stadt, und der

Flug dorthin ist fast noch schrecklicher. Ich werde dich irgendwann einmal dorthin mitnehmen, Rosie, und du wirst sehen, was ich zu leiden habe.« Er lachte sein herzliches, vertrauenerweckendes Lachen, und Roses Herz begann, heftig zu klopfen.

»Ich würde mir lieber mal Blue Steel anschauen«, sagte sie rasch. »Du hast gesagt, du wolltest ihn mir mal zeigen.«

Burt schwieg einen Augenblick und lachte dann ein wenig verlegen. »Ja, tatsächlich, das habe ich gesagt. Das habe ich gesagt. Du hast wirklich ein gutes Gedächtnis, Rosie, bestimmt noch besser als ein Elefant.«

»Ich erinnere mich immer an das, was man mir versprochen hat. Wann kann ich kommen?« Rose wollte nicht gern mit einem Elefanten verglichen werden.

»Ich frag' den Trainer mal. Er hat es nicht so gern, wenn Fremde auf seinen Hof kommen – er besitzt ein Pferd, das angeblich gute Chancen hat, den Grand National zu gewinnen, und die Trainer leiden meist unter so einer Art Verfolgungswahn, daß irgendwelche Doper oder Kidnapper auftauchen könnten. Erinnerst du dich an Shergar?«

»Ich würde auch ganz bestimmt keines der Pferde entführen.«

»O. K. Ich werd mal sehen, ob ich was arrangieren kann. Ich bin etwas in Eile, Rosie. Wir treffen uns bei unserer Fete im Savoy. Bis dann.«

Er wußte also, daß sie auch dort sein würde, hatte aber offensichtlich nicht die Absicht, sich ihr als ihr »Begleiter« anzubieten. Traurig kehrte sie ihrem vollgepackten Schreibtisch den Rücken. Guy Walsh hatte einmal gesagt, sie sei ein »Terrier«, wenn es um eine gute Story ginge, und Doreen hatte ihre Zielstrebigkeit bewundert. Genau diese Eigenschaften würde sie jetzt nutzen, um Burton Tillotson für sich einzunehmen.

Kapitel 43

Rose hatte sehr gern als Journalistin gearbeitet, aber die Arbeit als Chefredakteurin gefiel ihr noch mehr. Sie war sehr abwechslungsreich und umfaßte die verschiedensten Aufgabenbereiche. Jeden Tag ging Rose voller Erwartung und Tatendrang in ihr Büro. Es kam ihr vor, als sei sie an eine unerschöpfliche Energiequelle angeschlossen. Neben der redaktionellen Planung, dem routinemäßigen Überprüfen des Layouts und der Fahnenabzüge diskutierte sie mit Marsha die Werbung, besprach mit der Abteilung für Öffentlichkeitsarbeit, welche Hinweise auf zukünftige Artikel oder Kurzfassungen man den Zeitungen, dem Fernsehen oder den Radiostationen zukommen lassen solle. Rose hatte Margot gebeten, das Budget unter keinen Umständen zu überschreiten, und jede Woche setzten sie sich zusammen, um finanzielle Fragen zu diskutieren.

Fotos waren ein gewaltiger Kostenfaktor, und es war notwendig, einmal mit Amanda zu besprechen, wie man die Kosten niedrig halten könnte.

»Ich werde auf keinen Fall drittklassige Fotografen nehmen, nur um ein paar Pennies zu sparen«, knurrte Amanda. »Natürlich nicht, aber die Kosten für Fotos sind wirklich explodiert.«

»Die Qualität aber auch.«

»Ja, das ist alles sehr viel besser geworden, wirklich toll. Die Titelblätter gefallen wirklich allen, außer dem Vertriebsleiter, und das betrachte ich persönlich eher als ein Kompliment; aber könntest du bitte auch ganz genau auf die Kosten achten? Wenn die Auflage wirklich steigt, dann haben wir es geschafft, dann brauchen wir nicht mehr so sehr zu sparen. Ich habe gesehen, daß unter den Rechnungen, die Gerard Richardot uns eingereicht hat, auch eine über 80 £ war.«

Amanda fühlte sich offensichtlich unwohl. »Nun ja, wir

mußten den Models etwas zu essen kommen lassen, und Gerard selbst ist ein Feinschmecker; du kannst ihm nicht einfach nur ein paar belegte Brote vorsetzen. Er wollte unbedingt Champagner. Wir haben bis um zehn Uhr abends gearbeitet, deshalb hatte ich das Gefühl, daß sie sich die Mahlzeit wirklich verdient hätten.«

»O. k. Aber ich möchte in jedem Fall sichergehen, daß du die Ausgaben im Griff behältst.«

Danach wies Amanda Rose auf jede kleine Einsparung ausdrücklich hin. »Schau her, ich habe ein Bild über eineinhalb Seiten gestreckt. Wir legen die Linien um die Bilder herum selbst an – der Drucker berechnet uns dafür ein Vermögen – und machen auch die Verkleinerungen selbst.« Rose bat Margot, am Ende des Monats die Differenz in den Ausgaben für die fotografische Abteilung zwischen dem laufenden und dem vergangenen Monat auszurechnen und schickte Amanda dann ein kleines Kärtchen ins Büro: »Du bist nicht nur die großartigste lebende Artdirektorin der Welt, sondern in diesem Monat hast du auch noch £ 793.75 eingespart. Herzliche Glückwünsche. Wohin soll ich dich zum Mittagessen einladen?«

Das Anzeigengeschäft lief schleppend. Marsha rief alle großen Agenturen persönlich an, machte aber die Erfahrung, daß die meisten zurückhaltend oder sogar ein wenig zynisch reagierten. »Sie geben zu, daß wir uns erheblich verbessert haben, aber sie fragen, warum sie bei uns inserieren sollen, wenn sie Anzeigen bei der *Harmony* oder *Cosmopolitan* oder bei *Options* für einen niedrigeren CPT plazieren können?« (CPT bedeutete cost per thousand, das heißt, wieviel es einen Inserenten kosten würde, eintausend Leser zu erreichen.) »Ich habe versucht, ihnen die typische Leserin zu beschreiben, die intelligente, selbständige Frau der achtziger Jahre mit eigenem Einkommen. Aber die meisten der Männer, mit denen ich zu tun habe, sind gräßliche Chauvis, sie meinen, der Platz einer Frau sei in der Küche oder im Bett. Ich werde die Kosten pro Seite nicht senken – aber ich habe ihnen eine beträchtliche Ermäßigung in Aussicht gestellt, wenn sie für sechs Ausgaben im voraus buchen.«

Rose hatte fest zu ihrer früheren Entscheidung gestanden, den redaktionellen Teil und den Anzeigenteil klar zu trennen, aber das machte die Situation für Marsha nicht einfacher.

»Es wird besser, sobald wir das Vertrauen der Leser gewonnen haben«, versicherte Rose.

»Ja, das weiß ich, aber es gibt viel zu viele Zeitschriften, die um Anzeigen kämpfen und die sich den Wünschen der Inserenten völlig anpassen. Die *Harmony* hat in diesem Monat beispielsweise vier redaktionelle Farbdoppelseiten, in denen sich die Journalistin über Mario Scarafia und seinen fantastischen Geschmack in Kleidung und Möbeln ausläßt, und, natürlich ganz zufällig, findet sich ein paar Seiten weiter eine doppelseitige Farbanzeige für Mario Scarafias neues Warenhaus in der Brompton Road.«

Marsha und Rose arbeiteten gemeinsam verschiedene Strategien und eine Präsentation mit Farbdias aus, die die Vertreter bei den Agenturen vorstellen könnten. »Wenn unsere eigene Werbekampagne beginnt, dann wird es leichter, aber bis dahin muß ich ganz schön schuften für mein Geld«, sagte Marsha. »Wann bekommen wir übrigens den fertigen Werbefilm vorgeführt?«

»Er ist noch gar nicht aufgenommen worden. Bailey will das Ganze in schwarzweiß machen, aber Julia ist dagegen, und jetzt streiten sie sich wie die Kesselflicker. Und das Model, das wir im Auge hatten, ist gerade für *Vogue* auf den Seychellen; wir müssen warten, bis sie am fünften des nächsten Monats zurückkommt. Aber sie haben immerhin die Sendezeit schon gebucht.«

»Ich weiß. Ich habe den Plan gesehen. Er sieht nicht schlecht aus. Na ja, ich werde einfach nicht lockerlassen. Eine der beiden Seiten muß nachgeben, und ich hoffe nur, es werden diese verdammt arroganten Mediendirektoren sein.«

Das Fortuny-Kleid war traumhaft schön. Rose war überrascht, daß es ihr nicht nur paßte, wobei die feinen, schimmernden Falten ihre weichen Rundungen angenehm betonten, sondern auch noch wunderbar aussah. Gillian packte mit beiden Händen Roses dickes, lockiges Haar und hielt es als Hochfrisur in die Höhe, so daß nur an Stirn und Halsansatz ein paar winzige Löckchen heraussprangen.

»Schau mal, du mußt deinem Friseur sagen, er soll dir das Haar so oder so ähnlich aufstecken und irgendwelche Goldbänder hineinflechten – Sally kann dir ein paar Bänder heraussuchen. Dazu trägst du am besten lange, goldene Ohrringe, etwas Antikes, das aussieht, als hätte man es gerade auf einer Ausgrabung in Kreta gefunden und – voilá!«

Rose stand mit Gillian in der Damentoilette und lächelte ihr Spiegelbild wohlwollend an. Sie hatte ein wenig abgenommen. Nicht genug, natürlich, aber sie hatte zumindest nicht mehr das Gefühl, gänzlich unförmig zu wirken. »Es sieht wirklich gut aus. Bist du sicher, daß du es verleihen willst? Es muß ein Vermögen wert sein.«

»Also, ich vermute, daß das Victoria-und-Albert-Museum mir dafür ein Vermögen bieten würde«, bestätigte Gillian. »Aber es ist schließlich dazu da, daß man es trägt. Du siehst wirklich süß darin aus – wie ein Karamelpudding.«

»Eigentlich nicht gerade der Eindruck, den ich hervorrufen möchte.«

»Warum eigentlich nicht? Männer lieben nichts mehr als süße Babynahrung, und du siehst wirklich verführerisch aus.«

Rose wußte noch immer nicht, ob sie nun allein zu der Party gehen oder jemanden mitnehmen sollte, und in weniger als einer Woche sollte das Fest stattfinden. Allerdings trat dieses Problem sehr bald völlig in den Hintergrund: Eines Nachmittags bekam sie einen Anruf von Erica, der jungen Frau, die die *Attitude* verlassen hatte, als ihre Affäre mit dem Literaturredakteur zu Ende war. Erica arbeitete immer noch beim *Express,* hatte dort verschiedene Abteilungen durchlaufen und war jetzt Sekretärin für die Redakteurin der Klatschseite. »Ich kann da zu unheimlich vielen Parties gehen«, hatte sie Rose gelegentlich einmal erzählt. »Das ist toll. Da trifft man auch tolle Männer.«

Jetzt, am Telefon, klang Erica ziemlich wichtigtuerisch. Sie erzählte, daß einer der Informanten der *Private Eye* herausgefunden hatte, daß Rose für kurze Zeit verheiratet gewesen war. »Wahrscheinlich werden sie etwas unter der Überschrift: ›Ehe mit einem Schwulen: *Attitude*-Chefredakteurin Rose Summers heiratete Roger Clovelly‹ bringen«, verkündete sie. »Sie haben immer ein teuflisches Vergnügen daran, jemanden, der gerade eine besonders gute Presse hat, vom Sockel zu stürzen. Warst du verheiratet, Rose? Das wußte ich gar nicht.«

»Drei Tage lang«, antwortete Rose widerwillig. »Die Ehe war schon vorbei, bevor sie überhaupt anfing.«

»War er homosexuell?«

Irgend etwas in Ericas Stimme war Rose nicht ganz geheuer. »Meine Ehe ist etwas, worüber ich mit *niemandem* spreche.« Vielleicht wollte Erica sie nur dazu bringen, die Tatsache zu bestätigen. Roger wäre gewiß untröstlich, wenn er mit dieser Story in die Schlagzeilen käme. »Kannst du den Typen nicht davon überzeugen, daß dies bestimmt keine Story wert ist?«

»Aber das sind doch Tatsachen, Rose. Er schien sehr sicher zu sein. Ich mußte die Sachen tippen, daher weiß ich davon. Ich wollte dich nur, sozusagen als Freundin, von vornherein warnen.«

»Wird der *Express* die Geschichte bringen?«

»Nein, es sei denn, jemand würde sie offiziell bestätigen. *Private Eye* ist da nicht ganz so zimperlich, was das Überprüfen von Tatsachen angeht. Sie scheinen Spaß daran zu haben, schlüpfrige Geschichten abzudrucken.«

Rose hatte das unangenehme Gefühl, daß Erica ebenfalls Spaß an schlüpfrigen Geschichten hatte und nur versuchte, von Rose die Bestätigung zu bekommen, daß ihre Ehe geschieden wurde, weil Roger homosexuell war.

»Jedenfalls vielen Dank, daß du mich darauf hingewiesen hast,

Erica. Wie schrecklich, immer nur im Dreck zu wühlen. Stell dir vor, dieser Mensch muß seinen Kindern einmal erzählen, wie er sich seinen Lebensunterhalt verdient.« Das Gespräch endete mit einem Mißklang.

Als erstes informierte Rose Roger. »O, nein! Wer hat es ihnen erzählt?« Er klang völlig verängstigt.

»Ich habe keine Ahnung. Gibt es jemanden, der dich nicht mag?«

»Vielleicht.« Er schwieg ein paar Sekunden lang. »Na ja, ich hatte fast zwei Jahre lang einen Freund, Peter, und dann, also, Harold schien mich auf einmal wieder zu mögen, und deshalb habe ich mit Peter Schluß gemacht.« Harold war der Tennisstar, von dem Roger Rose damals auf der Isle of Man erzählt hatte, als er sein ganzes Elend herausgeschluchzt hatte.

»Hat er von unserer Ehe gewußt?«

»Ja, ich glaube ja«, jammerte Roger. »Dies wird das Ende meiner Karriere sein.«

»Sei nicht albern, Roger. Was macht das schon für einen Unterschied? Niemand kümmert sich um deine sexuellen Neigungen, solange du deinen Job gut machst. Das Schlimme ist nur die schmutzige Art und Weise, wie sie solche Geschichten bringen, vor allem, wenn sie glauben, sie könnten ein Geheimnis aufdecken.«

»Harold wird fürchterlich geknickt sein. Mein Gott, er hat in ein paar Wochen ein Match in Nizza – er wird sich überhaupt nicht mehr auf sein Spiel konzentrieren können. Wir wollten dieses Wochenende eigentlich hinfliegen.«

Rose biß die Zähne fest zusammen. »Bleib' vor allem ruhig, und sprich mit niemandem darüber. Ich muß erst einmal nachdenken.«

Aber noch bevor Rose irgend etwas unternehmen konnte, war die Story bereits an die Öffentlichkeit gedrungen. Zunächst erschien nur eine kleine Notiz im *Express:* »In der Zeitschriftenwelt wird gemunkelt, daß Rose Summers, die Herausgeberin der

Frauenzeitschrift *Attitude*, früher mit Roger Clovelly, dem sonnenbankgebräunten Herausgeber des *Sportman*, verheiratet war. Offensichtlich hat seine enge Freundschaft mit Harold Xavier, dem Tennisstar, der ehrgeizigen Rose Summers, die für ihre Eifersuchtsszenen bekannt ist, nicht ins Konzept gepaßt.«

Private Eye veröffentlichte eine längere Story, die mit erfundenen Details ausgeschmückt war. Ein weiterer kurzer Artikel erschien zwei Tage später, zusammen mit einem Foto von Roger und Xavier im *Standard.* Xavier hielt einen Tennispokal in der Hand und Roger blickte ihn bewundernd an. Daneben ein Schnappschuß von Rose: sie hielt den Kopf ängstlich gesenkt und wirkte außerordentlich plump und gedrungen. Rose sah sich die Fotos zusammen mit Marilyn an. »Sie müssen das gestern aufgenommen haben, als ich aus dem Haus gegangen bin – da habe ich genau das Kostüm angehabt. Mein Gott, und ich habe überhaupt nichts davon bemerkt.«

»Es sieht Ihnen überhaupt nicht ähnlich«, versicherte Marilyn. »Sie ziehen auf dem Foto den Kopf ein; dadurch wirken Sie ein bißchen dick.«

»Ja, es war kalt und hat geregnet. Aber ich *bin* dick.«

Renate Ludwell, die Leiterin der Abteilung für Öffentlichkeitsarbeit, eine Frau mit scharfem Verstand und sanften Umgangsformen, rief Rose an. »Wirklich schade, diese unglückselige Geschichte, nach der ganzen guten Publicity, die wir in letzter Zeit für die *Attitude* hatten. Aber egal. Was ist so sensationell daran, daß eine Ehe in die Brüche geht? Wenn Sie nichts dagegen haben, Rose, dann gebe ich die richtige Geschichte an einige seriöse Blätter weiter. Können Sie mir da einige Fakten nennen?«

»Ich war verheiratet«, seufzte Rose. »Jetzt bin ich es nicht mehr. Es ist alles völlig irrelevant.«

»Ich weiß – deshalb möchte ich die Sache auch gern richtigstellen. Sind Sie geschieden worden?«

»Die Ehe wurde annulliert. Das Ganze ist schon ein paar Jahre her.«

»O. k. Machen Sie sich keine Sorgen. Ich werde das schon in Ordnung bringen. Das Schlimme ist, daß so etwas in die Archive eingeht und jedesmal, wenn irgend etwas über Sie geschrieben wird, holt man es wieder hervor.«

Kurz vor ein Uhr kam Margot in Roses Büro. »Zeit, mit mir und Amanda zum Mittagessen zu gehen?«

»Ich esse das da.« Rose zog eine Grimasse und hielt Margot den Diätriegel hin.

»Nein, heute nicht.« Margot nahm ihr den Riegel aus der Hand. »Komm mit, ich hab heute Geburtstag.«

»Lügnerin – dein Geburtstag ist im Januar, im selben Monat wie meiner.« Rose lächelte ein wenig gequält. »Mach dir keine Sorgen, es geht mir ganz gut, ich bin nur ein wenig irritiert.«

»Na, dann mußt du erst recht mitkommen. Eine Flasche Wein und Amandas wilde Stories werden dich schnell wieder auf andere Gedanken bringen.«

»O. k., danke. Gebt mir nur gerade fünf Minuten, um ein Manuskript zu Ende zu lesen; dann komme ich sofort zu euch. Ich habe die verdammten Dinger da jetzt länger als eine Woche gefressen« – Rose deutete auf den Riegel in Margots Hand –, »morgens, mittags und abends. Wahrscheinlich werde ich mich in eine Kokosmatte verwandeln, wenn ich noch mehr von dem Zeug esse – genauso schmecken die Dinger nämlich.«

Als Rose zu Margot hinüberging, die jetzt, da sie leitende Redakteurin geworden war, ein eigenes Büro bekommen hatte, wartete Amanda bereits an der Tür. Wie gewöhnlich sah sie aus wie ein Paradiesvogel: sie trug einen fließenden, gelben Wollponcho über einem weiten lodengrünen Rock und hatte sich eine dunkelviolette Baskenmütze aufgesetzt. Schwarze hochhackige Lackstiefel rundeten das bizarre Bild ab. Rose hatte das Gefühl, daß sie und Margot im Vergleich dazu wie Anstandsdamen aussahen.

»Tut mir leid, Schnellrestaurants mit fettigen Hamburgern und Cola aus Pappbechern sind nicht meine Sache«, stellte

Amanda fest. »Gehen wir zu Luca – dieser nette junge Kellner Hector hat, glaube ich, ein Auge auf mich geworfen. Ich setze mich beim Essen gern gemütlich hin, und es gefällt mir, wenn ich aufmerksam bedient werde.«

»Na gut. Wir müssen uns nur etwas beeilen. Es ist heute Pressekonferenz, vergeßt das nicht. Ist das in Ordnung für dich, Rose? Ich lade euch ein.«

Rose wurde plötzlich bewußt, daß sie seit dem Wochenende in Suffolk nicht mehr bei Luca gewesen war, weil sie die ganze Zeit nur jene verdammten Diätriegel gegessen hatte. »So lange ihr mich nicht zwingt, etwas Dickmachendes zu essen. Sonst ist die ganze Qual umsonst gewesen.«

Im ›Luca‹ war es gerammelt voll, aber sobald Hektor die bunt gekleidete Amanda erblickt hatte, kam er herbeigeeilt und führte sie an einen Tisch. »Bene, bene. Wie gut, Sie zu sehen.« Er senkte die Stimme. »Hier ist alles voller Geschäftsleute, so langweilig – keine hübschen Frauen, kein bißchen Spaß.«

»Aber gute Trinkgelder, eh?« fragte Amanda.

Luca trat an ihren Tisch. »Rosa.« Er nickte ihr zu. »Miss Amanda. Miss Margot. Geht es Ihnen gut?« Er sah die drei Frauen mit ernster Miene an.

»Wir sind völlig ausgehungert«, sagte Amanda. Luca machte eine leichte Verbeugung. »Ich bringe Ihnen Wein, und Hektor wird Ihre Bestellung aufnehmen. Was möchten Sie trinken?«

»Den roten, Hausmarke, glaube ich, Rose, nicht wahr?«

»Für mich Mineralwasser«, entgegnete Rose hastig.

»Bist du krank?« fragte Luca erschrocken.

»Nein. Auf Diät.«

»Kümmern Sie sich nicht um sie, Luca, sie ist nur die Chefin. Wir nehmen am besten Chianto Classico.«

Luca beugte sich über Roses Stuhl und sagte leise: »Es tut mir leid, was ich über dich in der Zeitung gelesen habe, Rosa. Hat es dich gekränkt?«

Rose nickte. »Ein bißchen. Sie bringen es so, daß es irgendwie schmutzig wirkt. Aber es macht nichts.« Sie fragte sich, ob Burt es wohl auch gelesen habe und was er wohl über sie denken würde. Er selbst war schon zweimal verheiratet gewesen, wahrscheinlich interessierte es ihn gar nicht.

Gerade, als die drei Frauen dabei waren die leckeren, liebevoll zubereiteten Speisen zu kosten und Amanda dazu eine ihrer wilden Geschichten auftischen wollte, trat Sonia, die pfiffige kleine Volontärin, an ihren Tisch. »Marilyn meinte, daß Sie wahrscheinlich hier wären, Miss Summers. Mr. Littlejohn hat nach Ihnen gefragt. Es schien dringend zu sein.«

Rose schob sich noch eine Gabel mit Salat in den Mund, um sich den Anschein von Gleichmut zu geben, und machte sich dann auf den Weg zurück ins Büro. Die beiden anderen Frauen blieben verwundert zurück.

Miss Schefer, Mr. Littlejohns Sekretärin, machte wie gewöhnlich einen völlig teilnahmslosen Eindruck; es war unmöglich, aus ihrem Gesicht etwas abzulesen.

»Ich habe heute etwas spät zu Mittag gegessen – ich glaube, Mr. Littlejohn möchte mich sehen.«

»Oh ja, Miss Summers. Ich sage ihm Bescheid, daß Sie hier sind. Ich glaube, er telefoniert gerade.«

Als sie zurückkam, sagte sie nur: »Bitte gehen Sie hinein.«

James Littlejohn war offensichtlich verärgert. Auf seinem Schreibtisch lagen verschiedene Zeitungsausschnitte. »Nun, Rose, Sie scheinen ja leider ziemlich viel unangenehmen Klatsch auf sich zu ziehen. Ich muß Ihnen sagen, das gefällt mir nicht. Es schadet dem Image der *Attitude*. Ich habe in dieses Abenteuer schließlich sehr viel Geld investiert.«

»Es tut mir leid, Mr. Littlejohn. Meine frühere Ehe ist im Grunde genommen völlig uninteressant. Ich war tatsächlich mit Roger Clovelly verheiratet, aber nur drei Tage lang. Sobald wie möglich habe ich die Ehe annullieren lassen.«

»Ist er homosexuell?«

»Ich weiß nicht, was das mit meiner Arbeit zu tun hat, Mr.

Littlejohn. Ich habe mich aus privaten Gründen von ihm getrennt, und das Ganze hat mit meiner Arbeit nicht das Geringste zu tun.«

»In diesem Punkt haben Sie, glaube ich, unrecht, Rose. Privatleben und Karriere haben in der Tat sehr viel miteinander zu tun. Nun, ich will im Augenblick nichts weiter dazu sagen. Ich vermute, daß die Abteilung für Öffentlichkeitsarbeit versuchen wird, den Schaden, so gut es geht, zu begrenzen.«

Er nahm die Septemberausgabe der *Attitude* in die Hand. »Sie haben einige sehr begrüßenswerte redaktionelle Veränderungen vorgenommen, Rose, aber ich habe gehört, daß Sie dabei eine Reihe von Inserenten vor den Kopf gestoßen haben. Stimmt das?«

»Davon weiß ich nichts.« Rose hob den Kopf.

»Sie wissen natürlich selbst, daß ein dickes Anzeigenauftragsbuch eine gesunde Zeitschrift und ein gesundes Unternehmen bedeutet. Der Verkaufspreis bringt uns keine Gewinne ein, das ist Ihnen sicher klar. Er deckt kaum die Kosten für Druck und Vertrieb. Die Rosinen im Kuchen kommen von unseren Inserenten, und soviel ich verstanden habe, haben Sie sehr ungewöhnliche Vorstellungen, was die Plazierung von Inseraten angeht.«

»Ganz so ist es nicht, Mr. Littlejohn. Ich habe das Gefühl, daß die Anzeigenseiten unsere Zeitschrift früher geradezu überschwemmt haben, und es braucht keinen besonderen Scharfsinn, auf ein unerlaubtes Zusammenwirken zu schließen, wenn wir, sagen wir einmal, eine Anzeige von Smiths Gesichtscreme genau gegenüber einem Artikel abdrucken, in dem davon die Rede ist, wie wunderbar effektiv Smiths Gesichtscreme ist.«

»In der Mitte habe ich allerdings überhaupt keine Anzeigen gefunden. Genau das aber ist die Position, die die Agenturen bevorzugen.« Er funkelte Rose giftig an.

»Ich versuche, die mittleren zweiunddreißig Seiten freizuhalten, so daß es möglich ist, den redaktionellen Teil wirklich zusammenhängend zu bringen. Aber wir haben dafür den vorderen und den hinteren Teil sehr sorgfältig abgestimmt. Wie Sie sehen« – sie nahm ihm, eifrig darauf bedacht, ihm alles zu erklären, die Septemberausgabe aus der Hand –, »haben wir den stärksten Artikel allen anderen vorangestellt, so daß die Leser zunächst einmal drei Seiten ohne Unterbrechung lesen können. Wenn sie erst richtig gefesselt sind, dann macht es ihnen nichts mehr aus, wenn sie noch einmal eine halbe Seite irgendwo am Ende der Zeitschrift nachblättern müssen, um den Artikel zu Ende zu lesen. Ich möchte, daß die Zeitschrift ausgewogen und zugleich attraktiv ist.«

»Hmmm.« James Littlejohn wirkte nicht besonders überzeugt. »Frank Marnhull hat mir einige sehr enttäuschende Zahlen vorgelegt. Im Vergleich zu den August- und Septemberausgaben des letzten Jahres ist die Werbung um dreißig Seiten zurückgegangen. Das ist viel, Rose. Zuviel.«

»Aber die Einnahmen sind nicht zurückgegangen, Mr. Littlejohn. Im letzten Jahr hat die Werbeabteilung die Plätze unglaublich billig verkauft, aber Marsha weigert sich standhaft, einen Discountpreis zu machen – es sei denn, ein Inserent bucht mehrere Anzeigenaufträge.«

James Littlejohn ging eine Weile lang schweigend in seinem Büro auf und ab. »Ich denke, wir sollten am besten ein Meeting ansetzen, um die Angelegenheit in allen Einzelheiten mit Frank Marnhull zu diskutieren. Ich mache mir wirklich große Sorgen.« Er schüttelte den Kopf. »Ich werde Miss Schefer bitten, Sie anzurufen, wenn wir einen Termin festgesetzt haben – und ich wünsche, daß das so schnell wie möglich geschieht. Bitte halten Sie sich in den nächsten Tagen zur Verfügung.«

Als Rose in ihr Büro zurückkehrte, fühlte sie sich ängstlich und bedrückt. Sie rief Marsha an, aber die war unterwegs. Burt hatte Rose versichert, sie sei auf dem richtigen Weg, aber er hatte sie gewarnt, daß ihr neues Konzept den Agenturen nicht gefallen würde. Sie rief ihn an, um sich von ihm ein wenig beruhigen und trösten zu lassen. Aber er war »in einer Konferenz« und konnte mit niemandem sprechen. Sie gab der Sekretärin ihre Privatnummer und ließ ihm ausrichten, er möge sie anrufen, wie spät auch immer es werden würde.

Luca war es, der anrief. »Rosa, ist alles in Ordnung? Amanda und Margot schienen sich Sorgen zu machen. Ist irgend etwas schiefgelaufen?«

Er klang so teilnahmsvoll, daß Rose sich ein wenig getröstet fühlte. »Was meinem Chef – unter anderem – nicht gefällt, ist der unangenehme Klatsch. Es ist wirklich schön, daß du anrufst. Ich nehme nicht an, daß mir etwas Schlimmes passieren wird.«

»Wenn ich etwas tun kann, Rosa, dann rufst du mich an. Ich möchte nicht, daß du in Schwierigkeiten kommst.«

»Danke.« Plötzlich kam ihr eine Idee. »Also, du kannst wirklich etwas für mich tun, wenn du Zeit hast, Luca. Am Siebten des nächsten Monats gibt unsere Werbeagentur eine Party. Könntest du mich dorthin begleiten? Allerdings ist ein Abendanzug erwünscht«, fügte sie schnell hinzu.

Er lachte. »Ob du es glaubst oder nicht – ich habe im Schrank eine Smokingjacke hängen. So etwas gibt es nämlich auch in Italien, weißt du.«

Rose fühlte sich ein wenig schäbig, weil sie Luca noch ein zweites Mal ausnutzte. Aber ihm schien es nichts auszumachen. Es gab so viele Angestellte der *Attitude*, die »Bei Luca« zu Mittag aßen und mit denen er sich angefreundet hatte; wahrscheinlich betrachtete er sich inzwischen selbst als einen festen Bestandteil der *Attitude*.

Kapitel 44

Obwohl Rose der Sekretärin eine Nachricht hinterlassen hatte, rief Burt sie nicht an. Am nächsten Tag wurde Rose als erstes einmal in das Büro des Vorstandsvorsitzenden zitiert. James Littlejohn begrüßte sie mit einem kühlen Kopfnicken, und Frank Marnhull hatte wie üblich sein unverbindliches Lächeln aufgesetzt

»Rose, ich glaube, es wäre besser, wenn wir uns über Ihre Rolle als Chefredakteurin einmal ganz klar verständigen würden«, begann Mr. Littlejohn. »Chefredakteure in meinem Land, und soviel ich weiß hier auch, kümmern sich um die *redaktionelle* Seite einer Zeitschrift. Die Werbung ist Sache der Geschäftsleitung. Sie ist ebenso wichtig wie der redaktionelle Teil; sie hat ihren eigenen Direktor. Inzwischen sind Sie, soviel ich verstanden habe, dabei, beide Rollen an sich zu reißen. Sie sagen, Sie wollten keine bevorzugten Plazierungen. Aber wir könnten für solche Plazierungen höhere Rechnungen ausstellen. Sie bringen uns mehr Geld ein.« Er hatte die letzten drei Wörter sehr prononciert ausgesprochen. »Sie haben doch sicher nichts gegen das Geldverdienen, nehme ich an?«

Rose lächelte. »Nein, ich bin immer froh, wenn ich regelmäßig mein Gehalt auf dem Konto habe.«

»Das hatte ich mir gedacht.« Mr. Littlejohn lehnte sich zurück. »Frank, vielleicht solltest du jetzt weiterreden.«

»Natürlich. Eigentlich, James, wollte ich zunächst Marsha entschuldigen – sie wird gleich zu uns stoßen, aber sie mußte heute morgen einen wichtigen Kunden besuchen und meinte, es wäre nicht klug, die Verabredung abzusagen.« Er wandte sich wieder Rose zu. »Wie Sie wissen, Rose, habe ich Kontakt zu den führenden Werbeleuten, und kürzlich haben verschiedene Mediendirektoren sich bei mir beklagt, daß man ihnen bestimmte

Plazierungen nicht geben wollte. Wir haben in der Folge einige wertvolle Kunden verloren.« Er schwieg. »Es ist verdammt schwer, einen Kunden zu gewinnen, und es ist verteufelt einfach, einen zu verlieren, aus dem Grunde wollten Mr. Littlejohn und ich Ihnen unseren Standpunkt einmal ganz deutlich klarmachen.«

»Ich verstehe natürlich, wie schwierig die Situation im Augenblick ist, Mr. Marnhull. Gute Werbung ist außerordentlich attraktiv, sie fordert die Redakteure heraus, im redaktionellen Teil mit der Werbung um die Aufmerksamkeit des Lesers zu konkurrieren – und das ist in jedem Fall eine gute Sache. Was ich allerdings beabsichtige ist, den redaktionellen Teil und die Werbung deutlich zu trennen.«

»Wir haben zwei Kosmetikinserenten und einen Mantelfabrikanten verloren, die nirgendwo anders als auf den redaktionellen Modeseiten plaziert werden wollen.« Frank Marnhulls Stimme klang scharf, feindselig.

»Wir versuchen, Inserenten für andere Bereiche zu gewinnen. Wir haben uns zu stark auf die Mode- und Kosmetikfirmen verlassen ...«

»Es tut mir wirklich leid, daß ich zu spät komme.« Marsha, in ihrem blaßrosa Kostüm ganz die attraktive Karrierefrau, trat ins Zimmer und setzte sich neben Frank Marnhull, der das, was bisher besprochen worden war, kurz zusammenfaßte. »Es stimmt doch, Marsha, nicht wahr – Exotique Cosmetics und Darling Toilettenartikel haben ihre Aufträge zurückgezogen.« Er sah Marsha fragend an.

»Ja, das stimmt.« Marsha nickte. James Littlejohn streckte den Kopf wieder vor. »Sehen Sie, Rose?«

»Aber«, fuhr Marsha fort, »den meisten Leuten, mit denen ich in letzter Zeit gesprochen habe – und ich habe mit *sehr* vielen gesprochen, mit Kunden ebenso wie mit Agenturen –, gefällt die Zeitschrift jetzt viel besser. Einige warten auf die bereinigten Auflagezahlen, die im Januar herauskommen, um die Bestätigung für das zu bekommen, was ich ihnen schon die ganze Zeit gesagt habe – daß sie eine ganze Menge gewinnen, wenn sie jetzt inserieren . . .«

»Ja, ja«, fuhr Mr. Littlejohn gereizt dazwischen. »Das ist immerhin ein Hoffnungsschimmer am Horizont, aber wir haben die Aufträge *jetzt* verloren.«

»Und wir haben die Ford-Motorenwerke dazugewonnen – sie haben noch nie zuvor bei uns inseriert; gestern habe ich den schriftlichen Auftrag bekommen. Außerdem: Ab Dezember haben wir monatelang diese intelligenten Perrier-Anzeigen, und« – sie schwieg triumphierend – »heute morgen bin ich zu spät gekommen, weil ich mich mit den Leuten von der Midland-Bank getroffen habe. Sie haben ihre Anzeigen für das ganze nächste Jahr *fest* gebucht.« Marsha lehnte sich strahlend in ihrem Schreibtischsessel zurück. »Das ist übrigens das erste Mal, daß Midland in einer Frauenzeitschrift inseriert.«

»Ist das bestätigt?« James Littlejohns Stimme klang plötzlich etwas weicher.

Marsha nickte. »Haben Sie das gewußt, Frank?«

»Bisher nicht.« Er wandte sich um und schüttelte Marshas Hand.

»Ja, dann . . .« James Littlejohn strahlte plötzlich über das ganze Gesicht. »Das ist doch immerhin etwas – zwei verloren und drei gewonnen und dazu eine allgemein positive Resonanz, nicht wahr?«

»Die Inserenten, die uns verlorengegangen sind, haben uns nur 40 Prozent des Seitentarifs bezahlt; sie waren meiner Ansicht nach kein großer Verlust.« Marsha lächelte den besänftigten Littlejohn strahlend an. »Der Verlust ist ganz allein auf Seiten der Inserenten. Rose leistest wirklich ausgezeichnete Arbeit.«

An dieser Stelle löste sich das Meeting mehr oder weniger auf. Draußen vor der Tür drückte Rose Marshas Arm. »Ich danke dir. Du hast uns diese guten Nachrichten wirklich im richtigen Augenblick überbracht.«

»Ich glaube, wir sind jetzt über den Berg. Meine Mitarbeiter fühlen sich durch die Reaktionen, die von den guten, renommierten Agenturen kommen, außerordentlich stark motiviert; sie setzen sich voll und ganz für ihre Aufgabe ein.«

Rose eilte freudig erregt und zuversichtlich in ihr Büro zurück; sie hatte noch fast ein ganzes Tagespensum zu erledigen. Beim Anblick von Marilyns todernster Miene blieb sie jedoch erschrocken stehen. »Roger Clovelly ist heute morgen tot in seiner Wohnung gefunden worden. Dauernd klingelte das Telefon: Die Zeitungsredaktionen versuchen ununterbrochen, Sie an die Leitung zu bekommen.«

Rose ließ sich auf einen Stuhl fallen. Der harmlose, schwache, liebenswerte Roger. Er mußte einfach die Nerven verloren haben. Einen Augenblick lang sah sie durch einen Tränenschleier hindurch den schmalen, gutaussehenden Mann mit dem freundlichen Jungengesicht, der sie damals zum Cricketspiel mitgenommen hatte. Sie dachte an die Fahrt in seinem geliebten Sportwagen, seine Begeisterung, als er den Job als Chefredakteur der Sportzeitschrift bekommen hatte. Dieser Roger hatte ihr besser gefallen als der schluchzende, gebrochene junge Mann, der hilflose Junge, der sie angefleht hatte, sie nicht zu verlassen.

»Wissen Sie, wie das passiert ist?«

Marilyn schüttelte den Kopf.

»Rufen Sie bitte Renate Ludwell an, und bitten Sie sie, in mein Büro zu kommen. Ich muß Rogers Eltern anrufen.«

Rogers Mutter war zu verzweifelt, um mit jemandem zu sprechen, deshalb kam sein Vater an den Apparat; aus seiner Stimme war zugleich Wut und Entsetzen herauszuhören.

»Wir haben das vorher gar nicht gewußt; wir haben erst aus der Zeitung erfahren, daß er schwul ist.« Rose schrak bei dem Wort schwul zusammen. »Mein Gott, daß so etwas in unserer Familie passieren muß. War das der Grund, warum Sie ihn verlassen haben?«

»Spielt das jetzt eine Rolle? Die furchtbare Nachricht hat mich unendlich traurig gemacht.«

»Als ich jung war, da ist man mit seinem Partner durch dick und dünn gegangen. Das Unglück wäre überhaupt nicht geschehen, wenn Sie ihn nicht verlassen hätten.«

Rose antwortete nicht. Rogers Vater war offensichtlich völlig verstört und deprimiert.

»Ich habe sowieso nie verstanden, warum ihr beiden geheiratet habt. Er war ein so gutaussehender Junge, dauernd waren hübsche Mädchen hinter ihm her ... Ich kann es einfach nicht glauben.« Seine Stimme wurde heiser, aber er redete weiter. »Haben Sie von diesem Tennisspieler gewußt? Sobald die Zeitungen dahinter gekommen waren, daß die beiden zusammenwohnten, hat er sich in die USA abgesetzt. Roger hat zwei Briefe zurückgelassen, einen für diesen Xavier und einen für uns. Ich möchte bloß wissen, woher er all die Tabletten bekommen hat. Ich weiß wirklich nicht, wohin das alles noch führen soll.«

»Es tut mir wirklich von Herzen leid.« Rose fühlte sich hilflos und unzulänglich. Als sie den Hörer auflegte, tat ihr der arme, verwirrte Vater unendlich leid. Als der erste Schock überwunden war, kamen jedoch noch ganz andere Gefühle hoch: Ärger und Wut. Roger hätte doch zurückschlagen, die schlimmen Geschichten ignorieren können. Er hätte sich sagen müssen, daß die Zeitungen sich schon nach kurzer Zeit wieder mit etwas anderem befassen würden. Rogers Tat war destruktiv und grausam, vor allem seinen alten, konservativen Eltern gegenüber. Aber sie mußte sich jetzt vor allem auf das Gespräch mit Renate Ludwell konzentrieren.

Renate war wie immer gefaßt und kühl. Sie warnte Rose dringend, mit irgend jemandem zu sprechen. »Ich werde mich um alle Anrufe kümmern. Wenn nicht auch Xavier, der Tennisspieler, beteiligt wäre, dann wäre die ganze Sache schnell vergessen. Ich denke, Sie sollten ein kurzes Statement herausgeben; etwas in dem Sinne, daß es Ihnen sehr leid tut, von Rogers Tod zu hören. Ihre Ehe mit Roger Clovelly ist schon viele Jahre her; Sie sind Freunde geblieben, haben aber seit einiger Zeit keinen Kontakt mehr gehabt. Stimmt das? Gut. Gehen Sie heute mittag, wenn möglich, nicht aus. Können Sie bei Freunden bleiben? Diese verdammten Reporter sind imstande, Sie vor Ihrer Haustür zu belagern.«

»Ich kann zu meinen Eltern in Romford fahren.«

»Gut. Ich werde einen Wagen bestellen, der Sie nach Hause bringt. Gehen Sie durch den Händlereingang hinaus. Hoffen wir, daß die Reporter sich vor allem auf Xavier stürzen und Sie darüber vergessen.« Rose fragte sich, wie James Littlejohn diese letzte Neuigkeit wohl verkraften würde. Wahrscheinlich verfluchte er inzwischen den Tag, an dem er sie eingestellt hatte.

Aber dann schob sie alle störenden Gedanken beiseite und konzentrierte sich nur noch auf die *Attitude*. Sie konnte es sich nicht leisten, lockerzulassen, ihren Schwung zu verlieren. Inzwischen arbeiteten alle Angestellten mit großer Begeisterung, an jedem Arbeitsplatz vibrierte es nur so von Energie, ganz so wie damals, als Twyford Chefredakteurin gewesen war. Und der positive Bericht, den Marsha an diesem Morgen abgegeben hatte, war ein Zeichen, daß die Veränderungen allgemein bemerkt worden waren. Wenn Rose erst einmal einen zeitweiligen Ersatz für Lally gefunden hätte, dann stünde dem Erfolg nichts mehr im Wege.

Der kleine Moderedakteur, ein Japaner, den Gillian erwähnt hatte, kam wie ein Vogel mit leichten, federnden Schritten in ihr Büro gehüpft. Er trug mehrere lose übereinanderliegende Tuniken in feiner verschieden getönter graubrauner Wolle über einem schmalen sarongähnlichen Gewand. Seine dünnen Beinchen steckten in robusten braunen Stiefeln, die offensichtlich für Bergwanderungen gedacht waren. Sein blasses, rundes Gesicht war zur Hälfte von einer funkelnden Brille mit blauem Gestell verdeckt. Nachdem er sich Rose vorgestellt hatte, bestand er ausdrücklich darauf, daß man ihm in jeder Hinsicht freie Hand lassen müsse.

Rose starrte ihn wie hypnotisiert an. Er schien es als selbstverständlich vorauszusetzen, daß sie ihn nehmen würde; die einzige Frage, die er sich zu stellen schien, war, ob die Zeitschrift gut genug für ihn wäre. Während er sprach, nahm er aus seiner Mappe ein paar Skizzen und Fotos, außerdem einen sehr lustigen, ironischen Text über einen eitlen Modeschöpfer und eine ernste Abhandlung über die Bedeutung der Haute Couture. Rose spürte sofort, daß dieser neue Mann für die *Attitude* der richtige war.

»Wie kommt es, daß Ihr Englisch so gut ist?«

Er zuckte mit den Schultern. »Fremdsprachen sind nur für Engländer ein Problem. Mein Vater war Diplomat, und ich bin in verschiedenen Ländern aufgewachsen. Sprachen sind einfach Voraussetzung.«

Rose blätterte verschiedene Ausgaben der Zeitschrift mit ihm durch und war sehr neugierig, seine Meinung zu hören. Sie ertappte sich dabei, daß sie auf seine Anerkennung hoffte.

»Ich möchte nichts schreiben, was nur dazu dient, dem Ego einiger einflußreicher Leute zu schmeicheln.« Er sah Rose aus seinen schmalen Augen unverwandt an. »Mode ist eine sehr ernsthafte Angelegenheit. Ein wichtiges Geschäft. Aber sie braucht fundierte Kritik.«

»So lange Sie Ihre Worte gut zu wählen wissen«, sagte Rose, »so lange Ihre Gedanken originell und Ihre Fakten präzise sind, können Sie sagen, was Sie wollen.«

Er lächelte nicht. »Wann fange ich an?«

Rose öffnete den Mund, um ihm zu sagen, sie würde es ihn wissen lassen, sie müsse sich noch andere Bewerber anschauen, aber dann schwieg sie. Sie wußten beide, daß sie ihn haben wollte. »Sofort.«

Als er seinen Mantel auszog und fragte: »Und wo ist mein Platz?«, war sie dann allerdings doch verblüfft.

»Ich habe natürlich nicht in diesem Augenblick gemeint, aber – wenn Sie nichts anderes zu tun haben, warum nicht?« Sie erhob sich, verwirrt durch das Zusammensein mit diesem seltsamen, selbstbewußten Mann Hiroyasu Murakami. Allein der Name war vielversprechend.

»Ich werde Sie erst einmal Sally vorstellen«, kündigte Rose an. »Sie ist die Assistentin in der Moderedaktion, sehr tüchtig und hilfsbereit.«

Er nahm schweigend seine Tasche und folgte ihr zu Sallys Büro.

Er hatte nicht nach dem Gehalt gefragt, und als Rose ausführte, daß er eine Vertretung für Lally sei, daß sie ihn nur vorübergehend beschäftigen könne, hatte er gleichgültig mit den Schultern gezuckt. »Wir werden sehen.« Intuitiv wußte Rose, daß der Umgang mit ihm nicht einfach sein würde, aber sie ahnte auch, daß er außerordentlich kreativ und originell war und daß es für die *Attitude* wichtig wäre, ihn als Mitarbeiter zu gewinnen.

Als die beiden anderen möglichen Kandidaten kamen, um sich vorzustellen, sah sie sich deren Mappen höflich, aber ohne großes Interesse an. Hiroyasu Murakami saß inzwischen schon seit mehreren Stunden an Lallys Schreibtisch.

Kapitel 45

Bis zur großen STN-Party erschienen über Rose noch mehrere bösartige Artikel, häufig zusammen mit verschwommenen Reproduktionen ihrer Hochzeitsbilder. Der Fotograf, der sie aufgenommen hatte, hatte die Chance genutzt, die Fotos sofort auf den Markt zu werfen. Allerdings ließ das Interesse an Rose dann doch bald nach – dank Renates Verschleppungstaktik und dank einer schmutzigen Scheidungssache, die den Reportern schon nach wenigen Tagen noch sensationeller erschien.

Bei Roses zweitem Anruf teilte Rogers Vater ihr mit, daß er sie bei der Beerdigung nicht dabeihaben wolle. »Nur Familienmitglieder – und Sie gehören nicht mehr zur Familie«, sagte er kalt.

Rose war erleichert. Sie konnte nichts tun, um den Schmerz der Eltern zu lindern, und sie konnte verstehen, daß diese in ihrem Kummer und ihrer Verwirrung ihre ehemalige Schwiegertochter auf irgendeine irrationale Weise für seinen Tod verantwortlich machten. Im übrigen würden ganz sicher auch wieder eine Menge Journalisten und Fotografen auf der Beerdigung sein.

Rose kehrte aus Romford in ihr Haus zurück, um sich für die Party zurechtzumachen. Sie war froh, endlich der dauernden ängstlichen Fürsorge ihrer Mutter, den Ermahnungen, doch unbedingt die nahrhaften Mahlzeiten zu essen, die diese für sie gekocht hatte, entronnen zu sein. »Du bist so dünn, Rose, du wirst noch krank werden!« hatte die Mutter immer wieder gesagt.

Natürlich hörte Rose gern, daß sie dünn sei, obwohl sie sich natürlich bewußt war, daß die Vorstellung, die ihre Mutter von Schlankheit hatte, nicht ganz der Norm entsprach.

Als sie sich in ihrem Fortuny-Kleid im Spiegel betrachtete, stellte sie fest, daß sie tatsächlich ein wenig abgenommen hatte. Ted, ihr Friseur, hatte ihr eine Hochfrisur gemacht, ein goldenes

Seidenband in ihr Haar geflochten, Dutzende kleine Löckchen in die Stirn hineingezogen und die fertige Frisur leicht mit Goldspray angesprüht. Durch die langen, antikisierenden Goldohrringe wirkte ihr rundes Gesicht schmaler. Rose versteckte ihre Sommersprossen unter einer getönten Grundierung und schminkte sich sorgfältig Augen und Mund. Zum ersten Mal in ihrem Leben war sie mit ihrem Aussehen zufrieden, und als Luca kam, um sie abzuholen, fühlte sie sich wirklich attraktiv. »Rosa! *Bellissima!*«

Sie konnte ein kleines, selbstzufriedenes Lächeln nicht unterdrücken; es kam so selten vor, daß man ihr spontan ein Kompliment machte. »Du siehst aber auch gut aus, Luca.«

In seiner Smokingjacke wirkte er größer, sogar ein wenig exotisch; sein dichtes, dunkles Haar, seine lebhaften, braunen Augen und seine leicht bräunliche Haut gaben ihm ein attraktiv südländisches Aussehen.

»Es war wirklich nett von dir, dir einen Abend freizunehmen, um mich zu begleiten«, sagte Rose dankbar.

»Heute abend mußt du all die häßlichen Zeitungsartikel vergessen und dich einfach amüsieren«, sagte er, als sie zum Wagen hinausgingen.

»*Wir* müssen uns amüsieren«, verbesserte Rose ihn. »Man hat mir berichtet, daß massenhaft hübsche Frauen dort sind.«

»Aber ich bin doch schon mit einer hübschen Frau zusammen«, entgegnete er galant.

»Danke. Aber wir sind doch nur Freunde, Luca. Wenn du dich unsterblich verlieben solltest, dann kannst du mich ruhig links liegenlassen. Übrigens wird der Mann, den ich mag, von dem ich dir erzählt habe, auch dort sein.«

»Ach so.« Er sah sie im dunklen Auto vorwurfsvoll an. »Ich bin also so eine Art Lockvogel. Du willst ihn eifersüchtig machen.«

»Nein, natürlich nicht. Nichts dergleichen. Er ist einer der Gastgeber.«

»Warum bist du nicht mit ihm gegangen?«

»Er hat mich nicht gefragt.« Rose spürte plötzlich eine Welle von Selbstmitleid in sich aufsteigen, und ihre Stimme begann zu zittern. »Ich nehme an, er wollte gern freisein, um sich um die anderen Gäste kümmern zu können – es sind fast alles Kunden der Agentur.«

Luca erwiderte nichts, sondern ließ den Wagen an und begann, ihr von seinem Restaurant zu erzählen. Er hatte, vor allem in den letzten beiden Monaten, gute Geschäfte gemacht und Einkünfte gehabt, die die Budgetvoraussagen erheblich überstiegen. »Vielleicht eröffne ich im nächsten Jahr ein zweites ›Bei Luca‹.«

Rose war schon zu verschiedenen Presseempfängen im Savoy gewesen, aber heute so schien es ihr, wirkte der River Room ganz besonders elegant. Über jedem Tisch baumelten von der Decke herunter kleine, weiß angesprühte Zweige, an denen Glastropfen schimmerten. Die Themse war vom Sonnenuntergang orangerot gefärbt; wie ein Band aus züngelnden Flammen wälzte sich der breite Strom unter einem indigoblauen Himmel dahin. Als Rose und Luca den Raum betraten, wurde ihnen als erstes Champagner in eleganten Flötengläsern angeboten, und ein halbes Dutzend attraktiver junger Mädchen von der Agentur, die üppigen Dekolletés mit weißen Girlanden behängt, umkreisten die neu angekommenen Gäste mit einem strahlenden Lächeln und halfen ihnen, zu ihrem Tisch zu finden. Eine der jungen Frauen, die sich Miranda nannte, führte Luca und Rose zu einem großen runden Tisch am Fenster, an dem bereits vier Personen Platz genommen hatten. Miranda verglich die Namensliste und stellte die Neuankömmlinge den anderen Gästen vor. Als Luca einen Platz neben einer auffallend schönen jungen Frau angewiesen bekam, knuffte Rose ihn in die Seite und flüsterte: »Ich hab's dir doch gesagt.« Lucas Tischdame war dunkelhaarig und extrem schlank und trug ein einschultrig dekolletiertes feuerfarbenes Chiffonkleid. Rose saß drei Plätze weiter, neben dem Ehemann der Dame, Steward Cowley, dem technischen Leiter einer Firma für Gefrierkost.

Während sich auch die anderen Plätze allmählich füllten und zwei weitere Paare an Roses und Lucas Tisch Platz nahmen, machte jedermann höflich Konversation.

Rose versuchte, Burt in der dichten Menschenmenge zu erspähen, konnte aber nur Gerald Sturminster und Julia Tapper entdecken. Auch Carol Peppins schlängelte sich irgendwo geschäftig durch die Menschenmengen hindurch. Rose war froh, daß Luca in ihrer Nähe war; außer ihm und den Agenturleuten kannte sie niemanden.

Stewart Cowley war ein sehr angenehmer Gesprächspartner; allerdings war ihm eine Zeitschrift namens *Attitude* überhaupt kein Begriff. »Sie müssen meine Frau fragen, was sie davon hält; sie gibt ein kleines Vermögen für Zeitschriften aus.« Er lächelte liebevoll zu der schönen Italienerin hinüber, die sich gerade mit Luca in ihrer Muttersprache unterhielt.

»Ihr Mann ist auch Italiener?«

»Er ist nicht mein Mann, nur ein Freund, Luca Rosetti.« »Oh, Entschuldigung. Meine Frau, Lisa, ist Italienerin.«

»Sie ist sehr schön.«

»Ja, das ist sie wirklich.« Stewart Cowleys Stimme klang dunkel und liebevoll, und Rose fragte sich, was für ein Gefühl es wohl wäre, wenn man von einem Mann so geliebt wurde. Sie wandte sich dem Mann zu ihrer Linken zu. »Kennen Sie die Leute von der Agentur?« fragte er sie. »Sind Sie die Ehefrau eines Kunden?«

»Nein. Eine Kundin. Und Sie?«

»Auch ein Kunde. Wir waren eines der ersten Unternehmen, das mit der Agentur zusammengearbeitet hat, als sie gegründet wurde. Sie haben wirklich gute Arbeit für uns geleistet. Wir sind die Firma Herzblatt-Büstenhalter – Sie kennen doch sicher den Werbespot mit dem süßen kleinen Herzblatt-Girl? Natürlich produzieren wir noch andere Sachen, andere Dessous außer Büstenhalter, sogar Sicherheitsgurte für Autos – haben Sie das gewußt? Bekanntgeworden sind wir aber durch unser Herzblatt-

Girl. Jools heißt das Model. Sie schwirrt hier wahrscheinlich auch irgendwo herum. Streicht ganz schön viel Geld von uns ein. Wir können es uns inzwischen gar nicht mehr erlauben, für unsere Dessous ein anderes Model zu nehmen – und das weiß sie ganz genau. Für ihren letzten Werbefilm hat sie pro Tag tausend Pfund Honorar eingestrichen und durfte dann dafür noch drei Tage auf den Bahamas verbringen. Es kostet die Firma einen ganz schönen Batzen Geld, Burts kleine Abenteuer zu finanzieren, aber« – er zuckte mit den Schultern – »unsere Verkaufszahlen sind in die Höhe geschnellt und es gibt wohl keinen Grund, sich zu beschweren.«

»Sie meinen Burt Tillotson?« Rose spürte, wie ihr die Hitze ins Gesicht stieg.

»Der Kreativgruppenleiter, ja. Er schafft es immer, bei den Aufnahmen dabeizusein, wenn er ein bißchen Sonnenbräune und ein schönes Mädchen gratis dazubekommt. Ich kann es ihm eigentlich nicht verdenken; wahrscheinlich bin ich nur neidisch, weil ich den ganzen Tag lang an meinem Schreibtisch in der Fabrik sitze.« Roses Tischnachbar wandte sich der schönen Italienerin zu, die noch immer angeregt mit Luca plauderte. Die Herzblatt-Büstenhalter-Kampagne hatte Burt also nicht an eine Kontaktperson delegiert. Und wie viele andere Fernsehspots gab es welche, um die er sich persönlich kümmerte, wenn schlanke, attraktive Models darin auftraten?

»Rosie – hier bist du also! Ich habe überall nach dir gesucht.« Burts Hand lag schwer auf ihrer Schulter, und als sie sich umdrehte, beugte er sich zu ihr hinunter, um sie auf die Wange zu küssen. Die düstere Stimmung, die Rose noch ein paar Sekunden zuvor niedergedrückt hatte, verflüchtigte sich auf der Stelle. Ihr war, als sei plötzlich die Sonne aufgegangen.

»Ich habe dich gar nicht gesehen, als du hereingekommen bist.« Er versetzte den beiden männlichen Klienten einen freundschaftlichen Schlag auf die Schulter und ging dann um den Tisch herum, um die anderen Gäste zu begrüßen. Bei Lucas

Stuhl blieb er stehen und sah verstohlen auf den Namen, der auf die Tischkarte gedruckt worden war. »Ah, Signor Rosetti? Wie geht es Ihnen? Sie sind zusammen mit meiner Mrs. Chefredakteurin gekommen? Da haben Sie aber wirklich Glück gehabt. Macht es Ihnen etwas aus, wenn ich sie Ihnen mal zum Tanzen entführe?« Er nahm Roses Hand und lächelte in die Runde. »Los jetzt, Ihr Faulpelze«, befahl er. »Jetzt wird mal ein bißchen herumgehopst.« Rose folgte ihm blind auf die Tanzfläche. Es war einfach zu schön, um wahr zu sein. Burt wirbelte Rose in einem schnellen Bop herum und lachte amüsiert, als er sah, wie begeistert sie bei der Sache war. Sie hatte die Gabe, selbstvergessen und ungezwungen tanzen zu können. Aber die Melodie war nur allzu schnell zu Ende. Rose sah Burt flehend an. »Ist das alles?«

»Für den Augenblick ja. Ich muß mich natürlich um alle Gäste ein bißchen kümmern. An diesen Tischen hier sitzt eine ganze Menge potentielles Geld, mein Schätzchen.« Er nahm ihre Hand, um sie zu ihrem Platz zurückzuführen. »Ist der gutaussehende Italiener da dein Freund?« fragte er amüsiert.

»Nein«, entgegnete Rose hastig. »Nur ein guter Bekannter.« Burt sollte auf keinen Fall denken, sie sei an jemand anders gebunden. Burt plauderte charmant mit Steward und Herzblatt-Büstenhalter, wandte sich aber schon bald wieder zum Gehen, um sich um die neu angekommenen Gäste zu kümmern. Enttäuscht, aber immer noch freudig erregt, trank Rose einen Schluck aus ihrem Weinglas und sah Burt sehnsüchtig hinterher.

»Rose! Wie schön, Sie zu sehen! Was machen Sie denn hier?« Hinter Roses Stuhl stand Cressida Inca und strahlte sie an. Cressida wirkte zugleich naiv und äußerst sexy. Ihr Haar war an einigen Stellen sehr kunstvoll hochgesteckt, fiel aber zum großen Teil in wilden Zotteln auf ihre Schultern herab. Ihr Kleid sah aus wie ein mit silbernen Plättchen besetzter enger Unterrock, und silberne Netzstrümpfe schimmerten an ihren langen dünnen Beinen. »Ich habe zwischen zwei süßen dicken Männern, Brauereibesitzern, soviel ich verstanden habe, gesessen – Chester-Baker Beers heißen sie, haben sie gesagt. Ich selbst kam mir vor, als wäre ich der Bindestrich.« Sie kicherte. Rose sah, daß Stewart lächelte und daß sich die Miene von Herzblatt-Büstenhalter schlagartig aufhellte. Cressida wirkte ohne Zweifel auf Männer äußerst attraktiv.

»STN werden im Frühling für die *Attitude* die Öffentlichkeitsarbeit übernehmen«, antwortete Rose. »Ich bin hier Kundin. Wie finden Sie das?«

Cressida gefiel ihr. Sie stellte sie Luca vor.

»Ah, *Luca!* Sie sind mir die ganze Zeit so bekannt vorgekommen. Ihnen gehört ja das *wunderbare* Restaurant, wohin Gillian mich mal ausgeführt hat«, hauchte Cressida. »Das Essen war *deliziös.«*

Luca lächelte geschmeichelt.

Rose lachte. »Ich frage mich, woher Sie das wissen, da Sie doch nie etwas essen.«

Einer von Cressidas Schulterträgern rutschte herunter, und Luca betrachtete interessiert den weißen Brustansatz, der plötzlich heraussprang. Cressida schien sich dessen nicht bewußt zu sein, aber Rose wußte es besser.

»Liebste Rose, ich muß zu meinen Brauereibesitzern zurück. Burt hat mir aufgetragen, mich um sie zu kümmern.«

»Burt? Ich dachte, Sie wären wegen Ihrer Kolumne hier?«

»Guter Gott, Rose, hier würde ich wirklich nicht genügend Stoff dafür finden. Die Leute sind alle viel zu bieder. Burton Tillotson hat mich gebeten, ihm dabei zu helfen, die Kunden ein bißchen zu umgarnen.«

»Woher kennen Sie ihn?« Rose hatte plötzlich das Gefühl, als würde sie von einem schwarzen Loch verschlungen.

»Oh, er hat ein Jagdrevier von meinem Daddy gemietet. Er ist ein furchtbar schlechter Schütze, aber mein Bruder hilft ihm. Er ist so *wahnsinnig* attraktiv, finden Sie nicht auch, Rose? Ich bin ganz verrückt nach ihm.«

Im Nu war sie wieder in der Menge verschwunden, und Luca nahm Roses Hand. »Komm, jetzt mußt du mit *mir* tanzen.«

»Oh, Luca.« Als sie ihn anschaute, traten ihr plötzlich die Tränen in die Augen.

Er drückte sie sanft an sich. »Du mußt nicht weinen, Rosa. Nicht hier. Vergiß nicht: Du bist die Chefredakteurin einer sehr erfolgreichen, wichtigen Zeitschrift, einer, die in Zukunft sogar noch wichtiger sein wird. Du mußt lächeln. Du siehst wunderschön aus. Er wird das bald selbst sehen. Komm, laß mich sehen, wie gut du tanzen kannst, ob du auf dem Tanzboden genauso gefährlich bist wie auf der Straße.« Er fuhr fort, ihr sanft und aufmunternd zuzureden, bis sie ihre Fassung wiedergefunden hatte. Aber ihr Magen war wie zugeschnürt, und ihr Herz lag so schwer wie Blei in ihrer Brust. Wie in aller Welt sollte sie mit Cressida konkurrieren können?

Kapitel 46

Nach einer kurzen, schlaflosen Nacht fühlte sich Rose am nächsten Morgen müde, verkatert und deprimiert. Sie hatte es ohne Protest zugelassen, daß der Kellner ihr Glas im Laufe des Abends immer wieder neu füllte, aber auch der viele Wein hatte ihre Gefühle nicht betäuben können.

Am frühen Morgen hatte sie noch immer kein Auge zugetan. Eines war ihr in den langen Stunden des Grübelns klargeworden: Burt fühlte sich wohl kaum so zu ihr hingezogen wie sie sich zu ihm. Sie durfte sich nicht länger etwas vormachen. Wie könnte Burt auch eine Frau, die so dick war wie sie, attraktiv finden? Sie hatte zwar ein paar Pfund abgenommen – aber im Grunde war der Unterschied kaum sichtbar. Und selbst wenn sie wirklich schlank werden würde – sie war einfach nicht so schön wie Gillian und Cressida.

Sie machte sich doch nur lächerlich: dick und häßlich wie sie war, hatte sie sich einreden wollen, daß ein gebildeter, gutaussehender Mann wie Burt sie attraktiv finden könnte. Plötzlich spürte sie wieder den alten Ekel, den alten Selbsthaß. Wie blöd von ihr, weiterhin Energien und Gefühle in eine völlig illusionäre, einseitige romantische Liebe zu investieren. War sie so verzweifelt darauf aus, einen Mann in ihrem Leben zu haben, daß sie allen Stolz vergessen und alle Demütigungen ertragen wollte? Der Gedanke, daß es so sein könnte, erschreckte sie. Warum sonst hätte sie es wohl zugelassen, daß sich jene leeren Beziehungen zu Maurice und Roger entwickelten, da sie doch weder für den einen noch für den anderen echte tiefe Gefühle gehegt hatte? Warum sonst hatte sie den netten, gutherzigen Alan wohl bedrängt, mit ihr ins Bett zu gehen? Warum sonst hatte sie sich, auf ihrer primitiven Suche nach Sex, wohl so häufig mit Chamley treffen wollen? Nicht ein einziger dieser Männer hatte sich wirklich zu ihr hingezogen gefühlt oder hegte gar irgendwelche romantischen Gefühle für sie. Burt dachte an sie – wenn er überhaupt an sie dachte – als Kundin. Er hätte sich genauso verhalten, wenn Margot Chefredakteurin gewesen wäre, oder Marsha. Ihr fiel der Satz ein, den er ihr zugeflüstert hatte, als er sie zum Tisch zurückführte: »An diesen Tischen hier sitzt eine Menge potentielles Geld, mein Schätzchen.«

Zorn, der ihr schon früher oft aus einer Depression herausgeholfen hatte, begann allmählich, ihren Kummer zu verdrängen. Sie würde die Männer einfach ignorieren. Sie würde sie hinter sich lassen, vergessen, daß sie überhaupt existierten. Sie würde einfach ihr Leben weiterleben und alle Energien, die in ihr steckten nutzen, um die *Attitude* zur besten Zeitschrift auf dem Markt zu machen. Sie hatte eine Arbeit, die sie ganz und gar ausfüllte, genug Geld, um ein eigenes Haus und hübsche Kleidung zu kaufen, und sie traf täglich eine Menge interessanter Leute. Wofür, zum Teufel, brauchte sie einen Mann? Sie war einfach schrecklich schwach und konventionell. Es gab so viele Frauen, die ihr Leben ohne einen Mann lebten – und sich ganz wohl dabei fühlten. Von jetzt an, entschied sie, würde sie eine dieser Frauen sein.

Als sie am nächsten Morgen in ihr Büro kam, vertiefte sie sich in die Pläne für die nächsten drei Ausgaben, beraumte eine spontane Redaktionskonferenz ein und verströmte eine kämpferische, fast dämonische Energie, die bei ihren Mitarbeitern Stirnrunzeln und fragende Blicke hervorrief. »Wir müssen in unseren Artikeln aggressiver, deutlicher werden. Heute morgen steht in den Zeitungen eine Meldung, der wir nachgehen sollten – haben Sie die Kommentare des Richters über die vergewaltigte Krankenschwester gelesen? Wir sollten ein paar Erfahrungsberichte von Vergewaltigungsopfern bringen, ein paar solcher eklatant sexistischer Bemerkungen wie die des Richters zusammentragen, mit der Polizei, den Ärzten sprechen – und das Ganze mit einer deutlich feministischen Grundhaltung darstellen. Gillian, hast du jemanden, der die Opfer interviewen könnte? Margot, würdest du mitmachen, das Geld dafür bereitstellen, die rechtliche Situation klären?«

Artikel, die bereits fertig waren, sah sie zum zweiten Mal durch, verlangte, daß sie umgeschrieben, daß bessere Fotos aufgenommen, überzeugendere Überschriften formuliert würden. »Was ist denn los mit dir?« fragte Amanda gereizt, weil Rose nur eine sehr matte Begeisterung für ein Titelblatt aufbrachte, an dem Amanda mehrere Tage lang gearbeitet hatte. »Dies wird den Käufern am Kiosk nun wirklich ins Auge springen. Es hat dir doch gestern noch gefallen.«

»Das war gestern. Ich möchte nicht, daß wir selbstgefällig werden, daß wir immer gleich den ersten Einfall akzeptieren. Warum müssen wir immer Models nehmen? Wie ist es mit Persönlichkeiten des öffentlichen Lebens?«

Am Nachmittag jedoch, als Hiroyasu seinen ersten Packen Modefotos hereinbrachte, löste sich ihr Gefühl von Elend und Unglück wie Schnee in der Sonne auf. Als sie sich die Farbdias auf ihrer Lightbox ansah, freute sie sich plötzlich wie ein Kind. Die leuchtend bunten, sinnlichen Kleidungsstücke waren an einem hinreißenden Model aufgenommen worden, einer jungen Frau, die Rose nie zuvor gesehen hatte. Auf einem der Fotos fläzte sie sich auf einem alten Sessel, an dessen Seiten die Polsterung bereits herausquoll, und las über eine goldgerandete Brille hinweg eine Zeitung, während sie ihre Beine in einer eigentlich wenig erotischen Pose seitlich herabbaumeln ließ. Dennoch wirkte sie außerordentlich sexy.

»Wer ist dieses Model? Ich kann mich gar nicht erinnern, die Frau schon mal gesehen zu haben.«

»Sie ist kein Model, sie ist Studentin. Ich habe sie in Thailand getroffen, als ich früher mit Arthur Elgort dort Aufnahmen gemacht habe. Ich habe sie gebeten, mich aufzusuchen, wenn sie mal nach England käme. Und das hat sie dann auch getan.« Hiroyasus Stimme klang unterkühlt.

»Sie ist einfach hinreißend. Und ihre Kleidung auch. Amanda wird begeistert sein.«

Aber Amanda war wütend. Am Abend stürmte sie in Roses Büro, die Blätter mit dem Layout in der Luft schwenkend. »Hast du das hier gesehen? Dieser kleine Chinese hat einfach seine eigenen Layouts gemacht . . .«

»Er ist Japaner . . .«

»Meinetwegen kann er eine Kreuzung aus Eskimo und Indianer sein – das ist mir wirklich schnurzpiepe egal. *Ich bin* hier Artdirektorin. Sag ihm, er soll seine kleine platte Nase aus meiner Redaktion heraushalten.«

Es dauerte eine Weile, bis Amanda sich beruhigte. Rose erzählte ihr, daß Hiroyasu bei seinem »Einstellungsgespräch« erwähnt hatte, einer der Gründe, warum er bei der *Attitude* arbeiten wolle, sei Amanda. »Ja, und warum, zum Teufel, versucht er dann, alles im Alleingang an sich zu reißen?«

»Ich bin sicher, daß er es nur als ein Vorschlag, eine Idee gemeint hat . . .«

»Ganz schön detaillierte Skizzen für eine Idee – sieh her, er hat sogar die Schriftgröße genau angegeben.«

»Vielleicht war das bei der *Post* die übliche Arbeitsweise. Du weißt, wie schrecklich die meisten Layouts für Modeseiten bei Zeitungen sind – sie schneiden dort einfach die falschen Stücke ab, oder sie machen die Bilder so lächerlich klein, daß man die Kleidung gar nicht erkennen kann.« Rose blätterte die Layoutbögen mit den Skizzen der Fotografien durch. »Ich liebe das Bild mit dem Sessel – das hat er als Aufmacher gedacht, weil er zeigen will, daß die Kleidung bequem, tragbar ist. Man braucht sich mit den Sachen nicht besonders vorzusehen, das will er sagen. Aber wie hättest du es denn gern gemacht?«

Es dauerte eine halbe Stunde, bis Amandas Zorn einigermaßen verraucht war. Hinterher begab sich Rose erschöpft in den Moderaum. Hiroyasu arbeitete noch immer; seine einzige Lichtquelle war die Schreibtischlampe, obwohl es bereits 19.30 Uhr war.

»Hiroyasu, bitte, gehen Sie und sprechen Sie mit Amanda. Sie ist verärgert, weil Sie das Layout für die Modelbilder gemacht haben.«

»Aber genau so und nicht anders muß es gemacht werden.«

»Aber – Amanda ist die Artdirektorin.«

»So? Weiß sie etwas über Mode? Ich glaube nicht.«

»Es wäre taktvoller, wenn Sie zuerst mit ihr reden, ein paar Vorschläge machen würden – die anderen Redakteure machen das ja auch. Tragen Sie ihr Ihre Ideen vor, und lassen Sie sie dann ihre eigenen Vorstellungen erläutern.«

»Was Mode angeht, darf mir niemand dreinreden.«

»Amanda ist eine brillante Artdirektorin, und ich bin fest davon überzeugt, daß Sie auch ein sehr talentierter, origineller Moderedakteur sind – Sie beide wären das ideale Gespann, wenn Sie zusammenarbeiteten.«

Er erwiderte nichts, sondern fuhr fort, sich irgendwelche Notizen zu machen. Rose machte einen neuen Anlauf, bei ihm einen Funken Verständnis für Amandas Verärgerung zu wecken. »Wie würde es Ihnen gefallen, wenn Sally an Ihrer Stelle die Kleidung zum Fotografieren aussuchen würde?«

»Das ist etwas anderes. Sie weiß nur wenig über Mode. Ich weiß sehr viel über Design und darüber, wie meine Bilder am besten zur Wirkung kommen.« Es war ihm offenbar unmöglich, Amandas Standpunkt zu verstehen.

»Nun, bitte versuchen Sie unter allen Umständen, mit Amanda zusammenzuarbeiten.« Rose wandte sich hilflos zum Gehen. Insgeheim amüsierte sie sich über seinen Starrsinn, aber sie machte sich zugleich Sorgen, daß der Konflikt zwischen ihm und Amanda die gute, positive Arbeitsatmosphäre bei der *Attitude* stören könnte.

Zwei Wochen später stellte sie zu ihrem Erstaunen fest, daß Amanda Hiroyasu aus der Hand fraß. Amanda war gerade im Kunstraum, als Sally hereinkam und sich beschwerte, wie schwierig er sei. »Genies sind immer schwierig«, stellte Amanda mit mildem Lächeln fest. »Sieh mich an.« Ein anderes Mal hörte Rose zufällig, wie Amanda ihren Assistenten Bob anwies, sich an Hiroyasus grob skizziertes Layout zu halten. »Er versteht etwas von seinem Fach. Es ist das Endresultat, das zählt, nicht der Weg, wie wir dorthin kommen. Halt nur einfach den Mund und tu deine Arbeit.«

Auch nachdem er drei Monate dabeigewesen war, war Hiroyasu allen Mitarbeitern noch immer ein Rätsel. Er hatte keinen Kontakt zu den anderen Angestellten und nahm sich das Recht, nach eigenem Gutdünken zu kommen und zu gehen. Wenn er sein Manuskript fertig hatte, gab er es unmittelbar der leitenden Redakteurin, einer müde aussehenden Frau namens Rachel, blieb dann beharrlich neben ihr stehen und schaute ihr fortwährend auf die Finger, um zu sehen, ob sie etwas änderte. Wenn sie seinen Text auf den Haufen anderer Manuskripte legte, die noch zu redigieren waren, dann nahm er ihn ihr wieder fort.

Einen Monat nach dem Streit mit Amanda war Hiroyasu plötzlich für mehrere Tage verschwunden. Sally, am Rande eines Nervenzusammenbruchs, war drauf und dran, Rose die traurige Mitteilung zu machen, daß er nicht auffindbar sei und daß leider für die Modeseiten noch keine Aufnahmen gemacht worden seien. Da rief er sie aus Los Angeles an und sagte ihr, daß mehrere Filmrollen auf dem Wege seien, die unbedingt von einem bestimmten Fotostudio außer Haus entwickelt werden müßten.

»Hiroyasu, ich hab' überall nach Ihnen gesucht«, schrie Sally in das Telefon. »Wir müssen Models, ein Studio, einen Fotografen für die Juniausgabe buchen ...«

»Der Film ist unterwegs«, unterbrach er sie. »Ich bin am Mittwoch zurück – vielleicht.«

Er war mit seiner eigenen Kamera und mit Koffern voller Kleidung an die Westküste der USA geflogen und hatte sich unter den jungen Frauen, denen er dort begegnete, einige als Models ausgesucht. Später, als Rose protestierte und ihn darauf hinwies, daß man unbedingt auf das Budget achten müsse, daß derartige

Reisen offiziell genehmigt werden müßten, bemerkte er kühl, daß er sein Ticket selbst bezahlt und bei Freunden gewohnt habe. Ausgaben habe er nicht gehabt.

Rose war verblüfft – und entwaffnet. Immer, wenn Hiroyasu auftauchte, hatte er ein paar freche, intelligente, originelle Seiten in der Hand, mit einem Manuskript, das geistreich und häufig ein wenig boshaft war, da darin oft ein Designer oder ein anderer Moderedakteur auf verdeckte, aber zugleich deutliche Weise angegriffen wurde. Aber vor allem war Hiroyasu ein guter Modereporter. Er schaffte es, die Modetrends klar herauszuarbeiten, unmißverständlich darauf hinzuweisen, welche Stars in der Designerwelt ›out‹ oder ›in‹ waren.

Als dann ein paar Ausgaben mit seinen Modeseiten erschienen waren, riefen einige der Fabrikanten an oder schrieben Briefe, um sich über ihn zu beklagen; zugleich spürte Rose jedoch auch einen neuen Respekt für die *Attitude.* Marsha berichtete, sie habe einige interessante Anzeigenaufträge von zwei guten Warenhäusern und einem Modesalon bekommen, die zuvor ausschließlich in der *Vogue* annonciert hatten; sie seien so sehr von den Modeseiten beeindruckt gewesen.

Lally, die sich langsam zu Hause erholte, hatte Spaß daran, die neuesten Geschichten über Hiroyasu zu hören. Sie erzählte Rose am Telefon: »Melanie Dean, *Verves* Moderedakteurin, hat mir neulich erzählt, daß er sich über Harvey Nichols lila Kollektion lustig gemacht habe, und Sally behauptet, er würde im Büro schlafen! Eine der Putzfrauen hat ihn am Morgen gefunden; angeblich hat er auf einem Haufen Kleider gelegen, die noch am selben Tag zurückgeschickt werden sollten.«

»Das hat Sally mir nicht erzählt. Aber bei ihm überrascht mich überhaupt nichts mehr«, sagte Rose. »Er ist ein Rätsel, ein richtiges Original.«

Durch Hiroyasus exzentrisches Benehmen wurde Rose von Burt abgelenkt. Wenn ihr das Herz schwer wurde, dann stürzte sie sich wie besessen in ihre Arbeit, und zu Hause saß sie bis spät in die Nacht in ihrem Schaukelstuhl und las – Manuskripte, Dichtung, englische und internationale Zeitungen, sämtliche Marktuntersuchungen, die für die *Attitude* von Bedeutung waren. Häufig schlief sie aus reiner Erschöpfung über ihrer Lektüre ein und wachte dann in den frühen Morgenstunden kalt und steif mit einem Krampf im Arm oder im Bein auf. In jedem Fall, so dachte sie, würde sie Burt aus ihren Gedanken streichen; sie wollte sich nicht mehr durch seinen unpersönlichen Charme zu falschen Hoffnungen verleiten lassen.

Kapitel 47

Ungefähr einen Monat nach der STN-Party rief Luca Rose in ihrem Büro an. »Rosa, hast du ein bißchen Zeit? Ich brauche deinen Rat. Könntest du heute abend zum Abendessen bei mir vorbeikommen? Etwas Wichtiges ist passiert, aber ich bin über eure Medien nicht gutgenug informiert.«

»Natürlich. So gegen halb acht?«

»Bene.«

Rose war neugierig und fühlte sich geschmeichelt. Luca war immer so kompetent, so selbstsicher.

An der Eingangstür seines Restaurants wartete er schon auf sie. Er packte sie ungeduldig am Arm und zog sie an einen Tisch. Dann brachte er als erstes einmal eine Flasche Wein. »Rosa, es ist gut, daß du gekommen bist. Ich weiß – du hast immer so viel zu tun. Erinnerst du dich an Lisa, Mrs. Cowley? Auf der großen Party, die Italienerin, neben der ich gesessen habe?«

Da Rose sich nicht gleich erinnerte, wurde Luca sofort wieder ungeduldig. »Wir haben über Essen gesprochen – das ist für Lisa genauso wichtig wie für mich. Ich habe ihr erzählt, wie verzweifelt ich oft bin, wenn ich in englischen Restaurants esse, wie unaufmerksam die englischen Frauen oft sind, wenn es darum geht, Lebensmittel einzukaufen . . . Nun, sie ist hier gewesen, schon ein paarmal seit der Party, einmal auch mit ihrem Mann, und wir haben uns jedesmal ein bißchen unterhalten. Sie hat vorgeschlagen, ich solle eine Fernsehserie über gesunde Ernährung und Kochen machen. Ich hatte gar nicht gewußt, daß sie Fernsehproduzentin ist. Ich dachte, sie ist nur eine verheiratete Frau.«

Rose schnaubte verächtlich durch die Nase.

»Sie hat immer Sendungen über Restaurants und gutes Essen gemacht – so hat sie anscheinend auch ihren Mann getroffen –, und sie meint, ich sollte mit ihr eine Serie über die italienische Küche drehen. Was meinst du, Rosa? Ist das eine gute Idee?«

»Klingt wunderbar – aber was hängt damit sonst noch zusammen? Würde das viel von deiner Zeit beanspruchen, würde ›Bei Luca‹ darunter leiden? Und meinst du, daß du sehr nervös wärst?«

»Ja, bestimmt.« Luca nickte heftig mit dem Kopf. »Mein Englisch ist nicht immer gut. Aber sie hat gesagt, sie könnte ein paar Tests machen. Sie würde mir helfen, wenn es darum ginge, in die Kamera zu sprechen. Alle Wörter sind auf einem Bildschirm hinter der Kamera abzulesen – steckenbleiben kann ich also nicht. Das Essen kann schon Stunden vorher vorbereitet werden. Ich tue so, als würde ich etwas in den Herd schieben, drehe mich um, spreche in die Kamera und presto! Einen Satz später ist das Essen schon gar.« Er lachte aufgeregt und zeigte Rose ein Schriftstück, das Lisa Cowley für ihn vorbereitet hatte: darin war die ganze Serie bis in alle Einzelheiten beschrieben.

»Du mußt ja ziemlich häufig mit ihr zusammengewesen sein«, scherzte Rose.

»*Si.* Sie ist sehr schlau, nein?«

»Das scheint sie wirklich zu sein. Ich weiß sehr wenig über Fernsehen, aber es ist immerhin ein sehr wichtiges und einflußreiches Medium. Du wirst berühmt werden.«

Luca sah sie ernst an. »Wenn ich es schaffe, daß die Leute mit etwas mehr Liebe kochen und essen, dann ist das schon genug.«

»Du bist ja ein richtiger Missionar. Warum versuchst du es nicht einfach einmal? Aber du mußt einen Agenten finden, der auf das Fernsehen spezialisiert ist und der dir deine Verträge macht – ich bin sicher, es gibt da eine Menge Dinge zu beachten, das Copyright, der Verkauf in Europa und Amerika, auch die Frage der Wiederholungshonorare beispielsweise«, sagte sie, da ihr plötzlich Mr. Herzblatt-Büstenhalter eingefallen war, der ihr von dem entzückenden Model Jools erzählt hatte. »Ich kann mal ein paar Namen für dich heraussuchen. Aber du mußt in jedem

Fall dafür sorgen, daß es ›Bei Luca‹ wirklich hervorragend läuft – am Ende wird nämlich alle Welt hier essen wollen.«

Plötzlich kamen Rose doch noch einige Bedenken. »Es wird nicht mehr dasselbe sein. Ich mag es, wie es ist – es ist so gemütlich. Gillian und ich sind an dem Abend, als ich Chefredakteurin geworden bin, hierhergekommen – und da hattest du das Lokal gerade erst eröffnet. Es scheint schon so lange her zu sein – wie lange eigentlich? Ungefähr fünf Monate?«

»Mehr als sechs, Rosa. Ich weiß noch genau, wie ihr beiden hereingekommen seid. Du sahst so rosig aus und hast mich angelächelt, mit einem wunderbaren Lächeln.« Er sah ihr in die Augen.

Rose betrachtete Lucas schmales Gesicht. Seine lebhaften, braunen Augen strahlten sie an, und ihr wurde plötzlich warm ums Herz. Er war wirklich sehr freundlich. Sie wünschte ihm von ganzem Herzen Erfolg. Sie hatte die seltsame, ein wenig abergläubische Vorstellung, daß auch die *Attitude* erfolgreich sein würde, wenn Luca es mit seinem Restaurant schaffte.

»Jetzt hast du bestimmt keine Zeit mehr, mir Fahrstunden zu geben.«

»Die brauchst du jetzt nicht mehr, Rosa. Nur sehr viel Übung.«

»Ich bin noch immer nervös. Übernächste Woche habe ich Fahrprüfung.«

»Bis dahin mußt du noch sehr viel fahren. Gibt es nicht noch jemanden, der mit dir fahren kann? Ich kann nur am Sonntag, wie üblich.«

»Ich weiß es nicht. Vielleicht. Ich muß mal sehen.« Rose dachte darüber nach, daß es sechs Monate her war, seit sie und Gillian das erste Mal sein Lokal betreten hatten, um ihren neuen Posten als Chefredakteurin zu feiern. Sie hatte inzwischen so viel um die Ohren gehabt, daß sie gar nicht gemerkt hatte, wie die Zeit verging. Würde Mr. Littlejohn sich daran erinnern, daß er ihr eine Probezeit von sechs Monaten gegeben hatte? Hatte er damit sechs monatlich erscheinende Exemplare der *Attitude* gemeint oder sechs Monate seit ihrer Ernennung zur Chefredakteurin? Damals war sie bei dem Gedanken an die redaktionelle Arbeit so fasziniert, so aufgeregt gewesen, daß sie sich an jene Details gar nicht mehr genau erinnern konnte. Die Dezemberausgabe würde bald herauskommen – die zählte dann wahrscheinlich als die sechste Ausgabe unter ihrer Chefredaktion. Würde er ihr Minuspunkte für den Klatsch geben, den man ihr angehängt hatte? Die Auflage war inzwischen gestiegen, das wußte sie – aber wäre das genug? Marsha schien, was die Inserate anbetraf, zuversichtlich zu sein, aber in so kurzer Zeit wäre gewiß kein signifikanter Unterschied erkennbar. Als Marsha beim letzten Meeting über die neuen Aufträge gesprochen hatte, war Mr. Littlejohn offensichtlich zufrieden gewesen, aber es waren auch einige Auftraggeber abgesprungen. Rose nahm sich vor, so bald wie möglich die Wahrheit herauszufinden. Sie konnte den Gedanken, daß sie entlassen werden könnte, einfach nicht ertragen. Die *Attitude* zu verlieren wäre wie eine Amputation.

Am nächsten Morgen bat sie Marilyn, ihr für die frühen Morgenstunden ein paar Fahrstunden zu buchen, und ging dann die archivierten Exemplare der letzten sechs Ausgaben der *Attitude* durch. Sie hatte sich sämtliche Titelseiten an die Wand geheftet, so, wie es auch Miss Twyfort immer getan hatte. An der Juliausgabe hatte sie nur geringfügige Veränderungen vornehmen können; diese konnte man kaum als »ihre« Ausgabe betrachten. Als sie sich einige der Beiträge anschaute, die von Ed Mather in Auftrag gegeben worden waren, wurde ihr heiß und kalt. Sie waren wirklich entsetzlich fade. Aber ab August trug die Zeitschrift ihre eigene, markante Handschrift. Als sie sie noch einmal durchsah, war sie selbst fasziniert. Einige der Artikel erschienen ihr jetzt recht gewagt. Gillian hatte wirklich gute Arbeit geleistet. Wenn Rose also die Augustausgabe als ihre erste betrachtete, dann wäre die Februarausgabe die siebte. Bis dahin waren es noch zwei Monate. Im Januar würden die üblichen

Halbjahresverkaufszahlen aller Zeitungen und Zeitschriften veröffentlicht werden – das wäre dann der entscheidende Moment. Es gab sehr viele Großhändler, die die unverkauften Exemplare noch in letzter Minute zurückschickten; dadurch wurden die Zahlen verzerrt. Es war noch zu früh, um sich auf den ersten Lorbeeren auszuruhen.

Als endlich der Tag der Fahrprüfung gekommen war, war Rose in Gedanken viel zu sehr mit der Zeitschrift und mit ihrer eigenen Zukunft beschäftigt, als daß sie der Prüfung sehr viel Aufmerksamkeit gewidmet hätte. Neben der *Attitude* schien alles andere unwichtig zu sein. Luca, der sie zum Prüfungszentrum fuhr, war geradezu außer sich vor Nervosität und versuchte krampfhaft, die Ermahnungen, die ihm auf der Zunge lagen, herunterzuschlucken. Rose saß geistesabwesend neben ihm. Die Buchhaltung hatte ihr berichtet, daß Hiroyasu bis jetzt noch keinen einzigen Gehaltsscheck eingelöst hatte – und zugleich hatte er sein Flugticket nach Los Angeles selbst bezahlt; das war offensichtlich etwas, was in journalistischen Kreisen bisher noch nie vorgekommen war. Wovon lebte der Mann denn eigentlich? Ein Fernsehproduzent hatte sie gefragt, ob sie an einer Diskussionsrunde teilnehmen wolle: ob der Feminismus die männliche Potenz und/oder das Familienleben ruiniere. Eine große Kosmetikfirma wollte Liz Hindon dafür werben, an einer Präsentationswoche im Selfridges-Warenhaus teilzunehmen. Ob es wohl eine gute Idee war, wenn die Zeitschrift mit einer bestimmten Kosmetikmarke in Verbindung gebracht wurde?

Als der Prüfer sich auf den Beifahrersitz setzte, lenkte Rose den Wagen mit der routinierten Gelassenheit, die Luca ihr vergeblich beizubringen versucht hatte. Und als der Beamte dann irgend etwas auf ein Stück Papier kritzelte, lächelte sie höflich und stieg gedankenverloren aus dem Wagen. Erst als Luca ihr das Papier aus der Hand riß, einen Freudenschrei ausstieß und seine Arme triumphierend in die Luft warf, wurde ihr klar, daß sie bestanden hatte. Er nahm sie fest in die Arme und gab ihr einen schmatzenden Kuß auf beide Wangen.

»*Bene* – jetzt werfen wir die blöden Dinger hier weg, und du fährst mich zurück zum Restaurant.« Luca stopfte die L-Plaketten in den nächstbesten Mülleimer. Als Rose schließlich bewußt wurde, daß sie es geschafft hatte, strahlte sie dann doch über das ganze Gesicht. Sie stieg in Lucas Auto, drehte den Zündschlüssel im Schloß herum, ließ aber die Kupplung viel zu schnell kommen und verließ das Testzentrum in einem laut knatternden und stotternden Fahrzeug.

Kapitel 48

In der zweiten Januarwoche bestellte Mr. Littlejohn Rose noch einmal in sein Büro. Aber als sie diesmal von der ausdruckslosen Miss Schefer hineingeführt wurde, lächelte er sie freundlich an. »Schauen Sie her, das ist gerade herausgekommen, die *Campaign* von dieser Woche – haben Sie sie gesehen? Soviel Lob ist ja schon fast peinlich. Und Frank hat mir gesagt, daß hinsichtlich der Inserenten alle Anzeichen auf eine positive Entwicklung hindeuten. Wir haben es noch nicht ganz geschafft, aber wenn Sie so weitermachen, dann sind wir mit der *Attitude* bald aus dem Tal heraus. Wenn Sie erst einmal einen guten Ruf bei den Unternehmern haben und dazu einige gute neue Aufträge, dann wird die Lawine sich in Bewegung setzen.«

Rose wurde rot vor Stolz und Glück und beugte sich über den Artikel in der *Campaign,* in dem die Namen einer Reihe von Zeitschriften und die jüngst veröffentlichten Auflagenzahlen abgedruckt waren. *Attitude* hatte für die vergangenen sechs Monate einen eher geringen Auflagenzuwachs zu verzeichnen, aber im Vergleich mit dem vorangegangenen kontinuierlichen vierjährigen Abstieg war der Unterschied doch sehr beachtlich, und *Campaign,* die im allgemeinen nicht für eine besonders wohlwollende Grundhaltung bekannt war, hatte lobende Worte gefunden über den geistreichen und frechen redaktionellen Teil, die sichere künstlerische Gestaltung und das gewissenhafte Bemühen um einen guten Schreibstil.

Als Rose, immer noch übers ganze Gesicht strahlend, in ihr Büro zurückkehrte, bat sie Marilyn, ein paar Flaschen Champagner zu bestellen und den Artikel in der *Campaign* zu fotokopieren, damit alle Mitarbeiter ihn nachlesen könnten. Nachdem die Getränke und Gläser angeliefert worden waren, ging sie in das Großraumbüro hinaus und bat alle Angestellten, für einen

Moment ihre Arbeit zu unterbrechen. Sie teilte ihnen die guten Neuigkeiten mit, dankte ihnen für ihre Unterstützung und ihr Engagement und trank auf die Zukunft der *Attitude.*

»Ja, heute sieht wirklich vieles ganz anders aus, Rose«, sagte Hamish Richardson, der neue Literaturredakteur, der gerade hinter ihr stand. Er war ein ruhiger, zurückhaltender Mann, der sich ein wenig zu schämen schien, daß er für eine Frauenzeitschrift schrieb. Er hatte früher für *The Scotsman* gearbeitet, war jedoch, nachdem er eine junge Londonerin geheiratet hatte, nach London umgezogen. Der Posten als Literaturredakteur bei der *Attitude* war der einzige, den er einigermaßen schnell hatte bekommen können.

Als Rose sich jetzt nach ihm umwandte, sah sie, daß er sie voller Stolz anstrahlte. »Glauben Sie mir jetzt, daß Frauenzeitschriften mehr zu bieten haben als Strickmuster und Rezepte, Hamish?«

»Oh, ich habe nie etwas anderes gedacht, Rose. Ich gebe zu, daß ich mir zunächst Sorgen gemacht habe, ich könnte nicht hierherpassen. Aber ich fühle mich sehr wohl. Die Kollegen und Kolleginnen sind wirklich in Ordnung.« Er nickte begeistert.

Rose sah sich um und kam sich plötzlich vor wie eine Glucke inmitten eines Haufen vielversprechender Küken. In der Tür entdeckte sie Cressida, die ihre Blicke verwundert über die Flaschen und Gläser schweifen ließ. Rose verdrängte das Gefühl von Eifersucht und nahm sie beim Arm. »Kommen Sie herein, Cressida, wir feiern gerade. *Campaign* hat einige wirklich nette Sachen über uns gesagt und unser Vorstandsvorsitzender ebenfalls. Trinken Sie ein Glas Champagner mit uns!«

»Oh, Rose. Wie köstlich. Ich war gerade ein bißchen deprimiert; ich habe meinen Lieblings-Boyfriend auf dem Heathrow-Flughafen verabschiedet. Er will in Hollywood Drehbücher für Filme schreiben, wirklich eine tolle Chance für ihn, aber was soll ich ohne ihn machen? Alle diese tollen Filmstars werden ihn verführen wollen. Ich kann das einfach nicht *ertragen!«*

»Ich dachte, Burt Tillotson wäre ihr Boyfriend?«

»Ah, ja, aber nicht mein allerbester. Im übrigen, er ist ein bißchen, na ja, eigentlich doch schon ein bißchen zu alt für mich, meinen Sie nicht, Rose? Er ist natürlich köstlich, er bringt mich zum Lachen, aber er ist nicht gerade ein ganz spezieller Boyfriend, so wie Roland. Ich bin verzweifelt.« Cressida machte ein tieftrauriges Gesicht und war, wenn überhaupt möglich, noch schöner als sonst. »Ich bin gekommen, um Gillian mein Manuskript zu geben. Sie ist nett, nicht so ein alter Drachen wie ... *hallo*, Margot, ich habe gar nicht gesehen, daß Sie hinter mir standen. Wie *geht* es Ihnen?«

Rose zwinkerte Margot amüsiert zu. Cressida war unverbesserlich, aber bezaubernd.

Rose hatte das Gefühl, daß der Tag wohl kaum noch schöner werden könnte, aber um fünf Uhr kam zu allem Überfluß Frank Marnhull in ihr Büro, in einer Hand ein Blatt Papier, in der anderen einen Füllfederhalter. »Rose, Mr. Littlejohn meinte, ich solle Sie bitten, einen neuen Vertrag zu unterschreiben. Wir sind alle hellauf begeistert von Ihrer Leistung und den neuesten Entwicklungen bei der *Attitude*, deshalb sollten wir jetzt wirklich Nägel mit Köpfen machen. Mr. Littlejohn hat ihr Gehalt erhöht – ich hoffe, das wird Sie freuen –, und Sie bekommen jetzt einen Firmenwagen gestellt. Setzen Sie sich am besten mit Jack Hopgood aus der Transportabteilung zusammen – er wird Ihnen zeigen, unter welchen verschiedenen Modellen Sie wählen können.« Er stach mit dem Füllfederhalter in ihre Richtung: »Herzlichen Glückwunsch, Rose!«

Rose war zu glücklich und zu verwirrt, um den Vertrag durchzulesen, und unterschrieb ihn blind.

»Ich habe mir gerade die vorläufige Fassung des Werbefilms angesehen. Sie ist wirklich gut. Die Agentur hat erstklassige Arbeit geleistet; in dem Film sind die typischen Merkmale der modernen, unabhängigen Frau glänzend erfaßt. Ich nehme an, daß die Leute von der Agentur Ihnen und Marsha den Film, sobald er fertiggestellt ist, vorführen werden; warum zeigen sie ihn eigentlich nicht der gesamten Belegschaft und veranstalten eine kleine Party dazu?«

Littlejohn lächelte wie immer ein wenig gezwungen. »Schließlich haben sich alle hier ganz ungewöhnlich stark engagiert. Ich werde mich mal selbst darum kümmern.« Gerade als er ihr Büro verließ, klingelte das Telefon.

Es war Burt. »Rosie, ich habe gerade den Artikel im *Campaign* gelesen. Wunderbar. Gewöhnlich halten die sich ja mit Lob ziemlich zurück. Ich nehme an, daß eure Konkurrenten jetzt vor Neid erblassen.«

»Ja, ich bin wirklich froh, gerade weil auch unser Vorsitzender sich so sehr über den Artikel gefreut hat. Er hat mir gerade einen neuen Vertrag vorgelegt.«

»Natürlich. So gehört es sich auch. Wie wär's, wenn du dir einen Tag freinimmst und mit mir runterfährst, um dir Blue Steel anzuschauen? Das wollten wir doch immer schon einmal tun. Ich würde dich zur Belohnung für deinen Erfolg gern ein bißchen verwöhnen.«

Etwa eine Minute lang brachte Rose kein Wort heraus.

»Rosie, bist du noch da?«

»Ja. Ja, Entschuldigung. Ich hatte gerade einen wichtigen Brief auf meinem Schreibtisch entdeckt.« Sie versuchte, möglichst gleichmütig zu klingen.

»Wie wäre es mit Samstag? Kannst du früh aufstehen – ich würde nämlich Blue Steel gern mal auf der Rennbahn sehen, und die erste Gruppe wird schon um acht Uhr hinausgelassen. Wenn ich dich um 6.30 Uhr abholen würde, dann könnten wir in etwas über einer Stunde dasein – Janna, die Frau des Trainers, macht übrigens ein sehr reichliches Frühstück für alle Reitstallbesucher. Ob du das schaffen kannst?«

»Ich – ich glaube, ja. Kann ich dich zurückrufen, wenn ich meinen Terminkalender durchgesehen habe?«

Rose konnte einfach nicht glauben, daß ihr diese Verabredung ganz ohne Anstrengung in den Schoß gefallen war. Aber sie wollte gern gelassen wirken, auf keinen Fall übereifrig und linkisch erscheinen. Burt lachte amüsiert, und Rose spürte, wie sie dahinschmolz.

»O. k., Mrs. Chefredakteurin. Dann höre ich also von dir.«

Rose hatte nur wenig Skrupel, die Verabredung zum Mittagessen, die sie für Samstag mit Effie Bulford getroffen hatte, zu verschieben. Eigentlich hatte sie mit Effie einige Kurzgeschichten durchgehen wollen, die verschiedene ihrer Autoren inzwischen eingereicht hatten, und Rose hatte den Samstag vorgeschlagen, weil die Besprechung wahrscheinlich ziemlich lange dauern würde und weil sie an einem normalen Arbeitstag die Zeit dafür nicht erübrigen konnte. Effie hatte sich sofort einverstanden erklärt, und Rose hatte in ihrer spontanen Reaktion die Angst der Singles vor der Wochenendeinsamkeit wiedererkannt. Aber wie hätte sie sich auch nur einen einzigen Tag mit Burton Tillotson entgehen lassen können? Sie rief Effie persönlich an und schwindelte ihr etwas von einem wichtigen Meeting mit Mr. Littlejohn vor, das sie unbedingt noch hinter sich bringen müsse, bevor er nach Amerika flog.

Effies verständnisvolle Reaktion, ihr: »Natürlich, wir können uns auch in der Woche darauf treffen ... oder vielleicht einmal am Abend, wenn Ihnen das besser paßt?«, machte Rose Schuldgefühle, allerdings nicht lange. Sie fühlte sich wie in einem Fieberrausch – sosehr freute sie sich darauf, Burt wiederzusehen. Hatte seine Einladung irgendeine Bedeutung? Ging er auch mit Herzblatt-Büstenhalter aus, wenn dessen Umsatz stieg? Als sie Marilyn bat, Burt anzurufen und ihm zu sagen, daß es ihr am Samstag passe, gelang es ihr nur mit Mühe, die Ruhe zu bewahren.

Was, um Gottes willen, sollte sie anziehen? Für einen Ausflug aufs Land fehlte ihr die richtige Kleidung – liefen die Leute dort alle in Reithosen herum? Vom Leben auf dem Lande und von Reitställen hatte sie nur eine sehr unklare Vorstellung, die sie im wesentlichen aus Fotos in der *Vogue* und der *Harmony* gewonnen hatte. Sie fühlte sich plötzlich ein wenig ängstlich und erinnerte sich an Geschichten von rotbäckigen Bauersfrauen und grobschlächtigen Naturburschen. Burt war natürlich ganz anders, aber sie wollte ihn nicht durch ihre Naivität in Verlegenheit bringen.

Als sie Anne fragte, lacht diese sie aus. »Du trägst ganz einfach deine übliche Freizeitkleidung. In den Ställen ist es matschig und mistig; am besten ziehst du dir feste Schuhe oder Gummistiefel an. Und nimm einen Regenmantel mit – wahrscheinlich wird es regnen.«

Rose war mit dieser Auskunft nicht zufrieden. Sie nahm sich ein Taxi zu Simpsons am Piccadilly – ein Bekleidungsgeschäft, das regelmäßig für den sogenannten Country Look inserierte – und machte sich dort eine Zeitlang verwirrt an den Kleiderständern zu schaffen, bis eine mütterliche Verkäuferin sie unter ihre Fittiche nahm. Rose fühlte sich so nervös, als ginge es um ein entscheidendes Vorstellungsgespräch. Schließlich entschloß sie sich, auch dank der Überredungskünste der Verkäuferin, für ein grünes Tweedkostüm mit einem blaßgelben Kaschmirpullover und für ein Paar erschreckend teure braune Stiefel, die sie wegen der geringen Auswahl eine halbe Größe zu klein nehmen mußte. Wahrscheinlich wäre es nicht wichtig; sie würde ohnehin nicht viel laufen. Sie nahm sich ein Exemplar von Simpsons Versandhauskatalog, betrachtete sich die Fotografien einiger hocheleganter, lässiger Frauen, die auf Golfstöcken lehnten und Männer mit Schirmmützen und gelben Anorakwesten anlächelten, und wählte schließlich noch ein Paar Handschuhe aus Schweinsleder mit gestricktem Rücken.

Als sie sich zu Hause vor dem Spiegel in ihrer neu erworbenen Kluft betrachtete, hatte sie das Gefühl, auch wirklich dem Anlaß entsprechend gekleidet zu sein. Ob Burt wohl, wenn sie sich derart schick machte, erkennen würde, daß auch mollige Frauen sexy und interessant sein können? Wenn sie es doch nur selbst glaubte! Sobald eine Frau wie Cressida – und sei es nur in Roses Phantasie – auftauchte, lag ihr schwaches Selbstbewußtsein wie ein zerschmetterter Vogel am Boden.

Kapitel 49

Am Samstagmorgen um halb sechs fühlte sich Rose so nervös und schreckhaft wie eine Katze, eingeengt und unsicher in ihrer neuen Kleidung. Sie war seit fünf Uhr morgens auf den Beinen und starrte alle Augenblicke in die dunkle Winternacht hinaus, um Burts Wagen ankommen zu sehen. Als sie dann endlich sein lang anhaltendes, selbstbewußtes Klingeln an der Eingangstür hörte, schrak sie dennoch zusammen. Sie lief die Treppe hinunter, um ihn hereinzulassen, aber er war schon wieder den halben Weg zur Gartenpforte zu seinem Sportwagen hinuntergelaufen. »Hallo, Rosie. Gut, daß du schon fertig bist. Ich liebe pünktliche Frauen. Beeil dich. Es sind nur 80 Meilen; wir sind wahrscheinlich in einer halben Stunde da.«

»Möchtest du eine Tasse Kaffee, bevor wir losfahren?«

»Nein, keine Zeit. Ich hab's dir schon gesagt, Janna wird uns ein Frühstück machen. Es ist gewaltig, du wirst deine wahre Freude daran haben.«

Rose spürte einen Stich in der Herzgegend. Meinte er damit, sie sei so dick, daß sie immer gewaltige Mahlzeiten zu sich nahm? »Normalerweise esse ich überhaupt kein Frühstück«, bemerkte sie kühl.

»Ganz schön blöd. Das hebt den Blutzuckerspiegel.« Burt half ihr in den niedrigen Sportwagen mit den eindrucksvollen Ledersitzen und einem Armaturenbrett aus Mahagoniholz.

»Was ist das eigentlich für ein Wagen?« fragte sie, als sie losfuhren. »Ich kann mir demnächst einen Firmenwagen aussuchen.«

»Ich glaube nicht, daß James Littlejohn dir einen Aston Martin als Firmenwagen zugestehen würde, meine Liebe. Dieser hier ist dafür eine Klasse zu elegant und luxuriös.«

»Und was ist mit deinem anderen Wagen passiert?«

»Der Rolls? In der Garage. Am Wochenende benutze ich ihn nur selten. Jetzt paß mal auf.« Als die Verkehrsampel in der Euston Road auf Grün umsprang, drückte er den Fuß auf das Gaspedal, und der Wagen schoß nach vorn. »Siehst du, wie gut er beschleunigt? Da kommt kein anderer Wagen mit, es sei denn, es wäre ein zweiter Aston Martin.«

Sein Gesicht leuchtete vor Begeisterung. Er trug einen dicken Pullover über einem karierten Hemd, und Rose war sicher, daß sie einen so begehrenswerten Mann in ihrem ganzen Leben noch nicht gesehen hatte. Sie rutschte unruhig in dem niedrigen Sitz hin und her, streckte die Beine, die fast parallel zum Fußboden lagen, lang aus und versuchte krampfhaft, sich die sexuelle Erregung, die sie in seiner Nähe spürte, nicht anmerken zu lassen.

Im Handumdrehen hatten sie London hinter sich gelassen. Das Auto brummte einmal um den fast verlassenen Hammersmith-Ring herum und schoß dann auf die M4 hinaus. Rose betrachtete die aufgehende Sonne, die allmählich den Himmel zu ihrer Linken erhellte. Wunderschöne gelbe und korallenfarbene Streifen leuchteten auf den Wolken. Die dickeren waren mit einem Filigran von silbrigem Gold umsponnen. Ihr war, als wäre sie in ihrem ganzen Leben noch nie so glücklich gewesen.

Burt fummelte fortwährend an irgendwelchen Knöpfen und Griffen am Armaturenbrett herum. »Hörst du? Ein toller Empfang bei dieser Geschwindigkeit, nicht? Gleich kriegst du warme Füße und einen kühlen Kopf.« Er drückte verschiedene Knöpfe, um die Belüftung einzustellen. »Wenn es ein bißchen wärmer wird, dann lassen wir das Verdeck runter, dann merkst du mal richtig, wieviel Power der Wagen hat.« Alle paar Minuten suchte er einen neuen Radiosender. »Hör mal, das ist Marokko. Ich kann also sogar Marokko empfangen; das Radio ist wirklich absolute Spitze!«

Rose beobachtete amüsiert, wie Burt an seinem Spielzeug herumfummelte. Was würde Anne von ihm halten? Er gefiele ihr bestimmt nicht, in ihren Augen wäre er sicher nichts als ein naiver

Angeber, aber vielleicht würde Burt mit seinem Charme schließlich sogar Anne für sich einnehmen können. Welche Frau könnte seiner Ausstrahlung schon widerstehen?

Der Reitstall war riesengroß: Lange Reihen von gepflegten Backsteinboxen, getrennt durch breite kopfsteingepflasterte Wege. Dahinter erstreckten sich eingezäunte Pferdekoppeln. Am Horizont wurde im ersten Morgenlicht eine bläuliche, nebelverschleierte Hügelkette sichtbar. Ein paar schmalschultrige junge Männer und einige eher breithüftige junge Frauen machten sich mit Eimern und Besen zu schaffen. Vier oder fünf Pferde standen draußen vor den Ställen; ihre Beine und Hufe mußten untersucht werden. Rose fand, daß sie aus dieser Nähe tatsächlich erschreckend groß wirkten.

»Hi, Nimrod!« Burt begrüßte einen schweigsamen Mann, dessen Reithosen stark mit Pferdemist beschmutzt waren. »Wie geht es meinem Derbygewinner?«

»Nicht gut. Ich glaube, wir werden ihn rausnehmen müssen.«

»Mein Gott.« Burts Miene verdunkelte sich. »Immer läuft etwas schief.«

»Ja, so ist es eben mit Pferden.« Nimrod blieb gelassen. »Ich bin in einer Minute bei Ihnen. Er wird mit der zweiten Gruppe rausgehen. Gehen Sie erst einmal zu Janna in die Küche. Cronin ist auch drin. Sie können sich gegenseitig trösten: sein Pferd lahmt.«

Burts gute Laune war von einem Augenblick zum anderen verflogen. Rose betrat hinter ihm ein großes, weißes Haus, das offensichtlich stark reparaturbedürftig war. In der Eingangshalle lagen massenweise Stiefel, Reitgerten und Regenmäntel herum. Rose begrüßte Janna, eine grauhaarige Frau mit einem angenehmen, jungen Gesicht, die groß und kräftig, aber nicht dick wirkte.

»Hallo, suchen Sie sich irgendwo einen Platz«, rief Janna ihr zu. Sie stand an einem riesigen Herd, auf dem mehrere Pfannen mit Eiern und Speck dampften. »Der Kaffee steht auf dem Tisch.«

Rose setzte sich neben eine dünne, blonde junge Frau, die es sich auf einer hölzernen Sitzbank bequem gemacht hatte. Sie trug enge Reithosen und kniehohe Stiefel. Sie bewegte ihre Beine ein wenig zur Seite, damit Rose sich setzen konnte, begrüßte sie aber nicht. Neben ihr saß ein dicker, stiernackiger Mann, mit dem sie sich über Vollblutpferde unterhielt; um sein kleines Gesicht herum hing in dicken Falten eine Menge roter, schlaffer Haut. Die meisten Pferdebesitzer und Reitstallbesucher, die die Küche betraten, schienen außerordentlich wortkarg und mürrisch zu sein. Einige gossen sich Kaffee ein und setzten sich um den kahlen Tisch herum, offensichtlich in Erwartung des kalorienreichen Frühstücks.

»Reiten Sie?« Die Blonde hatte sich schließlich doch entschlossen, Rose anzusprechen. Sie musterte kritisch Roses funkelnagelneues Kostüm und die glänzenden Stiefel.

»Nein, leider nicht.«

Schlagartig schien das junge Mädchen jedes Interesse an ihr verloren zu haben. Janna schob Rose einen randvoll gefüllten Teller mit Eiern und Speck hin und ermunterte sie, sich Toast und Kaffee zu nehmen.

Draußen hörte man das Klappern von Hufen und eilige Schritte. Janna wies mit dem Kopf zum Fenster. »Sie sind fertig. Wollen Sie zu Fuß hinaufgehen oder mit mir im Landrover fahren? Ich nehme die Hunde mit.«

»Wenn Ihre blöden Hunde dabei sind, setze ich mich nicht ins Auto«, bemerkte die Blonde.

Burt stürzte seinen Kaffee hinunter. »Los komm, Rosie.«

Alle gingen hinaus. Draußen standen noch mehrere andere Sportwagen und daneben eine Gruppe von sechs oder sieben Personen, die sich alle untereinander zu kennen schienen. Burt begrüßte einige von ihnen mit fast unterwürfiger Freundlichkeit und schloß sich dann einem langen, leicht gebeugten Mann in Reithosen an. Einige der Pferdebesitzer warfen Rose einen verstohlenen Blick zu, nickten oder lächelten höflich und schauten dann wieder fort. Rose fühlte sich äußerst unwohl: ihre Kleidung war zu neu, zu schick, ein deutlich sichtbares Signal, daß sie eine Außenseiterin war. Die Reiter trugen alte, speckige Jacketts und Kordhosen oder enge Jeans und Pullover, dazu Reitstiefel oder grüne Gummistiefel.

Rose mußte sich anstrengen, um mit Burt Schritt halten zu können. Wie weit war es denn eigentlich? Die Gruppe von zwanzig Personen hatte sich in zwei, drei weit auseinandergezogene Grüppchen aufgelöst; alle folgten Nimrod, der, heftig gegen den Wind ankämpfend, voranstrebte und dabei die Pferde, die hintereinander an einer Hecke entlangtrabten, nicht aus den Augen ließ.

Burt sah sich nach ihr um. »Los, beeil dich, Rosie.« Er ergriff ihre Hand und zog sie hinter sich her. Ihre Stiefel taten ihr bei jedem Schritt höllisch weh. Dennoch schritt sie tapfer voran; ihre schmerzenden Füße und der scharfe Wind trieben ihr die Tränen in die Augen.

»Du gehst zu schnell für mich«, keuchte sie.

Burt ließ ihre Hand los. »Du hast aber auch überhaupt keine Kondition. Dann versuch eben, so gut wie möglich Schritt zu halten. Ich darf Blue Steel nicht aus den Augen verlieren.«

Rose blieb schwer atmend stehen und hielt sich die schmerzende linke Seite.

Janna kam in einem Landrover herangerumpelt, der mit mehreren wild kläffenden Hunden beladen war.

»Steigen Sie ein. Ich lasse Sie dort oben wieder hinaus. Es ist fürchterlich anstrengend, in diesem Tempo auf den Hügel zu steigen, aber von dort, von der höchsten Stelle aus, kann man die Rennbahn am besten sehen.«

Rose kletterte dankbar in den schlammbespritzten Landrover. Sie war erleichtert, ihre Füße ein wenig ausruhen zu können. Als sie allerdings an der höchsten Stelle des Hügels angekommen war, fand sie, daß sich die Mühe des Aufstiegs gelohnt hatte. Das Panorama war so schön, daß es ihr den Atem verschlug. Die Sonne war noch immer von Nebelschwaden verschleiert, nur hier und da schimmerte ein heller Fleck auf einem der Hügel. Unter ihnen erstreckte sich das weite Land in riesigen, sanften Wellen. Am Fuße des Hügels, zur ihrer Rechten, tummelten sich die Pferde: winzige gelbliche, kastanienbraune und graue Flecken.

»Hier – von hier aus können Sie am besten sehen.« Janna griff an Rose vorbei, um die Tür des Landrovers zu öffnen. »Passen Sie auf, Nimrod wird die Zeit stoppen – die Pferde werden dort hinübergeführt und dann läßt man sie in zwei Gruppen ein Rennen laufen. Blue Steel ist in der ersten Gruppe – Charlie, der Mann im gelben Jackett, wird ihn reiten.«

Rose kletterte aus dem Wagen und verzog das Gesicht. Die Stiefel taten ihr inzwischen bei jedem Schritt fast unerträglich weh. »Danke.«

Als sie sich Burt anschloß, standen die Pferde am Fuße des Hügels schon startbereit. Plötzlich setzten sie sich in Bewegung und begannen, den Hügel heraufzugaloppieren. Rose beobachtete, wie die Tiere in wenigen Sekunden auf dem Weg zu ihrer Linken vorbeidonnerten, nur ein paar Meter von der Stelle entfernt, an der sie stand. Das Quietschen der ledernen Sättel, das Schnauben der Nüstern, das Donnern der Hufe erschreckten sie. Instinktiv drängte sie sich näher an Burt heran.

Er hielt eine Stoppuhr in der Hand und drückte, als sein Pferd vorbeigaloppierte, auf den Knopf. »23.4 – das sind sieben Sekunden schneller als in der vorigen Woche.«

Nimrod nickte. »Ich werde ihn nach Worcester schicken und beobachten, wie er sich dort macht. Aber ich fürchte, wir werden ihn trotz allem rausnehmen müssen.«

Nachdem alle Pferde gelaufen waren, ging man in kleinen Gruppen wieder zurück zum Reitstall; die Gespräche drehten sich ausschließlich um Pferde, das Timing, Rennen, Gewinner oder Verlierer. Rose humpelte schweigend, ein wenig eingeschüchtert von den Fachsimpeleien, neben ihrer Gruppe her. Einige Meter vor ihr ging Burt. Er hatte sich wieder dem älteren Mann mit den Reithosen angeschlossen.

Später bestand Burt darauf, daß Rose mit ihm zusammen Blue Steel im Stall besuchte. Sie stellte sich neben die offene Tür der Box und versuchte, flach zu atmen, um den stechenden Ammoniakgeruch nicht allzu deutlich wahrnehmen zu müssen. Der Pfleger nahm Blue Steel den Sattel ab und legte ihm eine Pferdedecke über.

Burt packte den Kopf des Tieres und ließ die spitzen, weichen Ohren durch seine Hände gleiten. »Wie geht's dir, alter Junge? Du wirst doch nicht schlappmachen, sondern mir demnächst ein Vermögen einbringen, oder?«

Die Hufe des Tieres klapperten unruhig auf dem Steinboden, und Rose trat einen Schritt zurück.

»Hier Rose, du kannst ihn auch mal füttern.« Burt hielt seinem Pferd einen Haufen brauner Brocken hin, die Rose stark an ihre Diätriegel erinnerten.

»Also . . . lieber nicht.« Die Art, wie das Pferd den Kopf hin und her warf und die Nüstern aufblies, erschreckten sie.

»Mr. Crockerton sieht das nicht gern, Mr. Tillotson. Er mag es nicht, wenn die Pferde nebenbei gefüttert werden. Es ist nicht gut für die Tiere.« Der Pfleger warf Burt einen mißbilligenden Blick zu.

»Wer ist denn hier eigentlich der Besitzer?«

»Sie natürlich, aber Mr. Crockerton ist der Trainer; er ist derjenige, der sich um das Tier kümmert.«

»Komm Rose, ich glaube, wir haben genug gesehen.«

Burt machte mürrisch auf dem Absatz kehrt. »Verdammte Trainer– sie meinen, es sei ein Privileg für mich, ihnen ein kleines Vermögen zahlen zu dürfen, damit sie mehr schlecht als recht für mein Pferd sorgen. Lord Dunwoody – der Typ in den Reithosen – hat mir erzählt, daß seine beiden Rennpferde husten. Nimrod hat Cronin dazu überredet, 200 000 Pfund für Spieling, einen Dreijährigen, zu investieren, und du wirst es nicht glauben, er lahmt. Und hat Nimrod deshalb ein schlechtes Gewissen gehabt? Keine Spur!«

»Aber du bist doch so stolz, Blue Steel zu besitzen«, bemerkte Rose, unglücklich über Burts schlechte Laune.

»Nun ja, das macht es mir leichter, mit ein paar Adligen in Kontakt zu kommen. Unter Nimrods Pferdebesitzern gibt es so viel blaues Blut, wie sonst nur hier im Reitstall.« Rose mußte die Autotür selbst öffnen, während Burt den Motor anließ und ihn unnötig laut aufheulen ließ.

»Wer von den Männern war eigentlich Mr. Crockerton?« fragte Rose schüchtern.

»Oh, das war der Typ, den wir zuerst gesehen haben. Nimrod ist sein Spitzname. Nimrod, der große Jäger vor dem Herrn, weißt du.« Burt steuerte seinen Wagen über den Feldweg und fuhr ins Dorf hinein. Als er die zweispurige Dorfstraße erreicht hatte, drückte er auf das Gaspedal, bis die Tachometernadel auf 160 zeigte. Rose saß wie versteinert im Beifahrersitz.

Burt, der sehr wohl bemerkt hatte, wie sehr sich seine Begleiterin ängstigte, grinste sie an. »Ich dachte, wir könnten mal schnell zu meinem Landhaus rüberfahren – das ist in der Nähe von Wilton. Einer meiner Nachbarn ist Lord Penbroke, weißt du, der Typ, dem Wilton House gehört. Er hat eine fantastische Porzellansammlung.«

Rose hatte nur einen einzigen Wunsch: daß Burt sich ihr beim Fahren nicht zuwenden und möglichst auch nicht mit ihr sprechen möge. »Das wäre nett«, sagte sie matt. Wenn er nur ein wenig langsamer fahren würde, dann könnte sie darüber nachdenken, was es bedeutete, daß Burt ihr sein Landhaus zeigen wollte.

»Wir könnten irgendwo anhalten und einkaufen, dann koche ich das Mittagessen.« Alles, was ihn von der Raserei abhalten könnte, war ihr recht.

»O. k. – das heißt, natürlich nur, wenn du eine gute Köchin bist.«

Burt besaß ein kleines, hübsches Backsteinhaus, umgrenzt von Rasenflächen und Gebüsch. Man erreichte es über eine kurze, gewundene Landstraße, die an Feldern und einem großen Wald entlangführte.

Als sie im Haus waren, zog er eine Nachricht aus dem Faxgerät und überflog stirnrunzelnd den Text; dann spulte er den Anrufbeantworter zurück. »Diese verdammte Agentur verfolgt mich überall. O. k., Rosie, du gehst jetzt in die Küche, während ich mich um die Anrufe hier kümmere.« Sie hatten auf dem Weg einige Lebensmittel eingekauft. »Da ist bestimmt auch noch etwas im Eisschrank oder im Gefrierschrank.«

Rose machte sich mit klopfendem Herzen an die Arbeit. Es war aufregend, mit Burt in dem stillen Haus allein zu sein. Allerdings reagierte er so leicht gereizt und verärgert, daß sie Angst hatte, etwas Falsches zu tun, die zarten Anfänge ihrer Beziehung zu stören. Sie suchte in den Schränken ziemlich lange nach den nötigen Küchengeräten und machte sich dann daran, das Gemüse zu putzen. Sie stopfte eine geschälte Zitrone in das Hühnchen, briet Pilze in Butter an, stellte die Flammen klein und ging dann zurück ins Wohnzimmer.

Burt telefonierte gerade. »O. k., dann kommt doch auf einen Drink vorbei. Ja, jetzt. Bring sie doch mit. Je mehr, desto besser. Es ist mir egal, was du anhast, du kennst meine Devise: je mehr, desto besser. O. k., Süße. Bis gleich.«

Er legte lächelnd den Hörer auf. »Das war Cressida. Sie hat mich zum Mittagessen eingeladen, aber ich habe ihr erzählt, daß ich für heute bereits versorgt bin. Sie bringt ihre Gäste mit – sie hat immer einen Schwarm von jungen Leuten um sich herum. Sie ist übrigens die Nichte von Lord Tollard.«

»Ich weiß. Ich habe Lady Tollard auch einmal kennengelernt.«

Burt warf Rose einen prüfenden Blick zu. »Da hast du mir etwas voraus. Ich habe Cressida schon ein paarmal eine Andeutung gemacht, aber bis jetzt habe ich kein Glück gehabt. Vielleicht sollte ich Justin ein bißchen bearbeiten. Das ist ihr Bruder, ein richtiger Landedelmann; er versucht, mir das Schießen beizubringen.«

»Was ist denn an den Adligen so großartiges?« Roses Stimme klang leicht aggressiv.

»Süße, wenn du, so wie ich, im miesesten Viertel von Manchester aufgewachsen bist, dann ist dies hier das Paradies. Natürlich möchte ich wie ein Lord leben. Nein, mehr noch: Ich möchte ein Lord *sein.*«

»Und wie willst du das schaffen?«

»Oh, ich werde ein hübsches Sümmchen für die Partei spenden, den Konservativen möglicherweise bei ihrer nächsten Wahlkampagne helfen; es ist nicht so schwierig, ein paar Reden für den einen oder anderen Minister zu halten – und gelegentlich ein paar Tausender für wohltätige Zwecke zu überweisen. Wenn ich Glück habe, dann bekomme ich früher oder später sogar einen Titel.«

»Wozu?«

»Wozu was?«

»Wozu willst du einen Titel? Das hat heute doch überhaupt keine Bedeutung mehr.«

»Oh, das verstehst du nicht. Es bedeutet, zum Establishment zu gehören. Wenn du aus einer Familie kämest, die so arm ist wie meine, dann würdest du eine solche Frage gar nicht erst stellen.« Rose schwieg. Sie konnte ihn durchaus verstehen, allerdings war es bei ihr nicht die Armut, sondern die kleinbürgerliche Enge gewesen, der sie hatte entfliehen wollen. Und das war ihr auch gelungen. Heute war ihr Leben interessant und voller Herausforderungen. Sie freute sich auf jeden neuen Tag. Das einzige, was sie sich jetzt noch wünschte, war, schlank zu sein und – der Gedanke ließ ihr das Herz höher schlagen – von Burt ein wenig geliebt zu werden. Vielleicht war dieser Wunsch ebenso kühn wie der, ein Adliger zu sein.

Cressida und sechs andere junge Leute stürmten zur Tür herein, so, als gehörten sie seit langem zur Familie.

»*Rose!* Wie nett. Ich wußte gar nicht, daß Sie hier sind.«

»Ich wollte ihr mal etwas Gutes tun und habe ihr Blue Steel vorgeführt. Um die Lorbeeren zu feiern, die sie sich als Chefredakteurin verdient hat.«

»Oh, Pferde. Damit kannst du mir bestimmt nichts Gutes tun.« Cressida machte einen Schmollmund. »Ich hasse die Viecher.«

Es war ihr offensichtlich egal, ob sie Burt damit ärgerte oder nicht. Rose wünschte, daß sie auch so unbefangen und offen sein könnte. Die anderen jungen Leute unterhielten sich laut und angeregt; alle sprachen mit dem gewählten Akzent der Oberklasse. Burt schenkte seinen Gästen Champagner ein und plauderte mit ihnen. Seine Stimme wurde allmählich lauter; er sprach äußerst gewählt, betonte die Vokale, verschluckte die Konsonanten. Mein Gott, er will sie imitieren! Rose war enttäuscht, wie unsicher und oberflächlich Burt im Grunde genommen war.

Cressida kam mit zwei attraktiven jungen Frauen auf sie zu. »Dies ist meine Chefredakteurin«, sagte sie feierlich.

Beide brachen in kreischendes Gelächter aus. »Oh, Cressy, sei nicht so albern. Wir dachten, du arbeitest für die *Attitude*!«

»Rose ist die Chefredakteurin der *Attitude*.«

Plötzlich verstummte das Lachen, und die beiden Frauen begannen, Rose von oben bis unten zu mustern. Offensichtlich entging ihnen nichts: weder das brandneue Kostüm noch Roses Stiefel, noch ihr Unbehagen.

»Mein Gott!« rief schließlich eines der Mädchen aus. »Das hätte ich wirklich nicht erwartet!«

»Für eine Chefredakteurin sind Sie nämlich sehr jung«, fügte die andere hastig hinzu, da sie sah, daß Rose rot geworden war. »Ich lese die *Attitude* jeden Monat, meistens natürlich, um über Cressidas Kolumne zu lachen. Ich weiß nicht, *woher* sie ihre Geschichten immer bekommt.«

Die jungen Leute tranken Sekt und Wein, aßen von den Salznüssen und dem Knabbergebäck, das Burt aus dem Barfach holte, und blieben bis spät in den Nachmittag hinein. Roses Hühnchen stand vergessen auf dem Herd. Als sie schließlich gingen, hörte Rose zwischen dem Lärm der knallenden Autotüren, wie Cressida zu Burt sagte: »Wiedersehen, Burt, mein Schatz . . . bis morgen mittag zum Essen. Bring Rose doch mit.«

Burt sah Rose nachdenklich an; mit seiner guten Laune schien es fürs erste wieder einmal vorbei zu sein. »Weißt du, es ist wirklich etwas Besonderes an den oberen Zehntausend – mag sein, daß einige total verschuldet oder nicht besonders intelligent sind, aber sie haben dennoch das gewisse Etwas, diese Ausstrahlung ...«

»Glaubst du das wirklich, Burt – das kommt mir ziemlich snobistisch vor. Du würdest doch deine Zeit ganz bestimmt nicht mit dummen, langweiligen Menschen verbringen wollen – wie blau ihr Blut auch immer sein mag. Tüchtigkeit, Warmherzigkeit, Humor – das ist doch viel wichtiger als irgendwelche Titel.« Roses Stimme war plötzlich unerwartet heftig geworden; sie hatte an die langen Diskussionen mit Alan und Anne zurückgedacht. Wenn Burt solche Meinungen äußerte, dann würde Anne ihn ganz bestimmt nicht besonders mögen.

Rose versuchte, ihr Unbehagen zu verdrängen und wechselte das Thema. »Bist du hungrig? Ich könnte das Hühnchen wieder aufwärmen. Und die Sahne in die Pilzsauce rühren.«

»Ich bin eher betrunken als hungrig, Rosie, aber es wäre trotzdem eine gute Idee. Dann bringe ich dich nach Salisbury. Von dort aus fahren ziemlich häufig Züge nach London. Du bist dann etwa um sieben Uhr zu Hause.«

Seltsamerweise fühlte Rose sich plötzlich erleichtert. Sie hatte sich gefragt, ob er sie wohl einladen würde, über Nacht zu bleiben, besonders, nachdem Cressida vorgeschlagen hatte, daß er sie morgen zum Essen mitbringen solle. Zwar hatte sie großes Verlangen danach, mit Burt zu schlafen, aber jetzt, da er so angespannt und deprimiert war, erschienen ihr die Umstände nicht günstig. Gewiß war es besser, ein wenig zu warten, bis er besserer Laune wäre, bereit, ihr zu sagen, wie sehr er sie liebte und begehrte. Das, dessen war sie fast sicher, würde geschehen, sobald sie ein wenig schlanker wäre, so wie Cressida und ihre Freundinnen. Schlanksein, dessen war sie sich sicher, wäre der Schlüssel zum Glück.

Kapitel 50

Am nächsten Tag, einem Sonntag, faßte Rose endlich den längst überfälligen Entschluß. Sie würde einen Schlankheitsurlaub machen. Sie suchte unter den Kleinanzeigen nach Schönheitsfarmen. Liz Hindon wollte sie lieber nicht danach fragen. Die würde ihr bestimmt davon abraten. Liz hatte einmal zu Rose gesagt, daß man vor allem langsam abnehmen müsse. Als Rose ihr erzählt hatte, daß sie durch die ekelhaften Diätriegel fünf Pfund abgenommen habe, war Liz' achselzuckender Kommentar: »Du könntest auch bei einer Kartoffeldiät abnehmen, wenn du nichts anderes essen würdest.« Liz hatte Roses Bedürfnis, schlanker zu werden, überhaupt nicht richtig ernst genommen. Aber Rose hatte so viele Geschichten von Frauen gehört, die in Spezialkliniken gegangen waren, Spezialärzte aufgesucht hatten und in kürzester Zeit erheblich schlanker geworden waren. Alles, was sie brauchte, war ein guter Anfang – danach könnte sie dann allein weitermachen. Ihre bisherigen Schlankheitskuren waren einfach zu planlos, zu inkonsequent gewesen. Wenn sie sehr viel zu tun hatte oder ängstlich und bedrückt war, dann aß sie eben.

Sie rief verschiedene Schönheitsfarmen an und buchte schließlich bei der, die am meisten Erfolg versprach und die zudem auch noch ganz in der Nähe Londons lag. In der Anzeige hieß es, daß die Klinik von einem ungarischen Arzt geleitet werde; innerhalb von vierzehn Tagen sollte man *garantiert* mindestens sieben Kilo abgenommen haben. Rose buchte einen Termin in zwei Wochen – dann hätte sie noch ausreichend Zeit, im Büro alles zu organisieren.

Ihre Träumereien von einem silberdurchwirkten, hautengen Kleid mit Spaghettiträgern wurden durch lautes Klingeln an der Haustür unterbrochen. Burt vielleicht? Sie ging strahlend hinunter.

Es war Luca. »Tut mir leid, Rosa, ich hatte ganz vergessen, daß du deinen Test schon bestanden hast. Ich bin eigentlich wegen der Fahrstunden gekommen – sozusagen aus Gewohnheit.« Er lächelte. »Erst, als ich an der Tür klingelte, ist es mir wieder eingefallen.«

Sie lachte. »Du bist ein Esel. Komm rein und trink eine Tasse Kaffee mit mir. Ich war gerade dabei, die Zeitungen zu lesen.«

»Du meinst, sie auseinanderzuschnippeln. Insofern ist es gut, daß du die Morgenzeitung bis jetzt nicht mit jemandem zu teilen brauchst.«

Luca erzählte ihr, daß die Termine für seine Kochserie feststanden. »Sie waren wirklich sehr entgegenkommend und haben es so arrangiert, daß der Restaurantbetrieb nicht darunter leidet. Ich kann Hektor doch nicht die ganze Arbeit allein machen lassen. Alle Sendungen, in denen ich auftrete, werden im Restaurant aufgenommen – gute Werbung, ja?«

»Toll. Das ist Gold wert. Wenn du wüßtest, wieviel wir für die Fernsehwerbung für die *Attitude* ausgeben.«

»Sie wollen die ersten Aufnahmen schon nächsten Sonntag machen, wenn das Restaurant geschlossen ist. Mir fehlen im Hintergrund ein paar Gäste. Wollt ihr mitmachen, du und Gillian? Ich brauche viele hübsche Frauen. An einem Tisch sitzt Lisa mit ihrem Mann, und ich werde noch ein paar andere Freunde fragen.«

»Na, ja, für Essen könnte ich bestimmt ganz gut Werbung machen.« Rose blies die Backen auf. Bei Luca war es nicht wichtig, bei ihm konnte sie sich über ihr Gewicht lustig machen.

»Ah, Rosa, du hast wirklich seltsame Komplexe. Manchmal werde ich richtig ärgerlich. Warum muß man denn unbedingt dünn sein? Wer sagt denn, daß das so besonders schön sei? Künstler bestimmt nicht. Ich auch nicht. Fürchterlich, all diese Models, die in mein Restaurant kommen. Sie sind nichts als Haut und Knochen, sie stochern in meinem schönen Essen herum – was ist das für ein Wahnsinn!«

»Jeder, der in deinem Essen herumstochert, ist in deinen Augen unattraktiv, Luca. Und was ist mit Cressida? Ich habe genau gesehen, wie du ihr auf der Party auf den Busen gestarrt hast.«

»Cressida ist ein kleines Mädchen, das gern ein bißchen flirtet. Charmant, aber keine Frau. Sie würde mir sehr bald auf die Nerven fallen, glaube ich.«

»Es gibt viele, viele Männer, die da ganz anderer Meinung sind.«

»Es gibt viele, viele dumme Männer. Komm, ich würde gern mit dir über die Fernsehserie reden. Hast du Zeit? Ich möchte so gern, daß sie ein Erfolg wird, und du hast ein so gutes Auge, einen so sicheren Geschmack.«

Rose und Luca begannen, über seine Fernsehserie zu diskutieren. Anne klingelte an der Tür und wurde hereingebeten. Ob sie am nächsten Sonntag auch zu den Statisten gehören wolle?

Sie lachte. »Natürlich. Soll ich auch Harry fragen? Wie lustig!«

Schließlich aßen alle drei gemeinsam zu Mittag. Luca kochte. »Busfahrerferien«, bemerkte Anne.

Als sie sich hinterher in ihrem Schaukelstuhl ausstreckte, sagte Rose träge: »Ich müßte eigentlich ein bißchen arbeiten. Aber ich hab' überhaupt keine Lust.«

»Dann komm doch mit mir«, schlug Anne vor. »Am Wochenende solltest du wirklich mal etwas anderes machen. Ich gehe in die Tate-Gallery.«

»Ich gehe ins Kino«, bemerkte Luca. »Am besten wäre es, Ihr beiden würdet mit mir kommen.«

Bei dem Gedanken, in eine Kunstgalerie zu gehen, zog Rose eine Grimasse. Ihre Füße schmerzten noch immer von dem langen Marsch in den unbequemen, engen Stiefeln. »Wenn ich überhaupt etwas mache, dann gehe ich ins Kino. Mir tun die Füße so furchtbar weh. Tut mir leid, Anne.«

Da es Rose und Luca nicht gelang, Anne zum Mitkommen zu überreden, gingen sie allein in das kleine Kino am Brunswick Square. Hinterher lud Rose Luca in ein nahe gelegenes Chinarestaurant zum Abendessen ein. Als sie sah, wie er stirnrunzelnd die Speisekarte studierte, mußte sie laut lachen. Später, als sie müde und zufrieden in ihrem Bett lag, ging ihr plötzlich ein Gedanke durch den Kopf, der sie selbst erstaunte. Sie hatte sich am Sonntag viel wohler und gelöster gefühlt als am Samstag.

Kapitel 51

Am folgenden Sonntag hielt sich Rose fast den ganzen Tag lang in Lucas Restaurant auf, um ihm bei der ersten Aufnahmeserie zur Seite zu stehen. Das Aufnahmeteam kam mit einer gewaltigen Ausrüstung und einem anscheinend unstillbaren Kaffeedurst. Die Tische wurden umgestellt, damit sie von der Kamera besser erfaßt werden konnten. Obwohl es zwischen den Einstellungen lange Wartezeiten gab, hatten alle viel Spaß; Gillian war da und ihr Bewunderer Henry, Anne und Harry saßen an einem Tisch und sahen sich verliebt in die Augen. Stewart Cowely und verschiedene Freunde Lucas waren gekommen.

Lisa, die in ihren knallengen Jeans und ihrem roten Seidenhemd einen außerordentlich eleganten und kompetenten Eindruck machte, gab die Regieanweisungen, konsultierte ihr Drehbuch, achtete auf das Timing, überprüfte den Ton und den Kameramann daraufhin, ob auch alles »stimmte«. Jedesmal, wenn die Kamera über die Gäste schwenkte, schlüpfte sie auf den leeren Stuhl am Tisch ihres Mannes und schaute ihn liebevoll an.

Rose saß bei Lucas Freunden, einer lauten und lustigen Gruppe junger Männer, die den armen, nervösen Luca andauernd verulkten. Hektor schlängelte sich, beladen mit Tellern, durch die Tische hindurch, öffnete mit übertrieben eleganten Bewegungen Weinflaschen und setzte, wann immer die Kamera sich auf ihn richtete, ein stereotypes Lächeln auf. Er führte sich auf, als ginge es um Probeaufnahmen für eine größere Filmrolle.

Luca hatte sich vor den Tischen aufgestellt und erläuterte seine Vorstellungen. Er war sichtlich nervös; er versuchte so krampfhaft, sich zu konzentrieren, daß sein Gesicht maskenhaft starr erschien. Rose sah, wie Lisa Hektor voller Verzweiflung etwas zuflüsterte. Wenig später drückte Hektor Luca ein Glas Whisky in die Hand. Es dauerte nicht lange, bis Luca sich ein wenig entspannte; sein Englisch, das gewöhnlich außerordentlich korrekt war, bekam plötzlich einen liebenswert südländischen Akzent.

»Das lassen wir so – so ist es viel besser«, entschied Lisa, als er sie verzweifelt und fragend ansah. Als die Dreharbeiten vorbei waren, war er so aufgekratzt, daß Rose fast schon fürchtete, er würde ein bißchen aus der Rolle fallen. Danach durften die Gäste die köstlichen Mahlzeiten endlich verzehren; alle waren inzwischen hungrig geworden und bedienten sich reichlich an dem riesigen Büffet.

»Er ist so gefühlvoll, so natürlich«, sagte Lisa zu Rose und Gillian, die sich mit ihrem Mann unterhielten. »Ganz so, wie man sich einen feurigen Italiener vorstellt.«

»Und du bist so, wie man sich eine feurige Italienerin vorstellt«. Stewart legte den Arm um Lisa und küßte sie sanft auf die Stirn.

Rose und Gillian beobachteten die beiden wohlwollend, und Henry räusperte sich und ging an die Bar.

»Gefällt er dir?« fragte Gillian mit einem Blick auf Henry.

»Ich habe kaum mit ihm gesprochen, aber er scheint wirklich sehr nett zu sein.«

»Ich bin richtig verrückt nach ihm. Es ist wie eine Krankheit. Ich werde mich wahrscheinlich nie wieder davon erholen.« Sie lächelt Henry, der mit einer zweiten Flasche Wein an den Tisch zurückkehrte, verliebt an. Rose hatte das Gefühl, daß jedermann in diesem Restaurant in Gillian verliebt sein müsse – sie war schöner als je zuvor. Ihr dunkles, lockiges Haar umrahmte ihr blasses, edles Gesicht, ihre Augen waren ungewöhnlich ausdrucksvoll, und ihr Mund, den sie leuchtend rot geschminkt hatte, wirkte überaus sinnlich. Henry, der weder besonders gutaussehend noch besonders jung war, schien sich gar nicht bewußt zu sein, wieviel Glück ihm da in den Schoß gefallen war.

Der Rest der Serie sollte im Studio aufgenommen werden. Luca hatte sich in eine Ecke gesetzt und beobachtete mit tieftraurigem Blick, wie das Fernsehteam die Ausrüstung wieder zusammenpackte. »Plötzlich fühlte ich mich total deprimiert«, sagte er matt, als Lisa und Steward und das Fernsehteam gegangen waren und als Gillian und Henry dann auch noch aufbrechen wollten. »Dies ist der übliche Katzenjammer nach so einem Ereignis, ja?«

»Der arme Luca«, bemerkte Anne, als sie und Rose von Harry zurück nach Islington gefahren wurden. »Er war so begeistert, so überdreht; jetzt ist er natürlich deprimiert. Sein Adrenalinspiegel ist in den Keller gefallen.«

Am folgenden Freitagabend machte sich Rose auf den Weg zur Amaryllis-Schönheitsfarm. Sie fuhr in dem dunkelblauen Ford Capri, den Hopgood ihr als Firmenwagen zur Verfügung gestellt hatte. »Es ist der einzige, der sofort ausgeliefert werden kann, Miss Summers. Probieren Sie, ob er Ihnen zusagt, und wenn nicht, werden wir etwas anderes für Sie finden.«

Die Schönheitsfarm sah aus wie ein Haus, das als ein prächtiges Anwesen geplant worden war und das man dann aus irgendeinem Grunde vernachlässigt hatte. Breite Stufen führten zu einer überdachten Eingangstür hinauf, aber wenn man eintrat, stellte man fest, daß die Decken zu niedrig und die Räume unverhältnismäßig klein waren. Rose ging zu dem Empfangstisch, hinter dem eine Frau in einer adretten Schwesternuniform saß. »Ah, ja, Miss Summers, wir haben Zimmer 302 für Sie vorgesehen, mit Blick auf den Swimmingpool. Füllen Sie bitte dies Formular aus, und dann werden wir Dr. Czarda Bescheid sagen, damit er Sie untersucht.«

»Mich untersucht?«

»Ja, natürlich. Dr. Czarda achtet sehr sorgfältig auf die Gesundheit seiner Patienten. Herz, Lunge, Blutdruck – all das muß er untersuchen, bevor er die richtige Diät für Sie ausarbeiten kann.« Sie läutete eine Glocke. »Christine wird Sie in Ihr Zimmer bringen.«

Ein blasses, unterernährtes junges Mädchen mit einem deprimierten Gesichtsausdruck tauchte auf und nahm Roses Koffer.

Rose folgte ihr. Ihr Zimmer war sehr klein; daran schloß sich ein winziges Badezimmer an. Es war mit einem Fernsehapparat und einem Telefon ausgestattet, und das Fenster gab, wie die Schwester an der Rezeption angekündigt hatte, den Blick auf einen Swimmingpool frei. Das Becken war aber zu dieser Jahreszeit nicht mit Wasser gefüllt; in den Ecken, Ritzen und Sprüngen wucherten schwarze Algen. Als Rose sich vorstellte, daß sie hier zwei einsame Wochen lang wohnen würde, sank ihr der Mut. Dennoch war sie bereit, für eine Gewichtsabnahme alles in Kauf zu nehmen, selbst einen vierzehntägigen Aufenthalt in dieser tristen Umgebung. Sie hatte nur Margot und Gillian anvertraut, wohin sie gefahren war.

Dr. Czarda war klein und, wie Rose überrascht feststellte, etwas dicklich. Ob seine Diät bei ihm selbst nicht anschlug? Er forderte sie auf, außer ihrem Slip sämtliche Kleidungsstücke abzulegen, damit er sie wiegen und messen könne. Sie hatte den Eindruck, daß er, als er sie abhorchte und ihren Blutdruck maß, mehrmals nicht ganz zufällig mit den Händen ihre Brüste streifte. Er leuchtete mit einer Taschenlampe in ihre Augen und inspizierte ihre Ohren, um dann die Ergebnisse seiner Beobachtungen auf eine Karteikarte zu kritzeln.

»Gut, Miss Summers, ich verordne Ihnen für die ersten drei Tage eine Zitrusfrüchtediät. Sie bekommen eine halbe Grapefruit zum Frühstück, eine Orange zum Mittagessen und abends einen Salat aus Orangen, Zitronen und Grapefruit. Zum Trinken nur Mineralwasser. Sie müssen meine Anweisungen ganz genau befolgen, sonst kann ich nicht für einen Gewichtsverlust garantieren.«

Dr. Czarda schloß die Glastür eines Medizinschranks auf und schüttete ihr einige Tabletten auf die Hand. »Sie nehmen jeden Morgen vor dem Frühstück eine. Nach dem Frühstück kommen Sie hierher in meine Praxis, damit ich Ihnen eine Spritze gebe.«

»Spritze? Was für eine Spritze?«

»Ah, Miss Summers, das würden viele Patienten gern wissen.

Das ist mein ganz persönliches Geheimnis. Sie müssen mir einfach vertrauen.«

Rose hatte Lust, ihn weiter auszufragen, vor allem zu erfahren, was er selbst denn eigentlich esse und trinke, aber sie schwieg. Wollte sie nun abnehmen oder nicht? Sie wollte.

Jeden Morgen klopfte eine aufreizend fröhliche, breithüftige junge Frau in einem leuchtendbunten Jogginganzug energisch an Roses Zimmertür und forderte sie auf, sich in den Gymnastikraum zu begeben. Nach den Übungen mußte sie ein Dampfbad nehmen, wobei sie in eine Art Minipanzer eingeschlossen wurde, aus dem nur der Kopf herausragte. Während der Dampf Roses Körper erhitzte, perlten dicke Schweißtropfen über ihr Gesicht. Sie haßte diese Prozedur, haßte vor allem auch die beängstigende Enge, aber sie mochte die Frau, die sich währenddessen um sie kümmerte. Diese war im mittleren Alter, hatte stark ausgeprägte Krampfadern und lutschte ununterbrochen Pfefferminzbonbons, was Rose aus irgendeinem Grunde beruhigend fand. Wenn Roses Gesicht glühte, dann schüttelte die Betreuerin mitleidig den Kopf und wischte ihr Stirn und Wangen mit einem feuchtkalten Tuch ab.

Außer ihr waren nicht allzu viele Patienten in der Klinik. Einige mittelalte Hausfrauen schlurften in teuren Morgenmänteln durch die Gänge, tranken bläulichen Zitronensaft aus riesigen Gläsern oder betasteten prüfend die protzigen Gürtel, Ringe und Ketten in der ansonsten halbleeren »Boutique«, wobei sie sich über ihre Erfahrungen mit anderen Schönheitsfarmen, die sie zuvor besucht hatten, austauschten. Rose setzte sich an einen Einzeltisch und las. Auf ihrem Teller war eine kleine, in dünne Scheiben geschnittene Orange im Kreis drapiert; in der Mitte prangte ein Locke aus Zitronenschale. Sie betrachtete die Teller der anderen Patienten und sah, daß außer ihr nur noch eine einzige Frau auf die Zitrusfrüchtediät gesetzt worden war. Die anderen durften sich von einem Büffet verschiedene Salate holen. Einen Augenblick lang zweifelte sie, ob sie diese Tortur wohl durchhalten würde, aber dann sah sie plötzlich Burts Gesicht, seinen vollen blonden Haarschopf und seine blauen, ein wenig arrogant dreinblickenden Augen vor sich, und ihr Entschluß stand wieder fest.

Am zweiten Tag gönnte sich Rose eine Ganzkörpermassage und eine kosmetische Gesichtsbehandlung – alles, was ihr half, die Zeit herumzubringen, war ihr recht. Sie war so nervös, daß es ihr unmöglich war, sich auf die Bücher und Manuskripte, die sie sich zum Lesen mitgebracht hatte, zu konzentrieren. Am vierten Tag fühlte sie sich wirklich krank. Ihr Kopf schmerzte, und sie hatte einen unangenehmen Geschmack im Mund. Nachts konnte sie kein Auge zutun, und sie beobachtete sich selbst dabei, wie sie gerade zwanghaft mit jedem, den sie traf, ein Gespräch anknüpfte, so als wäre sie in einer Art Fieberwahn. Als sie von Dr. Czardas Krankenschwester gewogen wurde und diese ihr mitteilte, daß sie in fünf Tagen 8 Pfund abgenommen habe, brach sie in ein hysterisches Gelächter aus.

»Mein Gott, das ist phantastisch, phantastisch«, kicherte sie, schwieg dann aber erschrocken, als die Krankenschwester ihr die lange Injektionsspritze in die Pobacke stieß.

Am Freitagnachmittag rief Margot an; es gab bei der *Attitude* ein paar Fragen zu klären. »Wie geht es dir, Rose?«

»Gut. Kannst du Amanda dazu bewegen, eine Katze aufs Titelblatt zu bringen?«

»Eine Katze?«

»Ja, eine Katze. Die Idee ist wirklich gut, jeder liebt Katzen. Versuch mal, eine schön getigerte Katze aufzutreiben ...«

»Ist wirklich alles in Ordnung mit dir?«

»Ja, ja, natürlich, ich habe nur ein bißchen Kopfschmerzen. Mir ist eine phantastische Schlagzeile eingefallen: ›Der totale Ego-Tripper‹.«

»Was soll denn das für eine Krankheit sein?«

»Das ist keine Krankheit, das ist eine Schlagzeile. Das klingt doch hinreißend, nicht?«

Margot war offensichtlich verwirrt. »Und mit einem Katzen-Titelblatt?«

»Nein, nein, das ist wieder eine andere Idee. Ich habe hier unten Zeit, die verschiedensten Ideen zu entwickeln.«

»Aha. Ja. So. Paß auf dich auf, Rose.«

Rose lachte hysterisch. »Ja, so gut es geht.« Sie kicherte noch immer, als Margot den Hörer auflegte. Es war erstaunlich, daß sie, obwohl sie sich so schlecht fühlte, über alles lachen mußte.

Sie legte sich auf ihr Bett und starrte an die Decke. Wellenbewegungen schienen darüber hinwegzugehen, so, als schaute man auf ein graues Meer hinaus. Ihr wurde schwindlig. Sie blieb eine Weile lang unschlüssig auf dem Bett liegen. Schließlich gelang es ihr, die Füße auf den Boden zu stellen und aufzustehen. Sie mußte dieses schaukelnde Zimmer sofort verlassen. Sogar die Wände schienen hin- und herzuschwanken.

Blindlings stolperte sie hinaus. Kein Mensch war zu sehen. Sie tastete sich am Geländer die Treppe hinunter und meinte deutlich zu spüren, wie jede Stufe sich ihren Füßen entgegenwölbte. Das Geländer war zu schwach, als daß sie sich wirklich darauf hätte stützen können. Schwankend ertastete sie sich ihren Weg zur Rezeption. Sie würde um eine Tasse Tee bitten – kein Mensch könnte behaupten, daß eine Tasse Tee dick mache – und eine Aspirintablette. Ihr Kopf schmerzte höllisch. Sie blinzelte erstaunt, als sie Luca erblickte, der aufgeregt mit der Empfangsdame redete.

»Luca – was machst du denn hier? Du brauchst doch bestimmt nicht abzunehmen?«

Plötzlich sah sie, durch einen Nebelschleier hindurch, auch Gillians besorgtes Gesicht. Dann wurde ihr schwarz vor Augen.

Später lag sie in der Dunkelheit auf dem Beifahrersitz von Lucas Wagen und bemühte sich mehrmals vergeblich, sich aufzusetzen.

»Ich muß in das Diätzimmer gehen . . .«

»Jetzt nicht mehr, Rosa. Leg dich hin. Gleich sind wir zu Hause.«

Sie versuchte erneut, sich aufzurichten. »Wo ist mein Wagen. Mein neuer Wagen ...«

»Gillian fährt deinen Wagen zurück, Rosa«, erklärte Luca beruhigend und stieß sie sanft in den Sitz zurück. »Was, zum Teufel, hast du in dieser sogenannten Klinik gemacht? Du siehst entsetzlich aus.«

»Es hat mich einen ganz schönen Batzen Geld gekostet, so auszusehen«, stöhnte sie. Dann wurde sie erneut ohnmächtig.

Später erinnerte sie sich vage daran, daß Gillian und Luca ihr die Treppe hinaufgeholfen hatten. Anne beugte sich mit besorgtem Gesicht über sie, und dann nahm sie die verschwommene Gestalt ihres Hausarztes, nicht, wie erwartet, das Gesicht von Dr. Czarda wahr, der ihr Handgelenk hielt. »Schwacher Puls, erweiterte Pupillen, schlechter Atem ... Rose, was haben Sie gegessen?«

»Nichts. Nur Zitrusfrüchte.« Allein die Tatsache, daß sie jetzt in ihrem eigenen Zimmer war, bewirkte, daß sie sich wohler fühlte.

»Dieser Zustand kommt doch nicht dadurch, daß Sie Zitrusfrüchte gegessen haben. Keine Tabletten ...?«

»Eine kleine weiße Tablette und ... oh, eine Spritze.«

Der Arzt beugte sich über sie. »Und was war das?«

»Ich weiß es nicht.«

Er schnalzte verärgert mit der Zunge und verließ das Zimmer.

Später erzählte ihr Anne, daß er im Ärzteverzeichnis den Namen Czarda gesucht habe, ihn aber nicht hatte finden können. Daraufhin hatte er die Amaryllis-Schönheitsfarm angerufen und Dr. Czarda einen heiligen Schrecken eingejagt. Dieser gab schließlich zu, daß er Rose jeden Tag eine Amphetaminspritze gegeben hatte.

»Deine Hungerdiät und die aufputschende Wirkung der Amphetamine haben diesen Zustand verursacht, Rose. Der Arzt ist furchtbar verärgert – und ich auch. Ich habe nur Glück gehabt, daß Margot Gillian nach Feierabend bei einem Drink erzählt hat, was für wirres Zeug du am Telefon geredet hast. Gillian hat sofort Luca angerufen und ihn gebeten, mit ihr zusammen in die Klinik zu fahren. Hättest du diese Prozedur noch länger über dich ergehen lassen, dann wärst du wahrscheinlich verrückt geworden.«

Erst nach ein paar Tagen durfte Rose das Bett verlassen. Sie fühlte sich schwach und deprimiert. Sie wollte nichts essen und verlor noch immer an Gewicht. Als Anne ihr eine Tasse Brühe brachte, wurde ihr übel.

»Das sind die Amphetamine«, sagte Dr. Jackson, als er sie erneut untersuchte. »Man hat Ihnen eine Überdosis gespritzt. Sie werden sich noch ein paar Tage lang ziemlich schlecht fühlen.«

»Sagen Sie das nicht mit einer so fröhlichen Stimme«, jammerte Rose.

»Ich habe kein Verständnis für eine vollkommen gesunde Frau, die Zeit und Geld verschwendet, um eine gesundheitsschädliche Kur zu machen. Das rechte Maß, meine Liebe, das Gleichgewicht ist gefragt. Denken Sie an die Gerechtigkeitsstatue. Kalorien in der einen Waagschale, Energie in der anderen; das, was in die eine hineinkommt, sollte ungefähr dem entsprechen, was in der anderen liegt. Das Resultat? Ein gesundes Gleichgewicht!«

»Sie klingen wie Paracelsus persönlich«, schimpfte Rose.

»Na ja, immerhin scheint es Ihnen besserzugehen.« Er wandte sich Anne zu. »Wenig und häufig – das ist das A und O der vernünftigen Ernährung. Gesunde Mahlzeitchen, den ganzen Tag über.«

»Mahlzeitchen!« knurrte Rose, als er das Zimmer verlassen hatte. »Was ist das denn für ein Wort?«

Sie schämte sich ein wenig. Sie hätte sich wirklich genauer erkundigen sollen. Wie dumm von ihr, einem völlig unbekannten Arzt zu erlauben, ihr irgendwelche obskuren Pillen und Spritzen zu geben, ohne darauf zu bestehen, daß er ihr ganz genau mitteilte, um was es sich eigentlich handelte. Offensichtlich hatte diese merkwürdige fixe Idee, so schnell wie möglich abzunehmen, ihren charakteristischen gesunden Menschenverstand außer Kraft gesetzt. Dieser sogenannte Arzt hätte sie mit allen mögliche Medikamenten betäuben und krankmachen können. Sie hätte in den Boden versinken mögen.

Luca besuchte sie und verstärkte noch ihre Qual. »Rosa, ich verstehe dich nicht. Du bist in vielerlei Hinsicht intelligent – ja, eine wirklich kluge Frau –, aber du hast diese blödsinnige fixe Idee. Beurteilst du denn die Menschen auf Grund ihres Aussehens? Lehnst du mich ab, weil ich nicht groß und blond bin wie dein Mr. Tillotson? Würdest du nicht mit Margot zusammensein wollen, weil sie unordentlich ist und einen dicken Hintern hat? Und Amanda – findest du sie abstoßend, weil sie üppig ist und sich schlecht kleidet? Natürlich nicht. Du magst sie, weil sie bestimmte sympathische Eigenschaften haben – weil sie freundlich sind oder lustig, intelligent oder interessant. Glaubst du, daß Menschen sich von dir abwenden, weil du – wie heißt das nette Wort noch einmal – *mollig* bist?«

»Das ist ein gräßliches Wort.« Rose drehte das Gesicht zur Wand. »Das Allerletzte, was ich von dir hören möchte, Luca, ist eine Moralpredigt. Du weißt nicht, was es bedeutet, wenn die Menschen dich verachten, weil du dick bist. Schon in der Schule haben die anderen Kinder Bemerkungen über mich gemacht.«

»Ha! Kinder sind immer grausam. Haben sie sich nicht auch über Leute lustig gemacht, die eine Brille tragen, rotes Haar oder Hasenzähne haben?« Plötzlich beugte er sich zu ihr hinüber und gab ihr einen Kuß auf die Stirn. »Du warst sehr unvernünftig, Rosa, und hast allen deinen Freunden Kummer gemacht. Jetzt mußt du uns wieder glücklich machen, indem du dich schnell erholst.«

Er lächelte sie an und ging hinaus. Rose lehnte sich in ihrem Schaukelstuhl zurück und weinte still in sich hinein.

Kapitel 52

Als Rose nach vierzehn Tagen wieder in ihr Büro zurückkehrte, war sie um sechs Kilo leichter. Trotz aller Qualen freute sie sich über den Gewichtsverlust. Sie konnte ihre Backenknochen sehen und ihre Rippen fühlen; ihre Kleidung und ihre Schuhe saßen plötzlich locker. Ihre Haut war ein wenig trocken und schlaff geworden, aber sie nahm sich fest vor, in Zukunft regelmäßig Gymnastik zu machen. Augenblicklich war sie noch immer müde und erschöpft. Sie war Gillian für ihre Fürsorge sehr dankbar und ebenso Luca, der sein gutbesuchtes Restaurant im Stich gelassen hatte, um mit Gillian zur Amaryllis-Farm zu fahren. Sie kaufte Gillian zum Dank ein Buch mit Gedichten von Philip Larkins und Luca eine CD von *La Traviata.*

Frank Marnhull suchte sie auf, um mit ihr die Einzelheiten der Büroparty zu besprechen, die aus Anlaß der Vorführung des Werbefilms steigen sollte. Dies wäre eine gute Gelegenheit, erklärte er, um den Angestellten ein paar Inserenten vorzustellen; Marsha solle zu diesem Anlaß eine Namensliste zusammenstellen. Ob sie wohl die Fachredakteure bitten könnte, sich während der Party besonders aufmerksam um die Inserenten zu kümmern?

Das Konferenzzimmer der Vorstandsvorsitzenden, so meinte er, sei doch wahrscheinlich groß genug; Gläser und Flaschen könne man im Zimmer des Direktors aufstellen – was sie davon halte? In den Büroräumen wäre die Atmosphäre persönlicher als in einem Hotel. Und billiger, dachte Rose amüsiert. Natürlich würde man auch die Leute von STN einladen. Burt Tillotson natürlich. Julia Tapper, die Kontaktfrau der Agentur, und diese ziemlich unangenehme Dame, wie hieß sie noch? Carol Peppins! Ja, das wäre es dann, vielleicht hätten auch einige andere Mitarbeiter der Agentur Lust zu kommen? Gut, die Party würde dann also in etwa zehn Tagen stattfinden. Frank Marnhull nickte und lächelte sein leicht verkniffenes Lächeln.

»Das Konferenzzimmer der Vorstandsvorsitzenden sieht ja zur Abwechslung mal einigermaßen menschlich aus«, bemerkte Margot, als die Angestellten am Tag der Party nach und nach in den dunkelgetäfelten Raum strömten. »Wenn Sie nur endlich mal diese Binder-Porträts von den Wänden nehmen würden, dann wäre es hier fast gemütlich. Und auch noch Champagner – das gab's in den alten Zeiten nicht. Zumindest nicht für die Angestellten.«

»Rosie! Wo warst du letzte Woche? Ich habe angerufen, und deine Sekretärin hat mir gesagt, du seist nicht da.« Rose wurde ein wenig rot, als Burt sie auf die Wange küßte.

»Ich habe ein paar Tage Urlaub gemacht«, antwortete sie ausweichend. »Mein Gott, wie gespannt ich bin, den Werbefilm zu sehen.«

»Es wird gleich losgehen.«

Im Gegensatz zu Frank Marnhulls langatmiger Einführung und Julia Tappers ausgefeilter Präsentation nahm der Videofilm selbst nur knapp zwei Minuten in Anspruch. Unmittelbar hinterher wurde begeisterte Zustimmung laut. Alle Zuschauer waren sich darüber einig, daß die Schauspielerin, die man ausgesucht hatte, die ideale *Attitude*-Leserin repräsentiere. Der Film gab einen Überblick über ihren Arbeitsalltag; eine Ausgabe der *Attitude* lag immer in ihrer Nähe. Wann immer die junge Frau eine Minute frei hatte, griff sie danach, um sich amüsieren und anregen zu lassen. Die Modeseiten halfen ihr dabei, ihre Kleidung mit klaren Vorstellungen, vernünftig und gezielt auszuwählen. Und im Hintergrund ertönte fortwährend die eingängige Melodie, die Maurice komponiert hatte.

Die Aprilausgabe, für die in dem Film geworben wurde, würde ein absoluter Renner werden – daran bestand kein Zweifel. Schon der Andruck schien den neugierigen Werbemann zu faszinieren. Jedermann war sich sicher, daß die Zeitschrift auch in

Zukunft erfolgreich arbeiten würde. Hamish war es gelungen, eine sehr wählerische und zurückhaltende Autorin für die Zeitschrift zu gewinnen; sie hatte versprochen, einen Beitrag über ihre schwierige Kindheit zu schreiben. Hiroyasus aufregende Modeseiten machten überall großen Eindruck und ebenso Liz Hindons Verschönerungskünste. Eine außerordentlich erfolgreiche, aber sehr maskuline und ungepflegte Springreiterin war von ihr in eine hinreißende Schönheit verwandelt worden. Wie es der glückliche Zufall wollte, hatte die Springreiterin, kurz nachdem das »Nachher«-Bild gemacht worden war, auch noch geheiratet.

»Ich sagte natürlich nicht, daß allein das neue Make-up der Grund dafür war«, kommentierte Liz diese erfreuliche Nachricht. »Aber ich sehe nicht ein, warum wir nicht auch auf die Heirat hinweisen sollten – was meinst du, Rose?«

»Wohin gehen wir zum Abendessen?« Burt legte seinen Arm um Roses Schulter und umfaßte mit dem anderen Gillians Taille.

»Ich bin gerade gekommen, um es Rose mitzuteilen – die Angestellten wollten sie zum Abendessen bei ›Luca‹ einladen«, sagte Gillian und entwand sich geschickt Burts Krakenarm. Sie sah Rose fragend an und sagte dann, zu Burt gewandt: »Haben Sie nicht auch Lust, zu kommen? ›Luca‹ ist unser zweites Zuhause. Wo sonst können wir so gemütlich feiern? Im übrigen hat Luca gerade eine Fernsehsendung über die italienische Küche gemacht – wenn sie ausgestrahlt wird, wird er so viele schwerreiche Kunden haben, daß er dauernd ausgebucht ist.«

»O. k.« Burt schien nicht besonders begeistert zu sein. »Ich wollte eigentlich Rose und Frank Marnhull und Marsha irgendwohin zum Essen einladen. Aber« – er lächelte Rose an – »heute abend müssen die Geschäfte eben mal warten, eh?«

Rose war über die Einladung ihrer Mitarbeiter überrascht und gerührt. Am Ende der ziemlich lauten, fröhlichen Mahlzeit stand Margot auf und hielt eine kurze, witzige Rede, in der sie noch einmal an Roses erste Wochen bei der *Attitude* erinnerte. »Dauernd hat sie uns mit ihren Fragen gelöchert – wir kamen uns vor, als wären wir in einer Quizsendung. Die einzige Möglichkeit, sie zur Ruhe zu bringen, bestand darin, ihr einen Haufen Fahnenabzüge in die Hand zu drücken. Dann strahlte sie wie ein Kind, das ein neues Spielzeug geschenkt bekommen hat. Und natürlich hat sie dann unweigerlich einen Rechtschreibfehler gefunden, den ich übersehen hatte. Mein Gott, ich sage Euch, mein Selbstbewußtsein, meine Überzeugung, daß ich unfehlbar bin, hat durch sie einen schlimmen Knacks bekommen.« Margot vergaß nicht zu erwähnen, daß Lally ihr ebenfalls herzlich gratuliere und hoffe, bald wieder im Büro zu sein.

Später trat Luca lächelnd an Roses Tisch, überreichte ihr eine bildschöne Schale weißer Rosen und öffnete noch eine zweite Flasche Champagner.

»Nein Luca! Ich darf nichts mehr trinken! Ich muß noch nach Hause fahren!«

»Ich bringe dich nach Hause«, entschied Burt. »Oder zumindest Charlie und ich bringen dich; du kannst deinen Wagen heute abend stehenlassen.«

Luca verbeugte sich mit ausdrucksloser Miene und zog sich zurück.

Schließlich, gegen halb ein Uhr nachts, entschlossen sich alle zum Aufbruch, blieben aber noch eine Zeitlang plaudernd und Abschied nehmend auf dem Bürgersteig stehen. Rose spürte ein leises Unbehagen, als Burt seinen Arm um sie legte. Sie fühlte sich so wohl mit ihren Kollegen, so geborgen und akzeptiert. Jetzt gehörte sie wirklich dazu.

Aber dann, als Burt sie, fast als hätte er eine Art Besitzanspruch auf sie, am Arm nahm und zu seinem Rolls-Royce führte, fühlte sie sich doch wieder glücklich und stolz. Im Dunkel des luxuriösen Wagens lächelte er sie vielsagend an. Charlie steuerte den Wagen nach Islington, während Rose die Blumenschale auf ihrem Schoß festhielt, spürte, daß Burt ihre Hand ergriff.

Als sie vor ihrer Haustür hielten, sagte Burt zu Charlie:

»Kannst du warten? Es könnte einige Zeit dauern Wenn nicht, laß den Wagen hier; ich fahre dann selbst zurück.«

Charlie murmelte etwas Unverständliches, und Burt rutschte auf die andere Seite des Wagens, um nach Rose auszusteigen. Als sie versuchte, die Haustür aufzuschließen, nahm er ihr den Schlüssel aus der Hand und öffnete selbst.

»Hast du vielleicht gedacht, ich hätte dich nach Haus gebracht, damit du mich auf der Schwelle stehenläßt? Was sind das für Manieren, Rosie? Ich erwarte, daß du mir zumindest eine Tasse Kaffee anbietest.«

Verwirrt und ein wenig beschwipst stieg sie langsam die Treppe hinauf. In Roses Wohnzimmer ließ Burt sich auf das kleine Sofa fallen und streckte seine langen Beine aus. Rose brühte in der Küche mit klopfendem Herzen eine Kanne Kaffee auf. Endlich, endlich schienen sich ihre Wünsche zu erfüllen – weil sie abgenommen hatte, natürlich. Sie hatte gewußt, daß es helfen würde. Sie hätte vor Freude laut schreien mögen. Sie trug den Kaffee ins Wohnzimmer, schüttete Burt und sich selbst ein Glas Cognac ein und schaltete das Tonbandgerät an. Eine Arie aus *Fidelio* ertönte, aber sie hatte den Ton sehr leise gestellt; Burt sollte nicht merken, daß dies nicht Jazz oder ein Musical war.

Sie fühlte sich plötzlich selbstbewußt, begehrenswert. Jetzt, *jetzt endlich* war sie eine attraktive Frau.

»Du siehst so aus, als wenn du dich wohl fühlst.« Sie lächelte Burt an und setzte sich dicht neben ihn.

Er antwortete nicht, sondern lächelte zurück und ließ eine ihrer Locken durch seine Finger gleiten. Rose lehnte sich glücklich und erwartungsvoll in die Kissen.

»Ich dachte, ich würde dich nie mal für mich allein haben.« Er sah sie erwartungsvoll an. Sein Mund schien ihr gefährlich nahe zu sein. »Du warst die ganze Zeit von all diesen blöden Frauen umgeben. Ich wollte unbedingt mit dir sprechen – als ich letzte Woche anrief und hörte, daß du nicht da warst, konnte ich es einfach nicht glauben.«

»Mußt du immer wissen, wo ich mich aufhalte?« Sie schaute auf seinen Mund. In wenigen Augenblicken würde er sie küssen. Sie spürte ein wildes Brennen zwischen den Schenkeln.

»Ja, das muß ich. Ich wollte dich etwas fragen.«

Einige Augenblicke lang schlürfte er schweigend seinen Kaffee. Schließlich setzte er die Kaffeetasse nieder und ergriff das Cognacglas. »Weißt du, ich will mich so bald wie möglich von der Agentur trennen und meinen eigenen Laden aufmachen. Meine beiden Partner haben ganz andere Ansichten als ich, vor allem, was die Entwicklungsstrategien anbetrifft; sie sind viel zu vorsichtig. Ich meine, wir sollten expandieren, noch verschiedene andere Aufgaben übernehmen – eine Produktionsfirma kaufen, ein paar Kommunikationsforscher für uns arbeiten lassen, vielleicht eine Agentur in Frankreich aufmachen. Wir sollten auf internationaler Ebene einsteigen. Gerald und Bob sind eher dafür, das bisher Erreichte zu konsolidieren. Sie wollen klein bleiben, sich allein auf die Werbung beschränken. Ich dagegen bin der Ansicht, wir sollten noch weitere Dienstleistungen verkaufen, wie Marktforschung oder Marketing – meinst du nicht auch, Rosie?« Er sah sie mit leuchtenden Augen an.

»Ich weiß es nicht.« Sie versuchte, sich auf seine Worte zu konzentrieren. »Ich dachte immer, daß die Agentur so gut liefe. Gerade habt ihr euer fünfjähriges Jubiläum gefeiert ...«

»Das ist nur eine Schau, nur nach außen hin«, unterbrach er sie ungeduldig. »Hinter den Kulissen zanken wir uns wie die Kesselflicker. Ich will mich abseilen. Ich kann den anderen beiden meine Anteile verkaufen – sie sind jetzt ziemlich viel wert – und allein etwas auf die Beine stellen. Natürlich werde ich ein paar von den besseren Leuten mitnehmen, Julia beispielsweise, und da gibt's noch einen hervorragenden Texter, den ich gern dabei hätte. Wir drei können zu Anfang ganz gut allein fertig werden.« Er nahm Roses Hand und begann, mit ihren Fingern zu spielen. »Du hilfst mir dabei, nicht wahr, Rosie?«

»Natürlich.« Sie sah sich selbst an Burts Seite, stellte sich vor, wie sie ihn ermutigte, vielleicht in ihrer freien Zeit Werbetexte verfaßte oder sich neue Ideen für neue Kunden ausdachte. Sie hatte schon immer eine Menge guter Einfälle gehabt. Sie würden beide Seite an Seite arbeiten, um seine Firma aufzubauen, und er würde ihr bei ihrer Arbeit für die *Attitude* helfen. Die Aussicht erschien ihr fast zu schön, um wahr zu sein.

Sie lächelte ihn selig an. »Ich weiß nichts über Werbung, aber ich könnte es lernen.«

»Oh, ich meine nicht, daß du mir in der *Agentur* helfen solltest.« Er lachte kurz durch die Nase. »Um Gottes willen, nein. Ich brauche dich, damit du Frank Marnhull dazu überredest, die Aufträge der *Attitude* auf meine neue Firma zu übertragen. Die Aufträge von Zeitschriften sind für eine Agentur eine hervorragende Werbung, und jetzt, da man überall von der *Attitude* spricht, wäre dieser Kontakt doppelt wertvoll. Ich vermute, daß die Tiefkühlkostfirma ebenfalls zu mir überwechseln wird; ich habe sie monatelang bearbeitet. Die Werbeleiterin der Firma, Pam Boscombe, hat ein Auge auf mich geworfen.« Er grinste Rose triumphierend an. »Ich könnte sie vielleicht ein bißchen einseifen, und mit etwas Glück und den guten Worten, die du für mich bei Frank Marnhull einlegst, könnte ich auch die anderen Zeitschriften der Binder-Gruppe bekommen. Ich weiß, daß sie auf Expansionskurs sind.«

Rose lief plötzlich ein kalter Schauer über den Rücken. Hatte er den Eindruck, daß auch sie ein Auge auf ihn geworfen hatte? War sie, wie diese Pam Boscombe, von ihm bearbeitet worden? Burt sprang auf und ging, während er Rose seine Ideen erläuterte, unruhig im Zimmer hin und her. Sie beobachtete ihn und wünschte sich insgeheim, daß er doch nicht der berechnende, eiskalte Geschäftsmann sein möge, als der er sich darstellte. Plötzlich beugte er sich nieder und betrachtete das Pferdebild, das Rose von der jungen Malerin gekauft hatte. Sie hatte es vorläufig gegen die Wand gelehnt, um es bei passender Gelegenheit Burt als Geschenk zu überreichen. Jedesmal, wenn ihr Blick auf das Bild gefallen war, hatte sie sich vorgestellt, wie Burt sie dankbar in die Arme schloß. Sie hatte es oft betrachtet: Charme, eine gewisse Heiterkeit ging von dem Gemälde aus.

»Mein Gott, wo hast du denn diesen Kitsch her?«

»Ich dachte, du magst Pferde.« Ihre Stimme war vor Schreck fast unhörbar.

»Pferde ja, aber nicht einen so ekelhaften, großen, häßlichen Gaul wie den da. Schau dir doch nur die klobigen Füße an. Kein bißchen blaues Blut.«

»Blut?«

»Wirklich edle Rennpferde haben blaues Blut, Miss Unschuld vom Lande. Richtige Pferde, wie Blue Steel, sind durch und durch reinrassig und elegant – im Gegensatz zu diesem klobigen Ackergaul. Das müßtest doch selbst du mit bloßem Auge erkennen können.«

Er versetzte dem Gemälde einen leichten Schlag mit dem Handrücken und begann wieder, aufgeregt im Zimmer hin- und herzulaufen. »Also, wo war ich stehengeblieben? Du brauchst Master Frank bestimmt nur die richtigen Worte zuzuflüstern – du hast im Moment bei ihm einen Stein im Brett, Rosie, das kann selbst ein Blinder sehen. Er scheint alles, was du sagst, zu respektieren – und mit Recht, natürlich, wenn man sieht, wieviel Erfolg du hast.«

»Wenn du meinst.« Er schien Roses sarkastischen Unterton nicht gehört zu haben.

Er blieb lächelnd vor ihr stehen und zog sie auf die Füße.

»Ich muß gehen, Mrs. Chefredakteurin.«

Er beugte sich zu ihr herüber und küßte sie, während er ihre Hände festhielt, flüchtig auf die Lippen. Während er ihr mit seinem charmanten, leicht arroganten Lächeln in die Augen schaute, sagte er leise: »Wenn du ein bißchen abnehmen würdest, wärest du absolut hinreißend, Kleines.«

Dann tätschelte er ihr freundschaftlich die Wange und ging zur Tür. »Danke für den Kaffee, Rosie. Ich wußte, daß ich mich auf dich verlassen könnte.« Er winkte ihr zu und ging hinaus.

Sie hörte, wie er die Treppe hinunterpolterte und die Eingangstür hinter sich zufallen ließ. Der Wagen startete mit leisem Brummen und fuhr davon. Rose lauschte dem Geräusch nach, bis es nicht mehr zu hören war.

Sie nahm die Tassen und trug sie in die Küche. Ihr war eiskalt; in ihrer Phantasie sah sie ein Bild von Blütenknospen im Frühling, auf die ein scharfer, beißender Frost gefallen war.

Kapitel 53

Einige Tage später sandte sie Burt eine kurze, maschinengeschriebene Nachricht, in der sie ihm mitteilte, daß sie ihm für seine Zukunft alles Gute wünsche, daß es ihr aber leider nicht möglich sei, irgendeine Entscheidung, die das Management der Binder-Gruppe zu treffen beabsichtige, zu beeinflussen. Zweimal rief er sie an, aber Rose hatte Marilyn aufgetragen, ihm zu sagen sie sei ›in einer Konferenz‹, wobei sie hoffte, daß er die Ausrede richtig verstehen möge.

Arbeit, Arbeit – das ist das einzige, was dich nicht enttäuschen kann. Je mehr Sorgfalt, je mehr Aufmerksamkeit man seiner Arbeit widmete, desto deutlicher zeigte sich der Erfolg. Mit Männern hatte Rose kein Glück, aber was machte das schon? Die *Attitude* war ihr Kind, und wenn sie sich mit viel Engagement darum kümmerte, dann würde es gewiß groß und stark werden. Als die Aprilausgabe, begleitet von der Werbekampagne, herauskam, stieg die Auflage ganz erheblich.

»Für die Juniausgabe werden wir das nicht halten können«, prophezeite der Vertriebsleiter düster. »Wenn die Werbekampagne erst mal vorbei ist, dann werden die Auflagenzahlen wieder sinken. Was der Handel wirklich will, sind, wie ich Ihnen schon sagte, nette, hübsche Mädchen, die der Leserin vom Titelblatt entgegenlächeln. Sie machen viel zu viele Experimente.« Seine Worte bewirkten, daß Rose noch entschiedener auf ihrem neuen Konzept beharrte.

Es waren vor allem die Abende, an denen sie von ihrer Depression überwältigt wurde. Anne war in diesen Tagen sehr häufig nicht zu Haus, und obwohl es immer etwas zu lesen gab, obwohl sie ihre Musik und schließlich ja auch noch den Fernsehapparat hatte, konnte sie es jetzt nicht gut ertragen, in ihrer Wohnung allein zu sein. Sie brauchte Menschen, um ihr Unglück, die

Demütigung, die Burt ihr zugefügt hatte, zu vergessen. Sie war oft so niedergedrückt, daß sie nicht fähig war, die Manuskripte und Presseinformationen zu lesen, die sie eigentlich hatte lesen wollen.

Sie begann, Einladungen zu diesem oder jenem gesellschaftlichen Anlaß anzunehmen, die sich immer auf dem Schreibtisch eines Chefredakteurs stapeln; zuvor hatte sie solche Einladungen fast niemals wahrgenommen, es sei denn, sie waren für die *Attitude* wirklich wichtig. Jetzt ging sie sogar zu unwichtigen Presseempfängen, um ihre Zeit auszufüllen. Wenn sie schließlich nach Hause kam, dann nahm sie sich meist irgendein Manuskript und las bis spät in die Nacht hinein, so lange, bis die Müdigkeit sie überwältigte und sie endlich schlafen konnte. Sie lud Effie Bulford oder Amanda zum Abendessen ein und ging gelegentlich mit ihnen ins Theater. Sie gab auch einige Cocktailparties für die Fotografen, Künstler und Autoren, mit denen sie zu tun hatte.

Ans Abnehmen dachte sie in diesen Wochen nicht. Sie hatte die Pfunde, die sie auf der Amaryllis-Schönheitsfarm verloren hatte, nicht wieder zugenommen, aber sie fühlte sich immer noch dick. Burt hatte nicht einmal bemerkt, daß sie mehr als sieben Kilo leichter war. Seinen Satz: »Wenn du ein bißchen abnehmen würdest, wärest du absolut hinreißend«, versuchte sie aus ihrem Bewußtsein zu verdrängen. Sie *hatte* eine Menge abgenommen, aber ganz offensichtlich war sie noch lange nicht hinreißend.

Sämtliche Angestellten der *Attitude* brannten darauf, Lucas Kochserie, die auf Kanal 4 ausgestrahlt werden sollte, zu sehen. Luca selbst war zu nervös, um sich im Studio die Probesendung vorführen zu lassen, aber er bat Gillian und Amanda, sich den Film bei ihm zu Hause anzusehen. Kanal 4 hatte ihm ein Video ausgehändigt.

»Von dem werden wir noch einiges hören«, sagte Gillian zu Rose, als sie ihr am nächsten Tag von der Videovorführung erzählte. »Er ist so begeistert von dem Essen, das er zubereitet hat, daß sogar ich plötzlich Lust bekam, wieder mal eine Bratpfanne aus dem Schrank zu holen – und dabei habe ich mich schon vor langer Zeit entschlossen, mich nicht mehr als Köchin ausbeuten zu lassen. Das Kochen ist nichts anderes als ein Trick der Männer, um die Frauen in der Küche festzunageln. Schade, daß wir nicht daran gedacht haben, Luca für eine Serie in der *Attitude* zu engagieren, da haben wir wirklich einen großen Fehler gemacht.«

»Ja, er hat Persönlichkeit«, stimmte Amanda ihr zu. »Sein Haus ist übrigens auch sehr hübsch. Wußtet ihr, daß er so eine Art Kunstsammler ist? Ich habe bei ihm einige wunderbare Bilder gesehen, und er hat mit erzählt, daß er, wenn er die Zeit dazu hat, zu Ausstellungen von Kunsthochschulen oder in kleine Galerien geht. Die meisten der Maler sind natürlich unbekannt, aber er hat einen guten Riecher für Qualität. Der Mann ist wirklich nicht uninteressant.«

Rose war gekränkt, daß Luca sie nicht auch eingeladen hatte. Wenn sie in seinem Restaurant zu Mittag aß, war er immer sehr freundlich, aber jetzt, da sie darüber nachdachte, wurde ihr bewußt, daß sich sein Verhalten geändert hatte. Früher hatte er sich, wenn sie auf einen anderen Gast wartete, zu ihr an den Tisch gesetzt und mit ihr geplaudert. Jetzt brachte er ihr eine Zeitung oder sagte lächelnd: »Oh, Rosa, du hast dir, wie immer, etwas zu lesen mitgebracht.«

Aber sie hatte keine Zeit, lange darüber nachzugrübeln; seit Tagen versuchte sie, das Problem Lally zu lösen. Die Ärzte hatten Lally erlaubt, wieder zu arbeiten, wenn sie sich regelmäßig untersuchen ließ. Aber Rose wollte Hiroyasu nicht gern wieder verlieren. Die Seiten, die er gestaltete, waren kreativ und faszinierend. Andererseits war es schwer, mit ihm auszukommen. Er schaffte es immer wieder, die gutmütige und gelassene Sally in eine lautstarke Auseinandersetzung zu verwickeln oder zu Tränenausbrüchen zu provozieren. Er verärgerte mehrere Fotografen, und, was noch schlimmer war, er stieß viele Designer und Fabrikanten vor den Kopf.

Dennoch: Seine Arbeiten waren brillant. Seine seltsame Kleidung und seine undurchschaubare Miene wurden in der Zeit, in der die neuen Kollektionen vorgestellt wurden, regelmäßig in den Klatschspalten der Presse erwähnt. *Private Eye* beobachtete ihn einen Tag lang bei seiner Arbeit und gab ihm den Beinamen »Der japanische Kaiser«, und in den Sonntagszeitungen war er häufig die Zielscheibe bissiger und ironischer Kommentare. Aber die wirklich talentierten und erfolgreichen Designer, denen Rose begegnete, wenn sie zur Eröffnungsparty der *British Fashion Week* oder zu einer wichtigen Modenschau ging, zollten ihm immer begeistertes Lob.

»Er hat wirklich ein Gefühl für Mode«, sagte Jean Muir im Gespräch mit Rose. »Er ist sich sehr wohl bewußt, daß es sich dabei um einen riesigen Industriezweig handelt. Manchmal kann er ziemlich ungezogen werden, aber er ist hochintelligent und talentiert; man muß ihn einfach respektieren.«

Wie hätte Rose die gute alte Lally wieder an seine Stelle setzen können? Sie war zwar sehr tüchtig, hatte aber bei weitem nicht sein Format. Zu Anfang, als Rose gerade Chefredakteurin geworden war, war Lally immer sehr kooperativ gewesen, und als sie krank wurde, hatte sie alle durch ihren Mut und ihre Tapferkeit beeindruckt. Was sollte Rose tun? Die Frage machte ihr Kopfzerbrechen.

Sie war froh, die Entscheidung noch ein wenig aufzuschieben zu können, während sie sich zusammen mit Marsha um die Werbung und die Inserenten kümmerte. Die energische Marsha hatte während der Bürostunden kaum eine Minute Zeit, deshalb schlug Rose vor, daß man bei »Luca« nach Feierabend einen Drink nehmen solle.

Luca hatte inzwischen den kleinen hinteren Raum geöffnet, in dem Rose schon früher einmal zusammen mit Amanda gesessen hatte. Jetzt gehörte das Zimmer normalerweise zum Restaurant, wurde allerdings gelegentlich für private Feiern geschlossen; dadurch, daß Luca ein wenig Platz gewonnen hatte, hatte er an einem Fenster des Lokals eine kleine Bar eröffnen können. Es war für Rose sehr angenehm, sich gelegentlich mit Margot oder einer der anderen Redakteurinnen auf ein Glas Wein dorthin zu setzen und sich, bevor man heimging, über die Tagesereignisse zu unterhalten.

Marsha war wie gewöhnlich aufgehalten worden, und ihre Sekretärin hatte Rose mitgeteilt, daß ihre Chefin geradewegs zu »Luca« kommen würde. Als Rose das Lokal betrat, erblickte sie Luca, der den Arm um eine schlanke Frau gelegt hatte und sie durch den mit einem Vorhang verhängten Rundbogendurchbruch in den hinteren Teil des Restaurants führte. Inzwischen gab es zwei Kellner, aber es war wie immer Hektor, der ihren Tisch mit seiner Serviette abwischte, diesmal allerdings mit ernstem Gesichtsausdruck.

»Wie geht es Ihnen denn als Fernsehstar, Hektor? Müssen Sie schon Autogramme geben?«

Hektors Gesicht hellte sich auf. Man brauchte ihn nicht zweimal zu bitten, von seinem fünfzehnminütigen Fernsehauftritt zu erzählen. »Miss Lisa, sie ist sehr zufrieden. Sie meint, ich sähe aus wie Alan Alda«, erzählte er stolz.

»Und was hält sie von der Serie?«

»Oh, gut, sehr gut. Sie hat sie schon einem Verleger gezeigt. Vielleicht machen sie ein Kochbuch daraus. Luca wird reich und berühmt werden und ich – ich werde eben nur berühmt.« Er lachte und schob Marsha, die in diesem Augenblick angekommen war, einen Stuhl hin.

Marsha und Rose diskutierten die neuen Werbepläne. Marsha wollte jetzt, da die Auflage gestiegen war, den Seitenpreis erhöhen, aber Rose hatte Bedenken.

»Es wird nicht wie eine drastische Erhöhung wirken. Frank hat eine sehr komplizierte Preisliste ausgearbeitet, die sich auf die jeweilige Plazierung bezieht«, erwiderte Marsha und hielt abwehrend die Hände in die Höhe. »O. k., O. k., fang gar nicht erst an. Die zweiunddreißig Seiten in der Mitte bleiben dir erhalten.

Wir werden uns hüten, uns in etwas einzumischen, was sich bewährt hat.« Sie lachte. »Für den nächsten Herbst hat der Verband der Strickwarenhersteller bei uns gebucht – sie sponsern ein Dutzend Designer, die in ihren Kollektionen Wollstoffe verwenden wollen. Ich mache mir natürlich Sorgen, weil deren Modeaufnahmen ganz bestimmt nicht in die *Attitude* hineinpassen werden. Ich habe schon mit Hiroyasu gesprochen, aber er sagte, er wolle mit den Aufnahmen auf keinen Fall etwas zu tun haben. ›Wahrscheinlich gefallen mir die Wollsachen überhaupt nicht‹, hat er erklärt. Der Typ hat wirklich Charakter. Es ist mir nicht gelungen, ihn umzustimmen. Wie kommst du denn mit ihm aus?«

»Auch nicht ganz problemlos«, lachte Rose. »Er ist zu allen ziemlich schroff. Mein Gott« – sie packte Marsha am Arm –, »du hast die Lösung gefunden! Hervorragend!«

»Was? Worüber redest du?« Marsha sah sie verwirrt an.

»Lally. Sie könnte das doch machen. Sie möchte gern wiederkommen, und das muß sie natürlich auch – aber Hiroyasu ist einzigartig. Ich darf ihn einfach nicht verlieren.«

»Diese Art von Modewerbung haben wir allerdings nicht jeden Monat«, wandte Marsha ein. »Aber« – ihr Gesicht erhellte sich – »wir haben auch keine Promotionabteilung. Ich habe neulich mit Frank darüber gesprochen. Wir brauchen jemanden, der ein gutes Auge hat.«

»Lallys Talent liegt eher im visuellen als im verbalen Bereich.«

»Glaubst du, es würde Lally gefallen, für unsere zukünftige Promotionabteilung zu arbeiten? Sie müßte für meine Jungs vom Verkauf einen Blindband der Werbeseiten machen; die Überschrift würde dann lauten: »Eine Promotionkampagne der *Attitude* oder so ähnlich, so daß es nicht aussieht, als wäre da Werbung mal wieder als redaktioneller Teil kaschiert – obwohl das natürlich der Fall ist.« Sie lachte verschmitzt. »Aber wir brauchen uns nicht auf Kleidung zu beschränken. *Vogue* hat im letzten Monat eine sehr gute Promotion für Gepäck gebracht, zusammen mit einem Artikel über Reisen und eine Fluggesellschaft. Ob Lally damit einverstanden wäre, so etwas zu übernehmen? Im redaktionellen Teil dürfen wir dann allerdings die Produkte, die da vorgestellt werden, nicht kritisieren. Der Text wird dann fast ausschließlich aus der Überschrift und einer kurzen Beschreibung der betreffenden Ware bestehen.«

»Dabei würde Hiroyasu auf keinen Fall mitmachen«, stellte Rose fest. »Aber mir gefallen Textanzeigen, weil die Seiten dieselbe Identität und Atmosphäre haben wie die Zeitschriften und weil die Leser eine Auswahl hübsch präsentierter Ware zu sehen bekommen. Ich muß mit Lally reden. Sie könnte dann Sally wieder zurückhaben, und Hiroyasu wird sich eine neue Assistentin suchen müssen, an der er seine Launen auslassen kann.«

»Hilfe! Ich muß los!« Marsha hatte einen Blick auf die Uhr geworfen. »Ich habe heute Hochzeitstag, und Tom wollte mich ausführen. Ich will mir nicht den Geschmack am Champagner verderben. Du mußt die Flasche allein austrinken.« Sie stürmte hinaus, winkte einem vorbeifahrenden Taxi und schoß dann gefährlich dicht vor dem heranbrausenden Autos über die Straße, um einzusteigen.

Nachdem Marsha gegangen war, fühlte sich Rose leer und deprimiert. Sie hatte sich auf einen gemütlichen Abend mit ihrer Kollegin gefreut. Trübsinnig nippte sie an ihrem Weinglas und starrte aus dem Fenster des Restaurants auf den Verkehr, der allmählich ein wenig schwächer wurde.

Hektor trat mit ernstem Gesicht an den Tisch. »Luca fragt, ob Sie nach hinten kommen?« Er wies mit dem Kopf zum Rundbogendurchbruch im hinteren Teil des Restaurants und ging dann zur Tür, um einige neu ankommende Gäste zu begrüßen. Verwirrt stand Rose auf. Der kleine hintere Raum war leer, aber aus Lucas Büro drang ein herzzerreißendes Schluchzen. Sie ging hinein und erblickte Luca, der seinen Arm um Gillians bebende Schultern gelegt hatte. Er sah sie ratlos an. »Rose, bitte hilf mir. Gillian, sie ist sehr traurig. Ich kann sie nicht trösten.«

Luca trat beiseite und Rose beugte sich über Gillian. »Was ist denn passiert, um Gottes willen?« Sie klopfte sanft auf ihren Rücken und strich ihr das Haar aus dem fleckigen, verschwollenen Gesicht. »Erzähl es mir, komm, jetzt erzählst du es Rose.«

Luca zuckte ratlos mit den Schultern und legte einen Finger auf die Lippen; dann verschwand er und kehrte einige Minuten später mit einem Glas Cognac zurück. »Ich verlasse euch jetzt.« Er legte Gillian tröstend die Hand auf die Schulter und sagte leise etwas in Italienisch zu ihr.

Gillian versuchte, sich aufzusetzen und schüttelte sich, immer noch laut und heftig schluchzend, das Haar aus dem Gesicht. »Tut mir leid. Ich benehme mich wie ein Kleinkind.«

»Natürlich nicht.« Rose ließ einen Arm auf Gillians Schulter liegen und angelte nach einem Papiertaschentuch. »Da, trockne dir die Tränen. Und trink dies hier.« Sie hielt den Cognacschwenker an Gillians Lippen. »Und jetzt erzählst du mir alles.«

Gillian schüttelte den Kopf. »Ich kann nicht. Es ist zu schrecklich.« Ihre Lippen zitterten, und die Tränen strömten ihr erneut über die Wangen.

»Bist du krank?«

Ein heftiges Kopfschütteln.

»Ist etwas mit deiner Familie?«

Neues Schluchzen und Kopfschütteln.

»Henry?«

Ein heftiges Nicken und tiefe Schluchzer.

»Gillian, meine Liebe, beruhige dich doch. Du darfst dich nicht so hineinsteigern.«

Nach einer Weile war die junge Frau in der Lage, zusammenhängend zu erzählen. Henry hatte sie verlassen. Das war die schlimme, schmerzliche Tatsache. Er hatte von heute auf morgen seine Zelte in England abgebrochen und war nach Amerika gegangen. Für Gillian hatte er einen Brief zurückgelassen, in dem er ihr mitteilte, daß er ihre Liebe und Zuneigung als bedrohlich, zu beengend empfand. Er wollte frei sein.

»Er war schon einmal verheiratet, und anscheinend war es so entsetzlich, daß er nie wieder heiraten wollte. Aber ich wollte ihn ja gar nicht heiraten, Rose, wirklich nicht.« Wieder begann sie heftig zu schluchzen. »Ich wollte nur mit ihm zusammenleben. Ich liebe ihn. Ich dachte, er liebte mich auch. Er hat es mir gesagt, oft genug. Er war doch zu Anfang sosehr in mich verliebt.«

»Natürlich war er in dich verliebt. Du bist schön und intelligent und überhaupt viel zu gut für ihn«, wetterte Rose.

»Ich kann nicht ohne Henry leben. Ich kann es nicht, und ich will es nicht.«

»Natürlich willst du. Du hast doch diese Affäre mit Cole Rogers Wagstaff auch überwunden – du hast es mir selbst gesagt.«

»Du hast O'Connor und Brown ausgelassen.« Gillian machte einen rührenden Versuch zu lachen und bekam sofort einen heftigen Schluckauf. »Das war etwas anderes. Ich war jung und nur einfach ein bißchen verknallt. Henry gibt mir das Gefühl, etwas ganz Besonderes zu sein, wir gehören zusammen wie zwei Hälften einer Kugel.«

Rose streichelte ihren Rücken. »Vielleicht hat er nur Angst bekommen«, sagte sie tröstend. »Er wird zurückkommen, wenn er sich beruhigt hat und merkt, wie sehr du ihm fehlst.«

»Nein, bestimmt nicht«, schluchzte Gillian. Wieder machte sie einen tapferen Versuch, sich zusammenzunehmen und ruhig und gleichmäßig zu atmen. Sie fuhr sich mit den Fingern durchs Haar. »Er hat mir geschrieben, daß er sein Haus verkaufen lassen will – ein wunderhübsches kleines Häuschen in der Walton Street. Wenn er zurückkommen wollte, dann würde er sich bestimmt nicht davon trennen. Und er hat einen Austausch mit einem der amerikanischen Direktoren seines Verlags arrangiert, der in England neue Erfahrungen sammeln will.« Gillian schob Rose ein zerknittertes Blatt Papier hin. »Das war heute nachmittag im Büro in meiner Post. Er schreibt, wenn ich es gelesen hätte, dann sei er bereits über dem Atlantik.«

»Mein Gott, was für ein Feigling«, bemerkte Rose bitter. »Besser allein bleiben, als mit so einem Schwächling zusammensein.«

»Meinst du?« Gillian sah sie verstört an. »Ich kann den Gedanken, daß ich ihn nie wiedersehen werde, nicht ertragen. Und er ist überhaupt kein Feigling«, fügte sie fast empört hinzu. »Er mag nur einfach keine Szenen. Er ist so unendlich sensibel.« Wieder begann sie zu schluchzen. »Ohne ihn ist mein Leben sinnlos.«

Rose spürte, wie Angst in ihr hochstieg. »Heute übernachtest du bei mir«, sagte sie entschlossen.

»Nein, ich möchte lieber allein sein.«

»Ich bin hier die Chefin.« Rose umfaßte Gillians schmale Schultern. »Schau her, wir bleiben hier noch ein bißchen sitzen, während du deinen Cognac austrinkst. Ganz austrinken!« befahl sie, als Gillian den Kopf schüttelte. »Und ich fahre uns beide jetzt nach Hause. Du hast noch gar nicht gesehen, was für eine verwegene Fahrerin ich bin, oder? Ich bin der Schrecken der Fleet Street, du wirst es sehen! Ich habe ein hübsches kleines Gästezimmer, das schon lange darauf wartet, benutzt zu werden. Ob du es glaubst oder nicht, als ich zuerst nach London gezogen bin, war das mein Wohn-/Schlafzimmer. Wir gucken uns irgend etwas furchtbar Blödes im Fernsehen an. Ich habe immer wieder festgestellt, daß irgendein banaler Quatsch mich unheimlich aufheitern kann.«

Gillians Gesicht hellte sich ein wenig auf. Luca war leise hereingekommen. »Wie geht es dir, meine Schöne?« Er küßte Gillian sanft auf die Stirn. »Jetzt probierst du ein bißchen von Lucas schöner Suppe, ja?«

»Nein, danke.« – »Ja, bitte.«

Beide, Gillian und Rose, hatten zur gleichen Zeit gesprochen.

»Ah, Rose sagt ›ja‹. Ich muß auf sie hören. Sie ist die Chefin.« Er ging leise wieder hinaus.

Als Rose etwa eine Stunde später mit Gillian nach Hause fuhr, hatte die junge Frau sich einigermaßen beruhigt. Sie hatte nach einigem Zögern ihre Suppe ausgelöffelt und ein kleines Omelette gegessen. »Man sollte es nicht glauben, aber ich bin ein bißchen hungrig«, hatte sie ihren Appetit mit einem schüchternen Lächeln kommentiert.

Später, in Roses Wohnung, erzählte ihr Gillian die Geschichte ihrer Beziehung zu Henry. Sie versuchte, sie in allen Einzelheiten zu analysieren und fragte sich immer wieder, ob und in welchen Situationen sie einen Fehler gemacht haben könnte. Als Gillian schließlich erschöpft und mit glasigem Blick auf die Mattscheibe starrte, ging Rose auf Zehenspitzen in Annes Zimmer und bat sie um eine oder zwei Schlaftabletten. Gillian schluckte brav die Tabletten und trank ein Glas warme Milch dazu. Rose blieb an ihrem Bett sitzen, bis sie eingeschlafen war. Wie konnte ein Mann, der noch alle sieben Sinne beisammen hatte, eine so schöne Frau wie Gillian verlassen? Aber offensichtlich hatte Henry eben nicht alle sieben Sinne beisammen. Später lag Rose noch lange wach und lauschte ängstlich, ob Gillian nicht doch aufwachte.

Kapitel 54

Gillian wohnte eine Woche lang bei Rose, ließ sich wie ein Kind zum Essen, zu einem Kinobesuch, zur Arbeit überreden. Ganz offensichtlich war sie sogar zu deprimiert, um sich die Haare zu waschen. Sie bewegte sich wie ein Automat und tat widerspruchlos alles, was man ihr vorschrieb. Es schien, als sei jede Vitalität, jedes Feuer in ihr erloschen. Rose paßte gut auf sie auf. Im Büro ging sie mehrfach unter irgendeinem Vorwand in Gillians Büro, oder sie schickte Marilyn mit Zeitungsausschnitten oder unverlangt eingesandten Manuskripten zu ihr hinüber. Sie bat Margot, darauf zu achten, daß Gillian nie allein zum Mittagessen ging. Sie überlegte angestrengt, ob sie ihr nicht irgendeine neue und herausfordernde Aufgabe geben könnte, durch die Gillian gezwungen wäre, sich wieder mit dem Leben auseinanderzusetzen. Von Henry kamen keine weiteren Nachrichten mehr, aber in einem Artikel des *Bookseller* wurde erwähnt, daß er in die Staaten gegangen sei und daß Marvin Fretteshanger von der amerikanischen Zweigstelle des Unternehmens Henrys Aufgabenbereich in England übernehmen werde.

Schließlich war es einer von Amandas freiberuflichen Fotografen, der Rose auf die Idee brachte, Gillian eine neue Aufgabe zu geben. »Eine Möglichkeit, ganz tolle Fotos zu machen«, hatte Amanda auf seine Mappe gekritzelt. Er wollte einige der englischen Handwerker und Kunsthandwerker fotografieren, die überall im Lande in kleineren oder größeren Dörfern arbeiten.

»Da gibt es eine phantastische Schafzüchterin, die mit Naturfarben Wolle färbt und dann von einer Truppe älterer Frauen die tollsten Mützen, Jacken und Schals daraus stricken läßt – die Sachen finden überall in den Staaten reißenden Absatz. Eine andere bemalt Seidenstoffe – also, es gibt überall im Land so viele Künstler und Kunsthandwerker, über die man tolle Berichte schreiben könnte. Und dann die Fotos: Stoffe, Töpferwaren, Stickereien . . . ganz toll für Farbaufnahmen.«

Rose mochte ihn gern, den gutmütigen, bärtigen Fotografen mit dem freundlichen Gesicht. Sie war grundsätzlich mit der Idee für den Artikel einverstanden, erklärte ihm aber, daß Gillian ihn begleiten solle, um die entsprechenden Geschichten zu schreiben. »Sie ist sehr tüchtig, aber sie hat vor kurzem einen schlimmen Schock erlitten, und man muß sie augenblicklich mit Samthandschuhen anfassen. Sie dürfen sie auf keinen Fall herumkommandieren.«

Justin Broadwick akzeptierte die Bedingungen ohne jede Diskussion; ihm war vor allem daran gelegen, daß seine Fotos in einer guten Zeitschrift wie der *Attitude* veröffentlicht wurden. Auf ein neurotisches Weib aufzupassen – das war offenbar der Preis, den er dafür zu zahlen hatte.

Als Rose mit Justin Broadwick in Gillians Büro kam, hörte Gillian ihnen fast teilnahmslos zu, zuckte mit den Schultern und sagte: »In Ordnung.« Sie fragte nicht, wer ihre Arbeit für sie tun werde, während sie nicht da war, und Rose brachte es auch nicht zur Sprache. Als sie die beiden verließ, waren sie bereits in ein Gespräch über den Zeitplan, Hotels und Reisekosten vertieft. Rose war entschlossen, Gillian auch in Zukunft zu unterstützen. Wenn es Gillian schlechtging, konnte sie sie von überall her anrufen. Justin war zuverlässig und vertrauenswürdig. Wenn Gillian Schwierigkeiten hatte, den Text zu formulieren, dann könnte man ihre Notizen im Büro umschreiben. Sie hatte immer so hart gearbeitet – es war in Ordnung, sie eine Weile lang einfach mitlaufen zu lassen. Rose wollte Gillians laufende Arbeit zwischen Hamish und der ehrgeizigen kleinen Volontärin, die dafür plädiert hatte, daß man Sybyl mehr Platz einräumen solle, aufteilen. Die junge Frau würde die Gelegenheit gewiß begeistert beim Schopfe packen.

Luca rief Rose fast jeden Morgen an, um sich nach Gillian zu erkundigen. Rose erzählte ihm von dem Artikel. »Gillian muß

Leute interviewen, sich Notizen machen, sie muß alles mögliche planen und organisieren. Das wird ihr bestimmt helfen.«

»Du warst so freundlich zu ihr, Rosa. Sie war so verzweifelt, als sie da schluchzend und tränenüberströmt in mein Lokal stolperte – ich wußte gar nicht, was ich tun, wie ich ihr helfen sollte.«

»Du hast dich aber auch sehr fürsorglich um sie gekümmert. Henry muß verrückt sein, eine so tolle Frau zu verlassen. – Männer!«

»Oh, Rosa, es gibt aber bestimmt einige, die die tollen Frauen zu schätzen wissen. Dein Mr. Tillotson zum Beispiel.«

Einige Sekunden lang konnte Rose kein Wort herausbringen. Dann schüttelte sie den Kopf. »Er ist nicht mein Mr. Tillotson«, sagte sie leise. »Er hat nur unsere Werbekampagne geplant.«

»Aber du mochtest ihn doch. Das hast du zumindest gesagt. Ich habe ihn beobachtet, wie er dich nach der Party so fürsorglich zum Auto brachte. Jetzt ist Rosa glücklich, habe ich gedacht.«

»Oh . . . Die Dinge sind nicht immer so, wie sie scheinen, Luca.«

Beide hingen einige Minuten lang ihren Gedanken nach. Dann erzählte Luca, daß die erste Folge seiner Fernsehserie am Donnerstag ausgestrahlt werden würde. »Kanal 4 will nach der Sendung eine Party für mich geben. Jetzt, da ich das Video gesehen habe, bin ich nicht mehr so nervös. Hektor führt sich übrigens auf wie ein Clown. Und du, Rosa, du wirst wahrscheinlich keine Zeit haben?«

»Ich würde sehr gern kommen. Offengestanden war ich ganz schön gekränkt, daß du mich damals nicht zusammen mit Gillian und Amanda eingeladen hattest, um mir das Video anzusehen.« Sie lachte, als sei ihr die Einladung schließlich doch nicht so wichtig gewesen.

»Ich dachte, du würdest wahrscheinlich ohnehin nicht kommen. Aber gut, dann am Donnerstag. Um acht Uhr abends fängt es an – eine gute Zeit, nicht wahr? Dann haben sich all die erschöpften Hausfrauen und Karrierefrauen vors Fernsehgerät gesetzt.«

Wenig später ließ Mr. Littlejohn ihr mitteilen, daß Wichtiges zu besprechen sei. Sie eilte voller böser Ahnungen in sein Büro, aber er war aufgeräumt und leutselig. »So, das Titelblatt in diesem Monat, meinen Sie, war gut? Ich hatte den Eindruck, daß es ein bißchen zu intellektuell war, aber schließlich bin ich nur ein einfacher Mann. Die letzten Zahlen zeigen, daß der Verkauf immer noch steigt – jetzt, da die Werbekampagne gelaufen ist, gehen sie nicht mehr ganz so steil in die Höhe, aber wir werden sehen, vielleicht erreichen wir im Herbst noch einen zweiten Gipfel. Aber eigentlich wollte ich nicht wegen der *Attitude* mit Ihnen sprechen, Rose. Ich möchte, daß Sie in näherer Zukunft in die Staaten reisen – mir liegt daran, daß Sie den Mayflower-Konzern kennenlernen. Das ist ein ziemlich großes Verlagsimperium, wissen Sie.«

»Ja, ich weiß. Ich lese regelmäßig die meisten Zeitschriften, die der Verlag herausgibt.«

»Nun, einige davon möchte ich auch hier in England publizieren – Sie wissen das, nicht wahr?« Er sah sie prüfend an.

»Ich habe da so einige Gerüchte gehört.« Rose wurde es unbehaglich zumute. Sie hatte durch Burt davon erfahren.

»Nun, irgend etwas sickert ja immer durch. Es gibt drei oder vier Zeitschriften, die man in die engere Wahl ziehen könnte. Ich möchte gern, daß Sie sich die einmal ansehen, mit den Leuten dort sprechen, mir Ihre Meinung sagen, ob die betreffenden Blätter hier ebensogut ankommen würden.«

»Das ist sehr schmeichelhaft . . ., aber ich . . . äh . . . ich bin nicht sicher, ob ich kompetent genug bin, um eine solche Entscheidung zu treffen.«

James Littlejohn lachte laut auf. »Sie glauben doch nicht, daß Sie dann die einzige sein werden, die darüber zu entscheiden hat? Natürlich werde ich Marktuntersuchungen machen lassen, und zwar vor allem im Hinblick auf das Werbepotential, die Konkurrenzsituation, die Kosten. Ich wünsche mir nur eine nüchterne und kritische Einschätzung von jemandem, der ein sicheres redaktionelles Gespür hat. Vielleicht ist es ganz einfach, die amerikanischen Zeitschriften an den Bedarf in diesem Land anzupassen. Auf jeden Fall glaube ich, daß es eine gute Idee ist, wenn Sie hinfahren. Vielleicht bekommen Sie auch selbst ein paar neue Anregungen. Ein Austausch von Ideen – das kann doch nur positiv sein.«

»Das klingt wunderbar, aber . . .«, Rose dachte nach. Sie war noch nie im Ausland gewesen. »Wer würde denn meinen Posten in der *Attitude* übernehmen, solange ich fort bin?«

»Ah, da legen Sie Ihren Finger natürlich genau auf den wunden Punkt, Rose. Wer – ja, wer? Sie haben keine Stellvertreterin. Sie machen viel zuviel im Alleingang. Was sollen wir tun, wenn Sie demnächst von einem Bus überfahren werden?«

»Von einem Bus überfahren werden – darüber habe ich noch nie nachgedacht. Ich habe vor allem immer versucht, die Kosten im Griff zu behalten. Leitende Angestellte sind teuer.«

»Nun, dann denken Sie bitte jetzt über eine Stellvertreterin nach. Gibt es unter Ihren Mitarbeitern jemanden, den Sie vorschlagen würden?«

»Ich muß mir das einmal in Ruhe überlegen«, sagte Rose zögernd. Margot fiel ihr als erste ein, aber sie war nicht kreativ: eine wunderbare »Zweite«, aber keine Frau, die eigene Ideen hatte. Hamish war in der Zeitschriftenwelt nicht wirklich zu Hause, obwohl seine Literaturseiten hervorragend waren . . . Gillian hatte zu wenig Erfahrung.

Alle möglichen Gedanken gingen ihr durch den Kopf. »Ist es wichtig, daß ich schon bald fahre? Meine Stellvertreterin wird eine gewisse Zeit brauchen, um sich einzuarbeiten. Es wäre unbedingt nötig, daß sie die Identität, das neue Konzept der *Attitude* ganz genau erfaßt.« Wenn Rose ehrlich war, mußte sie sich eingestehen, daß ihr der Gedanke, daß jemand anderes Chefredakteurin *ihrer* Zeitschrift sein könnte, überhaupt nicht gefiel.

»Kein Grund zur Panik. Bereiten Sie zunächst einmal alles in Ruhe vor. Natürlich darf Ihr Baby nicht das falsche Kindermädchen bekommen. Aber wenn ich mir etwas in den Kopf gesetzt habe, dann bin ich meist sehr ungeduldig.«

»Amerika!« Rose bekam Herzklopfen, wenn sie daran dachte, den ganzen langen Weg allein zu fliegen. Den Zeitschriften nach zu urteilen waren alle Amerikaner blond und leicht gebräunt, hatten glänzende weiße, gleichmäßige Zähne und lange Beine. Die Vorstellung, in die USA zu fliegen, war zwar ein wenig beängstigend, aber zugleich auch sehr reizvoll. Was würden ihre Eltern sagen? Roses Familie war in den Ferien kaum jemals weiter als bis an die Küste von Essex gereist. Vielleicht könnte sie eine Ferienwoche anhängen und nach Los Angeles oder San Francisco fliegen?

Als sie wieder an ihrem Schreibtisch saß, gingen ihr verschiedene Namen durch den Kopf. Wie wäre es, wenn sie Dick Crawley bitten würde, ihr Stellvertreter zu werden? Er hatte unter Miss Twyford den Posten des stellvertretenden Chefredakteurs gehabt. Zu alt? Zu stolz, um der Stellvertreter einer Frau zu sein, die ganz klein, weit unter ihm, angefangen hatte? Und was war mit der exzentrischen Alex Ludlow von der *World of Women*? Sie sah aus, als hätte man sämtliche Farbe aus ihr herausgespült, und sie hatte eine entnervende Art, sich beim Sprechen hin und her zu wiegen – Rose hatte sie deshalb zunächst für leicht verrückt gehalten –, aber sie war eine Frau mit Ideen und einem hervorragenden Stilgefühl. Sie hatte bereits für verschiedene Monats- und Wochenzeitschriften gearbeitet.

Rose versuchte, sich auf die unmittelbar vor ihr liegende Aufgabe, die nächste Ausgabe der *Attitude*, zu konzentrieren. Sie notierte sich für die nächste Redaktionskonferenz verschiedene Kritikpunkte. Die Farbe war zu blaß. Amanda müßte die Drucker mal wieder zusammenstauchen. Rose war überzeugt, daß man aus einer bestimmten Story mehr hätte machen können. Warum nicht die Zitate ebenfalls in 12-Punkt-Schrift bringen;

der Text wirkte zu gedrängt. Und sie müßte die Personalabteilung über Lallys Entscheidung informieren. Lally war mit der Idee, die Promotionabteilung zu leiten, sofort einverstanden gewesen. Rose hatte sogar den Eindruck gehabt, als wäre Lally erleichtert gewesen.

»Hiroyasu ist mir ohnehin zu schwierig. Ehrlich gesagt hatte ich ein bißchen Angst davor, mit ihm zusammenarbeiten. Und ich habe mir nie eingebildet, eine besonders gute Journalistin zu sein – ich habe ein gutes Auge für Formen und Farben, und ich weiß eine Menge über Mode, aber« – sie lächelte verschmitzt – »dieser kleine Giftzwerg ist eben ein Genie.«

»Warum Giftzwerg? Schwierig, vielleicht ...«

»Er hat in einem seiner letzten Artikel Brett Coulans Sportmoden-Kollektion völlig lächerlich gemacht. Sicher, sie war auch ziemlich nichtssagend, aber es gab einen guten Grund dafür: seine Frau war gerade nach langer Krankheit gestorben. Als er von einem anderen Moderedakteur wegen seiner Rücksichtslosigkeit kritisiert wurde, hat er nur gelacht. Sally sagt auch, er sei ein Ekel. Manchmal ist er sogar richtig sadistisch, vor allem zu den Models. Ich glaube, im Grunde seines Herzens kann er Frauen nicht leiden.«

»In dem Fall ist Mode natürlich ein ziemlich unpassendes Betätigungsfeld.«

»Meinst du?« Lally warf Rose einen amüsierten Blick zu. »In der Modebranche findest du mehr Homos als Rosinen in einem Plumpudding.«

Kapitel 55

Obwohl er immer wieder beteuerte, er sei überhaupt nicht nervös, ergriff Luca, als im Vorführraum von Kanal 4 die Lichter ausgingen, die Musik ertönte und der Vorspann über eine riesige Leinwand flimmerte, hilfesuchend Roses Hand. Die Kamera richtete sich ein paar Sekunden lang auf das Restaurant, aber es ging zu schnell, als daß Rose sich selbst hätte erkennen können. Nur Lisa Cowleys rotes Seidenhemd leuchtete irgendwo im Hintergrund, und Hektor schlängelte sich zwischen den Tischen hindurch und strahlte, als wolle er für eine Zahnpastamarke Reklame machen. Dann erschien Luca. Er stand lächelnd vor einem Küchenarbeitstisch, auf dem sich frische Früchte und frisches Gemüse türmten. Er betonte, wie wichtig es sei, beim Einkauf die Lebensmittel sorgfältig zu prüfen und auszuwählen.

Als die Kamera sein Gesicht in Großaufnahme zeigte, spürte Rose eine Welle von Sympathie in sich aufsteigen. Lucas Augen leuchteten, seine Mimik war lebhaft, und in seiner Aufregung sprach er mit einem deutlichen und sehr charmanten italienischen Akzent; gelegentlich rutschte ihm sogar statt des englischen ein italienisches Wort heraus. Beim Kochen stieß er mehrmals einen lauten Fluch aus, vor allem, als er sich die Finger am Topf verbrannte hatte, und natürlich war auch die Szene, als er versehentlich eine große hölzerne Pfeffermühle fallenließ und sich verärgert mit der Hand gegen die Stirn schlug, nicht herausgeschnitten worden.

Luca warf Rose mehrmals verzweifelte Blicke zu, stöhnte und legte die Hand über die Augen. »Mein Gott, wie ungeschickt, wie linkisch!«

Am Ende des fünfundzwanzigminütigen Films wurde er von allen Seiten beglückwünscht. Lisa Cowley nahm Luca am Arm und stellte ihn dem Verleger vor, der die Idee gehabt hatte, daß

Luca ein Buch über die italienische Küche schreiben solle. Die PR-Referentin der Fernsehstation machte ihn mit verschiedenen Journalisten bekannt, die ebenfalls eingeladen worden waren.

Für Rose war es eine seltsame Erfahrung, Luca als Leinwandstar zu erleben. Eine hübsche junge Stenotypistin umklammerte ihr Clipboard, drückte es fest an die Brust und seufzte verträumt: »Mein Gott, er sieht phantastisch aus. Wenn ich in seinem Restaurant essen ginge, würde ich keinen Bissen herunterbringen.«

Rose sah zu Luca hinüber, der höflich lächelte und nickte, und neben dem großen, bulligen Mann, mit dem er sich gerade unterhielt, geradezu zierlich wirkte. Ein angenehmes Gesicht, ja, das stimmte, freundliche Augen, denen man vertrauen konnte. Aber sah er denn tatsächlich so ungewöhnlich gut aus? Das hatte sie bisher eigentlich nie wahrgenommen.

Stewart Cowley kam herüber, um sie zu begrüßen.

»Das hat Ihre Frau wirklich gutgemacht«, schwärmte Rose. »Es sieht überhaupt nicht gestellt aus, wie das oft bei solchen Kurzprogrammen der Fall ist.«

»Mir hat die Sendung auch sehr gut gefallen. Für meine Firma ist sie natürlich ganz schlecht«, lachte er. »Wenn nun jeder so liebevoll kochen würde – meine Tiefkühlgerichte muß man einfach nur in die Mikrowelle schieben. Der junge Mann bekommt bestimmt körbeweise Fanpost.«

Nach der Party verließen Luca und Rose zusammen das Studio. »Herzliche Glückwünsche, Luca. Das hast du großartig gemacht. Auch die kleinen Pannen wirkten richtig sympathisch, zum Beispiel, wie du die Pfeffermühle fallengelassen hast.«

»Glaubst du, Rosa? Lisa sagt das auch. Mir selbst war es schrecklich peinlich.«

»Komm, ich lade dich zum Abendessen ein. Hier an der Ecke ist ein gutes griechisches Restaurant; genau richtig für dich.« Es war das Restaurant, wohin Chamley sie immer ausgeführt hatte.

Beim Abendessen erzählte ihr Luca von den anderen Folgen der Serie. Der Verleger wollte das Buch genau zu dem Zeitpunkt auf den Markt bringen, wenn die letzte Sendung ausgestrahlt würde. Es sollte nicht nur vom Kochen handeln, sondern Luca sollte darin seine Ansichten über das Essen und seine Essensphilosophie erläutern. »Ich weiß nicht, ob ich das überhaupt kann, Rosa. Und wenn ich es in Englisch schreibe, dann brauche ich doppelt so lange dazu.«

»Aber dein Englisch ist doch sehr gut. Der Lektor wird sowieso sämtliche Fehler verbessern. Es geht darum, daß du den Lesern deine Einstellung zum Essen nahebringst.«

»Meine Einstellung? Die ist leicht zu erklären: Essen ist Liebe. Das ist nicht neu, aber ich habe diese Philosophie für mich selbst neu entdeckt.«

Nachdem sie bestellt hatten, erzählte Rose ihm von ihrer bevorstehenden Reise nach Amerika. »Ich bin so nervös. Es scheint so weit weg zu sein. Und ich soll mich mit so vielen wichtigen, einflußreichen Leuten treffen.«

»Das wirst du schon schaffen, Rosa. Du hast doch soviel Mut. Aber manchmal kommst du mir so jung, so unsicher vor. Aber du tust nur so, ja?«

»Nein, nein, ich bin wirklich manchmal sehr unsicher. Und ich hab' durchaus auch meine Ecken und Kanten.«

Luca streichelte mit dem Zeigefinger ihren Unterarm. »Ich kann keine Ecken und Kanten sehen, nur sanfte Rundungen. Wenn ich mir vorstelle, daß du die loswerden wolltest . . .«

»Ich meine Ecken und Kanten, was meine Persönlichkeit anbetrifft!« erwiderte sie hastig.

Als Rose auf Lucas gebeugten Kopf schaute und die sanfte Berührung seines Fingers spürte, merkte sie, daß sie sich sehr stark zu ihm hingezogen fühlte. Sie hatte plötzlich das heftige Bedürfnis, von ihm in die Arme genommen und geküßt zu werden, und wunderte sich, daß diese Sehnsucht ebenso stark war wie die, die sie noch vor ein paar Wochen für Burt empfunden hatte.

»Was ist übrigens aus Mr. Tillotson geworden?« Luca sah ihr tief in die Augen.

»Oh.« Eine leichte Röte stieg ihr ins Gesicht; sie hatte Angst, daß er ihr Gefühl von Scham und Demütigung spüren könnte. Vielleicht, wahrscheinlich sogar, war ihre Liebe zu Burt nichts anderes als eine Schwärmerei gewesen. »Die Sache hat sich irgendwie im Sand verlaufen, nehme ich an. Ich habe endlich gemerkt, daß er im Grunde nicht besonders nett ist.«

»Aber attraktiv?«

»Attraktiv – ja.«

Luca nahm ihre Hand und sah sie unverwandt an. »Erzähl' mir von deiner Ehe, über die in den Zeitungen so viel geschrieben worden ist. Du hast nie darüber gesprochen. War es eine sehr schlimme Erfahrung?«

Bei Luca fiel es ihr leicht, über ihre Ehe mit Roger zu sprechen, die sie damals als eine Alternative zu ihrem unbefriedigenden, langweiligen Job betrachtet hatte. Sie erzählte, wie erleichtert sie gewesen war, daß ihn ihr Übergewicht nicht zu stören schien. Bei Roger habe sie zum ersten Mal das Gefühl gehabt, von einem Mann wirklich gemocht und akzeptiert zu werden; das sei ihr damals als ein ausreichender Grund erschienen, ihn zu heiraten. »Jetzt, da ich darüber nachdenke, wird mir klar, daß viele Frauen den erstbesten Mann heiraten, nur, um einem langweiligen Job zu entfliehen.«

»Und jetzt, da du einen so spannenden Job hast, brauchst du nicht zu heiraten, ja?«

Rose sah auf ihren Teller hinunter. »Wahrscheinlich nicht.« Die Perspektive, immer allein zu bleiben, erschien ihr trotz allem ziemlich trist. In der Welt, in der ihre Eltern lebten, wurde vorausgesetzt, daß die Ehe für Frauen das wichtigste Lebensziel sei, je früher unter die Haube, desto besser, so hatte ihre Mutter immer gesagt, und dann so schnell wie möglich Kinder. Rose hatte diese Anschauungen sozusagen mit der Muttermilch in sich eingesogen; vielleicht sollte sie sie, wie so vieles andere, was ihr an ihrer kleinbürgerlichen Herkunft nicht gefiel, endlich ablegen.

Luca lachte, und Rose sah ihn fragend an. Er hatte sie offensichtlich ein bißchen auf den Arm nehmen wollen. »Ich glaube, Rosa, du wirst wieder heiraten – sobald du wirklich erwachsen geworden bist.«

»Ich glaube nicht, daß ich überhaupt noch einmal heirate. Im übrigen ist auch niemand in Sicht.«

»Vielleicht schaust du dich nicht richtig um. Zumindest hast du diesmal nicht gesagt, niemand möchte eine Frau, die dick ist! Das ist doch schon ein Fortschritt, ja?«

Später fuhr er sie in dem vertrauten, ein bißchen schäbigen Wagen, in dem sie fahren gelernt hatte, nach Hause. Rose kuschelte sich in den abgewetzten Ledersitz und fühlte sich wohl und geborgen. Wieder stieg die Sehnsucht in ihr auf, von ihm umarmt, geküßt, leidenschaftlich geliebt zu werden. Als der Wagen vor ihrer Haustür anhielt, bedauerte sie, daß die Fahrt nicht länger gedauert hatte.

Einige Sekunden lang saßen sie schweigend nebeneinander; der Motor des Wagens war ausgestellt. Rose betrachtete Lucas Profil und hätte ihn am liebsten hereingebeten, ihn gefragt, ob er über Nacht bei ihr bleiben wolle. Aber dann seufzte er leise und griff an ihr vorbei, um die Autotür zu öffnen.

»Gute Nacht, Rosa, danke, daß du zu meiner Party gekommen bist.«

Er streifte mit seinen Lippen leicht ihre Wange. »Und dafür daß du mich zum Abendessen eingeladen hast. Griechisches Essen ist doch nicht so gut wie meine italienische Küche, ja?«

Rose merkte, wie Ärger in ihr hochkam. Schnell stieg sie aus dem Wagen. »Nein. Denkst du manchmal auch an etwas anderes als an Essen?« Sie schlug verärgert die Autotür zu und lief, ohne sich noch einmal umzuschauen, zu ihrer Haustür.

Als sie am nächsten Morgen in ihr Büro trat, stand eine Schale mit weißen Rosen auf ihrem Schreibtisch. Auf der Karte, die darin steckte, stand: »Doch, Rosa, sehr oft sogar.«

Kapitel 56

Von New York war Rose vom ersten Augenblick an hellauf begeistert. Am Flughafen wurde sie von der Verlagsleiterin der Mayflower-Gruppe abgeholt, einer Frau Mitte Vierzig, die etwa einsfünfzig groß sein mochte und außerordentlich füllig war. Rose fiel es schwer, ihr Erstaunen zu verbergen. Offensichtlich waren doch nicht alle Amerikanerinnen groß und schlank. An der Seite von Ellen Schnabel-Rosenbaum hatte sie zur Abwechslung einmal das Gefühl, groß und schlank zu sein. Die kleine, rundliche Frau führte Rose zu einer riesigen langgezogenen Limousine. Fast noch bevor der Wagen den John-F.-Kennedy-Airport verließ, überfiel sie ihren Gast mit Zahlen und Statistiken. Ab und zu unterbrach sie sich, um Rose eine der New Yorker Sehenswürdigkeit zu zeigen. »Sie wohnen im Algonquin, nicht wahr? Marie Schefer hat mir telegrafiert, daß Sie dort wohnen möchten; ich nehme an, daß Sie dort gern einige wichtige Leute treffen würden. Glauben Sie mir, es wirkt für den heutigen Geschmack ziemlich protzig, aber da Sie es sich so gewünscht haben . . .«

Sie zuckte mit den Achseln, um anzudeuten, daß es sinnlos sei, sich über Geschmack zu streiten. »Wir haben ein Programm für Sie vorbereitet, aber Sie können natürlich ohne Bedenken Veränderungen vornehmen, wenn es Ihnen nicht gefällt. In diesem Ordner habe ich Ihnen alles Wichtige zusammenstellen lassen. Und wie sieht's in London aus? Wir finden, daß Ihre Zeitschrift einfach großartig ist. Wir haben hier eine Redakteurin, Phoebe Shiffer, die Sie unbedingt kennenlernen möchte. Phoebes Lebenslauf finden Sie im Ordner, ebenso wie die Kurzbiographien all der anderen Leute, die Sie kennenlernen werden. Phoebe hat gerade unsere sehr anspruchsvolle *Avenue* übernommen. Sie möchte den Titel gern ändern, wie denken

Sie darüber? *Avenue* ist doch eigentlich nicht schlecht, oder? Die Multimillionäre wohnen hier in der Park Avenue – wir sollten uns deren Sympathien auf keinen Fall verscherzen – whaddya think, Rose?« Rose hatte manchmal Schwierigkeiten, Ellens breiten New Yorker Akzent zu verstehen. Sie war ohnehin noch benommen von den vielen neuen Erfahrungen, die sie in den letzten paar Stunden gemacht hatte. Mr. Littlejohn hatte darauf bestanden, daß sie Erster Klasse flog, und Rose hatte die fürsorgliche Aufmerksamkeit der Stewardessen, die kleinen appetitlichen Leckerbissen, den Champagner, der in Strömen floß, den hervorragenden Service mit den Spezialhausschuhen und -wolldecken von ganzem Herzen genossen. Sie hatte es kaum glauben können, daß sie, irgendwo in 38 000 Meter Höhe, Champagner trank, köstliche Leckerbissen serviert bekam und sich einen Film ansah, während sie mit einer Geschwindigkeit von 500 Meilen pro Stunde auf einen anderen Kontinent zuflog.

Es war jetzt 2.00 Uhr nachts Londoner Zeit, und neben ihr saß eine rundliche Frau, die so schnell wie ein Maschinengewehr redete. Sie würden bei Elaine zu Abend essen, kündigte Ellen Schnabel-Rosenbaum an, und man würde Rose morgen früh in einem Wagen abholen, der sie zum Gebäude der *Mayflower Publications* in der Madison Avenue bringen würde. Rose besaß immerhin noch genügend Geistesgegenwart, um zu protestieren, sie könne heute abend keinen Bissen mehr herunterbringen, sie würde sich lieber gleich schlafen legen.

»Der Jet-Lag, ja? Also gut.« Ellen nahm den Hörer des Autotelefons und rief das Restaurant an, um den Tisch abzubestellen. »Sie müssen es mir sagen, wenn Sie jemanden bestimmten treffen wollen, O. k.? Ich werde das dann schon für Sie arrangieren.«

Rose lächelte schwach. »Oh, Tom Wolfe, Joan Didion, Gail Sheehy, Norman Mailer, Gore Vidal, Fran Lebowitz . . . und noch ein paar andere, das wäre nicht schlecht.«

»Joan Didion, das könnte schwierig werden – sie lebt an der

Westküste, aber ich werde mal sehen, ob die anderen gerade in der Stadt sind ...«

Rose schnappte nach Luft. »Ich habe doch nur Spaß gemacht.«

»Kein Problem. Sie sagen, was Sie möchten, O. k.?«

In den folgenden beiden Wochen lernte Rose New York kennen, manchmal begleitet von Ellen, manchmal von einem der beiden Herausgeber der achtunddreißig verschiedenen Zeitschriften der Mayflower-Verlagsgruppe. Sie stieg auf die höchste Aussichtsplattform des Empire State Building und umkreiste mit einem Touristenboot die Freiheitsstatue. Voller Stolz zeigte Ellen ihr das Metropolitan Museum und das Museum of Modern Art, von den New Yorkern nur Met und Moma genannt, und bummelte mit ihr durch Greenwich Village. Vor ihrer Abreise hatte Rose verschiedene Termine mit amerikanischen Agenten und Verlegern vereinbart, um bestimmte Arbeiten in Auftrag zu geben. Jedes einzelne Mittag- oder Abendessen war bereits im voraus festgelegt. Zur Feier des fünfzigjährigen Firmenjubiläums der Mayflower-Gruppe sollte ein großes Galadiner stattfinden, bei dem sie, wie sie der Mappe, die Ellen ihr gegeben hatte, entnahm, eine Rede halten sollte. An den Tagen, die noch nicht verplant waren, besuchte sie die verschiedenen Redaktionen der *Mayflower Publications* und verbrachte vor allem sehr viel Zeit bei den Zeitschriften, von denen Mr. Littlejohn ihr gesagt hatte, daß er daran denke, sie auch in England zu publizieren. Man stellte ihr ein Büro und eine junge Sekretärin zur Verfügung, die so tüchtig war, daß es Rose geradezu den Atem verschlug.

Nie zuvor in ihrem Leben war jede Minute ihres Lebens so eng verplant gewesen. Rose fühlte sich so aktiv, energiegeladen, als wären ihre Lungen mit reinem Sauerstoff gefüllt. Jeder, dem sie begegnete, schien so vital und tüchtig und erfolgreich zu sein, daß es ansteckend wirkte.

Als sie eines Nachmittags in ihr Hotel zurückkehrte, fand sie zu ihrer Überraschung einen Blumenstrauß von Miss Twyford. Auf einem Kärtchen teilte sie Rose mit, sie hoffe, ihre »alte

Kollegin« möge ein paar Stunden Zeit haben, um sie zu besuchen. Miss Twyford war inzwischen Verlagsdirektorin einer riesigen Verlagsgruppe geworden, die mit *Mayflower Publications* heftig konkurrierte. Roses Sekretärin warnte sie hinter vorgehaltener Hand, daß Rose den Besuch lieber geheimhalten solle; zwischen beiden Verlagshäusern sei ein offener Kampf ausgebrochen, seit das eine dem anderen besonders günstige Sendezeiten in der Fernsehwerbung vor der Nase weggeschnappt hatte. »Nachdem Miss Twyford in der *New York Times* über Ihren Besuch gelesen hatte, hat sie mich angerufen und gefragt, in welchem Hotel Sie wohnen. Sie klang sehr nett, aber wenn Miss Rosenbaum erfährt, daß ich es ihr gesagt habe, dann reißt sie mir wahrscheinlich den Kopf ab.«

Rose aß mit Miss Twyford im obersten Stockwerk von The Sixes zu Mittag. Es war für Rose eine seltsame Erfahrung, sich als Gleichgestellte mit einer Frau zu unterhalten, die sie noch vor kurzer Zeit aus einer ehrfürchtigen Distanz heraus bewundert hatte. Miss Twyford sah ganz genau aus wie früher, ihre blauen Augen strahlten noch ebenso hell, und sie war genauso elegant, wenn nicht noch eleganter als damals gekleidet. Als Rose von der *Attitude* erzählte, schaute Arabella Twyford ein wenig wehmütig drein. »Ich hatte nicht gedacht, daß ich in meinem Alter noch solche nostalgischen Gefühle haben könnte, aber, mein Gott, Rose, wie sehr ich dich beneide. Ich fände es herrlich, wenn wir einfach tauschen könnten – wobei du natürlich im Nachteil wärst. Heute würde ich einiges doch anders machen.« Sie stützte das Kinn auf die Hand und sah gedankenverloren vor sich hin. »Du darfst es niemals zulassen, daß die Arbeit dein ganzes Leben beherrscht – nicht einmal die Arbeit für eine Zeitschrift wie die *Attitude*. Ich habe leider früher diesen Fehler gemacht und bereue ihn heute sehr. Zu Anfang gab es so unendlich viel zu tun, so vieles, was erst einmal aufgebaut, organisiert werden mußte, daß ich meinen Mann nur selten, meistens nur sehr spät abends, gesehen habe. Dann, als ich endlich dachte, daß ich jetzt ein bißchen kürzer treten, vielleicht eine Familie gründen könnte, war es zu spät. Mein Mann hat in seinem Büro einen Herzanfall bekommen und ist gestorben, bevor ich ihn im Krankenhaus noch einmal in die Arme nehmen konnte.« Sie atmete tief ein und fragte: »Und was planst du jetzt für die Weihnachtsausgabe? Die Arbeit für das Dezemberheft habe ich nie besonders gern gemocht; es war fast nicht möglich, da ein bißchen Kreativität und Originalität hineinzubringen. Weihnachten hätte ich am liebsten immer übersprungen . . .«

Mr. Littlejohn kam zum festlichen Mayflower-Diner extra von London angereist. Kurz nach seiner Ankunft bat er Rose zu einer Besprechung, Als sie sein New Yorker Büro betrat, saß er an einem riesigen Schreibtisch, zwergenhaft verkleinert durch die gewaltigen Ausmaße des Raumes, dessen Wände von antiken Schränken und viktorianischen Aquarellen fast völlig verdeckt waren.

»Ihre neue Stellvertreterin macht ihre Sache ganz gut«, beruhigte er sie. »Ich habe kurz vor meiner Abreise noch einmal mit ihr gesprochen, und sie hat mir wörtlich gesagt, alles sei in bester Butter.«

Rose machte sich aber dennoch Sorgen. Sie hatte sich gründlich überlegt, wen sie als Stellvertreterin einsetzen solle, und sich schließlich für Alex Ludlow von der *World of Women* entschieden. Die letzten hektischen drei Wochen, bevor sie in die Staaten fuhr, hatte sie vor allem damit verbracht, Alex alles genau zu erklären. Als sie schließlich abflog, fühlte sie sich sehr unsicher. Sie hatte eine böse Vorahnung, daß irgend etwas schieflaufen würde. Alex hatte einen guten Ruf und war offensichtlich sehr tüchtig, aber Rose meinte, bei ihr eine gewisse Distanz, sogar eine leise Feindseligkeit gespürt zu haben. Aber vielleicht hatte sie sich das auch nur eingebildet. Schließlich konnte nicht jeder Mitarbeiter sich der Zeitschrift so mit Haut und Haaren verschreiben wie sie selbst.

Im übrigen war Margot ja auch noch da. Die Tatsache, daß man nicht sie, sondern Alex zu Roses Stellvertreterin gemacht hatte, hatte Margot allerdings sehr gekränkt, und eine Gehaltserhöhung hatte sie nur wenig besänftigen können. Rose hatte aber dennoch gemeint, daß es besser sei, den Interessen der *Attitude* Priorität einzuräumen. Es hatte verletzte Gefühle und Tränen gegeben, aber Rose hatte so vieles zu planen und zu organisieren gehabt, daß sie auf Margot nicht hatte eingehen können.

Aber seit dem Augenblick, als sie in New York gelandet war, hatte sie sich ernsthafte Sorgen gemacht. Fast täglich rief sie in London an und bekam immer wieder dieselbe stereotype Antwort; alles sei ›in bester Butter‹. Margot war seltsamerweise nicht ein einziges Mal an den Apparat gekommen, Amanda hatte sich bei ihren Berichten auf technische Details wie Titelfotos und Veränderungen des Designs konzentriert, aber als Rose ein- oder zweimal Gelegenheit hatte, mit Marilyn zu sprechen, war sie sicher, daß eben nicht alles glattlief. Marilyn hatte gezögert und sich sehr unklar geäußert: »Sie kommen ja bald zurück, nicht wahr, und dann werden wir alles wieder auf die Reihe bringen.« Rose war sehr beunruhigt. Alex war immer so distanziert, so wenig mitteilsam.

Für das letzte Wochenende in New York hatte Rose ihre eigenen Pläne gemacht. Sie wollte gern ein paar Mitbringsel kaufen, die Riesenstadt zu Fuß und in ihrem eigenen Tempo erkunden. Zuvor waren so viele neue Eindrücke auf sie eingestürmt, als hätte sie sich ein Videoband im Schnellgang vorspielen lassen. Als sie am Samstagabend wieder ins Algonquin zurückkehrte, erhob sich in der Empfangshalle ein Mann und kam mit zögernden Schritten auf sie zu. »Miss Summers?«

»Ja.« Rose sah ihn fragend an.

»Sie erinnern sich nicht an mich – wie sollten Sie auch? Wir haben uns nur einmal getroffen, und damals waren sehr viele Leute um uns herum. Ich bin Henry Burchill.« Er sah sie verlegen und unsicher an.

»Ach.« Roses Reaktion war eisig.

»Ich hoffe, es macht Ihnen nichts aus, daß ich Sie anspreche. Ich war ebenfalls bei dem Mayflower-Abendessen – einer der 250 Gäste. Ihre Rede hat mir sehr gefallen.« Er sprach hastig, als erwarte er, daß sie ihn unterbreche. »Ich erwarte nicht, daß Sie mir irgendwelche Sympathien entgegenbringen, aber ich bitte Sie trotzdem, mir mitzuteilen, wie es Gillian geht.«

»Sie haben kein Recht darauf, das zu wissen.« Roses Stimme klang hart und verächtlich. »Sie haben sich wie ein Feigling verhalten – wie eine feige Ratte.«

»Ich weiß.« Er wirkte sehr viel schmaler als damals und unendlich müde. »Sie können das nicht verstehen. Ich erwarte auch nicht, daß Gillian es versteht. Ich möchte nur wissen, ob es ihr jetzt wieder einigermaßen gutgeht.«

»Sie lebt. Sie macht ihre Arbeit. Aber gutgeht es ihr ganz bestimmt nicht. Sie war damals, als Sie sie verlassen haben, völlig erschüttert. Inzwischen hat sie sämtliche Gefühle, sämtliche Spontaneität und Lebensfreude auf Eis gelegt, darauf wäre ich an Ihrer Stelle ganz gewiß nicht stolz.«

Er zuckte zusammen, als hätte man ihm einen Schlag versetzt, und sah Rose traurig an; seine Lippen zitterten und in seinem Mundwinkel zuckte ein Muskel.

»Entschuldigen Sie mich bitte.« Rose konnte diesen Mann, der Gillian so unglücklich gemacht hatte, nicht eine Sekunde länger ertragen. »Ich muß noch einiges erledigen.« Sie schritt, die Hände voller Pakete und Plastiktüten, an ihm vorbei zum Lift.

»Übrigens« – sie wandte sich noch einmal zu der einsamen, traurigen Gestalt um –, »sie ist schwanger.«

»Was?!«

Ohne eine weitere Erklärung schlüpfte Rose in den Fahrstuhl. Sie bereute, daß sie so impulsiv reagiert hatte. Es war nicht ihre Angelegenheit, diesem Mann mitzuteilen, daß Gillian mit seinem Kind schwanger ging. Gillian wäre gewiß sehr wütend, wenn sie es erführe. Was für ein Mangel an Selbstbeherrschung!

Gillian hatte Rose kurz vor deren Abreise bei einem ihrer häufigen gemeinsamen Abendessen in Roses Salon von ihrer Schwangerschaft erzählt. »Ganz schön nachlässig, nicht wahr? Du kannst dich auch auf die Pille nicht hundertprozentig verlassen, Rose. Auch damit kommen Pannen vor, wie mit allen anderen Verhütungsmitteln auch.«

»Und was willst du machen?« hatte Rose gefragt.

»Nichts. Ich halte nichts von Abtreibung. Wenn ich nur daran denke, wird mir schon übel.«

Als Rose am nächsten Tag, schläfrig vom Summen der riesigen Flugzeugmotoren, nach London zurückflog, ging es ihr durch den Kopf, daß sie sich während dieser Reise zum ersten Mal in ihrem Leben wirklich selbstbewußt, wichtig und kompetent gefühlt hatte. Sie war von ihren Gastgebern als junge, talentierte und erfolgreiche Chefredakteurin verwöhnt und sogar ein wenig hofiert worden; man hatte großen Respekt gezeigt für ihre Leistung, eine schlechtlaufende Zeitschrift in kürzester Zeit wieder in die schwarzen Zahlen gebracht zu haben. Niemand hatte ihre Ansichten und Vorschläge deshalb zurückgewiesen oder kritisiert, weil sie nicht schlank und schön war. Jetzt, da sie erkannte, daß ihre dauernde Selbsterniedrigung ihr in gewisser Weise auch als eine Art Schutzmechanismus gedient hatte, schämte sie sich ein wenig; wenn sie keinen Erfolg hätte, so hatte sie unbewußt argumentiert, dann nicht deshalb, weil sie nicht intelligent und tüchtig genug war, sondern weil den Leuten ihr Aussehen nicht gefiel. Die Amerikaner, zumindest die, die sie kennengelernt hatte, akzeptierten offenbar keine persönlichen Grenzen, außer Faulheit und Mangel an Ehrgeiz.

Rose war in dieser Atmosphäre von respektvollem, aufmerksamem Interesse geradezu aufgeblüht. Ihr Übergewicht schien überhaupt keine Rolle mehr zu spielen. Sie fühlte sich zu ihrer Kollegin Ellen hingezogen, egal, ob diese nun klein oder groß, dick oder dünn war. Rose mochte Ellens Humor und Lebhaftigkeit, und auch deren rundliche, kleine Gestalt erschien ihr sympathisch und liebenswert. Rose bewunderte Ellens Kompetenz, die Fähigkeit, ein großes Zeitschriftenimperium mit so vielen unterschiedlichen Publikationen zu verwalten.

Sie war sicher, in New York die dummen Komplexe wegen ihres Aussehens endlich abgelegt zu haben. Anne hatte recht. Welche Rolle spielte das schon? Der Gedanke, in wenigen Stunden wieder nach London zurückzukehren, ließ ihr Herz höher schlagen – ganz ähnlich wie damals, als sie nach dem letzten Schultag ihre Mappe in irgendeine Ecke geworfen hatte. Endlich war ihre rundliche Figur nicht mehr das Wichtigste in ihrem Leben.

Kapitel 57

Anne Martin holte Rose an Flughafen Heathrow ab. »Ich finde es immer so deprimierend, wenn ich irgendwo ankomme und niemand wartet auf mich – ich hasse es, zum Bahnhof oder zum Flughafen gebracht zu werden, aber ich freue mich immer, wenn jemand mich abholt«, sagte sie zu Rose. »Und wie war es? Was hast du gesehen? Bist du überhaupt mal aus New York rausgekommen?«

Rose erzählte ihr von der Reise. »Fliegen bringt mir Spaß; es ist wirklich ein tolles Gefühl, hoch oben in der Luft etwas ganz Alltägliches zu tun, zu essen, zu trinken oder sich Filme anzusehen und dabei zu wissen, daß die Menschen, die unten sind, überhaupt keine Ahnung haben, was sich über ihren Köpfen abspielt.« Rose fühlte sich, wie nach ihrem ersten Flug, ein wenig verwirrt und wäre am liebsten sofort ins Bett gegangen, obwohl es in London elf Uhr vormittags war.

»Du, ich habe auch eine Neuigkeit«, verkündete Anne. Sie sah Rose lächelnd an. »Ich heirate – Harry.«

»Du heiratest – Harry?« wiederholte Rose verdutzt. »Du meinst *Harry,* deinen Schüler aus dem Literaturkurs?«

»Ja. Und schon sehr bald. Ich konnte deine Rückkehr gar nicht erwarten, weil ich dir unbedingt alles erzählen wollte.«

»Das sind ja wirklich tolle Nachrichten.« Rose gab Anne einen schmatzenden Kuß. »Da hat er aber wirklich Glück, dein Harry.«

»Er ist natürlich schon früher einmal verheiratet gewesen. Seine Frau ist vor ein paar Jahren gestorben. Er ist erheblich älter ich, aber das hat nie eine Rolle gespielt. Meine Gefühle für ihn sind sehr viel intensiver und liebevoller als die, die ich damals ...«

Sie stockte. Rose wußte, daß Anne an Peter gedacht hatte.

Die langsame Fahrt nach Islington, mitten durch das dichteste Verkehrsgewühl hindurch, erschien ihr durch das angeregte Gespräch mit Anne eher kurzweilig. Als die beiden jungen Frauen aber endlich vor Roses Haus angekommen waren, konnte diese nur noch mit Mühe die Augen offenhalten. »Ich trinke noch eine Tasse Tee und gehe dann sofort ins Bett. So bin ich wenigstens einigermaßen frisch, wenn ich morgen früh wieder im Büro antrete.« Rose bedankte sich noch einmal herzlich, daß Anne sie nach Haus gefahren hatte.

Als Rose sehr früh am nächsten Morgen die Tür zu ihrem Büro öffnete, saß Alex Ludlow bereits an ihrem Schreibtisch und schrieb etwas auf ein Blatt Papier.

»Gute Reise gehabt?«

Ein wenig verwirrt, jemanden anderen an ihrem Arbeitsplatz zu sehen, erwiderte Rose ein wenig kurz angebunden: »Wunderbar, danke. Und wie sieht es hier aus? Irgendwelche Probleme?«

Alex erhob sich ohne Eile aus dem Schreibtischsessel. »Nichts Erwähnenwertes. Im großen und ganzen hat alles geklappt. Ich wollte Sie nicht mit irgendwelchen Einzelheiten belasten, da Sie in New York ein so großes Programm hatten. Gillians Manuskript hat mir allerdings ziemliche Kopfschmerzen bereitet; es war viel zu lang und deskriptiv, aber das hat sie einfach nicht einsehen wollen. Sie sagte, es ginge ihr darum, die Lebensschicksale der Künstler und deren Arbeiten möglichst anschaulich zu beschreiben. Wir sind uns deswegen furchtbar in die Haare geraten; am Ende hat sie dann doch nachgegeben. Im übrigen habe ich die Anordnung der Seiten ein wenig verändert – es schien mir besser zu sein, die Reiseseiten nach vorn zu holen und die Mode ein wenig nach hinten zu verlagern, vor allem jetzt in der Reisesaison.«

»Ich glaube nicht, daß das eine besonderes gute Idee ist.«

»Nicht? Oh je, ich fürchte, für diese Ausgabe ist nichts mehr zu machen.«

»Was hat Hiroyasu dazu gesagt?«

»Soviel ich weiß, war er etwas sauer. Ich habe ihn allerdings ohnehin kaum gesehen und mußte deshalb Lally bitten, die Modeaufnahmen für den nächsten Monat zu machen – sie war gerade mit einer Serie von Werbefotos für einen Mantelhersteller beschäftigt, und so haben wir das ganz gut kombinieren können ...«

»Wollen Sie damit sagen, Sie haben Lally gebeten, Hiroyasus Seiten zu machen?«

»Da er so unreif ist, eine kleine Meinungsverschiedenheit dermaßen übelzunehmen, blieb mir wohl nichts anderes übrig. Wir können in der neuen Ausgabe doch nicht einfach zwölf Seiten freilassen, oder?«

»Mein Gott, ich werde wahnsinnig!« Rose rannte aus ihrem Büro hinaus, stürmte durch den großen Redaktionssaal und riß die Tür zu Hiroyasus Zimmer auf. Es war wie immer in einem chaotischen Zustand, allerdings waren die Kleidungsstücke im Schrank offensichtlich nur die traurigen Überbleibsel längst fertiggestellter Aufnahmen; der Fabrikant hatte sich wohl nicht die Mühe gemacht, sie wieder abzuholen. Einige Halstücher lagen auf dem Boden verstreut herum, in einer Ecke türmte sich ein Haufen Schuhe, und auf dem Tisch glitzerten einige Ketten, Ringe und Armbänder, die zur Grundausstattung gehörten. Hiroyasus Terminkalender und Adreßbuch, seine wichtigsten Arbeitsmittel also, waren nirgendwo zu sehen.

Rose lief in den Fotoraum und traf dort auf Amanda, die gerade ihren violetten Umhang ablegte und dabei einen ihrer Assistenten anknurrte, der es sich an seinem Schreibtisch mit einem Becher Kaffee gemütlich gemacht hatte.

»Hallo, Rose. Gott sei Dank, daß du zurück bist. Gibt's was aus New York zu berichten? Sind ein paar schicke neue Nachtclubs eröffnet worden?«

»Wo ist Hiroyasu?« Rose war ganz und gar nicht in der Stimmung für ein Plauderstündchen.

»Gute Frage. Am Tag, nachdem du abgeflogen warst, hat Alex die Modeseiten irgendwo nach hinten verlagert. Hiro hat das erst entdeckt, als es zu spät war; er war stinkwütend – du weißt ja, in dieser höflichen, kontrollierten Art, die man an ihm kennt – und ist seitdem nicht wieder gesehen worden.«

»Ich nehme an, Lally soll jetzt die Aufnahmen für den nächsten Monat machen?«

»Es scheint so.« Amanda zuckte mit den Schultern. »Der Spruch von den neuen Besen, die so gut kehren, scheint seine Richtigkeit zu haben. Die Dame da« – sie wies mit dem Kopf in Richtung auf Roses Büro – »hat hier wirklich ganz schön gewütet.«

»Hast du eine Ahnung, wo Hiroyasu ist? Wir müssen ihn unbedingt finden. Wir dürfen nicht zulassen, daß er uns davonläuft.«

»Er hat augenblicklich, soviel ich weiß, eine sehr intime Beziehung zu einem Typ, der im Victoria-und-Albert-Museum arbeitet – er hat den Namen ein paarmal erwähnt. Du könntest seine Adresse im Telefonbuch nachschlagen. Hiroyasu hat anscheinend keine eigene Wohnung – er legt sich in jedes einigermaßen passende Bett, vor allem, wenn er es mit einem anderen attraktiven Mann teilen kann. Wenn nichts läuft, schläft er einfach auf dem Fußboden, zur Not sogar in seinem Büro.«

Es bedurfte mehrstündiger, gemeinschaftlicher Anstrengungen von Rose und Marilyn, um Hiroyasu in einem Landhaus in Cornwall ausfindig zu machen, wo er bei Freunden wohnte und, wie Rose erfuhr, intensiv mit Aquarellmalerei beschäftigt war. »Hiroyasu, was ist mit der nächsten Serie von Modeaufnahmen? Die Bilder müssen am Donnerstag fertig sein!«

»Ich dulde nicht, daß meine wertvolle Arbeit auf die hinteren Seiten der Zeitschrift verbannt wird, in die Nähe von Anzeigen für Massagestifte und Haarentfernungsmittel. Das ist ein Skandal!«

»Ganz meiner Meinung. Leider war meine Stellvertreterin nicht genügend mit unserem Konzept vertraut, sonst wäre dieser unverzeihliche Fehler niemals passiert. *Bitte*, kommen Sie zurück. Wir brauchen Sie, Hiroyasu, wir rechnen mit Ihnen. Und ich wollte Ihnen berichten, was einige der amerikanischen Redakteure, die ich getroffen habe, von Ihren Arbeiten halten. Die meisten waren ganz rückhaltlos begeistert.«

»Vielleicht sollte ich dann besser für die arbeiten.«

»Hiroyasu, ich brauchte Sie für die *Attitude*. Sie sind sonst doch immer so professionell.«

Gott sei Dank hatte das Wort »professionell« auch diesmal auf Hiroyasu eine magische Wirkung. »Ich komme, wenn ich nicht mit der stellvertretenden Chefredakteurin reden muß.«

»Das verspreche ich Ihnen. Sie haben nur mit Amanda und mir zu tun.«

Rose gefiel es nicht, Hiroyasu in dieser Weise bitten und umwerben zu müssen, aber die Vorstellung, daß die *Attitude* in Zukunft ohne ihn auskommen müsse, war ihr unerträglich. Am Donnerstag glitt er schweigend in ihr Büro, legte eine Mappe mit Farbskizzen auf ihren Schreibtisch, verbeugte sich und zog sich zurück. Diesmal hatte er keine Fotos, sondern atemberaubende Zeichnungen gemacht; großäugige, katzenhafte Models, die in farbig leuchtende Gewänder gehüllt waren. Rose ging zu Amanda, um ihr die Zeichnungen zu zeigen.

»Das Wunderkind ist wieder da. Am besten machst du dich gleich an die Arbeit. Alex Ludlow solltest du dies hier besser nicht zeigen.«

Rose nahm die Zügel wieder in die Hand. Alex mußte kaltgestellt, mit Aufgaben beschäftigt werden, bei denen sie wenig oder gar nicht mit Menschen zu tun hatte. Vor allem mußte man sie daran hindern, die zum Teil überempfindlichen und exzentrischen Autoren zu verärgern. Anscheinend war es ein Fehler gewesen, Alex zur stellvertretenden Chefredakteurin zu machen, und jetzt war es wichtig zu verhindern, daß sie weiteren Schaden anrichtete. Sie konnte gut schreiben; vielleicht könnte man sie dazu bewegen, wieder Artikel zu schreiben, so daß sie darüber ihre Aufgaben als stellvertretende Chefredakteurin einfach vergaß.

Da Margot zu Anfang gegen Alex eine so offensichtliche Abneigung gehabt hatte, überraschte es Rose, daß die beiden Frauen inzwischen eng miteinander befreundet waren. Häufig standen sie im Gespräch beieinander, unterbrachen sich aber sofort, wenn Rose dazukam. Margot war wie immer fleißig und kompetent, machte aber seit Roses Rückkehr aus den Staaten einen kühlen und distanzierten Eindruck. Sie schien die Kränkung, daß man sie übergangen hatte, noch immer nicht verwunden zu haben.

Gillian war dabei, ihre Reportage über das englische Kunsthandwerk fertigzustellen. Sie kam mit einem Stapel Manuskriptseiten ins Büro und wollte in ein paar Tagen nach Schottland reisen. »Das klappt ja prima – wirklich eine gute Idee, die Justin da gehabt hat«, sagte sie zu Rose. »Allerdings ist mein letztes Manuskript fürchterlich zusammengestrichen worden. Alex mag keine Landschaftsbeschreibungen und meint, es würde niemanden interessieren, wie die Kunsthandwerker wohnen. Ich hoffe, du streichst meinen Text nicht auch so zusammen. In der Werkstatt der Strickwarendesignerin sieht es wunderbar aus – herrliche Wolldecken, gefärbt in hübschen, gebrochenen Naturfarben, Bottiche voller Farbe und die alten Schränke voller exquisiter, topmodischer Strickwaren, die von einer Truppe älterer Damen und einem ehemaligen Polizisten in Heimarbeit gefertigt werden. Justin war ganz aufgeregt. Seine Bilder kommen heute nachmittag rein.«

»Ich glaube, Alex hat sich mit ihrem Übereifer selbst im Wege gestanden. Mir war nämlich gerade an den ausführlichen Beschreibungen gelegen. Seltsam, wie sich in vierzehn Tagen, die man nicht da ist, so vieles verändern kann. Und wie geht es dir?«

»Gut.« Gillian antwortete ausweichend. »Aber ich möchte endlich irgendwo Fuß fassen. Ich muß nach einer neuen Wohnung, nach etwas Größerem und Billigerem suchen, wenn das kein Widerspruch ist. Ich brauche unbedingt ein Kindermädchen oder eine Kinderfrau – und das kostet Geld. Und ich nehme an, daß Babies wachsen und ihren eigenen Lebensraum brauchen.

Knightsbridge ist für eine alleinerziehende Mutter einfach zu teuer.«

In Gillians Stimme klang eine leise Bitterkeit durch. Rose fragte sich, ob sie ihr sagen sollte, daß sie Henry gesehen und ihm von dem Baby erzählt hatte. Aber sie fürchtete, Gillian dadurch schrecklich aufzuregen.

Luca rief an; seine Stimme klang unsicher und ein wenig besorgt. »Wie geht es dir, Rosa? Du hast mir gefehlt. Hat es dir in New York gefallen? Hast du Spaß gehabt?«

»Ja, sehr viel Spaß, aber ich bin auch froh, wieder zurück zu sein. Wie geht es denn dem großen Fernsehstar?«

»Oh, Rosa, es ist so ermüdend. Die Leute kommen zu ›Luca‹, einfach nur, um mich zu besichtigen. Wenn ich nicht irgendwo vorn bin, dann fragen sie, ob sie mich mal sprechen könnten. Ich soll ihnen sagen, warum ihr Soufflé zusammengefallen ist oder warum ihre Spaghettis kleben. Und das Buch macht mir schrecklich viel Mühe. Mr. Beeston ruft mich jeden Tag an und fragt mich, wieweit ich sei. Ich rufe an, Rosa, um dich zu bitten, für mich einen Blick hineinzuwerfen. Ich fürchte, daß ich ziemlichen Blödsinn zusammengeschrieben habe. Und es muß Ende September fertig sein.«

»Armer Luca – das ist der Preis der Berühmtheit. Aber das geht vorüber, wenn die Serie vorbei ist – das muß doch in diesen Wochen sein.«

»Die letzte Sendung war am Donnerstag. Aber Lisa – sie möchte noch eine zweite Serie im Herbst machen. Rosa, könntest du heute abend zu mir kommen und das Kochbuch lesen? Ich habe frei – Hektor übernimmt das Lokal. Er liebt es, so viele Leute um sich zu haben. Er hätte Schauspieler werden sollen – oder Zirkusclown.«

Noch nie zuvor war ihr Luca so unsicher und mißmutig vorgekommen. »Natürlich komme ich. Ungefähr um acht Uhr?«

Lucas Wohnung bestand aus zwei Atelierräumen, die zur Zeit der Jahrhundertwende gebaut und durch einen Wanddurchbruch miteinander verbunden worden waren. Im Wohnzimmer war die Decke herausgenommen worden. In das schräge, von weißgestrichenen Balken gestützte Dach hatte man große Fenster eingebaut, so daß der Raum sehr weit und hell wirkte. Eine der Zimmertüren führte in eine große Küche, und hinter der anderen Tür, so vermutete Rose, befanden sich wahrscheinlich Bade- und Schlafzimmer. Luca verschwand, um ihr einen Drink zu holen, und Rose betrachtete neugierig seine vielen Bilder. Es gab vor lauter Grafiken und Gemälden kaum einen freien Platz an der Wand. Dicht an dicht hingen dort Ölgemälde, Graphiken, Aquarelle und einige sehr interessante Kollagen.

Rose deutete auf die Bilder: »Du bist wirklich ein eifriger Kunstsammler.«

»Ich mag Bilder. Die Menschen sehen die Welt mit ganz verschiedenen Augen. Ich weiß nichts über die Techniken, ich kaufe nur, was mich interessiert. Keines der Bilder war teuer. Sieh dir mal das an . . .« Er deutete auf ein großes in Acrylfarben gemaltes Bild. »Die junge Malerin geht noch zur Kunsthochschule. Mutig, was? Sie ist schmal und wirkte sehr schüchtern – was geht in ihrer Seele vor, daß sie so malt?«

Er reichte Rose ein randvoll gefülltes Weinglas. »Also, Rosa, jetzt setzt du dich mit dem Wein und meinem schrecklichen Buch in irgendeine Ecke, während ich uns ein Abendessen koche. Ich bin dir so dankbar, daß du gekommen bist. Ich mache mir große Sorgen. Es kam mir zuerst so leicht vor, aber glaube mir, es ist schrecklich schwierig.«

Rose kuschelte sich mit einem Packen maschinengeschriebener Manuskriptseiten in die Ecke eines großen gestreiften Sofas, während Luca erneut in der Küche verschwand. Nachdem sie zwanzig oder dreißig Seiten mit Journalistinnenblick überflogen hatte, wurde ihr das Herz schwer. Das Buch war entsetzlich. Wie sollte sie Luca das sagen? Er war zwar selbst nicht zufrieden damit, aber er hatte sein Bestes getan, und es hatte ihm sehr geschmeichelt, daß man ihn gebeten hatte, es zu schreiben. Aber das Manuskript mußte völlig überarbeitet werden. Es war ungenau und verwirrend mit Anweisungen wie: »Werfen Sie etwas feinen Zucker in frische Eier.« Es war sinnlos, es bis zum Ende durchzulesen: Satz für Satz mußte umgeschrieben werden.

Luca schaute durch den Türspalt und bat sie, am Küchentisch Platz zu nehmen. Es duftete nach allerlei Kräutern. Zunächst servierte er eine Vorspeise aus Parmaschinken und frischen Feigen, danach ein fein komponiertes Ragout aus Hühnerbrust mit saurer Sahne, dazu wilden Reis und grünen Salat. Er öffnete eine Flasche alten Rotwein; aus lauter Nervosität verschüttete er ein paar Tropfen auf das Tischtuch und stieß einen leisen Fluch aus.»Also, Rosa, was denkst du?« Er sah sie ängstlich an.

Sie kam sich vor, als müsse sie einen Welpen ertränken. »Du hast sehr viel Interessantes zu sagen – so wie in deiner Fernsehserie ja auch«, begann sie vorsichtig. »Aber in einem Buch müssen die Gedanken sehr viel präziser, sehr viel geordneter sein. Ich glaube, man muß noch ziemlich viel daran tun. Vielleicht muß einiges . . . nein, bestimmt muß vieles umgeschrieben werden.« Sie nahm ihr Glas und trank hastig noch einen Schluck Wein.

Er stützte den Kopf auf die Hand und stöhnte. »Ich kann es einfach nicht, Rosa. Ich habe Stunden und Stunden an der blöden Schreibmaschine da verbracht.« Er deutete auf eine uralte Schreibmaschine, die in einer Ecke der Küche auf einem kleinen Tisch stand. »Ich kann nicht in meinem Büro arbeiten, dort werde ich zu sehr abgelenkt. Ich weiß nicht, *wie* ich es besser machen soll.«

»Nun, ich weiß es aber. Ich nehme das Manuskript mit nach Hause und kümmere mich darum. Es wird schon gehen. Du kannst doch nicht ein hervorragender Koch, Fernsehstar *und* Autor sein. Man darf nicht alles wollen, Luca.« Sie lächelte ihn an, um ihn aufzumuntern. »Laß auch den anderen ein paar Talente übrig.«

Er stocherte niedergeschlagen in seinem Essen herum. »Ich hätte nicht zusagen sollen.«

»Schau mal, ich kann nicht so gut kochen wie du, ich würde es niemals schaffen, die Fernsehzuschauer so für eine Sendung zu begeistern, wie du es getan hast . . . oder mit soviel Geschmack und Engagement Bilder sammeln . . .«

Plötzlich lächelte er wieder. »Rosa, du bist wirklich sehr freundlich. Jetzt vergessen wir einfach das blöde Buch. Ich bin froh, dich wiederzusehen. Erzähl mir ein bißchen von New York.«

Rose erzählte ihm von der Reise, berichtete von den unerwarteten Sprachschwierigkeiten und witzigen Mißverständnissen, ihrer Angst vor der Rede, die sie bei dem festlichen Galadiner hatte halten müssen, dem aufregenden Gefühl, in einer Stadt zu sein, wo jeder, den sie traf, unter Hochspannung zu arbeiten schien.

»Du hast dich verändert«, sagte er, als sie einen Augenblick schwieg. »Du bist glücklicher, ja? Ich spüre, daß du entspannter bist.«

»Ja, ich glaube, du hast recht. Ich fühle mich sicherer, selbstbewußter. Ich habe immer gefürchtet, daß jemand feststellen könnte, daß ich eigentlich gar nichts kann, daß Mr. Littlejohn eines Tages entdecken wird, daß ich im Grunde sehr wenig über das Redigieren und Herausgeben einer Zeitschrift weiß. Ich glaube dort, in New York, haben sie mir das Gefühl gegeben, daß ich wirklich tüchtig bin, eine Frau, die weiß, wovon sie redet.«

»Vielleicht bist du auch nur erwachsen geworden.« Er sah sie prüfend an. Ihr fiel ein, daß er das letzte Mal, als sie allein gewesen waren, gesagt hatte: »Ich glaube, Rosa, du wirst heiraten, sobald du erwachsen geworden bist.«

Er lächelte sie an; ganz sicher war er sich bewußt, daß sie an seine Worte dachte. Sie stand schnell auf und ergriff sein Manuskript. »Es wird spät, ich muß gehen. Ich habe morgen furchtbar viel zu tun. Ich werde versuchen, deinen Text so schnell wie möglich zu überarbeiten. Ich rufe dich an.«

Rose redete hastig und ohne Unterbrechung, um ihre aufsteigende Angst zu beschwichtigen. Sie mußte so schnell wie möglich von hier fort. Wenn sie bliebe, dann würde sich dasselbe abspielen wie mit Burt. Sie träumte von Zärtlichkeit, vielleicht sogar von Liebe, während Luca nichts anderes als sein Buch im Kopf hatte. Das Buch war schließlich der Grund gewesen, warum er sie eingeladen hatte.

Sie wünschte sich sehr, ja, sie sehnte sich danach, von ihm in die Arme genommen und geküßt zu werden. Dieses Mal war es mehr als bloße sexuelle Begierde. Sie wollte für immer mit ihm zusammenleben. Freundschaft genügte ihr nicht. Sie liebte ihn.

Sie versuchte, ihn nicht anzusehen und durchwühlte hektisch ihre Handtasche nach dem Autoschlüssel. Es wäre schrecklich, von Luca eine solche Demütigung einstecken zu müssen wie damals von Burt. Vor allem, weil Luca ihr ein wirklicher Freund war. Sie rannte hastig die Treppen hinunter zu ihrem Auto. Luca stand in der Türöffnung seines Appartements und sah ihr ratlos nach.

Kapitel 58

In den nächsten Wochen mied Rose Lucas Restaurant. Sie ließ ihm durch Amanda oder Margot oder irgendeinen ihrer Mitarbeiter, die dorthin zum Essen gingen, alles Wesentliche ausrichten, vor allem, was sein Manuskript anbetraf. Fragen schrieb sie auf einen Zettel, den sie irgendeinem Kollegen oder einer Kollegin in die Hand drückte.

Er seinerseits rief regelmäßig bei ihr an. Offensichtlich verwirrte ihn die kühle, professionelle Art, wie sie ihn befragte und sich dann seine Antworten notierte. Einmal stöhnte er: »Rosa, ist etwas nicht in Ordnung? Habe ich etwas gesagt, was dich gekränkt hat?«

Sie wollte ihn nicht wiedersehen, bevor sie nicht sicher war, daß sie ihre Gefühle unter Kontrolle hatte. Luca mochte sie gern, das wußte sie, aber als Freund, ohne jede Leidenschaft, geschweige denn Liebe. Sie hätte eine zweite Demütigung wie die durch Burt nicht ertragen können. Was würde Luca tun, wenn sie ihm sagte, daß sie ihn liebe? Sie konnte sich vorstellen, daß er sie besorgt ansehen und versuchen würde, ihr eine allzu bittere Enttäuschung zu ersparen. Sich einer solchen Situation noch einmal auszusetzen, dazu war sie zu stolz.

Als sie sein Buch schließlich redigiert und gänzlich umgeschrieben hatte, bat sie Hamish und Amanda, mit ihr zusammen in sein Restaurant zu gehen. Sie wollte ihm das Manuskript im Beisein ihrer Kollegen überreichen, wollte sich durch deren Anwesenheit vor ihren eigenen Gefühlen schützen. Aber er war gar nicht da. Statt dessen hatte allem Anschein nach eine imposante blonde Frau die Leitung des Lokals übernommen; auch zwei neue Kellner waren eingestellt worden.

»Oh, ich dachte, du wüßtest das«, sagte Amanda beiläufig. »Er ist mit dem Mann von dieser Lisa nach Italien gefahren. Der möchte, daß Luca für seine Firma ein paar Gerichte komponiert, die auch als Tiefkühlkost gut schmecken und sich gut verkaufen lassen und die dann im nächsten Jahr auf den Markt geworfen werden sollen. Luca hat darauf bestanden, daß man zunächst einmal die richtigen italienischen Zutaten einkauft; also fahren sie jetzt von einer Teigwarenfabrik zur anderen, überprüfen, welche Tomatensorte sich tiefgekühlt am besten hält, suchen die passenden Käsesorten aus und so fort. Er ist so richtig fanatisch, der Typ, fast ein bißchen irre, finde ich, aber ein liebenswerter Irrer.«

»Und wer kocht?«

»Keine Ahnung – Hektor? Das Essen ist jedenfalls nicht mehr so gut.«

Die Blonde trat an den Tisch, nickte Amanda freundlich zu und lächelte Rose höflich und gleichgültig an.

»Sie ist eine Freundin von Luca – ich glaube, sie hat irgendwann einmal mit ihm zusammen in einem Restaurant gearbeitet. Auf jeden Fall scheint sie hier den Laden zu schmeißen, während er nicht da ist«, erklärte Amanda, nachdem sie bestellt hatten.

»Ich hatte Luca versprochen, sein Buch zu überarbeiten, und es ist gerade gestern fertig geworden. Ich wollte es ihm eigentlich heute geben. Ich meine, er hätte mir gesagt, er müsse es vor Ende August abgeben, und es muß vorher unbedingt noch einmal neu getippt werden.«

»Gib es doch ihr. Er muß sie ziemlich gut kennen, wenn er ihr sein geliebtes ›Bei Luca‹ anvertraut hat.«

Rose fühlte einen Stich in der Herzgegend.

»Wann kommt Luca zurück?« fragte Hamish die Blonde.

»Vielleicht in der nächsten Woche, vielleicht die Woche danach. Er ist nicht sicher. Er ruft jeden Tag an.«

»Richten Sie ihm doch bitte aus, daß Rose Summers sein Manuskript fertig hat. Vielleicht möchte er, daß man es ihm schickt. Ich glaube, es ist dringend.«

Rose händigte der Blonden einen Stapel dicht beschriebener

Blätter aus. Es fiel ihr schwer, ihre Enttäuschung zu verdrängen. Na, gut. Jetzt hatte sie Zeit, sich wieder mehr um ihre eigenen Angelegenheiten zu kümmern. Das Manuskript hatte sie andauernd an Luca erinnert. Sie war froh, wirklich froh, daß es damit jetzt vorbei war.

Am Nachmittag desselben Tages platzte eine Bombe, die sie alle Liebesprobleme vergessen ließ. Alex und Margot kündigten. Rose versuchte mühsam, ihre Erleichterung über Alex' Entschluß zu verbergen, aber als sie wenig später hörte, daß Margot ebenfalls gekündigt hatte, war sie verwirrt und betroffen. »Was ist bloß los, Margot? Ich kann das alles gar nicht glauben.«

»Ich hätte schon längst kündigen sollen.« Margot sah Rose nicht in die Augen. »Man sollte nicht zu lange bei ein und derselben Zeitschrift arbeiten. Deine Leistung wird mit der Zeit als selbstverständlich betrachtet, nicht mehr wirklich gewürdigt.«

»Bist du denn immer noch gekränkt, weil ich dich damals nicht zu meiner Stellvertreterin gemacht habe? Aber dafür bist du leitende Redakteurin geworden. Das war doch gewiß auch ein Signal, daß deine Leistung anerkannt wird.«

Margot lächelte resigniert. »Bloße Titel, ohne wirkliche Autorität, sind wertlos. Das weißt du doch selbst, Rose. Ich brauche eine neue Herausforderung.«

»Und was willst du jetzt machen?«

»Das ist meine Sache. Ich möchte gern Ende August aufhören. Bis dahin hast du ausreichend Zeit, jemanden zu finden.«

»Wirst du zusammen mit Alex bei einer anderen Zeitschrift anfangen?« Rose hatte sich nicht die Mühe gemacht, Alex nach ihren Zukunftsplänen zu fragen.

»Nimm's mir nicht übel, Rose, ich möchte nicht über meine Pläne sprechen.«

Rose war betroffener, als sie sich eingestehen wollte, und fragte sich immer wieder, was Margots Entschluß wohl zu bedeuten habe. Hamish war es, der schließlich Licht in die Angelegenheit brachte. Gordon war bei der *Harmony* gefeuert worden. Seine machthungrige Freundin hatte ihn überredet, einen verleumderischen Verriß über einen bekannten Fernsehstar zu schreiben, und der Mann hatte ihn angezeigt. Nachdem *Harmonys* Rechtsanwälte die Angelegenheit genau überprüft hatten, waren sie zu der Überzeugung gekommen, daß es das beste sei, den Streit außergerichtlich beizulegen. Die Summe, die zu zahlen war, war so immens, daß die Geschäftsleitung Gordon ankündigte, man werde ihn auf der Stelle entlassen, es sei denn, er entschließe sich, sofort vorzeitig in Rente zu gehen.

»Die *Harmony* also, da wollen Margot und Alex anfangen!«

Hamish nickte. »Alex wird die neue Chefredakteurin und Margot ihre Stellvertreterin.« Er sah Rose nachdenklich an. »An Ihrer Stelle würde ich ein bißchen aufpassen. Alex wird wahrscheinlich versuchen, ein paar tüchtige Mitarbeiter abzuwerben. Sie hat mich gefragt, ob ich nicht auch mitmachen will. Und wen sie sonst noch gefragt hat, weiß ich nicht.«

»Aber Sie gehen nicht?«

Hamish schüttelte den Kopf. »Nein. Ich weiß, auf welche Chefredakteurin ich setzen würde. Alex plant übrigens, die *Harmony* ganz neu zu gestalten. Wahrscheinlich wird sie nicht nur einige unserer besten Leute, sondern auch einige unserer besten Ideen mitnehmen wollen. Für den nächsten März ist eine riesige Werbekampagne geplant, hat sie mir erzählt.«

»Danke, Hamish. Ich weiß Ihre Offenheit zu schätzen. Was für eine Schlange. Sie war nur kurze Zeit hier, aber die hat sie wahrscheinlich sehr gut genutzt.«

Wütend und verärgert bat Rose um ein Gespräch mit Frank Marnhull und berichtete ihm über die neuesten Entwicklungen.

»O. k.«, sagte er, als sie ausgesprochen hatte. »Dann müssen wir sie also jetzt *sofort* entlassen. Ich werde ein paar Leute hinunterschicken, die dabeibleiben, wenn Alex und Margot ihre Schreibtische räumen, und ich werde die Buchhaltung anweisen, ihnen ihre Gehaltsschecks auszuschreiben.«

Er drückte auf eine Taste und gab seiner Sekretärin mit knarrender Stimme ein paar Anweisungen. »Wenn wir Glück haben, dann haben sie die Ergebnisse unserer Marktuntersuchung noch nicht kopiert. Ja, Rose – ich kann sehr hart sein.« Er sah sie mit eiskalten Augen an.

Als Rose mit einem von Frank Marnhulls Assistenten in Margots Büro auftauchte, um ihr mitzuteilen, daß sie ihren Platz sofort räumen müsse, war Margot anscheinend einer Ohnmacht nahe. Rose trat auf sie zu, um ihr die Hand auf die Schulter zu legen, aber Margot starrte sie nur ungläubig an und wandte sich ab. Sie riß heftig sämtliche Schreibtischschubladen heraus und begann, deren Inhalt auszuräumen. Rose wurde das Herz schwer, als sie mitansehen mußte, wie Margot ihren Kaffeebecher und verschiedene andere persönliche Gegenstände in einen Plastikbeutel stopfte.

»Das nennt man Dankbarkeit, nach so vielen Jahren loyaler Arbeit«, jammerte Margot mit tränenerstickter Stimme.

Rose sah, daß unter Margots großer Schultertasche, die sie hastig auf den Fußboden geworfen hatte, ein grüner Aktenordner hervorschaute. Sie hob ihn auf und öffnete ihn.

Margot hatte darin verschiedene wichtige Dokumente und Adressen zusammengestellt: Fotokopien der neuen, kostenaufwendigen Marktuntersuchungen, die Mr. Littlejohn in Auftrag gegeben hatte, Kopien der Titelblätter für die erste Herbstausgabe der *Attitude*, und unzählige Namen und Telefonnummern von ständigen freien Mitarbeitern der Zeitschrift.

»Ich glaube nicht, daß du das noch brauchst, Margot.«

Margot wurde plötzlich krebsrot. Sie riß ihren Mantel vom Haken und zog ihn mit hektischen Bewegungen an. »Vergiß nur nicht, daß du noch ein dummes Gör warst, als du zuerst hier angefangen hast, und daß ich diejenige war, die dir das meiste von dem, was du heute weißt, beigebracht hat.«

»Ich weiß, Margot. Es tut mir alles so furchtbar leid.« Rose war den Tränen nahe. »Ich wünsche mir, es wäre anders gelaufen.«

Nachdem Margot fort war, schlich Rose erschüttert und niedergeschlagen in ihr Büro. Die anderen Angestellten standen in kleinen Gruppen beisammen und diskutierten das Ereignis. Niemand machte sich Gedanken über Alex, aber Margot war ihnen ans Herz gewachsen. Rose fragte sich, ob sie ihr Blumen schicken solle, verwarf den Gedanken dann aber wieder. Sie wollte warten, bis Margot bei der *Harmony* angefangen hatte; dann würde sie ihr einen Brief schicken und ihr für ihre neue Aufgabe Glück wünschen.

Rose war froh, daß am Samstag Annes Hochzeit stattfand; das Ereignis würde sie von ihren Gedanken an Margot ablenken. Roses Mutter hatte Anne einen wunderschönen Hochzeitskuchen gebacken, und Rose hatte ihr geholfen, ein cremefarbenes Seidenkostüm und einen kleinen passenden Hut mit Schleier auszusuchen. Annes Schwester und deren Familie wollten zur Feier des Tages nach London kommen, und Alan sollte Trauzeuge werden. Er und Cheryl würden im Dezember für immer nach London zurückkehren.

Es waren nur wenige Gäste eingeladen worden; sie fanden in Harrys hübschem kleinen Haus in der Noel Road, nicht weit von Roses Wohnung entfernt, leicht Platz. Aus einem Wintergarten an der Rückfront sah man auf einen Garten hinaus, der zum Kanal hinunter allmählich abfiel. Die Sonne lachte vom Himmel, und Rose fragte sich, ob es wohl etwas Vollkommeneres gäbe als Annes strahlende Augen und Harrys glückliches, stolzes Lächeln. Als sie die Gäste begrüßten, wich er keinen Augenblick von ihrer Seite. Sie flogen noch am selben Abend auf Hochzeitsreise nach Griechenland. Anne hatte Rose lachend Harrys Flugtasche gezeigt, die bis zum Rand mit Reiseführern und mehreren Bänden Homer vollgestopft war.

Rose ging die knappe Meile zu ihrem Salon zu Fuß zurück, nachdem sie Harry und Anne lange nachgewinkt hatte. Es fiel ihr schwer, in das einsame Haus zurückzukehren. Anne würde ihr bestimmt fehlen. Sie hatten beide ihr eigenes Leben geführt, aber Rose hatte sich, wenn sie einmal deprimiert und einsam war, immer damit trösten können, daß ihre Freundin im selben Haus wohnte.

Sie war froh gewesen, Alan und Cheryl wiederzusehen. Cheryl hätte sie fast nicht wiedererkannt. Alan hatte ihre Ernährung strengstens überwacht, bis sie schließlich 63 Kilogramm wog, und jetzt war sie auch noch im fünften Monat schwanger. Sie sah wunderschön aus. Rose starrte sie ungläubig an. »Wo ist nur dieses knochige, unterernährte Geschöpf geblieben?« fragte sie lächelnd. »Wenn ich dich irgendwo auf der Straße gesehen hätte, dann wäre ich an dir vorbeigegangen. Du siehst wunderbar aus.«

»Ja, nicht wahr?« Alan legte seinen Arm um Cheryl. Die Tatsache, daß die beiden so offensichtlich zusammengehörten, ließ Rose ihre eigene Einsamkeit noch deutlicher spüren. Sie hatte an diesem Wochenende außer Arbeit nichts zu tun. Sie überlegte, ob sie nach Romford fahren und den Sonntag mit ihren Eltern verbringen sollte. Ihre Mutter freute sich schon auf Roses Bericht über die Hochzeit, und natürlich wollte sie wissen, was man über ihren Kuchen gesagt hatte.

Als Rose trübsinnig die Treppen hinaufstieg, klingelte das Telefon. Es war ihre Mutter. »Rose, mein Kind, ich habe leider traurige Nachrichten. Dein Vater hatte einen Herzanfall. Er liegt auf der Intensivstation des Krankenhauses. Ich denke, du solltest nach Hause kommen.«

Es war alles sehr schnell vorüber. Roses Mutter wartete schon auf sie, erstaunlich ruhig und beherrscht. »Gerade hat mich das Krankenhaus angerufen. Sie glauben nicht, daß er die Nacht überleben wird. Sie möchten, daß ich jetzt sofort hinfahre.«

Aber sie kamen zu spät. Als sie das kleine Krankenzimmer betraten, in dem ihr Vater lag, waren gerade zwei Schwestern dabei, ihn von der Maschine zu lösen, die ihn noch eine Weile lang künstlich am Leben erhalten hatte. Rose konnte ihren Vater kaum erkennen. Die Haut unter seinen Augen war schwärzlich verfärbt, seine Wangen eingesunken. Die Krankenschwestern ließen Mutter und Tochter allein, und die beiden Frauen standen einige Minuten lang am Bett und schauten verlegen auf die Leiche hinab. Weder die eine noch die andere vergoß eine Träne. Rose fühlte nur Mitleid mit dem kalten, unnahbaren Mann, der sie selbst und sogar ihre Mutter ein Leben lang auf Distanz gehalten hatte.

Kapitel 59

In der Zeit, als die Formalitäten für die Beerdigung erledigt werden mußten, wohnte Rose bei ihrer Mutter in Romford und fuhr täglich nach London in ihr Büro. Das kleine Haus ihrer Eltern mußte verkauft und die finanziellen Angelegenheiten in Ordnung gebracht werden. Als Rose vorgeschlagen hatte, daß ihre Mutter nach London ziehen und sich im Erdgeschoß und im Untergeschoß von Roses Haus eine kleine Wohnung einrichten solle, hatte die Mutter die Idee freudig aufgegriffen. »Bist du sicher, Liebes, daß ich dir nicht im Wege sein werde? Natürlich werde ich dich ein bißchen verwöhnen«, fügte sie hastig hinzu. »Du siehst ein bißchen spitz im Gesicht aus. Du arbeitest einfach zu viel.«

Mrs. Summers schien sich über den Tod ihres Mannes nicht allzusehr zu grämen. Bei der Beerdigung hatte sie ein wenig geweint, war dann aber sehr schnell wieder munter geworden, als sie sich zu Haus um die Verwandten und Bekannten, die gekommen waren, kümmern mußte. Endlich hatte Rose auch einmal die bärtige Mrs. Binns kennengelernt, deren Posten sie hätte übernehmen sollen.

Die Finanzen ihres Vaters waren in bester Ordnung – so, wie Rose es erwartet hatte. Der Ertrag aus dem Verkauf des Hauses und eine Versicherungspolice, zusammen mit einer kleinen Betriebsrente und ihrer Witwenrente machten Roses Mutter finanziell unabhängig. Wohnungen und Häuser waren knapp, und das kleine Haus mit der überdachten Terrasse war so gepflegt, daß ein junges, unverheiratetes Paar sich spontan entschied, das Haus zu kaufen und den verlangten Preis zu zahlen.

Ende September half Rose ihrer Mutter beim Umzug in die frisch renovierte Wohnung. Sie hatte in der großen Küche im Kellergeschoß einen blitzenden Küchenherd einbauen lassen.

Mrs. Summers freute sich wie ein Kind. »Oh, dann kann ich ja wieder meine Kuchen backen, mein Liebes. Das wird wunderbar.«

Von Luca waren zwei Briefe angekommen; der erste, in dem er ihr für die Arbeit am Kochbuch dankte und ihr versicherte, daß er sie im Vorwort erwähnen werde, klang ziemlich förmlich. Danach kam ein zweiter, herzlicherer, in dem er ihr sein Beileid zum Tod ihres Vaters ausdrückte. Marilyn sagte, er habe nachdem er aus Italien zurückgekehrt sei, mehrmals angerufen, habe jedoch keine Nachricht hinterlassen.

Rose fühlte sich müde und bedrückt. Die Erinnerung an ihre aufregende Reise nach New York wurde von Tag zu Tag blasser. Margot fehlte ihr. Frank Marnhull bestand darauf, daß sie sich eine neue Stellvertreterin suche, und sie mußte die Posten der Angestellten teilweise neu verteilen, um Margots Platz auszufüllen. Sie bat Hamish, Redaktionsleiter zu werden, und machte Sonja Sullivan zur Redakteurin. Gillian war inzwischen von ihrer Reportage zurückgekommen. Sie sah sehr viel besser aus, aber es schien, als sei ihr früheres Feuer unwiederbringlich erloschen. Rose hatte mit dem Gedanken gespielt, sie zur stellvertretenden Chefredakteurin zu machen, aber abgesehen davon, daß Gillian nur eine sehr begrenzte Erfahrung mit Zeitschriften hatte, waren ihr offenbar auf einen Schlag ihre Kreativität, ihre vielen guten Einfälle, gänzlich verlorengegangen. Sie beschränkte sich darauf, die Ideen ihrer Mitarbeiter umzusetzen; eigene Ideen und Vorschläge hatte sie schon seit langem nicht mehr gehabt.

Rose hatte seit ihrer Rückkehr zweimal mit großem Herzklopfen bei »Luca« zu Mittag gegessen, aber beide Male war er nicht da gewesen.

»Er ist offensichtlich sehr intensiv mit allen möglichen Projekten beschäftigt«, erklärte Gillian. »Ich glaube, sie haben begonnen, die nächste Fernsehserie zu filmen, aber sie drehen in Italien. Und er arbeitet viel für diese Tiefkühlkostfirma. Er verdient wahrscheinlich ein Vermögen – ich glaube allerdings, sein Restaurant ist nicht mehr so gut wie früher. Weder hat Brunnhilde seinen Charme im Umgang mit den Gästen noch hat Hektor für das Kochen das richtige Händchen. Er haßt es im übrigen, in der Küche zu stehen. Er hält sich für einen Fernsehstar.«

Schließlich war es Frank Marnhull, der eine Stellvertreterin für sie aussuchte. »Sie heißt Joanna Bedford, ist achtunddreißig und war, bevor ihr Mann sie verlassen hat, Chefredakteurin einer australischen Wochenzeitschrift. Danach hat sie offensichtlich entschieden, daß sie möglichst weit weg von ihrem Mann leben möchte. Ich habe sie kürzlich bei einem Abendessen getroffen und war sehr beeindruckt.«

Rose mochte die energische Australierin ebenfalls sehr gern. Diese stellte schon sehr bald ihre Tüchtigkeit unter Beweis und präsentierte auf den Redaktionskonferenzen einen Haufen neuer und spannender Ideen. Sie unterhielt sich ausgiebig mit den wichtigsten Fachredakteuren, um sie kennenzulernen. Rose war erleichtert, daß die Arbeit der *Attitude* diesmal nicht durch verletzte Gefühle behindert werden würde.

Über die *Harmony* waren eine Menge Gerüchte im Umlauf. Frank Marnhull liebte im Grunde genommen die Herausforderung des harten Wettbewerbs. Er erhöhte den Redaktionsetat und sprach mit der Agentur, die jetzt nicht mehr Sturminster, Tillotson und Newton, sondern nur noch Sturminster und Newton hieß, über eine zweite Werbekampagne. Burt hatte eine eigene Agentur namens Tillotson und Partner aufgemacht; allerdings war es ihm nicht gelungen, mit der Binder-Verlagsgruppe ins Geschäft zu kommen.

Rose war erleichtert, daß sie die Werbestrategien der *Attitude* nicht länger mit Burt durchzusprechen brauchte, hoffte aber trotzdem sehr, daß der neue Kreativdirektor, mit dem sie jetzt zu tun hatte, deren redaktionelles Profil ebensogut erkennen und erfassen würde wie Burt.

Es war Ende Oktober, als Gillian eines Tages mit leuchtenden Augen in Roses Büro stürmte. »Du hast mir überhaupt nicht erzählt, daß du Henry in New York getroffen hattest. Er ist zurück! Er ist zu mir zurückgekommen! Er ist gestern abend direkt vom Flughafen zu mir gefahren und hat mich gebeten, ihm zu verzeihen. Als du ihm von dem Baby erzählt hast, ist er offenbar völlig zusammengebrochen. Er mußte ins Krankenhaus, eine Art psychosomatische Klinik, glaube ich, er hat es mir nicht so genau erzählt. Auf jeden Fall scheint ihm dort klargeworden zu sein, daß die Zeit mit mir die einzige in seinem Leben war, in der er sich wirklich glücklich fühlte. Deshalb hat er seinen Job in den USA gekündigt und ist zurückgekommen.« Sie strahlte Rose an. »Und jetzt möchte ich, daß du mir ein paar Tage freigibst, damit Henry und ich zusammen wegfahren können.«

Rose sah in das strahlende, schöne Gesicht und war zutiefst gerührt. Dies war eine andere Frau als der seelenlose Automat, der in den letzten Monaten seine Arbeit ohne wirkliches Engagement erledigt hatte. Rose stand auf und nahm Gillian in die Arme. »Dann also nichts wie weg. Du kannst deine Arbeit getrost Joanna überlassen. Sie wird schon damit fertig werden.«

Rose hatte sich gerade über einige Manuskripte gebeugt, als Amanda ohne anzuklopfen die Tür aufriß. Sie hielt einen Fahnenabzug der *Harmony*-Titelseite zwischen Daumen und Zeigefinger und schwenkte ihn hin und her. »Hast du diese verdammte Sauerei gesehen?« Ihre Stimme schwankte vor Ärger, und ihre Augen schienen aus den Höhlen zu springen.

Rose nahm das Titelblatt und betrachtete es schockiert und ungläubig. »Aber das ist Helen Mirren, unsere November-Titelgeschichte. Das ist ja praktisch identisch mit dem, was die *Attitude* bringen will.«

»Genau«, sagte Amanda zwischen zusammengebissenen Zähnen. »Und siehst du das Datum? Oktober!«

»Aber – aber woher hast du das?«

»Die Druckerei. Ich bin heute morgen da vorbeigegangen, um einige Andrucke durchzusehen, und der alte Bob Lubbock, der

Manager, hat sie mir gezeigt. Er hat dies von einem Kollegen bei Tadstone bekommen – das ist die Druckerei für die *Harmony*.«

»Aber – ich verstehe nicht. Das sind doch nicht unsere Bilder, oder? Ich dachte, das neue Konzept sollte erst ab März realisiert werden.«.

»Dies sind nicht unsere Bilder, aber sie könnten es sehr gut sein – sie haben unser Titelfoto und die Schlagzeile fast wörtlich kopiert; selbst ihr Logo haben sie so verändert, daß es unserem ähnlich sieht, die Schweinehunde . . .«

»Offensichtlich wollen sie uns mit ihrem neuen Konzept zuvorkommen.« Roses Gehirn arbeitete fieberhaft. »Haben Alex oder Margot Zugang zu den Bildern gehabt?«

»Ich glaube es nicht – Hamish hat die Überschriften getextet. Ich glaube, Margot war damals schon weg . . . ich weiß es nicht.« Sie zog fragend die breiten Schultern hoch, verwirrt und wütend zugleich.

»Wieweit sind wir mit unserer Novemberausgabe?«

»Deshalb war ich ja bei der Druckerei, sie müssen einiges ändern.«

»Nun, ich vermute, sie werden ziemlich viel ändern müssen. Kipp das Titelblatt und die Titelgeschichte. Wir denken uns etwas anderes aus. Liz hat dieses tolle neue Model aufgetan; ich glaube, für die Schönheits- und Kosmetikaufnahmen könnten wir das Mädchen gut einsetzen. Sag den Druckern, sie sollen die Deadline hinausschieben – sie *müssen* es einfach tun. Dies ist der Krieg.«

Als Rose den Hörer aufnahm, um Frank Marnhull anzurufen, leuchteten ihre Wangen feuerrot.

Sie ließ eine Konferenz der wichtigsten Redakteure einberufen, um sie zu warnen, daß bestimmte redaktionelle Vorgänge nach außen getragen werden könnten, und sie bat ihre Kollegen, alles daranzusetzen, daß die neue *Harmony* durch eine noch bessere, noch spannendere Ausgabe der *Attitude* übertroffen werde.

Liz Hindon bekam vor Aufregung rote Flecken am Hals. »Dieses neue Model hat ein Gesicht wie ein Engel, die Frau ist das Model der neunziger Jahre – ich kann eine tolle Story über sie schreiben. Sie wird schon jetzt von Filmproduzenten belagert. Ich habe herausgefunden, daß sie schon mit sechzehn in Oxford studiert hat – offensichtlich hat sie mehr zu bieten als nur ein hübsches Gesicht. Helen Mirren ist eine gute Schauspielerin, aber eine Story über ihr Leben ist nicht gerade das Alleroriginellste, oder? Wenn sie *die* abkupfern, dann werden sie wahrscheinlich damit nicht gerade den großen Knüller landen.«

Es war schon fast sieben Uhr abends, als Hamish wütend in Roses Büro stürmte, eine weinende Volontärin namens Heather Beylott hinter sich herziehend. »Ich glaube, Heather kann uns einiges erklären«, sagte er und schob die schluchzende junge Frau in den Raum.

Heather Beylott erklärte, sie habe Margot versprochen, sie über die Entwicklung bei der *Attitude* auf dem laufenden zu halten. Sie habe Margot eine Fotokopie des November-Titelblattes zugesandt. Margot habe schon vorher von den Planungen bei der *Attitude* gewußt, aber sie habe die genauen Einzelheiten erfahren wollen, so daß die *Harmony* einen besseren, spannenderen Aufmacher dagegensetzen könnte.

»Und was haben Sie ihr sonst noch zukommen lassen?« fragte Rose mit eiskalter Stimme.

»Ich . . . ich habe ihr die Pläne für die Weihnachtsausgabe zugeschickt. Margot ist immer so nett zu mir gewesen, als ich hier angefangen habe. Ich mochte sie. Es war nicht fair, sie einfach zu entlassen . . .« Das Schluchzen erstarb, und Heather warf Rose einen trotzigen Blick zu.

Fast hätte das junge Mädchen ihr leid getan. Margot war auch zu Rose immer sehr nett gewesen, damals, als sie bei der *Attitude* neu angefangen hatte. Es war tragisch, daß Margot in den letzten Monaten so enttäuscht und verbittert gewesen war. Rose machte sich Vorwürfe, daß sie sich nicht mehr Zeit genommen hatte, um auf Margots Empfindlichkeiten einzugehen, aber die Wochen, bevor sie in die Staaten gefahren war, waren außerordentlich hektisch gewesen.

»Margot ist nicht entlassen worden ... sie hat selbst gekündigt. Aber Sie werden gehen müssen, mein Kind, das ist Ihnen doch wahrscheinlich klar?« sagte Rose jetzt mit fester Stimme. »Ja, so ist das leider. Hamish wird Sie begleiten und bei Ihnen bleiben, während Sie Ihren Schreibtisch räumen und das Gebäude verlassen. Ihr Gehalt bekommen Sie pünktlich überwiesen. Ich hoffe, daß Sie bald bei der *Harmony* einen Job finden werden.«

Als Hamish Heather Beylott aus Roses Büro wieder hinausschob, wurden erneut heftige Schluchzer laut. Rose fragte sich, ob sie Margot anrufen solle, entschied sich dann aber, es nicht zu tun. Sie seufzte leise und begann, den November-Titel und die Überschriften neu zu schreiben. Die Novemberausgabe mußte einfach gut werden. Wenn die *Harmony* bereits im Oktober mit einem neuen, veränderten Gesicht herauskommen würde, dann hatte Alex auf Hochtouren gearbeitet.

Ein Woche später lud Frank Marnhull Rose zum festlichen Galadiner des Verbandes der Zeitschriftenherausgeber ein. »Wir müssen dieses Jahr unbedingt dabeisein«, sagte er. »Wir müssen allen deutlich machen, daß die *Attitude* ganz obenan steht, vor allem jetzt, da die *Harmony* mit allen Mitteln versucht, sie zu kopieren. Ich habe einen Zehnertisch bestellt. Mr. Littlejohn kommt mit seiner Frau, ich habe Marsha und ihren Mann gebeten, ich selbst und meine Frau werden dasein, und ich habe unseren wichtigsten Inserenten eingeladen. Möchten Sie sich einen Begleiter mitbringen?«

Rose wurde rot. »Ich glaube, ich eigne mich nicht besonders gut für solche Anlässe, Frank. Muß ich denn hingehen?«

»Ja, ich glaube, Sie müssen, Rose. Es ist wichtig. Und Sie sollten sich am besten ein Abendkleid anziehen.«

Gillian würde ihr ganz bestimmt noch einmal das Fortuny-Kleid leihen, und vielleicht könnte Hamish sie begleiten. Dies war ein Geschäftsessen; seine neue Frau könnte kaum irgendwelche Einwände dagegen haben. Plötzlich fiel ihr Luca ein; damals hatte er ganz spontan ihre Einladung zu Burts Party angenommen. Sie erinnerte sich daran, wie liebevoll er sie getröstet hatte, als sie dachte, daß Burt in Cressida verliebt sei. Sie sehnte sich danach, wieder einmal in seine freundlichen braunen Augen zu sehen, aber zugleich hatte sie schreckliche Angst, daß er spüren könnte, was sie für ihn empfand.

Als Rose am selben Abend nach Haus kam und die Wohnküche ihrer Mutter betrat, um wie immer erst einmal ein paar Worte mit ihr zu wechseln, sah sie Luca am Küchentisch sitzen. Roses Mutter war dabei, ihm zu beschreiben, wie man den Kuchen, den sie gerade backen wollte, glasieren müsse. Luca sah aus, als fühle er sich ganz zu Hause.

Als er sie sah, sprang er lächelnd auf. »Rosa, ich wollte dich nicht anrufen. Deine Stimme ist in letzter Zeit so kalt. Ich bin gekommen, um dir dies hier zu zeigen.« Er hielt ihr die Korrekturfahnen seines Kochbuchs hin.

Als Rose die Blätter in die Hand nehmen wollte, klemmte er es sich jedoch wieder unter den Arm. »Später, später. Deine Mutter hat mir gezeigt, wie man einen Kuchen dekoriert. Sie ist die reinste Künstlerin. Siehst du, sie hat mir Fotos ihrer sämtlichen Werke gezeigt. Sie ist *wunderbar* - ein Genie. Sie ist diejenige, die im Fernsehen auftreten sollte.«

Bunty Summers lachte geschmeichelt. »Er versteht wirklich etwas davon, Rose. Ich habe ihm gezeigt, wie man Rosen aus Zuckerwatte macht. Diese Torte hier will ich am Mittwoch nach Romford mitnehmen. Die Tochter von Mrs. Foster wird einundzwanzig.« Mrs. Summers betrachtete stolz ihr kleines Kunstwerk.

Rose schossen alle möglichen Gedanken durch den Kopf. »Du kannst doch nicht einfach einen unbekannten Mann in unser Haus lassen!« sagte sie und warf ihrer Mutter einen strengen Blick zu. Sie hatte zwar sehr energisch geklungen, dennoch begannen beide so herzlich zu lachen, daß Rose nichts anderes übrigblieb, als mitzulachen. Es war schön, Luca wiederzusehen.

Nach einer Weile sagte Luca: »Ob wir uns dies hier wohl mal ansehen können, Rosa? Du wirst bestimmt eine Menge Fehler entdecken, fürchte ich.«

»Ja, dann sollten wir am besten in meine Wohnung gehen.« Rose war stolz auf ihre kühle Stimme, ihre scheinbare Gelassenheit. Luca folgte ihr in ihr Wohnzimmer und lehnte sich mit dem Rücken gegen die Tür.

»Also, Rosa, vielleicht kannst du mir jetzt einmal erklären, warum du damals so abweisend warst und einfach aus meiner Wohnung fortgelaufen bist. Und warum du danach wochenlang nicht mehr in mein Restaurant gekommen bist.«

»Ich war da. Aber du bist ja lange nicht dagewesen.«

»Nur in der letzten Woche. Ich dachte, es ist am besten, wenn ich hart arbeite, dich vergesse.«

Er wollte sie vergessen!

»Komm mal hierher zu mir, bitte, Rosa.«

Rose stand stocksteif in der Mitte des Zimmers, unfähig, einen klaren Gedanken zu fassen. Wollte er ...?

»Na gut, wenn du nicht zu mir kommst ...« Er ging mit ein paar Schritten zu ihr herüber, nahm sie fest in die Arme und küßte sie zärtlich auf die Stirn und Wangen. »So, jetzt erklärst du es mir.«

Sie atmete heftig und schob ihn von sich.

»Was ist los mit dir? Ich habe keine Lust mehr, irgendwelche Spielchen zu spielen, darauf zu warten, daß du endlich erkennst, daß ich dich liebe. Daß du endlich diese dummen Scheuklappen abnimmst, die du ewig trägst. Du hast mir viel Kummer gemacht.« Er küßte sie noch einmal. »Liebst du mich, Rosa?«

Einen Augenblick lang sah er sie ein wenig ängstlich an; möglicherweise hatte er sich doch geirrt.

»Ja.« Sie atmete tief aus und entspannte sich. »Ja. Und genau das ist das Problem.«

»Mein Gott, was für eine Zeitverschwendung.« Diesmal küßte er sie richtig, heftig, voller Leidenschaft, so wie ein Mann, der sich lange nach diesem Kuß gesehnt hatte.

Aus Anlaß des festlichen Galadiners der Zeitschriftenherausgeber, das vierzehn Tage später stattfand, wurden auch an bestimmte Zeitschriften und an einzelne Personen besondere Auszeichnungen verliehen. Rose war völlig überrascht, als sie auf die Bühne gebeten wurde, um den Pokal für die Chefredakteurin des Jahres in Empfang zu nehmem.

»Jetzt verstehen Sie vielleicht, warum Sie unbedingt dabeisein mußten, Rose«, flüsterte Frank Marnhull ihr ins Ohr und klatschte so heftig, daß seine Handflächen sich röteten. »Jetzt rauf auf die Bühne mit Ihnen.«

Benommen, wie eine Schlafwandlerin stieg sie die Stufen zur Bühne hinauf. Sir Christopher Kinglipp, der Vorsitzende, gratulierte ihr und drückte ihr das silberne Gefäß in die Hand.

Verwirrt ergriff sie den Pokal und sah zu dem Tisch hinunter, an dem Luca neben Marsha saß und aufgeregt klatschte. Als sie sein lächelndes Gesicht sah, stiegen ihr Tränen der Rührung in die Augen. Es hatte lange gedauert, aber jetzt endlich konnte sie es selbst glauben. Sie war eine tüchtige, erfolgreiche und attraktive Frau.